LE POÈTE
Georges HERWEGH
(1817-1875)

THÈSE POUR LE DOCTORAT ÈS-LETTRES

PRÉSENTÉE A LA FACULTÉ DES LETTRES DE L'UNIVERSITÉ DE PARIS

PAR

Victor FLEURY

AGRÉGÉ D'ALLEMAND

PROFESSEUR AU LYCÉE DE CLERMONT-FERRAND

TOUS DROITS DE TRADUCTION ET DE REPRODUCTION RÉSERVÉS

LE POÈTE
Georges HERWEGH

(1817-1875)

THÈSE POUR LE DOCTORAT ÈS-LETTRES

PRÉSENTÉE A LA FACULTÉ DES LETTRES DE L'UNIVERSITÉ DE PARIS

PAR

Victor FLEURY

AGRÉGÉ D'ALLEMAND

PROFESSEUR AU LYCÉE DE CLERMONT-FERRAND

TOUS DROITS DE TRADUCTION ET DE REPRODUCTION RÉSERVÉS

A MA FEMME,

MA CHÈRE COMPAGNE D'ÉTUDES,

JE DÉDIE CE LIVRE

V. F.

PRÉFACE

Les Sources Biographiques

Georges Herwegh, plus de trente ans après sa mort, n'a pas trouvé son biographe. Ce silence qui surprend d'abord s'explique facilement : il faut chercher la principale raison de l'oubli qui s'est fait autour de son nom dans la fidélité de ses convictions démocratiques et dans sa haine de l'Empire allemand qui lui ont aliéné longtemps les sympathies d'Outre-Rhin.

Cependant la biographie du poète fut plusieurs fois commencée, mais ceux qui l'avaient entreprise disparurent avant d'avoir achevé leur travail ou se virent forcés de l'abandonner parce que les documents indispensables leur firent défaut. Les recherches biographiques sur Herwegh se réduisent actuellement aux suivantes :

Les articles publiés en 1841, pour saluer les premières éditions des Poésies d'un Vivant, *renferment des indications sommaires, souvent erronées, sur les origines et les débuts du jeune auteur encore inconnu ; l'article de Lewald mérite seul d'être retenu pour le séjour de Herwegh à Stuttgart (1837-1839)* (1).

Il parut en 1843 deux ébauches de biographie, l'une de Publicola : Georg Herwegh, Fragmente zur Geschichte des Tages, *l'autre de Scherr :* Georg Herwegh, Literarische

---

(1) V. Europa, 1841, t. IV, p. 163-169.

VI

und politische Blätter. *Toutes les deux assez exactes, elles s'étendent jusqu'au retour de Herwegh à Zürich en 1843. Elles ne fournissent pour ainsi dire aucun détail sur l'enfance et la jeunesse du poète. Mais la première, celle de Publicola, nous renseigne sur son voyage en Allemagne, son entrevue avec le roi Frédéric-Guillaume IV et son expulsion de Prusse en 1842; la seconde, celle de Scherr, sur le premier séjour du poète en Suisse, ainsi que sur l'entrevue de Berlin. C'est à l'une de ces deux biographies que se rapporte sans doute ce passage d'une lettre de Herwegh à sa fiancée :* « Heute ist schon wieder eine Biographie und Charakteristik von mir erschienen, von befreundeter Seite, aber von ganz ordinärem, ja verrücktem Standpunkt (1). » *Ces paroles s'appliqueraient assez bien à la brochure de Scherr : d'une part, celui-ci pouvait passer pour un ami, car il connaissait Herwegh qu'il avait vu à Emmishofen (mars 1840), à Winterthur (printemps 1841) et plusieurs fois à Zürich (été 1841, printemps 1842) ; d'autre part, non seulement Scherr lui reprochait l'audience de Berlin, mais en outre il regrettait que l'auteur des* Poésies d'un Vivant *consentît à devenir journaliste au lieu de se consacrer exclusivement à la poésie ; enfin, il souhaitait qu'il ne se fit pas naturaliser Suisse.*

On ne peut guère classer parmi les sources biographiques les simples notices qui précèdent les poésies de Herwegh dans certains recueils, comme la notice de Ruge (2) qui ne contient qu'un seul fait intéressant, une nouvelle interprétation de l'hostilité des officiers de son régiment à Stuttgart, mal disposés à son égard, selon Ruge, parce qu'il avait les bonnes grâces du roi de Würtemberg.

Diverses brochures, publiées de 1848 à 1850, ont contribué à déterminer la part qu'il prit à l'insurrection badoise. Elles ne sont pas à dédaigner, car sur nul autre point de sa vie il n'eût été plus difficile d'écarter la légende sans ces

---

(1) Georg Herweghs Briefwechsel mit seiner Braut, p. 162 .
(2) V. Die politischen Lyriker unserer Zeit, Leipzig 1847, pages 109-113.

publications, dont les trois plus importantes furent le récit de Corvin : Brief eines Führers der republikanischen Freischärler (1), *l'histoire de la légion démocratique par Madame Herwegh :* Zur Geschichte der deutschen demokratischen Legion aus Paris von einer Hochverräterin *(1849) et :* Georg Herweghs viertägige Irr-und Wanderfahrt *du capitaine Lipp qui commandait à Dossenbach les troupes würtembergeoises opposées à la légion de Paris (1850).*

Il fallut attendre la mort du poète pour voir paraître une nouvelle série d'articles biographiques. En dehors des nécrologies, bienveillantes ou hostiles, insérées dans les journaux à la nouvelle de son décès et dans lesquelles la part des commentaires était plus considérable que celle des faits, il parut dans le Volksstaat *(n° du 30 juin 1875) un récit des événements les plus intéressants des dix dernières années de sa vie, sous le titre :* Eine Erinnerung an Georg Herwegh, *de la plume de sa veuve. Cédant aux instances de ses nombreux amis, Madame Herwegh conçut alors le projet d'écrire la biographie du défunt ou de préparer la voie aux biographes. Elle eut recours aux souvenirs des condisciples de son mari ; elle utilisa fidèlement les renseignements qu'ils lui fournirent pour retracer la jeunesse de Herwegh jusqu'à l'apparition des* Poésies d'un Vivant. *Pour la première fois ses années d'enfance étaient décrites dans le détail. Ces pages ont paru sous le titre :* Aus Georg Herweghs Jugendzeit, *dans le* Schwäbischer Beobachter *(n°⁸ des 15, 16, 17, 18 février 1877). Madame Herwegh n'a pas continué ce récit au delà de 1841, si ce n'est sous la forme de notes manuscrites inédites pour les fiançailles, le mariage et les années qui suivirent jusqu'en 1848. Mais le plus jeune fils du poète prit à son tour la résolution de défendre la mémoire de son père et publia successivement deux recueils de lettres inédites, d'un grand secours pour les biographes en raison de leur objectivité documentaire, l'un pour les rapports de Herwegh*

---

(1) V. Locomotive, 11, 12 mai 1848 ; Hecker, Die Erhebung des Volks in Baden, Nachtrag.

VIII

avec la Sozial-demokratie, *l'autre pour la période de la révolution:* Ferd. Lassalles Briefe an Georg Herwegh (*1896*), Briefe von und an Georg Herwegh 1848 (*1896*). *Poursuivant la série de ces publications posthumes, M. Marcel Herwegh fit paraître dans la* Gegenwart (*2, 9 janvier 1897*), *avec la collaboration de Zolling, les lettres de Wagner à Herwegh, puis dans la* Deutsche Dichtung (*1er avril 1897*), *avec la collaboration de M. Bolin de Helsingfors, l'histoire des rapports de son père avec le philosophe Feuerbach, destinée à servir d'introduction à leur correspondance, et enfin dans la revue :* Die Zeit (*3, 10, 17 avril 1897*) *les premières lettres de sa correspondance avec Prutz.*

*Muncker avait consacré à Herwegh dans l'*Allgemeine Deutsche Biographie *un article consciencieux, fondé sur la connaissance des actes officiels pour les années d'études au séminaire et le séjour du poète à la caserne. Prenant ce travail pour point de départ, Franzos se mit à écrire la biographie de Herwegh à l'aide des notes que lui avait confiées M. Marcel Herwegh. Trois articles parurent sous le titre :* Georg Herwegh 1842-1843 mit ungedruckten Briefen von Georg Herwegh, Robert Prutz. u. A. (Deutsche Dichtung (*1er mai, 15 mai, 1er juin 1897*). *Le premier reproduisait, avec de nouveaux détails, le récit de la jeunesse de Herwegh d'après le* Schwäbischer Beobachter ; *les deux autres étaient le fruit de patientes recherches sur la polémique engagée par Herwegh en 1842 contre les conservateurs de Zürich, le parti de Bluntschli et des frères Rohmer, et, comprenant les premières négociations avec les futurs collaborateurs du* Deutscher Bote, *s'étendaient jusqu'à son voyage triomphal à travers l'Allemagne pendant l'automne 1842.*

Zolling reprit à cette date la biographie délaissée par Franzos à la suite d'un désaccord avec M. Marcel Herwegh : il fit dans la Gegenwart (*1er, 8, 15 oct. 1898*) *le récit de l'audience et de l'expulsion. Mais il mourut sans avoir poussé plus loin ses recherches.*

L'intention d'écrire une biographie du poète fut prêtée

gratuitement par Zolling (1) *à* M. Blos *qui publia dans le* Wahrer Jakob *(17 mars 1896) une esquisse sommaire et d'ailleurs inexacte où il a le tort d'affirmer, entre autre, que Georges Herwegh traduisit les œuvres de Lamartine à Paris après 1844 (cette traduction a paru à Stuttgart dès (1839) et qu'il composa un éloge funèbre de Lassalle en 1864 (voir à ce sujet le formel démenti de Madame Herwegh dans la* Gegenwart, *12 déc. 1896).*

Deux modestes biographies virent le jour à l'occasion de l'inauguration du monument de Herwegh à Liestal, l'une très poétiquement écrite, mais sans prétention historique : Georg Herwegh, ein Freiheitssänger, Gedächtnisrede, *de* M. Robert Seidel, *de Zürich, l'autre sans doute insuffisante, mais plus fidèle :* Festschrift zur Einweihung des Georg Herwegh-Denkmals am 16 Okt. 1904 in Liestal, *dans laquelle* M. Eulert-Frey, *président du comité d'initiative de Bâle, a combiné les meilleurs passages de l'article de* M. Blos *avec un feuilleton que j'avais fait paraître peu de temps auparavant dans la* Neue Freie Presse *de Vienne, après la mort de Madame Herwegh, et un manuscrit beaucoup plus complet que je lui avais confié.*

Tous ces travaux, inachevés ou succincts, n'ont pas comblé la lacune signalée et déplorée par les critiques : une étude d'ensemble sur Herwegh, comprenant la vie et l'œuvre considérées en elles-mêmes et dans leurs rapports, est devenue plus que jamais nécessaire. C'est ce travail que je me suis proposé d'aborder à l'aide des nombreux documents mis à ma disposition par M. Marcel Herwegh *avec la confiance d'un véritable ami.*

Outre les lettres inédites de Challemel-Lacour à Herwegh que j'ai publiées dans la Revue *(1ᵉʳ mars 1903) et la nouvelle édition des* Poésies d'un Vivant *(2) où la vie de l'auteur se trouve résumée dans l'introduction, je dois encore rappeler la publication récente des lettres des fian-*

---

(1) V. Die Gegenwart, 24 oct. 1896 : Zu Georg Herweghs Ehrenrettung.

(2) Chez Hesse, Leipzig, 1905.

X

çailles : Herweghs Briefwechsel mit seiner Braut (1), *contenant le minutieux récit de la rencontre du poète avec sa fiancée et de leur mariage, d'après les confidences de Madame Herwegh, ainsi qu'une appréciation des études scientifiques de Herwegh jusqu'ici peu connues, enfin la publication des lettres de 1861-1862* : Georg Herwegh an seine Frau (2) *et celle de la correspondance de Herwegh et de la princesse Carolyne Sayn-Wittgenstein* (3), *auxquelles j'ai également collaboré.*

Il ne saurait être question de mentionner dans cet aperçu rapide ni les œuvres qui, sans être consacrées à Herwegh, peuvent servir à élucider certains points de sa biographie : Vogt, Ocean und Mittelmeer, Moleschott, Für meine Freunde, *et d'autres encore, que je cite au cours de cet ouvrage et dans la bibliographie, ni les études littéraires comme celle de Strodtmann*, Dichterprofile, *et les littératures de Gottschall, de Richard Meyer, etc., qui puisent toutes aux mêmes sources et ne reproduisent, avec d'assez fréquentes erreurs, que les faits les plus généralement connus au point de vue biographique. Même dans Petzet* : Die Blütezeit der deutschen politischen Lyrik, *le chapitre sur Herwegh ne peut être consulté qu'avec prudence ; M. Gottlieb a relevé dans la* Neue Zeit *une grave méprise de Petzet, attribuant à Dingelstedt la poésie* Wohlgeberen *qui figure dans la deuxième partie des* Poésies d'un Vivant (4).

Les documents nouveaux que j'apporte sont surtout abondants à partir de 1843. Les correspondances inédites des amis de Herwegh à Zürich : Follen, Fröbel, Henle, Pfeufer, Schulz, ainsi que les lettres échangées jusqu'en 1848 entre Madame Herwegh et son mari ou avec Madame d'Agoult, Solger, Henriette Feuerbach, etc., permettent de mieux connaître le procès des communistes, l'histoire du

---

(1) Chez Lutz, Stuttgart 1906.
(2) Neue Revue, mars-mai 1908.
(3) Deutsche Revue, avril-sept. 1908.
(4) V. Petzet, Nachträge und Berichtigungen.

second recueil des Poésies d'un Vivant, *les travaux et les relations du poète jusqu'à l'époque de la révolution.*

A partir de cette date jusqu'en 1853, outre la correspondance intime, j'ai consulté avec fruit les lettres inédites de Sasonoff, de Vogt, de Kolaczek et des Italiens Agneni, Marcato, etc. On doit regarder comme une perte irréparable la disparition de celles de Mazzini et de Cironi, que M. Marcel Herwegh a brûlées par mégarde après la mort de sa mère. Les lettres inédites de De Boni (1857-1864), de Ludmilla Assing (depuis 1858), de Rüstow (depuis 1860), de Schweigert (1861-1865), de Moleschott (depuis 1859), de Volger (depuis 1857), de Dingelstedt (1858-1869) d'Ulrici (1866), de Bodenstedt (1866-1871) renferment des indications précises, soit sur l'attitude de Herwegh dans les affaires d'Italie et son rôle dans l'agitation socialiste, soit sur les laborieuses occupations de sa maturité.

Ces correspondances ne seront pas toutes reproduites entièrement au cours de ce travail ; je les citerai par fragments ou simplement en références parce qu'elles sont destinées à être publiées plus tard.

*_**

Pour ce qui concerne l'œuvre de Herwegh, j'ai pu comparer les esquisses de plusieurs poésies et feuilleter les précieux carnets du poète, liés confidentiellement à l'histoire de sa pensée.

Cette étude ne s'étend pas à l'œuvre en prose sur laquelle règne encore l'incertitude. Exception faite des essais de la Volkshalle, *recueillis de son vivant, il faut se garder de dresser avec une trop grande hâte et sans un rigoureux contrôle la liste des articles qu'il n'a pas signés et qui parurent, soit dans l'*Europa *(1837-1839), soit dans la* Gazette Universelle d'Augsbourg *(1842), soit dans les journaux de 1848, soit dans la presse suisse entre 1857 et 1866, soit en Italie (1861), soit dans les organes du parti de Lassalle (1863), soit dans la* République Française *(1871). La prose de Herwegh et sa doctrine pourront faire l'objet d'une étude définitive lorsque tous ces articles auront été* *rassemblés et identifiés. Ce travail, je le répète, portant sur des œuvres anonymes qui n'existent que dans des collections qu'il est très difficile de se procurer, doit être réservé pour l'avenir, et la discussion pour ce qui concerne l'attribution de ces articles sans signature pourra rester longtemps, sinon toujours ouverte. Je me suis contenté de grouper dans le* Nachlass *du poète ceux d'entre eux dont l'authenticité repose sur des preuves suffisamment établies.*

PREMIÈRE PARTIE

LA VIE DE HERWEGH

I

L'ENFANCE

Il serait intéressant de pouvoir établir d'une manière certaine l'origine des Herwegh. Une tradition de famille veut que les ancêtres du poète soient venus de Scandinavie. Madame Herwegh racontait à ce sujet qu'un oncle de Georges Herwegh, né d'un second lit, — car le grand-père du poète s'était remarié après la mort de sa première femme, — parut inopinément à Zürich en 1860 ; c'était un acteur, grand et bel homme d'environ cinquante-sept ans, qui portait le costume le plus original (ne manquait-elle pas d'ajouter avec son perpétuel souci du pittoresque), une veste de chasse avec des boutons dorés, un gilet à grand châle largement ouvert, un petit chapeau de matelot entouré d'un ruban bleu ; cet oncle de théâtre, renouvelant brusquement connaissance avec son neveu qui ne se souvenait pas de lui, fit appel à cette tradition qui s'était transmise de père en fils : il parla longuement de l'origine suédoise de la famille, à laquelle il attribuait en outre une haute extraction, prétendant que les uns, parmi les Herwegh, gardaient encore leur titre de noblesse et que les autres avaient supprimé la particule devant leur nom, du jour où ils étaient devenus pauvres. Sans attacher trop d'importance à cette anecdote, il faut reconnaître qu'elle devait néanmoins reposer sur un fond de vérité, car le père de Herwegh qui vivait encore pouvait être interrogé et la démentir si elle avait été inventée de toutes pièces. De plus, le nom lui-même, peu répandu en Allemagne, révèle par son orthographe (*gh*) une origine étrangère. Cette supposition pourrait aussi expliquer l'attitude d'hostilité que le poète prit ensuite et conserva toujours à l'égard de l'Allemagne. Quoi qu'il en soit, je ne puis l'appuyer sur aucun témoignage officiel, mes recherches ne m'ayant pas permis de me procurer jusqu'ici l'acte de naissance du grand-père de Herwegh.

Sur le registre de la paroisse de Schwieberdingen (Würtemberg), le père de Georges, à l'occasion de son second mariage en 1833, est inscrit sous le nom d'Ernest-Louis, fils de Pierre-Joseph Herwegh (attaché comme maître d'hôtel à la cour du grand-duc de Hesse-Darmstadt) et d'Elisabeth Vogeler (1).

Ernest-Louis Herwegh naquit à Darmstadt le 29 juillet 1790. Il n'a exercé sur son fils qu'une influence pour ainsi dire négative, car la vie de famille, on le verra bientôt, fut troublée de bonne heure par sa faute, et la désunion des parents eut un fâcheux retentissement sur la délicate santé de l'enfant. Comme son frère de père, le comédien, c'était un original qui devait être assez bien doué et qui jouissait d'une excellente réputation de restaurateur ; ses amis le traitaient de nouveau Vatel. Il s'était établi à Stuttgart lors de son mariage avec Rosine-Catherine Märklin, sa première femme, et c'est dans la capitale du Würtemberg que naquit leur fils Georges le 31 mai 1817 (2). Rosine-Catherine Märklin, fille d'un chirurgien très estimé de

---

(1) Je remercie M. le pasteur Hornung de Schwieberdingen qui m'a communiqué une copie de cet acte.

(2) Georges Herwegh n'était pas un « Sonntagskind », comme on l'a dit ; le 31 mai 1817 ne tombait pas un dimanche. L'erreur de Madame Herwegh, à ce sujet, provenait de ce que le 10 mai, sa propre date de naissance, anniversaire de la prise de Magdebourg par Tilly, était un jour de fête solennelle, célébré comme un dimanche.

Balingen (Würtemberg) et de huit ans plus âgée que son mari — elle était née en 1782, — eut beaucoup à souffrir de l'humeur fantasque et des mauvais traitements du restaurateur. Douce et modeste autant que laborieuse et loyale, elle fut la véritable providence de l'enfant; celui-ci, tout en étant partagé par les devoirs de l'amour filial, éprouvait pour elle plus de sympathie que pour son père qui lui resta toujours étranger malgré l'affectation avec laquelle il se félicitait plus tard d'avoir donné le jour à son glorieux fils (1). Georges Herwegh eut deux sœurs : l'aînée qu'il ne connut pas mourut en bas âge; entre lui et sa sœur Frédérique, née en 1822 (2), il semble n'avoir jamais existé une de ces affections intimes comme celle qui unit par exemple le jeune Gœthe et sa sœur Cornélie. L'enfant vécut surtout seul et dut sentir de bonne heure se développer en lui le goût de la solitude où il puisa quelques-unes de ses meilleures inspirations. Sa mère racontait qu'il se plaisait à s'en aller dans les champs, sans autre compagnie que celle des hôtes de la nature dont il préférait la société aux jeux bruyants des écoliers de son âge. Avec cela, liseur infatigable, il n'était pas rare de le voir assis dans un coin, silencieux, absorbé, immobile pendant des heures, comme si rien de ce qui se passait autour de lui ne le touchait, vivant de son rêve intérieur qui se réflétait seulement, selon l'expression de sa mère, dans ses yeux sombres et brillants.

Mais l'enfant qui avait grandi trop vite était maladif et pâle; sa croissance, la coqueluche, une rougeole bénigne l'avaient encore affaibli; il était sujet à des troubles nerveux et les scènes de discorde domestique dont il fut témoin altérèrent bientôt sa santé à tel point qu'il fallut, sur le conseil des médecins, le transporter à la campagne.

---

(1) Ces renseignements sont empruntés en partie aux souvenirs de la famille, en partie aux discours prononcés sur la tombe de Catherine Märklin (morte le 19 février 1855) et sur celle d'Ernest Herwegh (mort le 6 juillet 1865, v. Kirchenfackel, 16 juillet 1865).

(2) Madame Georgii, née Herwegh, vécut en Amérique depuis 1853 et mourut à Washington.

La maladie dont il a souffert dans sa douzième année se trouve minutieusement décrite dans la thèse du docteur Schmidt d'Uelzen : *Geschichte eines St. Veits-Tanzes, welcher mit dem tierischen Magnetismus behandelt und zum Teil geheilt wurde.* Les premiers symptômes de la danse de St-Guy se montrèrent le 21 décembre 1830 ; ramené à Stuttgart le 21 février 1831, il y resta jusque vers le milieu d'avril; à cette époque il pouvait être considéré comme à peu près guéri. Sa mère le reconduisit alors à Balingen où il fréquenta de nouveau l'école et fut confirmé. Ce qu'il y a de particulier dans son cas, c'est le traitement magnétique auquel les médecins le soumirent et déclarèrent qu'il dut en partie sa guérison. Le magnétisme était très en faveur dans la patrie de Mesmer. Le docteur Schmidt rapporte que, grâce aux passes magnétiques, Georges Herwegh tomba plusieurs fois dans un état de somnambulisme ou de « clairvoyance » dans lequel il n'était pas seulement capable de marcher sans éprouver de vertige sur le bord d'une fenêtre ou de sa baignoire, mais de dicter lui-même les remèdes qu'il convenait d'employer pour le guérir. — Follen, à qui Madame Herwegh avait communiqué la brochure du docteur Schmidt, exagérait l'importance des suites de cette maladie lorsqu'il cherchait à expliquer par là la contradiction de leurs caractères et qu'il écrivait : « Herwegh et moi, nous sommes deux natures d'aptitudes et d'habitudes diamétralement opposées. Chez lui la fantaisie inconsciente du somnambule l'emporte sur le cœur; chez moi la morale du sentiment, entraînant le dépit et le dégoût du monde et de moi-même, a fait descendre la force créatrice au-dessous de zéro (1). » — Au dire des médecins, ces troubles d'ailleurs passagers, furent presque uniquement produits par

---

(1) Lettre inédite du 20 février 1847 : « Herwegh und ich sind zwei diametralisch verschieden angelegte und ausgelegte Naturen. In ihm hat die bewusstlose somnambüle Fantasie das massgebende Gemüt, in mir die Gemütsethik mit ihrem Aerger und Dégoût über die Welt und mich selbst die schöpferische Kraft unter den Gefrierpunkt herabgedrückt. »

le désaccord des parents, de plus en plus pénible à l'enfant qui était doué d'une extrême sensibilité. Georges Herwegh témoigna d'une certaine aversion pour son père au cours de sa maladie. Pour se rendre compte des souffrances que lui causaient les discussions entre ses parents et les scènes violentes qui aboutirent à la séparation définitive des époux le 21 octobre 1832, il suffit de lire la lettre suivante adressée à sa mère après sa guérison : « Je me consume de chagrin. Essaie encore une fois ! Tu ne sais pas ce qu'éprouve un enfant lorsqu'il songe à la séparation de ses parents. Je ne puis vous repousser ni l'un ni l'autre, ce n'est rien de plus que la piété filiale, comme tu dois bien le comprendre. Essaie encore une fois ! (1) »

Cependant Georges Herwegh qui s'était distingué dans ses classes au lycée de Stuttgart, selon le docteur Schmidt, par la précocité de son intelligence, sa facilité et son zèle ne se trouva nullement retardé dans ses études par son séjour à Balingen et la durée de sa convalescence. Le pays avait été choisi pour sa situation dans la montagne et la pureté de son air. L'enfant, mis en pension chez un cousin de sa mère, le pharmacien Hutzel, suivit les cours de l'école latine, dirigée par le professeur Knoll. Il sut se faire apprécier de son maître sans exciter la jalousie de ses condisciples qui gardèrent de lui un excellent souvenir et l'accueillirent avec cordialité lorsqu'en 1866 il revint à Balingen.

Les dispositions artistiques qui sommeillaient en lui commencèrent à s'éveiller. Il s'essaya dans l'art de la musique où son fils, M. Marcel Herwegh, est passé maître. Le docteur Schmidt dit que, pendant les crises de sa danse de St-Guy, il jouait sur le piano avec talent plusieurs

---

(1) Lettre inédite du 19 juillet 1832 : « Ich vergehe im Jammer fast, versuche es noch einmal, ach, du weisst nicht, wie es einem Kinde zu Mut ist, wenn es die Eltern getrennt wissen muss. — Keines von den Eltern kann ich verstossen, das ist, wie du wohl einsehen wirst, nicht mehr als Kindespflicht. — Probiere es noch einmal. »

morceaux d'une exécution difficile, par exemple, des fragments du *Freischütz*. Il étudiait aussi le violon. J'ai en outre sous les yeux un de ses dessins d'écolier, religieusement conservé par l'un de ses camarades de Balingen, et qui frappe par le souci d'exactitude et sa curieuse ressemblance avec les croquis de Gœthe, exposés à Weimar, ou ceux de Victor Hugo dans son livre sur le Rhin : il représente un vieux château-fort avec ses donjons, ses tourelles, ses mâchicoulis et ses meurtrières surplombant un étang au bord duquel une vache et une chèvre viennent boire, surveillées par un pâtre et son chien. Malgré ses imperfections, ce dessin révèle déjà l'habitude d'observer minutieusement les choses et de les reproduire avec soin.

II

AU SÉMINAIRE DE MAULBRONN

Après avoir subi en 1832 l'examen d'usage ou *Landexamen* qui passait pour assez difficile, car il comportait un exercice de vers latins, une épreuve de grec, une composition d'hébreu, et la moitié des candidats était seule admise, Herwegh que ses parents destinaient à la carrière ecclésiastique entrait au séminaire de Maulbronn. Nous póuvons nous faire une idée à peu près exacte des années qui s'y écoulèrent en complétant à l'aide de ses propres confidences les souvenirs laissés par ses camarades et ses meilleurs amis Théodore Ruoff (1) et Feuerlein (2), qui ont communiqué à Madame Herwegh d'intéressants détails sur le séjour à Maulbronn. Sans parler de Kommerell (3) auquel il adressa, sur une photographie, les premiers vers que nous ayons de lui (4), il comptait au nombre de ses condisciples et de ses amis Gustave Diezel qui se fit un nom dans l'histoire politique de 1848 comme éditeur du journal démocratique : *Der freie Staatsbürger* (5) et comme auteur de : *Zur Geschichte der Reaktionsepisode in der deutschen Revolution* (6), *Baiern und die*

---

(1) Parent de Strauss, collaborateur aux Annales de Halle et traducteur de Zaïre, mort en 1876.

(2) Pasteur à Weill im Dorf, près de Stuttgart.

(3) Plus tard directeur de la Realschule de Tübingue, mort en 1872.

(4) Cette dédicace de huit vers qui porte la date du 5 février 1833 a été publié dans la « Neckarzeitung » de Heilbronn, (n° du 25 janvier 1904).

(5) Nürnberg, avril 1848 - mai 1849.

(6) Bamberg, 1848.

Revolution (1). Ils collaborèrent sur les bancs de l'école à une sorte de journal humoristique, intitulé : *Der lachende Kosmopolit*, qu'ils firent circuler en manuscrit dans les salles d'étude au grand divertissement de leurs camarades. Ils collaborèrent encore en mai 1839 à un pamphlet dirigé contre les partisans fanatiques de Schiller, lors de l'inauguration de la statue de ce poète à Stuttgart (2). La même année, lorsque Georges Herwegh, chargé de traduire Lamartine, renonçait à terminer son travail, c'est à Diezel qu'il confiait le soin de l'achever, et celui-ci traduisit le sixième et dernier volume qui comprenait la *Chute d'un Ange*. Herwegh et Diezel se sont perdus de vue plus tard, mais, semble-t-il, leurs rapports furent assez étroits à cette époque.

Voici comment Feuerlein caractérisait l'impression produite par le nouveau venu sur ses amis de Maulbronn : « Mon vieil et inoubliable compagnon Herwegh apparut tout de suite aux jeunes gens de son âge comme un original, mais il ne tarda guère à révéler des traces de génialité et de talent poétique. On le soupçonnait d'avoir le cœur sensible à l'amour, et sa tenue de tous les jours alternait entre un certain laisser-aller et une brillante parure. Il avait des moments d'exaltation nerveuse et des mouvements convulsifs provenant des anciens accès de sa danse de St-Guy, qui disparurent bientôt pour ne jamais revenir et qui témoignaient en tous cas d'une vie imaginative intense. Il était porté à l'enthousiasme dans l'amitié; il se soumettait de bon gré au règlement, quitte à le trans-

---

(1) Zürich 1849. Proscrit en 1849, Diezel mourut à Norderney en 1858.

(2) On peut rapprocher de ce pamphlet dont parle Feuerlein et que l'on croit perdu les allusions malicieuses de Herwegh à la vogue du Schillerformat et à la rivalité posthume de Gœthe et de Schiller dans sa satire de 1840, intitulée : Die Industrieritter (v. Ged. und krit. Aufsätze II, p. 3 ss.) :

    Ich will es nun mit Schillern mal probieren,
    Und glaub'mich nicht dabei zu ruinieren.
    Sie sagen erstlich, dass er grösser ist,
    Und dass der Gœthe doch ein schlechter Christ...

gresser dès qu'il pouvait y avoir quelque héroïsme à le faire. Il passait en général pour doué d'un bon naturel et d'un bon cœur, incapable d'offenser les autres le premier, mais susceptible de s'échauffer lorsqu'il était provoqué. »

Selon ses maîtres il montrait un goût très vif pour la poésie et la déclamation, mais on lui trouvait des dispositions à l'indiscipline (1). Un jour, dit Feuerlein, l'« éphore » Hauber (2), dans la classe de mathématiques, surpris de ne pas obtenir une bonne réponse de Herwegh, formula son mécontentement en ces termes auxquels l'emploi du dialecte souabe prêtait une saveur particulière : *Sie dichtet zu viel und denket zu wenig*, « vous rêvez trop et vous réfléchissez trop peu ». Le poète avoue lui-même dans l'article intitulé : *Die deutschen Professoren, eine zoologische Abhandlung* (cette critique lui a été inspirée par ses souvenirs du séminaire) que, pendant les leçons d'histoire, au lieu de suivre attentivement le cours, il lui arriva plusieurs fois de cacher sous son pupitre et de lire en secret les *Lettres de Paris* de Börne ou les discours de Hambach (3). Herwegh reconnaît aussi qu'il se pliait difficilement aux exigences de ses supérieurs et raconte, à ce sujet, qu'il fit un jour le désespoir de l'un d'eux en refusant de se mettre en noir : « On attendait un haut personnage. Je portais un petit habit gris. Mon professeur désespérait. Je me consolai en songeant à Napoléon. Le haut personnage

---

(1) Bulletin de Herwegh à la sortie du séminaire de Maulbronn : Gaben 7 (la plus haute note était 8), Fleiss 5, Sitten 4, Latein 4, Griechisch 5, Hebräisch 3, Französisch 4, Deutsch 6, Poesie 7, Deklamation 7, Schönschreiben 6, Arithmetik 3, Religion 4, Geometrie 3, Geographie 5, Geschichte 3, Physik 3, Philosophie 6. Je remercie M. Oscar Leuze, bibliothécaire du séminaire de Tübingue, qui m'a communiqué ces notes.

(2) L'éphore, ou directeur, deux professeurs et deux répétiteurs étaient chargés de l'enseignement au séminaire.

(3) V. Ged. und krit. Aufsätze II, p. 111. Wirth avait recueilli dans sa brochure : Das Nationalfest der Deutschen zu Hambach

ne vint pas. Quel bonheur pour ce brave homme ! (1) »
Malgré tout, la plupart de ses maîtres se rendaient compte
de ses aptitudes, et le répétiteur Reiff, plus tard professeur
de philosophie à Tübingue, confiait à Feuerlein que, de
tous les élèves de cette promotion, c'était Herwegh qui
l'avait le plus intéressé.

Que pensait-il de ses professeurs ? S'il s'est montré dur
pour eux et presque ingrat, à plusieurs années de distance,
il y eut sans doute plus de leur faute que de la sienne.
Ils lui ont laissé le souvenir de ridicules pédants, à la fois
vaniteux et serviles. Avant tout, ils désiraient étaler leur
futile érudition : tel ce professeur de grec et de latin dont
le cœur était rempli de particules au lieu de sang et qui,
pendant des mois, ne lui apprit rien de Tite-Live et de
Tacite si ce n'est que les *Annales* du premier commencent
par la moitié d'un hexamètre, celles du second par un
hexamètre entier (2) ; ou ce professeur d'histoire ancienne
qui se vantait de redresser les erreurs de stratégie des
grands généraux de l'antiquité : « Si seulement Annibal
après la bataille de Cannes avait marché sur Rome ! (3) »
Courbés sous le joug de l'Etat qui leur assurait leur gagne-
pain, ils s'efforçaient de tuer l'énergie de leurs disciples
au lieu d'entretenir en eux le sentiment de la liberté : « Le
professeur est le fidèle et docile serviteur de l'Etat ; il ne

---

(Neustadt a/H. 1832) les discours des patriotes allemands qui
dénonçaient en termes violents les crimes de la monarchie : « Die
Fluren des Vaterlandes stehen verlassen », s'écriait Siebenpfeiffer,
« Dörner und Disteln wuchern, Uhus herrschen als Adler, Büffel
spielen die Löwen und kriechendes Gewürm, Volk genannt,
schleicht und windet sich auf der Erde, zahllos sich vervielfäl-
tigend und jenen Raubtieren zum üppigen Frass dienend ». « Und
alle diese unendlichen Triumphe des menschlichen Geschlechts »,
s'exclamait Wirth, « all diese unermesslichen Segnungen sollten
den Völkern Europas blos darum vorenthalten werden, damit ein
paar unverständige Knaben fortwährend die Königsrolle erben
können ! »

(1) V. Ged. u. krit. Aufsätze II, p. 112.
(2) Ged. und krit. Aufsätze II, p. 112.
(3) Ged. und krit. Aufsätze II, p. 110.

connaît pas de plus haut devoir que de préparer une nouvelle génération de fidèles et dociles serviteurs (1). »

Un désaccord plus grave, si l'on considère que le jeune homme était entré au séminaire pour devenir pasteur, allait bientôt éclater entre ses maîtres et lui. De même que ceux-ci abaissaient l'homme devant ses chefs hiérarchiques dans l'Etat, ils l'humiliaient devant Dieu ; cette humiliation systématique ne devait pas tarder à révolter l'âme fière de Herwegh, prédisposé à s'affranchir de toute contrainte, comme son père qui finit par sortir de l'église protestante officielle. Le professeur qui commentait Homère et Sophocle avec Herwegh était un piétiste. « Homme inoubliable » nous dit-il « qui s'emmitouflait dans une cravate de flanelle » et « lisait d'un œil l'*Iliade* et de l'autre le *Basler Missionsblatt* ! »...« J'avais l'habitude d'éteindre toujours ma lumière cinq minutes avant la sienne, à l'instruction religieuse du soir, ce qui me valut bientôt la réputation d'un affreux sceptique. A l'examen de conscience mensuel il m'adressait cette mielleuse question : Quel est votre état de cœur ? c'est-à-dire dans le jargon des piétistes : Etes-vous orthodoxe ou rationaliste ? (2) » Déjà le rationalisme commençait à l'emporter chez le jeune étudiant sur l'orthodoxie. C'est un point capital dans l'évolution de Herwegh : parvenu à l'âge de vingt-trois ans, il se posera résolument en adversaire du clergé dans ses *Poésies d'un Vivant* et ne se révoltera pas seulement contre Rome, ce qu'il pouvait faire en restant dans la tradition luthérienne, mais il s'écriera :

  Reisst die Kreuze aus der Erden !
  Alle sollen Schwerter werden (3).

---

(1) Ged. und krit. Aufsätze II, p. 109. Cf. la satire des professeurs allemands par Herwegh dans Vogt, Ocean und Mittelmeer, I, p. 326 ss.

(2) Ged. u. krit. Aufsätze II, p. 111-112.

(3) Ged. eines Leb. I : Aufruf.

Le quatrain suivant mérite d'être rapproché de son appréciation sur les missions évangéliques :

> Doch hass'ich das Gemüt der Pietisten,
> Das, frech getreten aus des Anstands Schranken,
> Uns möcht'die reinsten himmlischen Gedanken
> Mit seinen Nebelworten überlisten (1).

En 1835, lorsque Herwegh lut la *Vie de Jésus* de David Strauss qui venait de paraître et qui fit une si forte impression sur son intelligence, il était loin du déisme abstrait des premières *Poésies d'un Vivant*; il n'avait pas pris la théologie en horreur; il l'admettait, pourvu qu'elle fût libérale,et songeait encore au sacerdoce puisqu'il entra,en quittant Maulbronn, au séminaire de Tübingue avec l'intention de se faire pasteur; mais la foi était déjà ébranlée en lui et, pour ainsi dire, à son insu.

A mesure que diminuait sa piété, d'autres influences intervenaient, sinon pour la combattre, du moins pour la remplacer. C'était le poète qui se dévoilait. Le cloître de Maulbronn était bien fait pour plaire à une nature rêveuse comme la sienne. « Celui qui connaît ce beau coin de terre sur l'*Eilfinger Berg*, l'église, le préau et le réfectoire avec leur mélange d'architecture romane et gothique, celui qui a vu » écrit M. Conrad Haussmann « le lac tranquille et le jardin solitaire avec la tour de Faust, comprendra la signification d'un pareil séjour pour la jeunesse d'une nature d'artiste (2). » Le spectacle d'un beau paysage, la vue quotidienne des chefs-d'œuvre de l'art ne sont pas des éléments de culture négligeables. Comme Herwegh a dû goûter avec intensité, dans ses heures de mélancolie, la pénétrante solitude du parc profond qui s'étend sur la colline, et combien de fois ses yeux s'arrêtèrent sur les lignes délicates du cloître pour en admirer la symétrie !

---

(1) Ged. eines Leb. I : Sonette VI.
(2) Georg Herweghs Briefwechsel mit seiner Braut, Vorwort, p. 11. Cf. la description de Strauss, Märklin Ch. I.

Néanmoins, à l'exemple de tous les poètes modernes, Herwegh commença par chercher la poésie dans les livres avant de la trouver dans la nature : il prit les Classiques pour premiers modèles. Feuerlein auquel il faut revenir sans cesse comme au plus autorisé de ses biographes pour cette période de son enfance raconte qu'il lisait avec « gourmandise » les Anciens et les grands Classiques allemands de la fin du dix-huitième siècle; il montrait une certaine prédilection pour Aristophane qu'il étudiait dans une traduction afin de le mieux savourer sans être arrêté dans la lecture du texte. Mais peu à peu les œuvres de la « Jeune Allemagne » se substituent à ces premières préférences.

Herwegh composa plusieurs poésies et sa verve devint légendaire parmi ses camarades. Feuerlein ne se souvenait que d'une seule chanson, commençant par ces mots : *Sum fidelis studio, semper ego rideo*, et tirée sans doute du manuscrit : *Der lachende Kosmopolit*, qu'il éditait à seize ans avec Gustave Diezel, recueil d'improvisations et d'épigrammes ayant trait à la vie scolaire, et dans lesquelles l'imitation de Gutzkow et de Heine était visible. — La *Neckarzeitung* de Heilbronn, dans son numéro du 31 déc. 1904, a reproduit entièrement, d'après les archives du séminaire, sous le titre : *Eine Jugendarbeit Georg Herweghs*, une pièce bien plus considérable, datée du 1ᵉʳ janv. 1835. Chargé pour la fête du nouvel an de prononcer un discours à la mémoire de deux condisciples, morts récemment, Herwegh récita ces strophes qui manquent d'originalité, car la coupe et même le vocabulaire sont empruntés à Schiller, mais permettent déjà d'apprécier dans le futur auteur des *Poésies d'un Vivant* l'élan lyrique qui caractérise son œuvre (1).

Dans le récit de cette période d'études Feuerlein relate

---

(1) Herwegh n'était pas favorable à ces sortes de résurrections posthumes, v. Ged. u. krit. Aufsätze II, p. 181 ss. : « Die ersten Briefe an die Geliebte und die Schulexercitien soll man von Niemanden der Oeffentlichkeit übergeben »; mais l'exception qu'il fait pour Schiller peut aussi s'appliquer à lui-même : « Schon der ganze Dichter in dieser offiziellen Jugendpredigt ! »

un autre fait, en apparence insignifiant, mais qui, avec la lecture clandestine des *Lettres* de Börne et des discours de Hambach, sert de lien pour la première fois entre la vie de Herwegh et la réalité politique de son temps.

Les années qui suivirent la révolution de juillet comptent parmi les plus agitées de la Restauration en Allemagne. Ni la déception causée par les fêtes de Hambach en l'honneur de la constitution bavaroise (26 mai-1er juin 1832), demeurées sans résultat malgré l'affluence des manifestants qui répondirent à l'appel de Wirth et de Siebenpfeiffer, ni les nouvelles mesures de répression, prises après l'infructueux assaut des corps de garde de Francfort (3 avril 1833), n'avaient empêché les progrès de l'opposition. Les sociétés secrètes se multipliaient : à côté de la « Jeune Europe » dont Harro Harring était le poète (1) et du *Männerbund* de Francfort, organisé par Charles Bunsen, Giessen eut sa « Société des Droits de l'Homme » qui recevait son mot d'ordre de Weidig, et Darmstadt, une filiale du même nom que dirigeait Georges Büchner, auteur du pamphlet : *Der hessische Landbote*, gagné à l'action révolutionnaire par Auguste Becker (2).

Toutes ces conspirations dont le bruit arriva jusqu'aux oreilles de Herwegh à travers les murs du cloître ne manquèrent pas d'éveiller sa curiosité. Pendant son dernier

---

(1). Dans les « Blutstropfen » de cet auteur (Strasbourg, 1832) se trouve déjà le motif de la poésie politique de Herwegh : « Werde Tat das Wort ». Dans son poème dramatique : « Die Völker » (Strasbourg 1832) un Grec, un Espagnol, un Italien, un Suisse, un Allemand, un Anglais, un Français, un Hongrois et un Polonais qui forment le chœur des nations opprimées maudissent la tyrannie et jurent de s'entr'aider.

(2) L'auteur de ce violent pamphlet et du drame de la Mort de Danton, auquel Herwegh a consacré l'élégie : Zum Andenken an Georg Büchner (v. Ged. eines Leb. I). était né à Goddelau, près Darmstadt, le 17 oct. 1813 ; il fit ses études de médecine à Strasbourg et à Giessen ; son libelle confisqué (août 1834), il n'échappa qu'à grand peine aux poursuites dans lesquelles, sur les dénonciations de Kuhl, furent enveloppés Auguste Becker et Weidig ; il dut se réfugier en Alsace, puis en Suisse, et mourut à Zürich le 19 févr. 1837.

semestre d'études à Maulbronn, c'est-à-dire au cours de l'été 1835, le jeune homme avait à choisir, ainsi que ses camarades, entre ces deux sujets de composition : la force de l'exemple en morale, ou l'analyse de l'*Histoire de la Révolution française* par Mignet. Herwegh et Feuerlein optèrent seuls pour le second ; « tandis que je m'en acquittai strictement en bon écolier », nous dit Feuerlein, « Herwegh livra un travail original d'analyse et de critique en se plaçant à un point de vue politique particulier ».

Une part très importante revient à l'*Histoire de la Révolution* de Mignet ainsi qu'à celle de Thiers dans le développement des idées libérales en Allemagne après 1830. Publiciste encore obscur à cette date, Robert Blum, le grand orateur du Parlement de Francfort, avec qui Georges Herwegh échangera plus tard quelques lettres, rendit compte de ces deux ouvrages dans une revue littéraire de Leipzig (1). Siebenpfeiffer se couvrit de l'autorité de Mignet dans son plaidoyer de 1833 devant la cour d'assises de Landau (2), et Georges Büchner transposa sur la scène les récits de la *Révolution* de Thiers dans son drame de la *Mort de Danton* (janv. 1835).

On voit d'après le choix de ce sujet de devoir que Georges Herwegh, malgré la tutelle des théologiens au milieu desquels il vivait, retiré du monde, n'était pas resté indifférent aux secousses qui avaient ébranlé, un peu partout, les vieilles dynasties de droit divin.

---

(1) V. la biographie de Robert Blum, par Hans Blum, Ein Zeit- und Charakterbild (Leipzig 1878).

(2) V. Vollständige Verhandlungen gegen Dr. Wirth und Dr. Siebenpfeiffer (Zweibrücken 1833).

III

A TUBINGUE

Herwegh, admis comme boursier au séminaire de Tübingue ou *Tübinger Stift*, se fit inscrire à la Faculté de théologie le 23 oct. 1835. Il perdit le bénéfice de cette bourse lors de son expulsion de l'Ecole, et, après son départ, il était redevable au *Stift* de 850 francs pour frais d'études et de pension (1). Quand il voulut obtenir sa libération du Würtemberg, pour se faire naturaliser Suisse, on exigea le remboursement de cette somme qui fut couverte par le produit de la vente des *Poésies d'un Vivant*.

Pour connaître le nouveau milieu dans lequel entrait le jeune homme, alors âgé de dix-huit ans, il faut se rappeler l'importance de cette Ecole de Tübingue où s'était formé Christian Baur et d'où sortit David Strauss.

A l'époque où Herwegh fréquenta le séminaire, Baur, le rénovateur de la théologie würtembergeoise, enseignait à l'Université, mais de 1817 à 1826, il avait professé à Blaubeuren, l'une des quatre pépinières où se recrutaient, à tour de rôle, les candidats de l'Ecole de Tübingue, et pendant qu'il occupait cette chaire, il avait compté parmi ses élèves David Strauss qui se pénétra de ses idées. Strauss lui-même fut répétiteur à Maulbronn, puis au séminaire de Tübingue jusqu'au mois d'octobre 1833. Deux années s'étaient écoulées depuis son départ, mais, comme les études duraient cinq ans, les anciens avaient tous suivi ses leçons

---

(1) Cette somme figure sur le compte courant du Comptoir littéraire à la date de juillet 1843.

sur la logique et la métaphysique, sur l'histoire de la philosophie depuis Kant, ou son cours de morale.

Les deux premières années que les élèves passaient au séminaire étaient consacrées à la philosophie. Celle de Hegel qui dominait alors dans l'enseignement devait précisément donner à l'école de théologie souabe son caractère particulier en favorisant l'exégèse et le goût des recherches historiques.

Le séminaire était alors dirigé par Sigwart, professeur de philosophie à l'Université, « éphore » de 1834 à 1841. Les répétiteurs qui se succédèrent à Tübingue pendant les deux semestres d'études de Herwegh furent : Vischer (de 1833 à mars 1836), Weizel (de 1834 à 1836), Mann (de 1834 à 1837), Lempp (de 1834 à 1838), Dorner (de 1834 à avril 1836), Stock (de 1835 à 1837), Lauderer (de 1835 à 1839), Jetter (de 1835 à 1837), Kraz (de 1835 à 1838), Brackenhammer (de 1836 à 1838), Haakh (de 1836 à 1839) (1).

Herwegh ne paraît pas avoir voulu se soustraire en principe à la direction de ses nouveaux maîtres. Il s'efforçait de les satisfaire, selon Feuerlein, en se conformant à peu près à leurs conseils et au programme qu'ils avaient tracé, et même il s'inquiétait du rang qu'il pourrait occuper dans le classement général (2).

Mais, d'une part, la poésie n'avait pas perdu son prestige à ses yeux. Il est regrettable que les vers de cette époque se soient égarés. Une seule pièce, conservée dans le manuscrit, porte les traces du séjour à Tübingue. Les signes exté-

---

(1) Herwegh ne les eut pas tous pour professeurs ; plusieurs d'entre eux, comme, par exemple, Vischer, n'enseignèrent de 1835 à 1836 qu'aux élèves les plus âgés. Ces renseignements m'ont été fournis par M. Leuze, répétiteur-bibliothécaire de l'Ecole de Tübingue.

(2) A la fin du semestre d'hiver il fut classé 11° sur 31. Cf. le rapport des répétiteurs sur les élèves, « unter welchen Herwegh anfangs wie Diezel sich in einem geistigen Herumnaschen an den verschiedensten Gegenständen ergehen zu wollen schien, späterhin jedoch ein gründlicheres Streben zeigte ».

rieurs et intérieurs : la description (le fleuve dont il parle pourrait être, en effet, le Neckar), l'influence de Lenau, tout permet de croire qu'elle fut écrite au commencement du printemps 1836, et par conséquent au séminaire (1). D'autre part, sans manifester l'intention de rompre avec le *Stift*, Herwegh n'avait pas hésité à s'affilier à une société secrète d'étudiants. Malgré la dissolution de la *Burschenschaft* il existait encore dans les Universités une foule de ramifications qui déjouaient la surveillance de la police. Celle de Tübingue s'appelait l'association des *Giovannen* (sans doute en souvenir de la *Giovine Italia* de Mazzini). Le groupe du *Stift* qui en dépendait portait le nom de groupe des « Patriotes ». Cette association n'avait pas de tendances bien subversives, au dire de Feuerlein, l'un de ses membres : elle ressemblait plutôt à une grande réunion d'amis dans laquelle Herwegh sut se faire estimer par son originalité et sa vivacité d'esprit ; on y discutait plus souvent littérature que politique, ou si l'on abordait les problèmes sociaux, c'était peut-être à la façon paradoxale de la « Jeune Allemagne », du moins sans réel danger pour l'Etat.

Cette adhésion ne tirait donc pas à conséquence, mais les maîtres de Herwegh le soupçonnèrent bientôt de s'être mis en relations, ainsi que Gustave Diezel, avec les chefs de la « Jeune Allemagne ». Cette hypothèse ne se vérifia pas. On connaît deux lettres de Herwegh à Gutzkow, mais elles sont de plus tard. Herwegh aurait même ignoré longtemps ce soupçon sans l'imprudence d'un répétiteur qui fit allusion devant lui à la méfiance dont il était l'objet. « Il semble », en conclut Feuerlein, « qu'à la suite de ces déclarations et d'autres de ce genre il ait eu plus clairement conscience de l'abîme qui le séparait du corps des répétiteurs ». Ainsi s'explique, selon lui, l'accès de mauvaise humeur qui, quelque temps après, s'empara de Herwegh en présence d'un répétiteur : comme on lui repro-

---

(1) V. Herweghs Nachlass : Von einem Schrank an grauer Klosterwand.

chait un soir de faire du tapage dans sa chambre, il s'exprima trop vivement sur le compte du surveillant et de ses collègues, fut signalé et puni, puis traduit devant le conseil de discipline qui prononça son exclusion. Le rapport de l' « éphore » Sigwart est daté du 5 août 1836. Le 8 août, le jeune homme qui avait demandé l'autorisation de fréquenter l'Université comme étudiant libre recevait l'avis suivant : « Le conseil de discipline de l'Université 1° a décidé que l'étudiant Herwegh aurait à fournir dans un délai de huit jours un certificat de son père, attestant qu'il autorise son fils à continuer ses études en ville ; 2° l'exhorte sérieusement à ne pas se conduire en ville comme au séminaire ; faute de tenir compte de cet avertissement, il serait éloigné aussitôt de l'Université ». Feuerlein ajoute que Herwegh regretta d'abord sa promptitude de langage et pardonna difficilement au répétiteur qui, au lieu d'étouffer l'affaire, l'avait criée par-dessus les toits. La sentence était sévère, mais il dut se résigner à son sort.

Le jeune homme se fit immatriculer à Tübingue comme étudiant en droit. A-t-il pris lui-même, une fois expulsé du séminaire, la résolution de changer de Faculté ? Ce fragment, tiré de ses brouillons :

> An meine Mutter
> Die Kanzel hattest du mir zugedacht
> Und drauf zum Rechtsgelehrten mich gemacht;
> Was ist von alle dem geblieben ?
> Die Poesie !

tendrait à prouver que, s'il suivit un conseil, ce fut celui de sa mère ; mais il est plus naturel d'admettre qu'en renonçant à la théologie, au moment où il commençait à douter des vérités révélées, il n'obéit qu'à sa propre inspiration.

Le droit ne le passionna guère. Il ne s'inscrivit que pour un cours, les Pandectes de Wächter. En choisissant les études juridiques, il s'était laissé guider par le souci de l'avenir, par la nécessité de s'engager dans une carrière qu'il rêvait rapide et brillante. Le découragement qui avait succédé à l'expulsion du séminaire fut suivi d'une période d'exaltation pendant laquelle, selon Feuerlein, il s'abandonnait à d'ambitieux projets et se voyait déjà ministre. Mais un poète ne change pas ainsi sa destinée. Au lieu de s'enfermer dans les amphithéâtres de l'Université, Herwegh préfère fréquenter le cénacle des *Giovannen*. Bientôt ce cercle lui-même ne lui suffit plus et la vie universitaire lui devient odieuse. C'est alors qu'il écrit à Lewald, directeur d'une revue littéraire de Stuttgart, l'*Europa*, et lui exprime son désir d'abandonner ses études pour se consacrer exclusivement aux belles-lettres (1).

---

(1) Cette lettre est de 1836 selon Lewald (v. Europa, 1841, IV, page 163).

IV

DÉBUTS LITTÉRAIRES

Au mois de mars 1837 nous le retrouvons à Stuttgart. « Il arrivait » écrit Lewald « sans plan bien arrêté... Il voulait avant tout s'affranchir de l'influence des professeurs, du commerce des étudiants et suivre, dans une grande ville, son penchant à la rêverie et à la méditation, stimulé par le théâtre ou les jouissances musicales ».

Auguste Lewald, connu en littérature pour ses ouvrages sur l'histoire de la musique et ses romans, avait groupé autour de lui à Stuttgart ce qu'il appelle lui-même une petite Table-Ronde : c'était une coterie de jeunes écrivains orgueilleux, une de ces petites chapelles jalousement fermées aux profanes, où les nouveau-venus sont toujours regardés en intrus, à moins de savoir s'imposer, mais alors ils risquent d'exciter l'envie. Herwegh songeait sans doute à ces présomptueux auteurs lorsqu'il dépeignait dans l'un de ses sonnets « ces petits esprits qui, tout en sentant en eux-mêmes qu'ils ne sont que des élèves, acceptent volontiers que l'on tresse pour leur front une couronne de lauriers et la portent comme les maîtres sur la place publique ; qui serrent volontiers la main de tous ceux qui leur promettent de trouver leur compilation impeccable, de la recouvrir de beaux oripeaux dorés, de l'enduire d'un doux vernis de miel (1) ». Lorsque Georges Herwegh parut dans les réunions qu'ils tenaient chez Lewald tous les soirs, on l'accueillit d'abord assez mal. Il assistait généralement en silence à leurs discussions ; il n'intervenait que rarement dans leurs débats, mais, quand il le faisait, c'était sur un ton ferme et péremptoire, rendu plus grave par un

---

(1) V. Album für Boudoirs 1841 : Dissonanzen, I, Cliquen.

accent encore un peu âpre (1). C'est Lewald, témoin de ces réunions, qui s'exprime ainsi, et qui ajoute : « Les jugements énoncés sur son compte dans notre cercle étaient partagés. Quelques-uns ne le prenaient pas au sérieux et ne parlaient de lui qu'avec indifférence ; d'autres ne tardèrent pas à s'apercevoir qu'il y avait en lui du talent, tout en trouvant qu'il visait trop à l'originalité ; d'autres le disaient exalté, trop entier, que sais-je encore ? » Lewald n'avait pas hésité à reconnaître la supériorité du jeune poète : « Ses poésies » dit-il « prouvaient l'abondance de sa veine poétique, et pourtant il ne m'en donnait que la plus petite partie, les mieux réussies; tout sujet, tout événement devenait dans sa pensée prétexte à poésie; je n'avais encore jamais vu dans mon expérience d'écrivain l'exemple d'une pareille fertilité ».

Le père de Georges s'inquiéta de savoir son fils à Stuttgart dans ce milieu d'hommes de lettres et fit part de ses craintes au directeur de l'*Europa*. Celui-ci, pour le rassurer, lui répondit qu'il était persuadé « que son fils dépasserait Uhland et Schwab et serait un nouveau Schiller », et il attacha Georges Herwegh d'une manière définitive à la rédaction de sa revue (2).

Le poète devint non seulement son collaborateur, mais aussi son confident. Lewald initia Herwegh à ses projets : « Il fréquentait tous les jours le bureau de la rédaction à des heures déterminées ; il était toujours le bienvenu dans ma maison. Nous formions toutes sortes de plans

---

(1) L'accent souabe de Herwegh se perdit avec les années. Cf. Moleschott, Für meine Freunde, p. 285 : « Ich habe keinen andern Schwaben gekannt — Herwegh war ein geborener Stuttgarter — vielleicht keinen anderen Deutschen, der seine Sprache so rein, so frei von jedem Klange der Mundart, und doch so künstlerisch gesprochen hätte. »

(2) Lewald vivait dans une certaine opulence si l'on en croit le témoignage de Herwegh après sa rupture avec le directeur de l'Europa, v. Ged. u. krit. Aufsätze II, p. 148 : « Der Jammer der Menschheit und der eigene fühlt sich auf einem Strohsessel so gut als auf einem Divan des Herrn August Lewald ».

pour l'avenir. Il voulait écrire pour le théâtre. Moritz (1) dont il avait fait la connaissance chez moi promit de lui prêter main-forte. Je lui donnai des sujets, des idées, des scenarios, et il se remit au travail ».

Ce goût pour le théâtre se retrouvera dans la vie littéraire de Herwegh : à différentes reprises le poète ébauchera plusieurs pièces, mettra sur le chantier des drames et des comédies ; beaucoup plus tard, Dingelstedt lui-même l'encouragera dans ce sens : « Ton lyrisme d'airain nous doit encore la conclusion d'or de l'œuvre dramatique (2) ». La séduction que la scène et le monde des acteurs exerçaient sur Herwegh en 1838 est confirmée par ces paroles de Feuerlein : « Comme Lessing au temps où il était en relations avec l'acteur Mylius, Herwegh se sentait dans son élément lorsqu'il parlait du théâtre et de l'opéra et de leurs étoiles de première et de seconde grandeur; il devait s'occuper alors de critique théâtrale ». Il ne reste malheureusement rien des ébauches de pièces dont parle Lewald. La *Mort de Danton*, de Georges Büchner, l'avait sans doute vivement impressionné. Peut-être aurait-il conçu dans ce genre le drame qu'il projetait à cette époque ; il s'inspira des sujets révolutionnaires lorsqu'il écrivit en 1843 l'esquisse de son *Marie-Joseph Chénier*. On a même voulu trouver la première idée de l'une des plus belles élégies de Herwegh : *Ich möchte hingehn...* dans ces mots du Danton de Büchner : *Doch hätte ich anders sterben mögen, so ganz mühelos, so wie ein Stern fällt, wie ein Ton sich selbst aushaucht, sich mit den eigenen Lippen tot küsst, wie ein Lichtstrahl in klaren Fluten sich begräbt* (3). Mais

---

(1) Célèbre acteur, né en 1800, depuis 1833 à Stuttgart.

(2) Lettre inédite du 27 nov. 1866 : « Deine eiserne Lyrik ist uns den goldenen dramatischen Schluss schuldig geblieben ».

(3) Dantons Tod, Dritter Akt, Die Conciergerie.

c'est une idée chère aux poètes et la rencontre pouvait être fortuite (1).

Il semble impossible de délimiter exactement la collaboration de Herwegh à l'*Europa* et aux « albums » de l'*Europa* (*Album für Boudoirs, Lyrisches Album*), car tous ses articles ne sont pas signés de son nom, quelques-uns ne portent que ses initiales, et la plupart un chiffre conventionnel.

Dans l'*Album für Boudoirs* de 1836 figure (p. 72) une traduction de la *Jeune Captive* d'André Chénier que l'on pourrait lui attribuer, car elle est signée H. Serait-ce l'une de ces poésies de début que Herwegh envoya de Tübingue à Lewald et auxquelles celui-ci fait allusion lorsqu'il parle « d'essais, poésies originales et traductions, qui témoignaient d'un beau talent et qui furent accueillies avec empressement » ? Dans l'*Europa* de 1838 I (*Beilage*) parut la poésie : *Des Mädchens Tränen*, dans l'*Europa* de 1838 II (*Beilage*) : *Der Totengräber*, dans l'*Album für Boudoirs* de 1838 (p. 5) : *Wellenklage*, toutes les trois sous la signature de Herwegh (2).

---

(1) Cf. par exemple : Anastasius Grün, Gedichte 1837, Gœthes Heimgang :

    Zu scheiden wie der Tag im Abendrot !...
    In Nacht zu sinken wie des Meeres Wogen !...
    Und zu zerstäuben wie die flücht'ge Wolke !...

— D'Annunzio, Prologue des Vierges aux Rochers : « Lorsqu'un parfum m'enveloppe et s'évanouit, lorsqu'un son m'effleure et se dissipe, je me sens parfois pâlir et presque défaillir, car il me semble que l'arôme et l'accord de ma vie tendent à cette même évanescence ».

— Comtesse Mathieu de Noailles, Le Cœur innombrable, La Mort fervente :

    S'en aller calmement avec la fin du jour,
    Mourir des flèches d'or du tendre crépuscule !

(2) Après son départ de Stuttgart, d'anciennes et de nouvelles poésies furent encore publiées sous sa signature, les unes avec son consentement, les autres à son insu : Lieder (Album für Boudoirs 1840), Die Blätter meiner Laube, Die drei Sterne,

Deux récits en prose sont signés en toutes lettres (*Europa* 1838 I p. 34-36 : *Aus dem Portefeuille eines Freundes* ; *Europa* 1838 I p. 514-516 : *Die Reiherbeize*). La première de ces nouvelles est accompagnée d'une gravure qui représente deux femmes et une fillette à genoux devant une madone. La scène se passe en Sicile ; l'une de ces femmes, Marcella, vient d'être abandonnée par son fiancé. Six mois s'écoulent ; un voyageur retrouve en vêtements de deuil devant l'image de la Vierge les mêmes personnes, moins Marcella qui s'est noyée de désespoir. — La gravure de la seconde nouvelle nous montre une noble demoiselle en costume de chasse avec un faucon sur le poing : c'est Angélica, fille d'un lord anglais, qui aime un conspirateur poursuivi par son père. La jeune fille, pour le sauver, lui envoie un message qu'elle confie à une colombe, mais la colombe est tuée par un faucon avant d'arriver jusqu'au jeune homme qui, traqué et voulant fuir, tombe du haut d'un rocher et se fracasse le crâne. Angélica expire elle-même auprès de la civière sur laquelle on le ramène inanimé (1).

Pour les autres articles on ne peut procéder que par hypothèse. C'est une discussion trop spéciale pour que je m'y engage dans ce chapitre. Zolling a cru reconnaître la plume de Herwegh dans la critique des *Nuits* de Beck (*Europa* 1838 I p. 229-231) et du *Freihafen*, journal fondé sous les auspices de Varnhagen d'Ense, König, Mises, Rosenkranz et Carus (*Europa* 1838 I p. 517-519), la première signée H — g, la seconde G. H. (2).

Malgré la signature H — g qui ne paraît pas correspondre au nom de Herwegh, Zolling attribuait le premier article au poète en raison du style et surtout des idées qui

---

Dissonanzen (Album für Boudoirs 1841), Zum Andenken an Georg Büchner (Europa 1841 II p. 97),Meine Nachbarin, Aeltere Lieder (Lyrisches Album für Europa 1842).

(1) Ces deux récits ont été reproduits dans la Gegenwart (14 nov. 1896) sous le titre : Zwei Balladen in Prosa .

(2) D'après les lettres et les notes de Zolling adressées à M Marcel Herwegh.

annoncent en effet les articles publiés plus tard dans la *Volkshalle*. Qu'on en juge par ces exemples : « La poésie doit comme la philosophie, mais sous une autre forme, concevoir la réalité, spiritualiser la matière inintelligente, communiquer au parfum de la fleur le souffle de l'esprit du monde. Que signifie cet éternel désir de transformer la réalité ? La fleur de chaque poésie doit s'étendre dans l'avenir, mais la racine doit se fixer dans le présent... Nous avons eu une poésie du libéralisme qui nous a dépeint le présent si vil et si empesté qu'on ne pouvait s'empêcher de se demander avec étonnement comment des hommes avaient pu vivre dans cette atmosphère. Toute pensée de réforme, mise en vers, passait pour une bonne poésie... Cette rimaillerie libérale a perdu plus d'un brillant talent. J'estime les *Promenades d'un Poète viennois* et pourtant je me surprends à souhaiter qu'elles n'aient pas été écrites. Le succès d'Anastasius Grün a détourné bien des esprits sérieux de leur vraie route. Je déplore la critique qui, en parlant d'Anastasius Grün, s'obstine à ne considérer que ses *Promenades* ; je suis persuadé qu'Anastasius Grün lui-même place infiniment plus haut son unique *Pécheresse*. Poésie libérale ! l'affreuse expression ! La poésie doit être poésie, et son contenu, éternel. Ce qui est poétique est bon. L'art seul rend libre. Goethe et Heine sont plus libres que nous tous » (1). On peut s'étonner que dans cette profession de foi Herwegh ne combatte pas encore le dilettantisme comme il le fera plus tard. Mais dans le deuxième article le programme de vulgarisation littéraire qui lui inspirera les formules esthétiques de la *Volkshalle*, d'où sortiront à leur tour les *Poésies d'un Vivant*, est plus précis : « Nous autres littérateurs, nous devenons chaque jour plus impopulaires. Bientôt on parlera d'habitués de littérature comme on parle déjà d'habitués de salons. Encore un peu et nous n'écrirons et ne

---

(1) Cf. Ged. u. krit Aufsätze I, p. 12, Die neue Literatur ; I p. 88, Eine demokratische Verirrung : « Das Was entschuldigt aber nie eine verfehlte Form. »

composerons plus de vers que pour les savants et les poètes ; le poète ne verra plus luire les étoiles que dans sa chambre, elles n'éclaireront plus tout le vaste univers. L'homme instruit comprendra toujours mieux Homère que l'homme sans instruction, mais une production ne peut être bonne si elle n'offre pas quelque profit et de l'intérêt même pour les intelligences moyennes. Le public nous accueille avec froideur ; à qui la faute si ce n'est à nous-mêmes ? (1) » Ces deux articles, complétés l'un par l'autre, contiennent à l'état embryonnaire l'esthétique de Herwegh, conciliant la beauté et la vérité (2).

*
* *

Un incident imprévu vint troubler l'existence littéraire du jeune homme, un an après son arrivée à Stuttgart. Il s'était cru dispensé du service militaire en qualité d'ancien élève du séminaire de Tübingue. Un matin, — d'après le récit de Lewald — un agent de police entra dans les bureaux de l'*Europa* et somma le poète de le suivre. Herwegh, à son retour, déclara que c'était pour la conscription, mais qu'il allait faire des démarches pour n'être plus inquiété par l'autorité militaire. Le lendemain il ne reparut pas ; Lewald reçut une lettre datée de la caserne : le jeune poète ne pouvait s'habituer à l'idée d'être appelé

---

(1) Cf. Ged. u. krit. Aufsätze I, p. 12, Die neue Literatur ; I p. 44, Literatur und Volk.

(2) Les critiques H — g (1838 I p. 134 : Hessisches Album, herausgegeben von Franz Dingelstedt, G — g (1838 I p. 181: Der letzte Wendenfürst; 1838 I p. 279 : Perlen der Literatur; Briefe über die neueste Literatur von Alexander Jung), et surtout H. (1838 I p. 380 sous la rubrique Theater : der Landwirt ; 1838 I p. 421-422 : Gockel, Hinkel, Gackeleia, Märchen wiedererzählt von Clemens Brentano ; Unterhaltungen zur Schilderung Gœthe'scher Dicht-und Denkweise) pourraient également émaner de Herwegh. Mais les nombreux comptes rendus signés H — k sont dus à la plume de Honek (pseudonyme de Kohen).

sous les drapeaux « pour fourbir les armes en temps de paix ». Lewald, alors, se hâta d'aller le trouver et lui promit de s'occuper de sa libération ; il obtint d'abord que son protégé fût traité avec des égards particuliers, puis il fit présenter une supplique au roi. On ouvrit une enquête ; mais pendant qu'elle se poursuivait, Herwegh, dans un moment d'impatience, se permit devant un sous-officier une observation qui lui attira quinze jours d'arrêts, au pain et à l'eau. La décision royale, qui l'exemptait du service en lui accordant un congé illimité, ne lui fut appliquée qu'à l'extinction de sa peine, le 26 mars 1838.

Il reprit en ville sa vie studieuse et mondaine. Il se mit en quête d'un travail rémunérateur, nous dit Lewald, et le trouva dans la traduction des œuvres de Lamartine pour un éditeur de Stuttgart. Chaque volume devait être livré en un mois. Désormais Herwegh fréquenta moins souvent le directeur de l'*Europa*. Durant cette période il traduisit les *Premières Méditations* et les *Nouvelles Méditations* (1 vol.), *Jocelyn* (1 vol. en vers), le *Voyage en Orient* (3 vol. en prose). Ces traductions, généralement fidèles, aisées et même brillantes, ne le satisfaisaient qu'à demi, car il regrettait de n'avoir pu, faute de temps, rendre « le meilleur » de Lamartine, la beauté musicale de ses vers, leur sonorité et leur rythme (1).

Herwegh consacrait aux plaisirs de la société les loisirs qu'il dérobait à cette besogne absorbante. Sa mise était distinguée et recherchée. Lewald observe qu'il suivait la mode avec une extrême attention. Lorsque le poète revit ses anciens condisciples de Tübingue pendant l'été 1838, Feuerlein fut frappé de l'élégance de son costume et de ses airs de grand seigneur : « Il se trouvait alors », dit-il, « dans une phase purement esthétique ».

Ses relations à Stuttgart sont très peu connues. On dut l'inviter dans les salons et même dans les plus grandes soirées. La tradition souabe permet de le supposer, car

---

(1) V. Ged. u. krit. Aufsätze II, p. 76.

elle place sa dispute avec un officier dans un bal de la cour.

Deux versions sont en présence pour ce qui concerne les suites de cette discussion, si grosse de conséquences pour l'avenir de Herwegh. Rappelé au régiment après une vive altercation dans un bal avec un officier supérieur, écrivait Madame Herwegh d'après les notes de Feuerlein, il se rendit à l'exercice en souliers blancs, dans une tenue qui n'était pas conforme au règlement ; son chef, le capitaine Moser, l'ayant réprimandé, Herwegh répliqua vertement (1), fut incarcéré et parvint à s'échapper. Mais, pour toute la période du service militaire, on ne peut guère se fier à Feuerlein qui semblait même ignorer que le jeune soldat avait obtenu un congé. « Il faisait de son mieux » écrivait-il « pour ne pas prendre part aux exercices ». Ses amis de Tübingue et de Stuttgart, en se représentant sa fuite dans ces conditions, ne confondaient-ils pas avec les arrêts de 1838 ? Muncker, après avoir consulté le dossier de Herwegh au ministère de la guerre, acquit la certitude (c'est la version officielle) que celui-ci, en 1839, n'était pas rentré au régiment, mais s'était soustrait par la fuite à l'ordre de réincorporation. En tout cas, il ne saurait régner aucun doute sur la date de la désertion. La poésie de Herwegh : *Einkehr in die Schweiz im Frühjahr 1840* a pu tromper Brandes, par exemple, qui a cru que le séjour du poète en Suisse datait du printemps 1840. Mais l'indication du titre de cette poésie repose évidemment sur une méprise : Follen qui l'a débaptisée, car elle s'intitulait primitivement *Frühlingslied* (2), a confondu la date de l'arrivée de Herwegh en Suisse avec celle de son installation à Zürich. L'ordre qui le rappela sous les drapeaux est daté du 6 juillet 1839, et du 20 juillet le mandat d'amener, lancé contre lui après sa disparition; le capitaine Lipp qui l'avait rédigé appartenait au 6ᵉ régiment d'infanterie würtem-

---

(1) Eine höchst unparlementarische Antwort, selon Feuerlein ; la réplique de Götz de Berlichingen, d'après une lettre de M. Conrad Haussmann à M. Marcel Herwegh.

(2) V. Ged. u. krit. Aufsätze II, p. 46 et Ged. eines Leb. II.

bergeoise auquel était alors affecté Georges Herwegh. Par une étrange coïncidence ce même régiment se trouva en présence de la légion démocratique à Dossenbach le 27 avril 1848. Lipp écrit que « Herwegh, désigné en 1839 pour le 6ᵉ d'infanterie würtembergeoise, au lieu de se présenter, déserta (1). »

Grâce au concours de son ami Gustave Diezel et de deux cousins de Balingen, Jacob Märklin et Rösler, futurs médecins, Herwegh réussit à quitter furtivement d'abord Stuttgart, puis le Würtemberg, pour se fixer à Emmishofen en Suisse (canton de Thurgovie), dans la banlieue de Constance, à deux pas de la frontière.

---

(1) Georg Herweghs viertägige Irr- und Wanderfahrt, p. 89.

V

HERWEGH EN SUISSE

LES ARTICLES DE LA « VOLKSHALLE ».

Herwegh descendit chez Elsner, l'un de ses compatriotes, ancien élève du séminaire de Tübingue, auteur de brochures libérales, proscrit à la suite des fêtes de Hambach; celui-ci le mit en relations avec le célèbre Wirth, également réfugié en Suisse depuis 1839.

Né à Hof en 1798, Wirth s'était adonné jusqu'en 1830 à l'étude théorique du droit et de l'économie politique. Profondément remué par la nouvelle de la révolution de Juillet, il avait alors conçu le projet de se faire journaliste et de fonder à ses frais une feuille bi-hebdomadaire, le *Cosmopolite*. Dans les sept numéros qui parurent en janv. 1831, il critiquait le gouvernement bavarois et recherchait les causes matérielles du mécontentement général. Cotta lui confia, peu après, la direction du journal : *Inland* à Münich (mars 1831), mais à la suite de difficultés avec la censure, sans doute aussi avec l'éditeur, Wirth abandonna ce journal pour lancer à partir du 1er juillet 1831 la *Deutsche Tribüne*, où il défendait encore au début le principe constitutionnel, mais où, peu à peu, irrité par les vexations et les poursuites qu'on multipliait contre lui, il avait encouragé la résistance, légale et même illégale. La *Tribüne* fut interdite le 2 mars 1832, et Wirth arrêté le 16 mars, puis acquitté et relâché le 15 avril. A peine sorti de prison, il s'attaquait à la monarchie dans sa proclamation du 21 avril 1832 et se rendait à la grande réunion patriotique de Hambach, organisée sous ses auspices. Accusé de menées révolutionnaires et traduit en justice avec tous ses complices (ce procès dura du 29 juillet au 16 août 1822), Wirth se défendit avec éloquence. Son plaidoyer auquel

Herwegh fait allusion dans un article de la *Volkshalle* (1) contient le résumé de ses idées politiques et économiques. Wirth y formule ce qu'il nomme les six grandes lois de l'histoire de la civilisation : 1° la constitution sociale doit être organique et non mécanique, 2° positive et non négative, 3° la forme de l'Etat est sujette à l'évolution, 4° les rapports des sociétés entre elles sont réglés par l'arbitrage et régis par le libre échange, 5° l'existence des nationalités est sacrée, 6° le progrès se réalise sans désordres. De plus, il vante l'ancienne constitution germanique où l'empereur, élu par le peuple, responsable et révocable, n'était qu'une sorte de président républicain. Wirth fut condamné à deux ans de réclusion. On lui assignait ensuite comme résidence la petite ville de Hof, mais il réussit à s'échapper et gagna la France; il édita en 1838, à Nancy, la revue intitulée *Braga*, où il eut pour principal collaborateur l'historien Hagen qui devait siéger plus tard à l'extrême-gauche du Parlement de Francfort.

Directeur de la *Volkshalle*, à Emmishofen, de 1839 à 1841, Wirth chargea Herwegh de la critique littéraire.

Les deux collaborateurs se rencontraient sur plusieurs points. Ils croyaient à la nécessité d'une éducation démocratique. Wirth avait dit dans son plaidoyer, citant Jean Paul pour lequel ils éprouvaient la même admiration, que ce n'était pas sur l'inégalité de fortune, mais sur l'inégalité de culture que reposait le système actuel de l'hydrostatique politique (2). Herwegh se plaisait à répéter que la vraie critique devait distribuer la production littéraire dans les masses et que les poètes avaient été primitivement les éducateurs de l'humanité (3). — Tous deux se défiaient également de l'Etat, conçu comme un mécanisme où l'individualité de l'homme se trouvait étouffée, et tous deux voulaient la décentralisation du pouvoir. Wirth déclarait que « la fonction du gouvernement consistait

---

(1) V. l'article sur Jean Paul (Ged. u. krit. Aufsätze I p. 144).
(2) V. Jean Paul, Hesperus, Sechster Schalttag.
(3) Ged. u. krit. Aufsätze I p. 13, p. 50.

plutôt à observer, à veiller, à protéger qu'à tout administrer par lui-même (1) ». Herwegh opposait constamment le peuple et l'Etat (2). — Mais leur accord ne pouvait être que de courte durée. D'une part l'idée différente qu'ils se faisaient du Moyen-Age les séparait et d'autre part ils ne partageaient pas les mêmes sentiments à l'égard de la Révolution française. Tandis que Wirth regrettait, comme Hagen, les vieilles assemblées provinciales et combattait le cosmopolitisme de Börne, Herwegh qui ne fut séduit par l'impérialisme que d'une manière passagère, et seulement à Zürich dans le voisinage de Follen, ne cessa jamais de lutter contre la féodalité et de se réclamer de la tradition française. Voici ce qu'il écrivait dans la *Volkshalle* en 1840 : « Un seul chef ne nous fait pas faute; ce qu'il nous faut, c'est un seul cœur (3) » ; « c'est sur autre chose que sur un empereur qui dort dans la montagne du Kiffhaüser, sur autre chose que sur le vieux Barberousse que nous comptons (4) ». Or, par ces paroles, il attaquait plus ou moins directement le programme de Wirth.

Les détails nous manquent sur la vie du poète pendant son séjour à Emmishofen (juillet 1839-avril 1840). Scherr, qui fit la connaissance de Herwegh en mars 1840, dit qu'il produisait sur ceux qui l'approchaient une irrésistible attraction grâce à sa nature de poète, à l'insouciance avec laquelle il envisageait les côtés matériels de la vie, à ses manières affectueuses et principalement à sa franchise (5).

---

(1) Die polit. Reform., p. 26.
(2) Ged. u. krit. Aufsätze, Eröffnung.
(3) Ged. u. krit. Aufsätze (Barbarossas letztes Erwachen) II, p. 50.
(4) Ged u. krit. Aufsätze II, p. 68.
(5) Le célèbre pamphlétaire Scherr (1817-1886) — auteur de : Laute und leise Lieder (1842) où se trouvent plusieurs sonnets dédiés à Herwegh, du libelle : Die Verjagung Itzsteins und Heckers aus Sandjerusalem qui obtint un vif succès en 1845, d'une épopée satirique : Hans von Dampf (1850) et de plusieurs ouvrages historiques (Blücher, seine Zeit und sein Leben, 1865 ; Allgemeine Geschichte der Literatur, 1869-1870) — combattit ensuite Herwegh en 1843 dans le pamphlet : Die deutsche Propaganda in Zürich, en 1854 dans : Deutscher Parnass.

Mais si les faits extérieurs de cette époque nous échappent, les articles et les poésies de la *Volkshalle* ne laissent, par contre, aucun doute sur le développement intellectuel du jeune poète : remplis d'informations précieuses sur les lectures et les goûts littéraires de Herwegh en 1839 et 1840, ils nous montrent de la manière la plus évidente la genèse de ses idées depuis le moment où il quitta l'Allemagne jusqu'au jour où il écrivit, « avec le sang de son cœur » comme Börne, les *Poésies d'un Vivant* qui sont en germe dans ces essais.

L'auteur des *Lettres de Paris*, qui ont opéré une véritable révolution dans la littérature de 1830, occupe la première place dans cette période de la vie littéraire de Herwegh. Depuis ses années d'études au séminaire Börne était l'objet de sa prédilection. A la *Volkshalle*, Herwegh voulut dans une certaine mesure continuer l'œuvre du grand critique. Il le cite souvent, tantôt textuellement, tantôt librement : à propos de George Sand (1), de Hölderlin (2), de Jean Paul (3), à propos de la liberté (4). Ces fréquentes citations, venues d'elles-mêmes sous sa plume, prouvent combien l'esprit de Herwegh était nourri de sa pensée. Il disait encore en propres termes au sujet du livre de Streckfuss sur les *Garanties de l'Etat prussien* : « En présence d'écrits de ce genre je regrette toujours Börne qui attaquait chaque chose sans détours et savait prêter à son écrasante polémique une transparence qui la rendait intelligible aux plus humbles de son peuple (5) ». Il ne tarit pas d'éloges ; il le défend contre tous ses adversaires, contre Heine, contre Gervinus, contre la foule des littérateurs (6). Si l'on veut chercher un ancêtre intellectuel à Georges Herwegh, il faut songer principalement à Börne.

---

(1) Ged. u. krit. Aufsätze I p. 58.
(2) Ged. u. krit. Aufsätze I p. 112.
(3) Ged. u. krit. Aufsätze I p. 140.
(4) Ged. u. krit. Aufsätze II p. 115.
(5) Ged. u. krit. Aufsätze I p. 121.
(6) Ged. u. krit. Aufsätze I p. 18, II p. 128, p. 150.

Leur point de vue littéraire est le même, ou diffère peu.
On sait que l'auteur des *Lettres de Paris* a combattu Gœthe
avec obstination (1). « La nouvelle littérature », écrit à son
tour Herwegh, « date de l'opposition contre Gœthe ». Sans
doute il ne se montre pas aussi intransigeant que son précurseur, car il est plus sensible à la beauté plastique des
œuvres de Gœthe et ne comprend pas qu'on oublie les
tendances révolutionnaires de Werther ou d'Egmont (2).
Il voudrait en réalité concilier ces deux cultes : « Notre
critique peut serrer Gœthe et Börne sur son cœur; elle peut
aimer Gœthe sans avoir besoin pour cela de blâmer Börne
de ses procédés cruels envers ce poète. Elle sait que la foudre de Börne n'a frappé que les hauteurs (3) ». Après avoir
souscrit au jugement de l'implacable publiciste sur la froideur et l'indifférence de Gœthe, il explique son impassibilité à l'égard du temps par sa sympathie pour les choses
éternelles (4). Il atténue, comme on le voit, les violences
contenues dans les *Lettres de Paris*, mais il reconnaît en
somme que l'opposition systématique contre Gœthe a été

---

(1) « Dass Freiheit in deutscher Kunst und Wissenschaft sich
erhalte, musste der literarische Ostracismus gegen Gœthe endlich
verhängt werden » (Schilderungen aus Paris IX : Le roi des
Aulnes).

V. Börne : Contre la correspondance de Gœthe et Schiller, contre
le Divan oriental-occidental, contre la froideur compassée du style
de Gœthe (Aus meinem Tagebuche 1830, II, V, X, XIV) ; critique
de la correspondance de Gœthe et Bettina (Kritiken XLI) ; servilisme de Gœthe (Briefe aus Paris, 14), poltronnerie (29), critique
du Wilhelm Meister (30), insensibilité de Gœthe (45, 51, 54),
préjugés aristocratiques (100).

(2) Cf. l'article de l'Europa 1833 I p. 230 : « Wenn Börne vom
Himmel sagte : wenn du die Menschen hassest, bist du wahr, so
galt das für brillant und man dachte nicht daran, dass auch
Gœthe einen Prometheus geschrieben. Gœthe, hiess es, habe stets
geliebäugelt mit dem Bestehenden, und Gœthe hatte doch einmal
den Werther, diese poetische Protestation, gedichtet ».

V. Herweghs Nachlass : le sonnet inédit de 1840 contre les
détracteurs de Gœthe.

(3) Ged u. krit. Aufsätze I p. 17.

(4) Ged. u. krit. Aufsätze II p. 69.

absolument nécessaire, en quoi il reprend sous une autre forme la principale pensée de Börne.

Herwegh partage aussi son mépris pour les romantiques, les plus inactuels de tous les poètes (1). Mais il a soin de distinguer entre les romantiques proprement dits et les « hyperromantiques » : « La grande erreur des romantiques a consisté dans leur prétention de vouloir s'affirmer exclusivement, entrer en contradiction avec la réalité, le présent, l'histoire, oublier le monde pour la fleur bleue et s'abandonner à une rêverie sans fin et sans forme, précisément à une époque où l'histoire passait au premier plan (2) ». Cette distinction lui permet d'immoler Tieck et de ne pas sacrifier Arnim qui possédait le sens historique dont l'auteur de *Fortunatus* était entièrement dépourvu.

L'ironie romantique ne trouve pas grâce à ses yeux. Il oppose à l'égoïsme ironique de Tieck l'humour de Jean Paul qui ne juge pas le fini en le rapportant au moi, mais au divin (3), l'humour appelé par Jean Paul : le contraste du fini et de l'infini, et par Börne : « cette fougueuse et capricieuse démocratie des pensées et des sentiments qui représente en largeur ce que le romantisme représente en profondeur et en hauteur (4) ». Il est intéressant de mettre en regard ces trois définitions de l'humour — celle de Jean Paul : « Il rabaisse la grandeur et exalte la petitesse, mais, différent de la parodie et de l'ironie, c'est en plaçant le grand à côté du petit en même temps que le petit à côté du grand et en les anéantissant ainsi l'un et l'autre, car devant l'infini tout est égal et tout n'est rien (5) », — celle de Börne : « Il élève ce qui est bas et abaisse ce qui est élevé,

---

(1) Cf. la critique de Hoffmann (Börne, Eine Kleinigkeit, Kritiken XV : Humoralpathologie, XXXI : Die Serapionsbrüder), de La Motte-Fouqué (Kritiken XIV : Der Mord Augusts von Kotzebue), de Houwald (Dramaturgische Blätter XII, XV, XLVIII, LXIII).
(2) Ged. u. krit. Aufsätze I p. 155.
(3) Ged. u. krit. Aufsätze I p. 144.
(4) Schilderungen aus Paris IX : Le roi des Aulnes.
(5) Vorschule der Aesthetik (éd. Reimer 1862, tome 18, p. 119).

non par arrogance ou par désir d'humilier, mais pour rétablir l'égalité, parce que, sans égalité, il n'y a pas d'amour (1) », — enfin celle de Herwegh : « Le sceptre et le bâton du mendiant ont tous deux leurs côtés ridicules; le prince et le prolétaire doivent s'affranchir des limites du fini, tendre à l'idéal et chercher à s'en rapprocher. Dans leurs conditions respectives toute différence entre eux est purement extérieure et conventionnelle et ne possède aucune valeur au regard de l'absolu... L'humour est démocrate (2) ».

En troisième lieu, Herwegh se déclare l'adversaire des dilettantes : « C'est le dilettantisme qu'une critique intelligente doit s'efforcer principalement de combattre ; le dilettantisme est contraire à tout ce qu'il y a de vrai et de de profond dans l'art (3) ». Cette déclaration a son importance, car il s'agissait de choisir entre les deux groupes formés par la scission de la « Jeune Allemagne » : « Börne est le cri de guerre de l'un, Heine celui de l'autre; d'un côté l'on trouve Gutzkow avec un petit nombre d'amis, de l'autre MM. Laube, Kühne et Mundt (4) ». Herwegh n'hésite pas à se ranger parmi les premiers, et les ennemis de Börne sont les siens. D'abord Pückler-Muskau, le prince des dilettantes, l'auteur des *Lettres d'un Défunt* et des *Voyages de Semilasso*, auquel il reconnaît une certaine grâce dans le style, mais dont il déplore la suffisance et la frivolité (5). Puis Heine, qu'il ne peut s'empêcher d'admirer pour tout son esprit et pour son lyrisme inimitable, mais auquel il donne résolument tort lorsqu'il le compare à Börne : « Pour Heine, tout n'a été qu'un jeu, un jeu génial, mais néanmoins un jeu ; Börne est mort en sans-

---

(1) Kritiken XV : Humoralpathologie (éd. Hesse, 3ᵉ vol. p. 106).
(2) Ged. u. krit. Aufsätze, I, p. 143.
(3) Ged. u. krit. Aufsätze II, p. 90.
(4) Ged. u. krit. Aufsätze I, p. 19.
(5) Ged. u. krit. Aufsätze I, p. 9 et s., p. 39 ss. Cf. Börne, Briefe aus Paris (32, 68), Menzel der Franzosenfresser (éd. Hesse, 4ᵉ vol. p. 39-47).

culotte inexorable, Heine finira selon toute apparence en qualité d'aide de camp du prince Pückler (1) ». Laube s'est également perdu pour avoir accepté l'hospitalité et la protection de Pückler en 1835 (2). L'article consacré par Herwegh au *Pilote*, nouvelle revue de l'école de Laube, fondée en 1840 par Kühne et par Mundt, permet d'apprécier les différences qui existaient, à cette date, entre le pseudo-libéralisme et le libéralisme radical dans la littérature allemande (3).

Disciple fervent de Börne, il était naturel que Georges Herwegh voulût se rapprocher de celui en qui paraissait le mieux revivre son esprit. Cette similitude de tendances nous explique les avances qu'il fit à Gutzkow. Il lui adressa deux lettres en 1839. « Je suis fier d'être le seul Souabe qui vous rende sincèrement et entièrement hommage », écrivait-il dans l'une (4), songeant aux attaques de Menzel, rédacteur du *Stuttgarter Literaturblatt*, qui avait dénoncé à la Diète fédérale l'immoralité de *Wally la Sceptique* (5). L'autre fut écrite à l'occasion de la première représentation de *Richard Savage* : « Votre *Savage* réduira vos envieux adversaires au silence. Mundt et Kühne peuvent-ils produire une œuvre capable d'éveiller au même degré la sympathie de la foule ? Votre tentative est la première de notre jeune littérature pour se mettre à la portée de la nation et pour se créer un autre public que celui des hommes de lettres (6). » La poésie de Herwegh à Gutzkow, qui porte la devise : *Victrix causa deis placuit, sed victa...* (7), était jointe sans doute à l'une de ces lettres. Dans les articles de la *Volkshalle*, Herwegh mentionne souvent l'auteur de

---

(1) Ged. u. krit. Aufsätze I, p. 18. Cf. Börne, principalement Briefe aus Paris (109).

(2) Ged. u. krit. Aufsätze I, p. 41.

(3) Ged. u. krit. Aufsätze II, p. 117.

(4) V. Hamburgischer Correspondent, 23 janv. 1903.

(5) Herwegh détestait Menzel. Cf. Ged. u. krit. Aufsätze I, p. 30, II p. 68, 69, p. 75.

(6) V. Proelsz, Das Junge Deutschland, p. 754.

(7) Album für Boudoirs, 1841.

Richard Savage, de *Blasedow*, de *Götter, Helden und Don Quixote;* il parle en termes élogieux de sa tragédie de *Saül*, de son *Maha Guru*, de son article sur Platen dans l'*Europa*, du livre : *Goethe im Wendepunkte zweier Jahrhunderte*, et même de la tragédie de *Néron* (1). Gutzkow n'a pas exercé d'influence directe sur Herwegh ; lorsqu'ils se ressemblent, c'est le plus souvent parce qu'ils rappellent Börne tous les deux. Cependant, on peut rapprocher leurs théories sur l'importance du roman dans la littérature moderne, leur commune admiration pour Shelley et pour Büchner. On peut également noter que la nécessité de la haine, qui servira de motif à l'une des plus belles des *Poésies d'un Vivant ; das Lied vom Hasse*, se rencontre déjà dans les *Briefe eines Narren an eine Närrin*, et l'assimilation des laïcs aux prêtres, qui est de source saint-simonienne :

> Priester nur wird's fürder geben
> Und kein Laie mehr auf Erden sein (2)

a pu venir à Herwegh par l'intermédiaire de Gutzkow, mais elle se trouve aussi dans Heine (3).

Le style de Herwegh dans ses articles de critique rappelle celui de Börne ; rapide comme la marche du temps, tranchant comme un glaive », il mérite le même éloge : « Les phrases trahissent une hâte presque fébrile, elles sont courtes. Les critiques répondent de ce qu'ils avancent,

---

(1) Ged. u. krit. Aufsätze I p. 7-8, p. 20, p. 168, II p. 101, p. 126.

(2) Ged. eines Leb. I : Zuruf.

(3) Préface française des Reisebilder 1834. Parmi les autres écrivains de la Jeune Allemagne, Wienbarg, l'auteur des : Aesthetische Feldzüge, qui n'est pas nommé une seule fois dans les articles de la Volkshalle, a pu exercer une lointaine influence sur les essais de 1839-1840. Quelques-uns des Stichwörter des Poésies d'un Vivant dérivent des mêmes conceptions (Cf. Aesthetische Feldzüge, Dritte Vorlesung p. 34 : « Protestieren » ; Fünfte Vorlesung, p. 73, p. 79 : « Das Leben ist des Lebens höchster Zweck ».

ils ont aboli le nous et l'ont hardiment remplacé par le moi (1) ».

Or la vivacité et la clarté, la brièveté et la précision sont des qualités essentiellement françaises. Börne s'était formé à l'école de Voltaire. Herwegh, à son tour, faisait sa lecture favorite de nos auteurs et prenait nos écrivains pour modèles. Parmi les poètes de son temps, Victor Hugo semble l'avoir moins attiré que Lamartine, qu'il a très justement caractérisé dans une préface de ses traductions. Dans ses articles de la *Volkshalle*, il s'attache de préférence à Béranger dont la vogue fut extraordinaire, même en Allemagne. Victor Hugo écrivait de Mayence au chansonnier : « J'ai pensé que vous seriez heureux de savoir que les échos du Rhin sont pleins de votre voix et que la ville de Frauenlob chante les chansons de Béranger (2) ». Herwegh lui emprunte la devise de son article *Literatur und Volk* : « Le peuple, c'est ma muse (3) », et cet article glorifie à l'égal d'Homère celui que Börne avait appelé, d'ailleurs assez improprement, mais le mot fit fortune : *die Nachtigall mit der Adlerklaue* (4). Ailleurs, il vante la pauvreté volontaire de Béranger (5). Plus loin, il le nomme « l'Apollon de la chaumière (6) ». Après lui, c'est George Sand qui le captive le plus. Son article sur *Lélia* ressemble à un véritable panégyrique. Dans une seconde étude, consacrée à l'essai de George Sand sur le *Faust*

---

(1) Ged. u. krit. Aufsätze II p. 70. Cf. Börne, Briefe aus Frankfurt, 6 déc. 1820 (éd. Hesse, 4ᵉ vol. p. 18) : « Die Deutschen sind zu furchtsam, sie wagen es nicht einen Stil zu haben... Ihre Aengstlichkeit verrät sich gleich darin, dass sie, in der didaktischen Rede, Wir sagen statt Ich. »

(2) Œuvres complètes, correspondance : lettre à Béranger, 4 oct. 1840.

(3) V. Préface des Chansons de 1833.

(4) Briefe aus Paris (103). Cf. l'heureuse modification dans le parallèle de Béranger et Uhland (La Balance, janv. 1836) : « Béranger chante comme une alouette... Uhland chante comme un rossignol ».

(5) Ged. u. krit. Aufsätze I p. 76.

(6) Ged. u. krit. Aufsätze II p. 141.

de Gœthe, le *Manfred* de Byron et le *Conrad* de Mickiewicz, les louanges, bien que mêlées de restrictions, laissent encore percer la plus grande vénération (1). En dehors de *Lélia*, il cite les *Sept cordes de la Lyre* et *Spiridion*. Herwegh avait lu également les *Paroles d'un Croyant* de Lamennais. L'article *Literatur und Volk* débute comme une parabole : « Au commencement Dieu créa la liberté »... « Et le Seigneur se tourna vers le levant »... « vers le midi »... « vers le septentrion »... Lamennais est mentionné à plusieurs reprises dans la *Volkshalle*. Herwegh n'admet pas ses tendances, mais l'admire comme écrivain (2). A côté de ces grands noms, ceux de publicistes moins connus (Granier de Cassagnac, Xavier Marmier, Janin) se pressent sous sa plume.

Si l'on ajoute à cette liste celle des poètes allemands : Platen, Hölderlin, Chamisso, Hilscher, Beck, Freiligrath, Mosen, Wihl, Uffo Horn, Immermann qu'il propose comme modèle à ceux qui voudront s'essayer dans le roman comique, et les plus célèbres écrivains anglais : Shakespeare, Walter Scott, Byron, Shelley, le mystérieux Trelawney (3), et Robert Burns, le poète populaire, qu'il a lus dans le texte ou dans les traductions (4), on aura un tableau aussi fidèle que possible des lectures de Herwegh entre 1839 et 1840.

Son attitude à l'égard de la revue philosophique de Ruge, les *Annales de Halle*, est particulièrement curieuse. Il en analyse les articles, mais en adopte rarement les conclusions. Il ne partage pas l'avis de Prutz sur les rapports de la philosophie et de la poésie (5), ni celui de Biedermann sur la nouvelle littérature (6), ni la sévère opinion

---

(1) V. Faust bei drei Nationen ; cf. l'essai de George Sand : du drame fantastique, dans la Revue des Deux-Mondes, 1840.
(2) Ged. u. krit. Aufsätze I, p. 79, II p. 159.
(3) Cf. Börne, Briefe aus Paris (98, 111).
(4) Herwegh cite les traductions de Byron par Böttger, Pfizer, Ortlepp, Hilscher, de Burns par Gerhard, Kauffmann, Heintze, Freiligrath.
(5) Ged. u. krit. Aufsätze I p. 25.
(6) Ged. u. krit Aufsätze I p. 96.

de Ruge et d'Echtermeyer sur Jean Paul (1). Une seule fois, à l'occasion du livre de Streckfuss sur les *Garanties de l'Etat prussien*, Herwegh approuve entièrement les vues des *Annales de Halle*, et c'est la première fois que l'auteur des *Poésies d'un Vivant* se déclare franchement contre la monarchie (2).

Mais le plus sincère esprit démocratique anime toutes ces pages, et sans que l'on puisse suivre exactement les étapes de cette évolution dont les principaux facteurs furent sans contredit l'influence de Wirth et de Börne et le contact de la vie municipale chez les Suisses, elles permettent de constater que Georges Herwegh est devenu républicain pendant son séjour à Emmishofen.

Les deux grandes doctrines autour desquelles se groupent ses idées dans la *Volkshalle* ont surtout un caractère moral et esthétique. 1° Herwegh oppose le sujet (ou l'individu) à l'Etat (ou l'absolu); 2° il affirme le besoin de populariser l'art. « Si la politique a pour mission d'émanciper le citoyen, » écrivait-il, « la littérature assume une tâche qui n'est pas moins belle, celle de libérer l'homme en nous (3) ». « Le meilleur Etat lui-même renferme des institutions qui oppriment l'individu, et de tout temps, depuis qu'il y a des poètes, ils sont entrés en conflit avec les lois de la politique (4) ». « Tout poète est en opposition avec l'Etat, même le meilleur (5) ». « La jeune littérature est entièrement démocratique par son origine... Elle n'a plus besoin pour ses tragédies et pour ses nouvelles de cet appareil princier que Shakespeare lui-même estimait encore indispensable pour produire de grands effets. Elle découvre un roman dans la plus modeste chambre; elle entend mur-

---

(1) Ged. u. krit. Aufsätze I p. 142.
(2) Ged. u. krit. Aufsätze I. p. 116-128.
(3) Ged. u. krit. Aufsätze I p. 4-5.
(4) Ged. u. krit. Aufsätze I p. 24.
(5) Ged. u. krit. Aufsätze I p. 36.

murer la mélodie du destin dans tous les cœurs (1) ». « Le temps de la poésie seigneuriale est passée... Je ne vois pas pourquoi la misère humaine entre quatre murs ne devrait pas me toucher autant que devant des glaces de Venise (2) ». « Le mendiant a sa destinée comme le roi, et le liard qui lui manque pour acheter le morceau de pain qui doit apaiser sa faim est vraiment plus poétique que le million refusé par une Chambre des députés (3). ».

Convaincu de la nécessité de puiser une nouvelle force d'inspiration dans la poésie des chaumières, de choisir ses héros parmi les humbles et de chanter pour eux, Herwegh voulait, comme nous le verrons, concilier l'individualisme d'une part et le retour au peuple d'autre part. Il préludait ainsi à son recueil de chansons, prêtant au mot le sens que lui avaient donné Tyrtée et Callinos chez les anciens et, plus près de nous, Béranger chez les modernes (4), au petit livre dont toutes les pages respiraient en même temps l'amour de la liberté subjective et l'enthousiasme de la démocratie collective.

On peut se rendre compte de la production des *Poésies d'un Vivant* en analysant les uns après les autres les articles de la *Volkshalle* pour comparer l'idée en germe dans l'étude en prose avec la quintessence de la même idée transformée par le travail poétique. Rien n'est plus instructif que cette comparaison :

Mit dem ersten Dichter wurde der erste Protestant geboren ; schon Homer war ein Protestant.

(I p. 24)

> So lang' ich noch ein Protestant,
> Will ich auch protestieren.

(*Protest*)

---

(1) Ged. u. krit. Aufsätze, I p. 16.
(2) Ged. u. krit. Aufsätze, II p. 119.
(3) Ged. u. krit. Aufsätze, II p. 140.
(4) V. Ged. u. krit. Aufsätze, I p. 51 : « Bekanntlich wurde erst zur Zeit Herodots der Gebrauch des Wortes Dichter allgemeiner. Bis dahin hatte man nur von Sängern gewusst und damit ausgedrückt, dass die Poesie eigentlich gehört, nicht gelesen werden solle. »

Der Verstorbene aber knöpft seinen Oberrock nur auf, nicht um uns sein Herz, sondern um uns irgend einen Ordenstern oder ein Kreuz sehen zu lassen.

(I p. 39)

  Und noch vor Gottes Sternen
  Auf seine Sternchen weist.

(An den Verstorbenen)

Bis der Tag kommt, wo uns das Schicksal ablöst und Taten spendet statt unserer Worte.

(I p. 87)

  Ich möchte Speere werfen,
  Ich möchte Klingen schärfen
  Und tatlos nicht verglühn.

(An die Zahmen)

Aus unsern jämmerlichen Zuständen, ehe noch unsere Schmach voll wurde, hat er sich in die heilige Nacht des Wahnsinns gerettet.

(I p. 112)

  Doch bleibt ihm treu die Gottheit zugeschworen ;
  Sie legt am bösen Tag dem armen Kinde
  Mit weicher Hand ums Aug' des Wahnsinns Binde,
  Dass es nie sehe, was das Herz verloren.

(Sonette : Hoelderlin)

Deutsches Volk, deine himmlischsten Genien sind es gerade, die den so verrufenen Zweifel als echteste Religion betrachten und ausüben.

(I p. 165-166)

  Die uns als wilde, rohe Zweifler hassen,
  Und drob manch derben Fluch uns schon gespendet,
  Die frommen Leute — wie sind sie verblendet ;
  Der Glauben ist's, von dem wir nimmer lassen.

(Sonette : XVII)

Wir sind nicht mehr jene kindischen Poeten, welche jammern und winseln, wenn ein Kanonenschuss bei der Feile eines hübschen Verses sie stört ; wir stürzen hinaus, wenn es draussen wogt und stürmt, und zerschlagen getrost unsere Harfe.

(II p. 67-68)

  Lasst, o lasst das Verseschweissen !

(Aufruf)

  So haltet nur am Schwerte fest,
  Und lasst die Harfen uns zertrümmern.

(An die deutschen Dichter)

Die Schönheit sollte keineswegs der Tendenz geopfert werden. Die Schönheit wurde beibehalten als das oberste Gesetz jeder Aesthetik ; nur verlangte man von ihr, sie solle sich des Streites begeben mit ihrer gleichgöttlichen Schwester, der Freiheit.

(II p. 71)

> Der Freiheit Priester, der Vasall des Schönen,
> So wird der Dichter in die Welt gesandt.
> *(Sonette : XX)*
>
> Sei lieber gœthisch, teurer Freund, als gotisch.
> *(Sonette : XLVI)*

Ich beweine die grossen Künstler, deren eigener Drang oft so gehemmt wird, die ewig und ewig in die Vergangenheit zurückflüchten müssen und dorther ihre Stoffe entlehnen, Heilige und Madonnen malen, an die sie nicht glauben, dem Tod Altäre bauen statt dem Leben. Die Münchener Kunst ist eine schöne Lüge.

(II p. 215)

> Das Leben hat am Ende doch gewonnen,
> Und all die überhimmlischen Gestalten,
> Verklärten Leiber und verklärten Falten,
> Die schattenhaft durchsichtigen Madonnen...
> Sie konnten sich nicht mehr zusammenhalten.
>
> Das Heilige gelingt so selten schön,
> Das Schöne nur wird ewig heilig bleiben.
> *(Sonette : Unsern Künstlern)*

On remarquera que le *leitmotiv* des *Poésies d'un Vivant*, l'antithèse de la vie et de la mort, revient déjà sans cesse dans les articles de la *Volkshalle*.

Les poésies publiées par Herwegh dans ce journal en 1840 laissaient peut-être moins facilement prévoir son futur essor. Ses poésies d'amour (*Lieder, Einer Frommen, Derselben, Gebet, Abschied*) n'avaient pas le caractère universel des *Poésies d'un Vivant*. Quelques pièces de circonstances (*Der Verbannte zum Gutenbergsfeste, Tod Napoleons II., An einen Bekannten der einen Orden erhalten hatte, Gutenbergslied*) montraient que le poète s'engageait en hésitant dans la voie de la *Tendenzdichtung*. La conception de sa ballade historique : *Der sterbende Republikaner* était heureuse, mais l'exécution encore imparfaite. Cependant on découvre dans ces poésies de la *Volkshalle* les signes d'un réel talent. Trois chansons (*Der Gefangene, Lied der Weisheit, Tell*) peuvent soutenir la comparaison avec les chefs-d'œuvre de Béranger. Dans l'élégie sur la mort du poète Gaudy on trouve le même souffle d'émotion que dans l'élégie sur la mort de Georges Büchner et plus tard dans le prologue du centenaire de Schiller. Le sonnet : *Ich habe nie mein Elend mir vergoldet* était digne des *Dissonances* où l'on regrette qu'il n'ait pas pris place, et Louis Pfau, éditeur posthume du poète, l'a reproduit avec raison dans le recueil des *Neue Gedichte* ainsi que *Frühlingsnacht*. Enfin deux pièces de la *Volkshalle* répondaient d'une manière si exacte au nouvel idéal poétique de Georges Herwegh qu'il a pu les reprendre, l'une dans le premier, l'autre dans le second volume des *Poésies d'un Vivant : An die deutschen Dichter* et *Frühlingslied*, qui contenait l'idée-mère du *Chant de la Haine* :

> Und so wünsch'ich mir zuweilen
> Etwas, das ich hassen könnte !

En somme, le poète s'était recueilli pendant son séjour à Emmishofen, et sa nouvelle conception de l'art était sortie de ses méditations. Mais il lui fallait des loisirs ; Follen les lui procura en le retenant à Zürich.

VI

FONDATION DU COMPTOIR LITTÉRAIRE

Herwegh, en compagnie d'Elsner, se rend au mois d'avril 1840 sur les bords du lac des Quatre-Cantons ; il s'arrête à Zürich pour voir Follen qui le décide à rester près de lui (1).

Auguste Follen appartenait à la génération des *Burschenschaftler*, d'historique mémoire. Il n'avait joué lui-même qu'un rôle secondaire dans la *Burschenschaft* en comparaison de son frère Charles qui fut l'âme des « Noirs » de Giessen, puis des « Absolus » d'Iéna. Ainsi se nommaient les jeunes étudiants, vêtus de noir, qui, refusant d'entrer dans les corporations provinciales, s'étaient groupés entre 1817 et 1819 autour de Charles Follen, sortes de démocrates chrétiens, révérant dans le Christ « le républicain résolu et ardent qui, avec courage et avec joie, au mépris de toutes les lois humaines, mourut pour ses convictions (2) ». Charles Follen, avec sa figure d'apôtre, s'efforçait de ressembler, physiquement et intérieurement, au Christ indépendant dont il commandait à son prochain d'atteindre la perfection dans l'intérêt de la république. Habitué à se maîtriser lui-même, il exerçait une pression irrésistible sur ses amis qui, subjugués par l'ascendant de sa volonté, l'envisageaient volontiers comme le Nouveau Messie de la morale politique et lui obéissaient comme à un dictateur. Ses disciples lui demandant s'il espérait pouvoir mettre son système en pratique sans répandre le sang : « Non, » répondait-il sans s'émou-

---

(1) Herwegh habita de mai 1839 à mai 1841 Zürich-Enge, et de mai 1841 à septembre 1842, Zürich-Hottingen.

(2) Wit-Dörring, Fragmente aus meinem Leben und meiner Zeit (Leipzig 1830), I p. 8.

voir, « quand les choses en seront au pire, il faudra sacrifier tous ceux qui seront chancelants dans leurs opinions ». C'est de ce petit cercle qu'était sorti Charles Sand, meurtrier de Kotzebue. Charles Follen était l'auteur du fameux *Chant des Trente et des Trente-trois* (1), distribué par Sand aux étudiants d'Iéna, violent réquisitoire contre le despotisme, où se trouve cette curieuse exhortation souvent citée : « Tu dois devenir un Christ, le Fils de l'Homme était comme toi un enfant de cette terre », précédant ces sanglantes paroles : « Ta victime attend ; allume les feux de l'alliance sur les sommets des montagnes de la Germanie ; égorge, égorge les prêtres de Moloch ! »

Auguste Follen, son frère aîné (2), avait dirigé en 1817 la *Gazette Universelle d'Elberfeld*, et publié en 1819 une anthologie de chants patriotiques : *Freie Stimmen frischer Jugend* ; incarcéré à l'époque des poursuites contre les « démagogues », puis acquitté, il s'était réfugié en Suisse où il fit un riche mariage. Il publia en 1823 un recueil de poésies : *Harfengrüsse aus der Schweiz*, dans lequel il célébrait, pêle-mêle, Arminius et Winkelried, Caton et Körner, Huss et Blücher, Guillaume Tell et Rodolphe de Habsbourg, André Hofer et Maximilien d'Autriche. Ces vers respiraient un ardent amour de la patrie germanique, vue à travers le prisme d'une sorte de résurrection moyenâgeuse où le Saint Empire Romain prenait l'étrange aspect de la république stoïcienne et chrétienne que rêvait Charles Follen. Le type de ces patriotes allemands qui ont eu la hantise d'un empire démocratique où l'Empereur, élu par le peuple, exerçait les fonctions de prévôt ou de protecteur et non celles de souverain maître s'accomplit dans l'aîné des Follen. Moitié sérieusement, moitié par plaisanterie, Auguste Follen finit par être surnommé de tous ses amis l'empereur *in partibus* de la confédération populaire. C'était un fieffé romantique qui se

---

(1) Allusion aux trente tyrans d'Athènes et aux trente-trois tyrans allemands.
(2) Né à Giessen en 1794, mort à Berne en 1855.

plaisait à trôner dans les nuages de sa dignité imaginaire. Pour se donner l'illusion de régner il avait baptisé manoir sa maison de campagne, où il présidait, couronné de son béret, sa canne impériale à la main, et ce n'était pas sans surprise que les visiteurs entendaient sa femme sonner du cor comme une châtelaine pour le rappeler au logis (1). D'ailleurs aussi généreux que vaniteux, il obligeait ses amis sans compter, prêtait, donnait, comme s'il avait été le grand aumônier national.

Tel était l'homme dans la société duquel Herwegh allait vivre pendant son séjour à Zürich. On voit de prime abord qu'une parfaite harmonie ne pouvait pas régner plus longtemps dans ses rapports avec Follen que dans ses rapports avec Wirth, et pour des raisons analogues. Herwegh n'eut conscience que plus tard de cette divergence, mais elle n'en exista pas moins dès le début. L'auteur des *Poésies d'un Vivant* a dédié à Follen un sonnet où elle se montre discrètement :

> O lass den Traum, an den der Jüngling glaubte,
> Vergiss, wo frische Alpenrosen stehn,
> Der deutschen Freiheit Rose, die bestaubte (2).

Prutz rend compte de ces différences dans sa poésie à Follen : « Ils rêvaient encore d'Arminius et de Thusnelda, d'empire germanique et de preux chevaliers ; ils voyaient flotter les bannières sur le Saint-Sépulcre et Barberousse ressusciter... De nouveau l'arbre de l'histoire bourgeonne et nous rêvons un autre rêve. N'est-ce rien de plus qu'un rêve? Nous sommes devenus plus sages, nous ne tenons plus aux rois ni aux empereurs, nous voulons être libres. Barberousse ou Barbeblanche, peu nous importe (3). » Herwegh et Follen s'entendirent encore en 1843 sur la réserve

---

(1) V. Fröbel, Ein Lebenslauf, I p. 75 ss. Il avait fait surmonter d'une couronne dorée la girouette de son manoir, v. le portrait caricatural de Follen, dans Heinzen, Politische u. unpolitische Fahrten und Abenteuer, II : Feldzug gegen einen teutschen Kaiserprätendenten

(2) Ged. eines Leb., Sonette IV.
Gedichte : An L. Follen (oct. 1842).

à garder vis-à-vis des communistes, bien que leur conduite ne fût pas dictée par les mêmes sentiments ; mais ils commencèrent à se brouiller lorsque Follen partit en campagne contre les athées. L'empereur des étudiants, devenu citoyen d'une République, n'avait pu se dépouiller de ses croyances féodales : il apparaît comme un revenant de l'époque des croisades dans les rangs de la jeune génération hégélienne. Nouveau Torquemada, révélant la dureté de son âme autoritaire, il requit contre les athées les pénalités de la justice temporelle. Sa querelle avec Ruge et Heinzen se traduisit par un assaut d'épigrammes où se trouve mêlé le nom de Herwegh (1). Le poète qui avait pris parti pour les hégéliens se réconcilia dans la suite avec Follen, mais leur amitié perdit le caractère d'entière confiance qu'elle avait revêtu en 1840, au commencement de leur liaison.

Follen eut le mérite de découvrir en quelque sorte Herwegh et de faciliter ses débuts.

La société qui se réunissait avec lui se composait d'une élite. Les professeurs allemands de la Jeune Université de Zürich : Oken, l'orientaliste Hitzig (1807-1875), Schönlein, Pfeufer, Henle, Fröbel, étaient ses hôtes et ses amis. Ils formaient une petite association, appelée « La Société du Mercredi ». Le célèbre Oken, de son vrai nom Ockenfuss (1779-1851), avait joué un rôle considérable dans l'organisation de la *Burschenschaft* à Iéna où il enseignait les sciences médicales tout en dirigeant la revue encyclopédique de l'*Isis*. Après la fête de la Wartbourg dont il fut l'un

---

(1) Aux six sonnets de Follen : An die gottlosen Nichtswüteriche, fliegendes Blatt von einem Verschollenen, Ruge et Heinzen répondirent par leurs épigrammes : Blätter zu dem Lorbeerkranz eines Verschollenen ; à la seconde édition de Fliegendes Blatt, revue et augmentée, Heinzen répondit par cinq sonnets : Einem Kaiserkandidaten (1846), v. Heinzen, Gedichte (3ᵉ éd. Boston 1867) :

Der Romantiker Follen will die Poeten auf seiner Seite haben.

Du möchtest gern, zudringlich protektierlich,
Alliierte werben unter den Poeten.
Du rechnest falsch, du bist nicht so verführlich
(Das zeiget ja Freund Herwegh dir figürlich)
Für unsrer Neuzeit wahre Musageten.

des orateurs (1), Oken, mis en demeure de choisir entre sa chaire et la direction de l'*Isis*, préféra donner sa démission de professeur. Depuis 1832 il enseignait à Zürich. Oken sut apprécier Georges Herwegh ; il intervint en sa faveur lorsque le Grand Conseil du gouvernement de Zürich menaça d'expulser le poète en 1843. Schönlein (1793-1864) connut aussi Herwegh à Zürich avant d'être nommé médecin particulier du roi de Prusse. Son successeur, le futur médecin du roi de Bavière, Pfeufer (1806-1869), appelé en Suisse au cours de l'automne 1840, se lia plus intimement que les précédents à Georges Herwegh et resta longtemps en relations avec lui. Le savant Henle (1809-1885), ancien membre d'une société secrète d'étudiants, professeur d'anatomie à Zürich depuis 1840, était aussi l'un des plus fidèles amis du poète. Jules Fröbel (1805-1893), fixé à Zürich depuis 1833 et naturalisé suisse, occupait la chaire de minéralogie à l'Université. Il acquit plus tard un certain renom comme philosophe politique ; l'une de ses principales œuvres, intitulée *Neue Politik* (2), inspirée du *Contrat social* de Rousseau et de la *Création de l'Ordre* de Proudhon, combat au nom de la morale l'étatisme du premier et l'anarchie du second. Député du Parlement de Francfort en 1848, Fröbel siégea sur les bancs de l'extrême-gauche. Devenu dans la suite partisan de l'impérialisme autrichien, il cessa de correspondre alors avec Herwegh. Je dirai la part qui lui revient dans la publication du premier volume des *Poésies d'un Vivant*.

Un autre réfugié, l'ami de Follen, Guillaume Schulz, qui, en 1836, avait accueilli Georges Büchner, ouvrit hospitalièrement les portes de sa demeure au jeune poète. Ancien officier hessois, affilié au groupe des « Absolus » de Darmstadt, Schulz avait commencé par publier un catéchisme politique populaire (3) qui le fit rayer des cadres

---

(1) V. le compte rendu de la fête dans l'Isis 1817, XI-XII 195.

(2) Mannheim 1846.

(3) Frag-und Antwortbüchlein über Allerlei, was im deutschen Vaterlande besonders Not tut, für den deutschen Bürgers-und Bauersmann, Frankfurt 1819.

de l'armée ; il déploya dans le journalisme jusqu'en 1833 une activité infatigable (1); enfermé dans la forteresse de Babenhausen pour ses articles séditieux, il réussit à s'échapper en 1834 avec l'aide de sa femme Caroline; après un court séjour en Alsace, il s'était établi définitivement en Suisse où il édita encore de nombreuses brochures (2). Schulz appartenait à la même génération que Follen dont il possédait le tempérament romantique. Il assista plus tard celui-ci dans sa polémique contre les athées ; l'athéisme lui avait toujours paru une chimère ; il considérait que la critique était bonne tout au plus à servir de domestique à la religion : « c'est un pou » écrivait-il « qui se figure être au-dessus de la religion parce qu'il lui court sur la tête (3) ». Follen et Schulz, restés fidèles aux souvenirs des guerres de l'Indépendance, aimaient à se représenter le jeune poète sous les traits d'un nouveau Körner, et lorsque parurent les *Poésies d'un Vivant*, cette impression se communiqua dans une certaine mesure au public, malgré le cosmopolitisme qui s'affirmait dans la plupart d'entre elles. Il faut attribuer à Follen la responsabilité de ce faux air d'impérialisme qui se remarque dans les vers suivants :

> Sprich : Die neun und dreissig Lappen
> Sollen wieder besser klappen,
> Und ein Heldenpurpur sein (4).
>
> Wer will den Purpur von dem Kaiser trennen ? (5)

---

(1) Outre ses articles (Montagsblatt, Almanach für Geschichte des Zeitgeistes auf das Jahr 1830, Politische Annalen, Hesperus, Ausland, Inland), il publia une foule de brochures : Deutschlands Einheit durch Nationalrepräsentation (Stuttgart 1832), Was darf das deutsche Volk von seinen Landständen erwarten (Frankfurt 1833), der deutsche Volksbote, das Testament des deutschen Volksboten (Offenbach 1833), Ueber Bürgergarden u. Volksbewaffnung (Hanau 1833).

(2) Deutscher Michel (1842), Geheime Inquisition, Censur und Kabinetsjustiz im verderblichen Bunde (1845), etc.

(3) Briefwechsel eines Staatsgefangenen und seiner Befreierin (Mannheim 1846) I p. 209-210, II p. 123.

(4) Ged. eines Leb. I Dem deutschen Volk.

(5) Ged. eines Leb. II Die deutsche Flotte.

Au fond, le désir d'une résurrection du vieil Empire était étranger à l'âme de Herwegh, on peut s'en convaincre en lisant la *Volkshalle*. Mais ces conceptions, familières à Follen, séduisirent son imagination ; l'artiste subit à son insu le charme pittoresque du décor impérial et se complut à faire chatoyer le costume de l'Empereur devant sa vive et brillante fantaisie.

Trouva-t-il alors près de la population zürichoise un accueil aussi sympathique que près de la colonie allemande ? Parmi les personnalités politiques du canton, il a dû connaître quelques conseillers, tels que Ruegg, Hirzel, qui l'ont défendu en 1843, quand la question de son expulsion fut mise aux voix par le Grand Conseil de Zürich. Selon l'*Europa*, de nombreux auditeurs suivaient en 1841 ses conférences publiques sur la littérature allemande depuis la mort de Gœthe ; c'est à l'issue de l'une d'elles qu'il lut sa poésie à la mémoire de Büchner (1). Les collections que j'ai consultées (*Oestlicher Beobachter*, *Schweizerischer Republikaner*, 1840-1841) ne renferment aucun détail sur ces conférences ni sur le premier séjour de Herwegh à Zürich.

**

Herwegh écrivit à cette époque ses *Poésies d'un Vivant*, les sonnets au cours de l'automne 1840, les chansons à la fin de 1840 et dans les premiers mois de 1841.

Pour bien comprendre la signification des poésies du premier recueil, toutes consacrées à la politique, sauf quelques sonnets inspirés par l'amour (XXXVIII, XXXIX, XL, XLI, XLII) ou de source purement philosophique (par exem-

---

(1) V. Europa 1841 II p. 97.

ple XVIII, XIX, XXIII), il importe de se représenter la situation contemporaine et l'état des esprits, notamment après l'avènement de Frédéric-Guillaume IV en Prusse. C'est la trame des *Poésies d'un Vivant* ; leur arrière-plan historique permet seul de montrer pourquoi, répondant à un besoin, venues à leur heure et se recommandant par les qualités de forme qui seront analysées plus loin, elles obtinrent le plus retentissant succès. Le reproche que ces poésies ont encouru d'être vagues ne semble pas justifié, car on peut les envisager, au contraire, comme de véritables pages d'histoire, et pour les commenter, il faut entrer dans les détails.

L'avènement de Frédéric-Guillaume IV (le 7 juin 1840) fut salué comme un heureux présage. Le nouveau roi de Prusse qui succédait à son père et qui avait alors quarante-quatre ans ne ressemblait en rien à son prédécesseur : il détestait la bureaucratie et, d'une manière générale, abhorrait le formalisme; c'était un mystique : il croyait que les rois recevaient du ciel une mystérieuse lumière pour les éclairer dans leur mission terrestre et se faisait une haute idée de son divin titre de roi. Il avait l'âme sensible au beau et s'était complu à s'entourer d'objets d'art dans sa villa du parc de Potsdam, décorée dans le goût italien, où il réunissait ses amis. Peu de temps après son avènement, il installa sa cour dans le château de Sans-Souci, resté inoccupé depuis la mort de Frédéric II ; il semblait ainsi vouloir renouer avec la tradition du grand roi et le seul choix de cette résidence, où l'on voyait un symbole, suscita dans l'esprit de ses sujets des espérances disproportionnées avec les facultés et les projets du nouveau souverain. Frédéric-Guillaume IV avait puisé toute sa science politique dans Gentz (1) et dans la *Restauration der Staatswissenschaft* de Haller (2) : hostile au système représentatif issu de la Révolution, il se proposait d'en éviter les inconvénients dans son royaume en restau-

---

(1) Karlsbader Denkschrift 1819.
(2) 6 vol. 1816-1834.

rant et régénérant les vieilles institutions féodales qui accordaient une voix consultative aux Etats. Mais ses véritables desseins étaient ignorés du public; il passait pour libéral et se croyait lui-même capable de faire des concessions à l'esprit du temps. On colportait partout ce propos qu'il était censé avoir tenu devant Alexandre de Humboldt : « Quand j'étais héritier présomptif de la couronne, je me considérais, selon mon devoir, comme le premier gentilhomme de mon pays, mais depuis que je suis roi, je n'en suis plus que le premier citoyen (1) ». Il désirait réellement user de tolérance; il le manifesta dans ses discours et dans ses premiers actes comme s'il eût voulu témoigner qu'il saurait gouverner avec sagesse sans le secours d'une constitution. Mais ses paroles déguisèrent ses véritables intentions. Orateur aussi éloquent que son père avait été taciturne, il abusait des mots ; son peuple et lui ne les entendaient pas de la même manière. Lorsqu'il répondit le 10 septembre aux députés de Königsberg en jurant de remplir fidèlement ses devoirs et en levant la main au ciel : « Je veux embrasser d'un même amour, favoriser et stimuler les intérêts, la prospérité et l'honneur de toutes les classes... Chez nous, l'unité résulte de l'union de la tête et des membres, du prince et du peuple (2) », les auditeurs se méprirent sur ses promesses ; ils crurent que ce vague serment annonçait la Charte espérée depuis trente années, garantie à tous les Etats de l'Allemagne par l'article XIII de l'Acte Fédéral de 1815 et à la Prusse en particulier par les ordonnances royales du 22 mai 1815 et du 17 janvier 1820. L'ivresse fut générale lorsque, pendant les cérémonies de l'hommage à Berlin, le 15 octobre 1840, le roi, s'adressant aux assistants, leur demanda solennellement de l'aider à perpétuer les vertus qui avaient fondé la grandeur de la Prusse, « l'honneur, la fidélité, l'amour de la lumière, du droit et de la vérité, les progrès conçus avec la sagesse des vieillards et réali-

---

(1) Prutz, Zehn Jahre I p. 196.
(2) Prutz, Zehn Jahre I p. 243.

sés avec l'héroïsme de la jeunesse (1) ». Trompé par les illusions qui s'attachaient à la personne de l'énigmatique souverain, on prêta une trop grande importance aux mesures de réhabilitation et de pardon qui marquèrent les premiers mois de son règne : le général de Boyen, ancien collaborateur de Scharnhorst et de Gneisenau, qui vivait dans la retraite depuis 1819, se vit rappelé au Conseil d'Etat (6 juillet); Arndt, révoqué à la même époque, reprit possession de sa chaire à l'Université de Bonn (6 juillet) ; une amnistie générale faisait grâce aux criminels politiques (10 août) ; Frédéric-Guillaume IV attirait à Berlin les frères Grimm, frappés en 1837 par le roi de Hanovre pour avoir protesté contre l'abrogation de la Constitution (22 octobre); Jahn reçut la croix de fer en récompense des services qu'il avait rendus au temps des guerres de l'Indépendance (23 oct.). L'année 1840 coïncidait en outre avec le jubilé de l'anniversaire de l'imprimerie, célébré à Mayence le 15 août et à Berlin le 25 septembre, et dans toute l'Allemagne on se mit à réclamer plus impérieusement que jamais la liberté de la presse.

D'autres préoccupations, provenant de la politique extérieure, agitaient les esprits. Une guerre était imminente ; les visées de la France sur le Rhin semblaient la rendre inévitable. La convention de Londres relative à la question d'Orient, signée le 15 juillet entre l'Autriche, la Russie, la Prusse et l'Angleterre, à l'exclusion de la France, avait soulevé à Paris une explosion de patriotisme que le ministère Thiers avait encouragée. L'Allemagne se sentit prête à répondre aux provocations de ses voisins. Les populations exultaient à la pensée de combattre : le *Rheinlied* de Nicolas Becker, publié le 18 septembre, chanté pour la première fois au théâtre de Cologne le 15 octobre, s'était répandu avec une rapidité inouïe. Les gouvernements se tenaient sur leurs gardes : en prévision d'une guerre, le roi de Prusse, par décret du 8 octobre, avait interdit l'exportation des chevaux pour ne pas favoriser les préparatifs

---

(1) Prutz, Zehn Jahre I, p. 283.

militaires de l'adversaire aux dépens de la défense nationale.

Les vingt-cinq années de paix dont l'Europe avait joui depuis la chute de Napoléon commençaient à peser aux Allemands qui traversaient une crise belliqueuse. Lorsque tout danger parut écarté du côté de l'ouest à la suite de la démission de Thiers (le 29 octobre), les yeux se tournèrent vers l'autre frontière menaçante, celle de Russie, et l'on vit se réveiller les sympathies pour la Pologne dans les âmes sentimentales. On trouvait que Frédéric-Guillaume IV trahissait trop de faiblesse dans sa conduite envers son beau-frère, le tsar Nicolas. La jeunesse surtout se montrait impatiente de prendre les armes; elle éprouvait le besoin d'agir et de sortir de l'inertie où ses forces, étouffées par un pouvoir despotique, se consumaient lentement.

Les *Poésies d'un Vivant* furent conçues dans cette atmosphère. Elles rendaient fidèlement l'état d'inquiétude et de fièvre d'une génération qui avait cessé de goûter la poésie et les rêves des romantiques pour s'éprendre d'unité et de liberté ; elles reproduisaient l'enthousiasme juvénile qui cherchait confusément à se manifester dans les faits, mais avec cette différence qu'écrites en Suisse, en pays républicain, elles se ressentaient de cette origine et vibraient d'un accent de révolte plus prononcé. En ce sens, le poète, comme il s'en glorifie, devançait son peuple et prophétisait (1).

L'un des premiers chants politiques des *Poésies d'un Vivant*, inspiré par les événements contemporains, fut la réponse à Nicolas Becker, *das Rheinweinlied*. Le refrain : *Der Rhein muss deutsch verbleiben* prouve que Herwegh ne rêvait pas de conquêtes du côté des Vosges ; il ne songeait qu'à une guerre défensive et se défiait même des armements de la Prusse, car il écrivit, peu de temps après son *Rheinweinlied*, le sonnet : *Pferdeausfuhrverbot* qui

---

(1) Ged. eines Leb. I, Sonette II.

renferme la satire du décret sur l'exportation des chevaux, et l'on ne doit pas oublier ses vers de 1841 :

> Das Wort war vor dem Rhein (1)

> Was geht mich all das Wasser an
> Vom Rheine bis zum Ozean ?
> Sind keine freien Männer dran,
> So will ich protestieren (2).

Cependant la résurrection de la légende napoléonienne lui paraissait un danger pour l'Europe et pour la cause de la liberté; c'est pour cette raison qu'il chantait :

> O wehe, wer dem Franken traut
> Und ihn zu froh begrüsst;
> Er bringt uns immer unsre Braut,
> Wenn er sie satt geküsst (3)

et, plus expressément, à propos du retour des cendres de l'Empereur :

> Wie lang' mit Lorbeern überschütten
> Wollt ihr die korsische Standarte ?
> Wann hängt einmal in deutschen Hütten
> Der Hutten statt des Bonaparte ? (4).

L'idée de prendre part à une lutte, quels que fussent les ennemis :

> Und frage nicht, wo Feinde sind ;
> Die Feinde kommen mit dem Wind (5)

passionnait Herwegh en 1840, et cette ardeur belliqueuse qu'il partageait avec toute la jeunesse le prédisposait admirablement à traduire les viriles aspirations de son

---

(1) Ged. eines Leb. I, Das freie Wort.
(2) Ged. eines Leb. I, Protest.
(3) Ged. eines Leb. I, Wer ist frei ?
(4) Ged. eines Leb. I, Ufnau und St-Helena.
(5) Ged. eines Leb. I, An den König von Preussen.

temps. Des milliers de cœurs battaient à l'unisson du sien lorsqu'il se plaignait de l'oisiveté contemporaine :

Soll in tatenlosen Seufzern seine beste Kraft verwehn ? (1)

Sieh, wie die Jugend sich verzehrt
In Gluten eines Meleager,
Wie sie nach Kampf und Tat begehrt —
O drück in ihre Hand ein Schwert (2)

ou lorsqu'il s'écriait, à l'exemple de Hauff, prêtant ses sentiments à un jeune cavalier :

O Reiterlust, am frühen Tag
Zu sterben, zu sterben ! (3)

ou les exprimant pour son compte :

O wär'ich solch ein Ritter,
Auf stolzem Ross von schnellem Huf,
In schimmerndem Kürasse (4)

In eines Streithengsts Bügeln möcht'
Ich wiegen mich zur Schlacht (5).

On songeait involontairement à Théodore Körner en écoutant ce cliquetis de sabres; le glaive, comme dans *Lyre et Epée*, jouait le principal rôle dans ces héroïques chansons :

Auch das Schwert hat seine Priester (6)

Und dann zum treuen Degen !
Bis unsre Hand in Asche stiebt,
Soll sie vom Schwert nicht lassen (7).

Le poète envisageait volontiers cette future guerre

---

(1) Ged. eines Leb. I, Gebet.
(2) Ged. eines Leb. I, An den König von Preussen.
(3) Ged. eines Leb. I, Reiterlied. Cf. Hauff, Reiters Morgenlied.
(4) Ged. eines Leb. I, Der Freiheit eine Gasse.
(5) Ged. eines Leb. I, An die Zahmen.
(6) Ged. eines Leb. I, Aufruf.
(7) Ged. eines Leb. I, Das Lied vom Hasse.

comme une immense coalition de l'Occident contre la Russie afin de venger la Pologne et de bannir pour toujours la tyrannie asiatique de la surface de l'Europe (1). Le devoir de l'Allemagne, placée en sentinelle avancée à la tête de la civilisation, consistait à refouler les Cosaques pour empêcher le règne du knout :

> Aber straucheln muss die Freiheit auf des Russen starrem
> [Eis ! (2).
> Nimmer schwingt in unsrem Haus
> Der Kosake seine Knute (3).

Herwegh déplorait les sympathies de la cour de Berlin pour la cour de Saint-Pétersbourg ; il raillait la faveur avec laquelle on accueillait les tragédies de Raupach dont le sujet était emprunté à l'histoire russe (4).

Herwegh conviait à cette dernière croisade tous les peuples réconciliés (5). L'aube de la fraternité universelle se levait, les Allemands ne pouvaient rester divisés ; hommes d'une seule et même race, ils se rapprochaient pour réaliser l'unité nationale :

> Viel tausend Funken, eine Glut,
> Viel Herzen und ein Schlag (6)

> Ein Herz, ein Volk und ein Wappen (7).

On a, sur ce point, accusé le poète d'avoir mis sa confiance dans le roi de Prusse et de l'avoir cru capable de recoudre les trente-neuf lambeaux, « le cœur déchiré » de l'Allemagne, d'avoir vu en lui le héros désigné par le destin pour déployer « l'étendard des temps nouveaux », de lui avoir enfin souhaité l'auréole d'un « nouveau soleil

---

(1) Ged. eines Leb. I, Der sterbende Trompeter.
(2) Ged. eines Leb. I, Gebet.
(3) Ged. eines Leb, I, Zuruf.
(4) Ged. eines Leb. I, Sonette : Russophobie.
(5) Ged. eines Leb. I, Der letzte Krieg.
(6) Ged. eines Leb. I, Wer ist frei ?
(7) Ged. eines Leb. I, Dem deutschen Volk.

d'Austerlitz ». La poésie : *An den König von Preussen* est un ultimatum dicté, non par l'espoir, mais par la colère :

> Noch ist es Zeit...
> Und wer, wie ich, mit Gott gegrollt,
> Darf auch mit einem König grollen.

Ce caractère impérieux fait l'originalité des *Poésies d'un Vivant* : Herwegh parle aux rois en justicier ; il les somme devant son tribunal et les condamne tous, soit à disparaître dans les flots, soit à périr par le fer (1). Le roi de Prusse, « le dernier prince sur lequel on compte », pourrait éviter leur sort en se préservant de leurs erreurs et de leurs crimes, mais il semble disposé à les perpétuer :

> Man stellt die Freien vor Gericht
> Und wirft sie in die Schar der Tollen (2).

Herwegh ne se laissa pas longtemps abuser par les prétendues mesures d'indulgence de Frédéric-Guillaume IV. Il exprime ses doutes dans la poésie : *Arndts Wiedereinsetzung* et surtout dans : *Gesang der Jungen bei der Amnestierung der Alten* :

> Ihr habt die Erlösung so nahe gedacht,
> Ihr Brüder, ihr lustigen Zecher ;
> Ihr glaubtet zu fallen in blutiger Schlacht ;
> In den Kerkern wird uns Quartier gemacht...
> Die Alten heraus und die Jungen hinein !

Certes, on ne pouvait faire au roi de Prusse un grief d'être pacifique, mais il y avait même dans les œuvres de la paix de grandes réformes à accomplir, et puisqu'il se flattait de ressembler à Frédéric II, son ancêtre, que ne supprimait-il la censure ? que ne déclarait-il la guerre à l'obscurantisme ?

---

(1) Cf. Der letzte Krieg, Gebet, Das Lied vom Hasse.
(2) Ged. eines Leb. I, An den König von Preussen.

La liberté de la presse et la liberté de conscience étaient particulièrement chères à Herwegh. On ne saurait s'étonner de l'entendre mêler sa voix au concert de louanges qui s'éleva dans toute l'Allemagne pour saluer le quatrième centenaire de l'invention de l'imprimerie :

> Vierhundert Jahre sind erschlagen,
> Vierhundert Feinde liegen tot (1).

Herwegh a consacré six poésies à ce sujet : *Das freie Wort*, *Der beste Berg*, les trois *Gutenbergslieder*, *Protest*. Mais déjà dans cette dernière, le mot de protestant, énergiquement accentué, indiquait peut-être une opposition intentionnelle contre l'esprit du concordat de 1821 qui avait substitué le terme d'évangélique à celui de protestant dans les rapports de l'Eglise de Prusse avec l'Eglise de Rome. Le nouveau roi passait pour un tiède luthérien : on lui prêtait des sympathies anglicanes, on n'ignorait pas qu'il favorisait les piétistes, et toutes ces tendances semblaient l'incliner vers un rapprochement avec le catholicisme. Il s'était montré extrêmement conciliant et même faible à l'égard des ultramontains rebelles : non seulement un vieillard sans défense, l'archevêque de Cologne, Clément-Auguste de Droste-Vischering, arrêté sous Frédéric-Guillaume III pour n'avoir pas consenti aux mariages mixtes, put sortir de prison (13 juillet 1840), mais le roi fit relâcher l'archevêque de Posen, l'intrigant Dunin, et lui permit de rentrer dans son palais archiépiscopal (5 août 1840). Georges Herwegh reprenait contre ces tendances ultramontaines les armes de Luther et de Hutten :

> Fluch über dich, o Petri Sohn !
> Fluch über deine Klerisei ! (2)

> Der Fischer Petrus breitet aus
> Aufs neue seine falschen Netze ;
> Wohlan, beginn mit ihm den Strauss,
> Damit nicht einst im deutschen Haus
> Noch gelten römische Gesetze ! (3)

---

(1) Ged. eines Leb. I, Drei Gutenbergslieder II.
(2) Ged. eines Leb. I, Gegen Rom.
(3) Ged. eines Leb. I, An den König von Preussen.

Avec d'autres allusions aux événements qui excitaient le plus la curiosité publique : les premiers chemins de fer (1), la captivité de Silvestre Jordan (2), l'apostasie d'Anastasius Grün (3), tel était le contenu non pas insaisissable, mais concret des premières *Poésies d'un Vivant*.

On comprendra quel écho retentissant elles devaient trouver dans les cœurs si l'on ajoute que le jeune poète y paraissait avec toutes les séductions d'une nature noble et fougueuse qui ne pouvait manquer d'attirer la jeunesse dont il s'investissait l'apôtre, et l'on s'expliquera mieux le bruit qu'elles suscitèrent dans le monde des lettres, si l'on songe qu'il se posait en littérature comme en politique dans une attitude franchement révolutionnaire, rompant avec le passé comme avec le romantisme sous la dernière forme qu'il avait revêtue, l'exotisme. Avec Herwegh la poésie renonçait aux modes étrangères, au costume d'emprunt des orientalistes, et redevenait nationale :

> Greif, Sänger, wieder in den eignen Busen,
> In deines eignen teuren Volks Geschichte ;
> Da oder nirgends wohnen deine Musen (4)
> Mein Herz, kaum nach der Fremde so begehrlich,
> Bleibt gern im Lande nun und nährt sich ehrlich (5).

Le titre et la dédicace contribuèrent au succès du volume. La littérature de luxe ou de salon s'incarnait alors dans la personne du prince Pückler-Muskau (1785-1871), l'auteur des *Lettres d'un Défunt* et des *Voyages de Semilasso* (6), déjà mentionné, on s'en souvient, dans les articles de la *Volkshalle*. Herwegh réussit, dans sa dédicace, à le camper devant la postérité, monté sur un cheval arabe, la

---

(1) Ged. eines Leb. I, Der Freiheit eine Gasse.
(2) Ged. eines Leb. I, Sonette : Dingelstedts Jordanlied.
(3) Ged. eines Leb. I, Anastasius Grün.
(4) Ged. eines Leb. I, Sonette VIII.
(5) Ged. eines Leb. I, Sonette : Freiligrath.
(6) Briefe eines Verstorbenen 1830-1831, Semilassos vorletzter Weltgang 1835, Semilasso in Afrika 1836. Cf. Ged. eines Leb. I, Sonette XIV.

poitrine constellée de décorations, le faucon sur le poing comme un chevalier prêt à partir pour la chasse :

> O Ritter, toter Ritter,
> Leg deine Lanze ein !
> Sie soll in tausend Splitter
> Von mir zertrümmert sein (1).

Ce roué de cinquante ans qui se croyait l'égal de lord Byron venait de publier, en 1840, à son retour de Grèce, d'Egypte et d'Asie-Mineure, ses nouveaux récits de voyage : *Der südliche Bildersaal*, et il n'était bruit dans le monde que de ses aventures au désert, de sa vie de nomade sous la tente, de son entrevue avec Méhémet-Ali, de ses armures et de ses esclaves, entre autres de Machbuba, la fidèle Abyssinienne, qu'il avait ramenée dans son domaine de Lusace où elle ne tarda pas à mourir. Dans les premières éditions des *Poésies d'un Vivant*, le volume tout entier portait la dédicace : *An den Verstorbenen*.

Herwegh lut son manuscrit à ses amis de Zürich. Voici ce que Fröbel écrit à ce sujet : « Le cercle que je fréquentais connut avant l'impression le contenu de ses poésies dont la publication, à cette époque, était impossible en Allemagne, et nous ne pûmes nous soustraire à la forte impulsion de passion politique qui s'y manifestait, en partie sous une forme entraînante, qui devait, bientôt après, gagner le peuple allemand. Comme nous étions vivement préoccupés de trouver le moyen de faire paraître ces poésies et de les répandre en Allemagne, l'idée me vint de fonder une maison d'édition qui se ferait un devoir de prendre et de propager les écrits interdits par la censure, pour soutenir l'esprit politique nouvellement éveillé en Allemagne et pour mener en même temps la bataille littéraire contre la réaction en Suisse » (2). Ce fut l'origine

---

(1) Ged. eines Leb. I, An den Verstorbenen.
(2) Ein Lebenslauf I p. 95.

du fameux « Comptoir Littéraire » de Zürich et Winterthur qui a joué un rôle prépondérant dans la littérature de l'opposition avant la révolution de 1848. Fröbel s'entendit avec un éditeur de Winterthur, nommé Hegner, et conclut l'affaire le 31 décembre 1840. Outre les *Poésies d'un Vivant* et les *Vingt et une Feuilles de Suisse* de Herwegh, le « Comptoir Littéraire » édita de 1841 à 1846 les *Gedichte* (1843, 1846) et la *Politische Wochenstube* (1845) de Prutz, *Censurflüchtlinge* de Gottschall (1843), *Deutsche Lieder aus der Schweiz* (1ʳᵉ et 2ᵉ éd. 1843, 3ᵉ éd. 1845), *Deutsche Gassenlieder* (1843, 1845), *Deutsche Salonlieder* (1844, 1845), *Hoffmannsche Tropfen* (1844) de Hoffmann de Fallersleben, *Orla* de Dulk (1844), *Meine Rechtfertigung* de Jacoby (1842), *Untertänige Reden* de Walesrode (1843), *Anekdota* de Ruge (1843), *Die Sache der Freiheit*, *Das neu entdeckte Christentum* de Bruno Bauer (1843), les œuvres scientifiques de Fröbel : la *Krystallologie* (1842), *Deutschlands Beruf in der Gegenwart und Zukunft* de Théodore Rohmer (1842), etc. En 1843, l'existence du « Comptoir » auquel presque tous ces livres, à l'exception du premier recueil des *Poésies d'un Vivant*, avaient coûté plus d'argent qu'ils n'en rapportèrent parut compromise. Fröbel fit appel à la bourse de Follen qui consentit à commanditer l'entreprise avec Siegmund, le beau-père de Herwegh, à qui Ruge se joignit l'année suivante pour procurer les 30.000 florins sans lesquels il était impossible de continuer à vivre (1). En 1845, Follen, mécontent de la propagande néo-hégélienne poursuivie par le « Comptoir » à son insu, se retira de l'association (2). La maison d'édition, transportée de Zürich à Leipzig et dirigée par Ruge et Fröbel, se maintint jusqu'en 1848 sous le nom de *Verlagsbureau*.

L'édition des *Poésies d'un Vivant* fut la première et la plus brillante tentative du « Comptoir Littéraire ». Mais

---

(1) D'après les lettres inédites de Fröbel à Herwegh (29 mars 1843, 22 mai 1844).

(2) V. Hoffmann von Fallersleben, Mein Leben IV, p. 218-219 : lettre de Follen à Hoffmann (11 déc. 1844).

le poète hésitait encore à se séparer de son œuvre pour la livrer au grand jour. Follen dut intervenir : il déroba, pour ainsi dire, sur la table de travail de Herwegh les poésies manuscrites, les rassembla, donnant un titre à celles qui n'en avaient pas, et les envoya chez l'imprimeur.

Elles parurent au mois d'avril 1841 (1). Non seulement leur retentissement, mais le succès matériel lui-même fut considérable. En moins de deux ans, il fallut six éditions successives pour répondre aux commandes des libraires et pour satisfaire l'exigence du public (2ᵉ éd. 1841 ; 3ᵉ, 4ᵉ éd. 1842; 5ᵉ, 6ᵉ éd. 1843; 6ᵉ et 7ᵉ éditions tirées à 6000 exemplaires). Du mois d'avril 1841 au mois de juillet 1844 il se vendit 2034 exemplaires de la grande édition *in-octavo*, 5097 de l'édition de poche, 8503 de l'édition populaire, soit 15634; il ne s'agit que du premier volume (2). L'importance de ces chiffres sera plus frappante si on les compare au débit des autres recueils de poésies de cette époque. Les poésies d'Uhland, pour ne pas choisir l'un des moindres, ne furent vendues qu'à 12000 exemplaires entre 1815 et 1839 (3). Les *Gedichte* de Freiligrath avaient eu deux éditions en deux ans (1838, 1839), et Georges Herwegh enregistrait le fait comme un rare succès de librairie dans sa critique de la *Volkshalle* (4).

A l'occasion des fêtes séculaires de la Fondation de la Ligue hanséatique, en 1841, le « Comptoir Littéraire » publia, en tirage à part, la *Deutsche Flotte* de Herwegh. C'est sans contredit l'un des plus beaux hymnes, inspirés aux poètes de ce temps par le rêve d'une marine allemande voguant sous un même pavillon. On a voulu voir dans

---

(1) V. Compte courant du Comptoir littéraire, 1844.

(2) Sur la vente du 1ᵉʳ et du 2ᵉ volume, le poète reçut la moitié des bénéfices, 6137 francs. Les comptes furent arrêtés en 1844. A partir de cette date, il ne toucha rien, et à la fin de 1848, lorsque Fröbel et Ruge se séparèrent, il renonça en faveur de Ruge à la propriété des exemplaires restés en dépôt au Verlagsbureau (d'après lettre inédite de Herwegh à Fröbel, 12 décembre 1848).

(3) V. Herwegh, Ged. u. krit. Aufsätze I p. 53.

(4) V. Herwegh, Ged. u. krit. Aufsätze I p. 69.

cette poésie une concession au principe du pangermanisme :

> Du sollst die Welt gewinnen...
> Du bist das grosse Hoffnungsvolk der Erde...
> Sei du der Welt Erneuer...
> Und einem Herrschermunde
> Ein Volk vom Po gehorchet bis zum Sunde...

Mais l'idée originale et féconde de ce poème répond fidèlement à l'esprit général des *Poésies d'un Vivant* :

> Das Meer wird uns vom Herzen spülen
> Den letzten Rost der Tyrannei...
> Das Meer, das Meer macht frei ! (1)

---

(1) Ged. eines Leb II, Die deutsche Flotte.

VII

POLÉMIQUES

LES VINGT ET UNE FEUILLES DE SUISSE

Au mois d'octobre 1841 le poète résolut d'aller à Paris, sans doute avec l'intention d'y rester et d'y vivre de sa plume comme correspondant d'un journal allemand. On voit aussi, par une lettre écrite à Prutz après son retour en Suisse, qu'il avait surtout entrepris ce voyage pour observer, car il prend en pitié la majorité des reporters qui, au lieu de se mêler à la vie publique, passent leur temps dans les cabinets de lecture au milieu des gazettes, « assis, suant, écrivant tout le jour les plus lamentables correspondances pour les envoyer en Allemagne » (1).

Nous savons par la date du *Champagnerlied* que Georges Herwegh se trouvait à Epernay pendant l'automne et par les poésies : *Die Epigonen von 1830*, *Wohlgeboren* qu'il était arrivé à Paris en novembre.

Il éprouva en France une profonde déception, causée par le spectacle démoralisant de la monarchie de Juillet. « Paris m'a plus ébranlé que diverti », écrivait-il ultérieurement à Prutz (2). Dans une ébauche de poésie inédite, peut-être une traduction, empruntée à l'un de ses carnets de poche (1841), intitulée *La Némésis du Palais Royal*, Herwegh traite Louis-Philippe de « bourgeois aux dents fausses », et un peu plus loin, dans le même carnet, on lit cette sentence : « Louis-Philippe, ton peuple tombe, mais

---

(1) Herwegh à Prutz, 8 avril 1842.
(2) Herwegh à Prutz, 8 avril 1842.

tu dois tomber auparavant » (1). Dans ses *Epigonen von 1830* et *Den Einbastillierten*, le poète expliquait qu'il n'avait vu qu'un marché dans la ville où il cherchait un autel, « la Capoue de la liberté » s'offrait à ses yeux au lieu d'un Vésuve toujours prêt à faire éruption (2) ; on ne reconnaissait plus la patrie de la Marseillaise, le drapeau tricolore changeait de nuance selon le cours de la Bourse au gré des agioteurs et du nouveau « Midas » qui portait la couronne sur ses oreilles d'âne (3). Lorsqu'on feuillette le carnet où Herwegh, pendant son séjour à Paris, a jeté les premières esquisses de ces poésies, on remarque que les mêmes sentiments se font jour à toutes les pages : « Pas même entendu la Marseillaise à Paris ! »... « La Révolution française — le testament des Français ! » (4). Les partis de l'opposition sont aussi sévèrement jugés : « Aux républicains français : soyez justes; si vous ne vous agenouillez pas devant les trônes, ne vous agenouillez pas non plus devant des gueux ! » (5).

Herwegh fit à Paris la connaissance de Heine et de Dingelstedt. C'est de cette époque que datent les premiers vers adressés par l'auteur du *Buch der Lieder* à Herwegh, les deux strophes, à demi enthousiastes, à demi sceptiques, qui commencent par ces mots :

> Herwegh, du eiserne Lerche,
> Mit klirrendem Jubel steigst du empor

et se terminent ainsi :

> ....Nur in deinem Gedichte
> Lebt jener Lenz, den du besingst.

---

(1) « Louis Philipp. Es fällt dein Volk, doch du musst vorher fallen ».

(2) Ged. eines Leb II, Die Epigonen von 1830.

(3) Ged. eines Leb. II, Den Einbastillierten.

(4) « Nicht einmal die Marseillaise in Paris gehört ! »... « Die französische Revolution, das Testament der Franzosen ».

(5) An die franz. Republ.: Seid gerecht ! wenn ihr vor Thronen nicht kniet, kniet auch vor Lumpen nicht ! »

Cette poésie se rapportait évidemment au *Morgenruf*, encore inconnu du public, mais écrit à Paris (1), et communiqué sans doute par le jeune poète à Heine dans l'intimité. On ne sait pourquoi celui-ci omit ces deux strophes dans l'édition des *Zeitgedichte* de 1844 où figuraient les vers beaucoup moins sympathiques : *An Georg Herwegh bei seiner Ausweisung aus Preussen*. Elles ne parurent qu'en 1863, exhumées par Strodtmann (2).

Quant à Dingelstedt, il s'était illustré, avant de venir à Paris, par la récente publication des *Lieder eines kosmopolitischen Nachtwächters* (3), recueil de poésies politiques, principalement satiriques, et qui portaient pour devise ces vers de Béranger :

> Eteignons les lumières
> Et rallumons le feu.

Le veilleur de nuit, dans sa ronde, passait tour à tour devant une prison, une cathédrale, un salon, dans les faubourgs, sous les fenêtres d'un palais, sur les remparts, près de la maison d'un riche usurier, devant le cimetière, devant l'hospice des aliénés ; toutes ces stations permettaient à Dingelstedt de critiquer agréablement et sans profondeur la société de son temps (4). La deuxième partie du recueil, où la satire générale devenait particulière, se subdivisait aussi en « stations » : tour à tour le poète s'attaquait à la Diète fédérale, au cléricalisme bavarois, aux minuscules principautés de la Confédération germanique, au morcellement géographique de l'Allemagne, aux tendances rétrogrades du roi de Prusse, à la mollesse viennoise (5). Composées dans le genre des boutades de Heine, moins dithyrambiques que les *Poésies d'un Vivant*, les *Chansons*

---

(1) Carnet de nov. 1841.
(2) Orion I, 1 (janv. 1863).
(3) Hamburg 1841.
(4) V. Nachtwächters Stillleben. Cf. Herwegh. Ged. eines Leb. I. Gang um Mitternacht.
(5) V. Nachtwächters Weltgang.

d'un veilleur de nuit cosmopolite ne laissaient pas de révéler des tendances libérales, et le rapprochement des deux plus jeunes représentants de la poésie politique était inévitable.

Dingelstedt vint à Paris peu de temps après Herwegh, environ vers le 20 novembre. Bien que l'auteur des *Poésies d'un Vivant*, dans l'un de ses sonnets, l'eût blâmé en termes un peu vifs d'avoir pris une attitude presque humiliante pour implorer la grâce de Silvestre Jordan :

> Du sankest, schier ein Knecht, am Throne nieder (1),

Dingelstedt ne lui garda pas rancune de ce reproche ; ils se lièrent étroitement (2). Ils firent ensemble le pèlerinage du Père-Lachaise, car tous les jeunes Allemands qui venaient à Paris visitaient la tombe de Börne (3), et Georges Herwegh ne pouvait manquer à ce pieux devoir. Leurs rencontres étaient l'occasion de longues et joyeuses discussions, d'aimables plaisanteries et même de poétiques tournois comme celui dont le souvenir s'est conservé dans les deux chansons de *Wohlgeboren* et *Hochwohlgeboren*, où, renchérissant l'un sur l'autre, Herwegh et Dingelstedt raillaient les philistins et les courtisans :

> I. Ich muss ein guter Bürger werden
> II. Ich muss geheimer Hofrat werden (4).

---

(1) Ged. eines Leb. I, Sonette : Franz Dingelstedts Jordanlied. La poésie de Dingelstedt parut sous le titre : Ein Osterwort aus Kurhessen, im Schlosshofe zu Marburg (Marburg 1840). Cf. le reproche adressé par W. Jordan à Prutz au sujet de la poésie Dem Könige von Preussen, zum Kölner Dombaufest 1842 :
  Du sprichst für die Freiheit und sprichst als Knecht.

(2) Herwegh habitait : 38, rue de Lille, à l'hôtel de Béarn, Dingelstedt : 3, rue du Croissant. Dingelstedt, dans une lettre (encore inédite) du 23 mai 1858, rappelle leurs fréquents rapports : « Nur bleib' mir nicht aus, wenn ich aus der Ferne, wie einst unter deinem Fenster in der rue de Lille, dich abrufe ».

(3) Cf. Nerrlich, Ruges Briefwechsel (Berlin 1886), lettre de Ruge à sa femme, Paris 11 septembre 1843 : « Ce poète allemand est bien aimé ; il a fait un vrai pèlerinage vers son monument ».

(4) Ged. eines Leb. II, Wohlgeboren und Hochwohlgeboren.

Cependant ils ne tardèrent pas à s'apercevoir des différences profondes qui existaient entre eux. Nous lisons dans une lettre de Dingelstedt à l'un de ses amis ce jugement sur son confrère : « Tu veux savoir ce que je pense de Herwegh. Vingt-cinq ans, un véritable fanatique, un Saint-Just, un Robespierre, non pas un Mirabeau comme Heine... Rêvant toujours pour l'Allemagne de journées comme la prise de la Bastille. Jusqu'à présent un utopiste, et même inoffensif, parce qu'il s'en tient aux généralités et agit par l'inspiration au lieu d'agir par l'ironie ; dans dix ans un personnage dangereux... Herwegh n'a d'avenir devant lui que si l'Allemagne passe par une révolution. Nous nous comprenons, nous complétons et nous convenons admirablement (1) ». Ils continuèrent à s'écrire après leur séparation : Herwegh et sa fiancée parlent dans leur correspondance, en février 1843, d'une lettre de Dingelstedt qui s'est perdue (2) ; ce fut seulement lorsque celui-ci eut été nommé conseiller de légation, puis bibliothécaire du roi de Würtemberg, réalisant ainsi dans une certaine mesure la prédiction de *Hochwohlgeboren*, que Georges Herwegh s'exprima sur son compte avec amertume : « L'apostasie de Dingelstedt est l'une des expériences les plus cruelles de ma vie. Il a été naguère mon meilleur ami et nous avons joliment rêvé ensemble. Mon cher, ce monde est décidément mauvais, tu as presque raison de devenir mélancolique. Mais Dingelstedt a toujours eu le caractère d'un homme de lettres ; la liberté fut pour lui une intéressante connaissance qu'il aurait peut-être consenti à épouser si elle avait possédé un peu d'argent comptant. Il en existe encore beaucoup d'autres comme lui parmi nous, crois-le bien ; nous pouvons nous tenir sur nos gardes... Pauvre Dingelstedt, si j'étais resté près de lui, les choses ne se seraient pas passées de même. En versant des larmes sur son sort j'ai ébauché une chanson que

---

(1) Franz Dingelstedt, Blätter aus seinem Nachlass: An Friedrich Oetker, Paris, 24 janv. 1842.

(2) Herweghs Briefwechsel mit seiner Braut, p. 183, 198.

je lui adresse avec ce motif : *De mortuis nil nisi bene* (1) ».
La poésie que mentionne Herwegh dans cette lettre est
demeurée à l'état d'ébauche (2). On trouve dans les carnets de 1844 diverses allusions à la légèreté et à l'égoïsme
politique de Dingelstedt qui sont autant d'épigrammes en
prose, celles-ci par ex. : « Chacun a sa liberté. Dingelstedt
sait que cette liberté n'est pas celle d'autrui (3) », ou bien :
« Dingelstedt, tu es resté un enfant au lieu de devenir un
homme ; voilà toute ta faute (4) ». Herwegh, pour rendre
l'ironie plus malicieuse, s'est contenté d'insérer dans ses
œuvres la satire *Hochwohlgeboren* où Dingelstedt se per-
siflait lui-même :

> Dass unsre Wege so sich teilen,
> Glaub mir, Georg, es tut mir weh ;
> Du gehst zum Bier, und ich derweilen
> Zu einem Oberappellationsgerichtsvizepräsidententhee.
> ....
> Gott teilt den Fürsten ihre Kronen,
> Die Fürsten uns die Titel aus.

Leurs relations, comme nous le verrons plus loin, furent
renouées en 1858.

Dingelstedt a pris soin de nous donner dans ses lettres
d'intéressants détails sur ses relations à Paris ; s'il faut
l'en croire, il s'introduisit dans les salons de Guizot, de
Janin, de Girardin, de Rachel et fit la connaissance de
George Sand, de Victor Hugo et de Lamartine (5). On ne

---

(1) Herwegh à Prutz, 25 juillet 1843.

(2) V. les fragments de cette chanson dans Herweghs Briefwechsel mit seiner Braut, p. 284.

(3) « Jeder hat seine Freiheit. Franz Dingelstedt weiss, dass
diese Freiheit nicht die Freiheit der Andern ist ».

(4) « Dingelstedt, du bist ein Kind geblieben, statt ein Mann
zu werden, das ist dein ganzer Fehler ».

(5) V. dans la lettre du 24 janv. 1842 à Oetker le récit de la visite
de Dingelstedt chez Lamartine : « Lamartine me dit récemment :
Mais vous connaissez Paris comme si vous y aviez été cinq ans.
Moi : Tant pis pour Paris. Lui : Non, mon jeune ami, tant pis
pour vous ».

peut savoir si Herwegh l'accompagna dans ces visites, mais un fait certain, c'est que, grands admirateurs de l'auteur de *Lélia*, ils rédigèrent ensemble une lettre à George Sand, dont le brouillon, en français, est écrit de la main de Herwegh :

« Madame, deux poètes allemands que vous ne connaissez pas, mais qui vous connaissent jusque dans la dernière ligne de votre *Horace*, désirent du fond de leur âme s'adresser à vous-même. Nous ne sommes pas de curieux voyageurs écrivant des feuilletons piquants sur des personnalités, mais... enfin il nous faut vous voir et baiser cette main qui élève si bien les opprimés et réprime si fort les oppresseurs ; c'est assez de raisons pour nous et si c'en est assez pour vous, Madame, daignez nous désigner un moment convenable. Les gouvernements de la plupart des Etats allemands nous ont sifflés et interdits, mais au moins la jeunesse nous soutient et applaudit, une jeunesse qui vous aime et vous divinise, une jeunesse dont les sentiments politiques égalent les vôtres, mieux encore peut-être que ceux de vos compatriotes, dont la première question à notre retour sera : avez-vous vu George Sand ?

« Pardonnez, Madame, cette digression en notre faveur; nous savons combien d'hommes ennuyeux obsèdent une femme célèbre. Si vous ne nous prenez pas pour tels, nous serons enchantés.

« Agréez, dans mon jargon, l'assurance de notre haute considération et de notre sincère dévouement pour vous. Vos très humbles serviteurs : Georges (Herwegh), François (Dingelstedt) ».

Rien ne prouve que Herwegh soit allé chez George Sand avec Dingelstedt en 1842 ; selon Madame Herwegh, le poète ne se présenta qu'en 1843 chez l'illustre romancière avec une lettre d'introduction de Liszt (1).

Pendant son séjour à Paris, Georges Herwegh écrivit l'une des plus retentissantes poésies de son second recueil :

---

(1) V. Deutsche Revue, Aprilheft 1908, p. 43, la lettre de Liszt, du 30 sept. 1843, commençant par ces mots : « C'est avec empressement, cher illustre poète, que je me rends à votre désir... »

Die Partei. Freiligrath avait publié, dans le *Morgenblatt*, la poésie : *Aus Spanien* sur la mort de Diego Leon, général de Marie-Christine, fusillé par les *exaltados* le 9 oct. 1841, et dans cette pièce figuraient les deux vers souvent cités :

> Der Dichter steht auf einer höhern Warte
> Als auf den Zinnen der Partei.

Freiligrath prétendait qu'il y avait des torts « dans Ilion et hors d'Ilion », que le poète devait rendre hommage au génie de Bonaparte et s'indigner du meurtre du duc d'Enghien, pleurer la mort d'un héros et flétrir une infamie sans écouter ses préférences. Cette déclaration de neutralité équivalait pour Herwegh à la déchéance de la poésie politique : c'en était fait de la dignité du poète s'il célébrait et méprisait tour à tour, avec la même impartialité, les amis ou les ennemis de la liberté ; leurs noms représentaient des programmes dont il était impossible de faire abstraction : le culte de Bonaparte signifiait la dictature et l'empire ; on ne pouvait absoudre Marie-Christine sans se prononcer en faveur des *moderados* ; l'idéal de Freiligrath reposait sur une contradiction : en réalité, le poète prenait parti et devait s'attacher à servir fidèlement la cause qu'il avait choisie.

Le *Parteilied* parut dans la *Rheinische Zeitung*, et dans *Sächsische Vaterlandsblätter* (n° 14), *Deutsche Jahrbücher* (n° 48, 26 févr. 1842) ; il fit bientôt le tour de la presse. Freiligrath, après l'avoir lu, écrivait à Buchner : « La poésie de Herwegh est belle et m'a réjoui... Elle est étincelante et éblouissante, mais quelques-unes de ses magnifiques images me fournissent justement de fameuses armes (1) ». Il se proposait de répliquer en poète, sans aucune trace d'animosité ; il voulait, disait-il, sauvegarder les droits de la poésie et s'étonnait que Herwegh n'eût pas songé à lui opposer, au lieu des dieux de l'Iliade, le

---

(1) Buchner I p. 423 (26 févr. 1842).

Dante qui fut gibelin ou Milton qui fut tête-ronde (1).
Malheureusement les choses s'envenimèrent lorsqu'il
reçut une lettre de Herwegh dont le ton lui parut bles-
sant. Celui-ci se justifiait du soupçon d'avoir visé person-
nellement Freiligrath dans son *Parteilied* ; ses efforts
étaient dirigés contre l'indifférentisme, car le poète,
d'après lui, en jouant le rôle passif de spectateur, risquait
de favoriser la réaction que « tous les hommes de bien »
devaient combattre. Herwegh conseillait à Freiligrath
d'abandonner les légendes lointaines et surannées pour
lutter avec lui contre les « monstres » du présent (2). Ces
conseils renfermaient une grande part de vérité : non
seulement Freiligrath avait déjà renoncé de lui-même à
la « poésie du désert » :

> Zum Teufel die Kameele (3),

mais il comprit bientôt la nécessité de se détourner, d'une
manière générale, du romantisme qu'il dépeignait, peu
après, sous les traits d'une reine en deuil et détrônée :

> Dein Reich ist aus !...
> Ein andrer Geist regiert die Welt als deiner ! (4).

Cependant l'intervention de Herwegh lui produisit
l'effet d'une démarche importune et même intolérante (5).
L'amour-propre littéraire s'en mêla : il s'imaginait que

---

(1) Buchner I p. 423-427 . lettre de Freiligrath à Matzerath, avec
l'ébauche d'une réponse à Herwegh (1er mars 1842).

(2) V. Buchner, I p. 427-428 ; Herweghs Briefwechsel mit seiner
Braut, p. 236-237.

(3) V. Freiligrath, Zwischen den Garben : Auch eine Rheinsage
(janv. 1842).

(4) Ein Glaubensbekenntnis I, Ein Flecken am Rheine (récit de
sa rencontre avec Uhland sur un bateau à vapeur du Rhin, sept.
1842).

(5) V. Buchner, I, lettre à Levin Schücking (23 mars 1842), p.
431 : « die diktatorische Art, in der er, der Liberale, mir schreibt ».
Cf. Freiligrath, Ein Glaubensbekenntnis I, Ein Brief : Du trotziger
Diktator.

son rival avait voulu dénigrer son *Löwenritter* et il grossit les termes de la lettre en les répétant (1). En même temps, le chancelier de Müller informait Freiligrath que le roi de Prusse, Frédéric-Guillaume IV, lui accordait à partir du 1ᵉʳ janvier 1842 une pension de 300 talers ; il ne l'avait pas sollicitée et la devait à la recommandation d'Alexandre de Humboldt, mais, en l'acceptant, il lui était difficile de consentir à l'alliance que lui proposait Herwegh contre la réaction.

Freiligrath a prouvé ensuite qu'il ne craignait pas d'affronter la pauvreté et nous pouvons être sûrs qu'en usant de l'offre royale il n'obéit pas à un sentiment de bassesse. Mais il mit les torts de son côté dans sa polémique avec Herwegh et les aggrava lorsque, au commencement de l'année suivante, il profita des déboires de son adversaire pour se venger. Ceux qui n'ignoraient pas ce qui s'était passé entre eux savaient que la rancune seule avait inspiré sa satire : *Ein Brief*, et Freiligrath se vit à son tour l'objet de violentes attaques ; plusieurs poètes prirent fait et cause pour Herwegh : la *Rheinische Zeitung* publia les réponses : *An Freiligrath*, de Heinzen (2), *Auch ein Brief an F — h*, de Schults (3), *Wär'ich im Bann von Mekkas Toren*, de Prutz (4). De plus, Prutz revint sur le cas de Freiligrath dans un grand article de la *Rheinische Zeitung* : « Ainsi naquit » dit-il « cette déplorable satire qui parut dans la *Kölnische Zeitung*. Cette œuvre dont Freiligrath pouvait chercher l'excuse à ses propres yeux dans les précédentes attaques de Herwegh produit une impression tout à fait pénible et lamentable. Ce n'est pas le servilisme, la méchan-

---

(1) Herwegh avait écrit : « in das Reich der Sagen und hundertmal abgeleierter Geschichtchen », Freiligrath transcrit : « tausendmal abgedroschener Geschichtchen ».

(2) Rheinische Zeitung, 21 janvier 1843.

(3) Rheinische Zeitung, 26 févr. 1843. Cf. Europa 1843 I p. 316, et p. 363 : Noch ein Brief an Ferd. Freiligrath, de Schults.

(4) Rheinische Zeitung, 3 mars 1843. — La fiancée de Herwegh parle aussi d'une poésie de Wiss à Freiligrath dans le Pilote, v. Herweghs Briefwechsel mit seiner Braut, p. 207.

ceté, l'envie et la haine qui s'expriment ici, c'est la confusion de tous ces motifs et d'autres encore à l'état embryonnaire, dénotant de l'étroitesse d'esprit ; c'est, en dépit du mauvais goût de ce mélange, ce faux air de bienveillance et de bonhomie, parfaitement caractérisé par Gœthe dans l'épigramme bien connue sur le *Werther* de Nicolai (1) ».

Herwegh n'aurait pas songé sans cette provocation à railler publiquement Freiligrath d'avoir accepté la pension du roi de Prusse. Mais il apprit sur ces entrefaites que Frédéric-Guillaume IV venait d'honorer de la même faveur le poète Geibel et que celui-ci avait décidé de se rendre près de Freiligrath sur les bords du Rhin (2); cette piquante rencontre lui inspira deux épigrammes, la xénie: *Freiligrath et Geibel*, publiée pour la première fois dans l'édition populaire de 1905 :

Einsam wären die Dichter ? Ihr lügt ! Wie Sklaven des bagne
Paarweis schmiedet man sie an die Galeere des Staats (3)

et le *Duo des Pensionnaires* qui parut dans le second recueil des *Poésies d'un Vivant*. Freiligrath ne songea pas le moins du monde à s'offenser de ces vers malicieux ; lorsqu'il en eut connaissance, l'espoir exprimé par Herwegh dans sa lettre du 4 mars 1842 s'était réalisé (4) : en publiant la *Profession de foi* (1844), *Ça ira* (1846), les *Poésies politiques et sociales de* 1849 et 1851, Freiligrath devenait l'interprète de la Révolution. Les deux poètes ne se rencontrèrent que plus tard, après 1870, à Stuttgart. Frei-

---

(1) Rheinische Zeitung, 21 mars 1843 : Herwegh und das deutsche Publikum. V. Herweghs Briefwechsel mit seiner Braut, p. 279.

(2) Cette nouvelle fut annoncée le 6 février 1843 par la Gazette d'Augsbourg, mais la rencontre n'eut lieu que le 24 mai 1843.

(3) Ged. eines Leb. éd. Hesse, p. 131.

(4) « Könnten wir zwei einen Weg gehen und durch das Band eines Glaubens verknüpft werden, wie herrlich, wie erwünscht für mich ! » Cf. Buchner, II p. 98 ; lettre de Freiligrath à Levin Schücking (3 févr. 1844).

ligrath, malgré son âge et sa grande faiblesse, voulut assister aux funérailles de Herwegh en 1875.

***

Georges Herwegh qui avait quitté Paris à la fin de février 1842 était déjà rentré en Suisse lorsqu'il écrivit la lettre dont il vient d'être question. Dès son retour à Zürich, il se trouva mêlé aux querelles locales qui divisaient les conservateurs-libéraux et les radicaux. Adversaire de la neutralité, comme il l'avait proclamé dans sa poésie à Freiligrath :

> Partei ! Partei ! wer sollte sie nicht nehmen,
> Die noch die Mutter aller Siege war ! (1)

il ne pouvait manquer de s'engager dans le conflit. Les conservateurs-libéraux détenaient le pouvoir à Zürich depuis qu'ils avaient supplanté les radicaux en 1839, à la suite du scandale de l'affaire Strauss. Lorsque ce théologien avait été nommé à l'Université de Zürich par le parti de Frédéric-Louis Keller (2), les paysans des campagnes voisines, stimulés par de violents agitateurs, descendirent en bande dans la ville pour manifester leur colère : « Nous ne voulons pas Strauss, mais le Christ ! » Les radicaux étaient tombés le 6 sept. A la tête de ceux qui les remplacèrent, Bluntschli, professeur de droit à l'Université (3), ne tarda pas à se distinguer par sa remuante activité. Près de lui, à partir de la fin de l'année 1841, deux Allemands qui ne faisaient pas partie du gouvernement, mais qui

---

(1) Ged. eines Leb. II, Die Partei.

(2) Jurisconsulte éminent, plus tard professeur à Halle où il remplaça Savigny.

(3) Né à Zürich en 1808, mort en 1881, professeur à Münich après 1848, puis à Heidelberg.

secondèrent ses vues comme publicistes, les frères Rohmer (1), ont joué un rôle prépondérant. Pour se représenter l'âpreté de la lutte, il convient de se rappeler que la réélection du Grand Conseil devait avoir lieu le 1ᵉʳ mai 1842. Les modérés étaient soutenus par les *Liberal-Konservative Blätter*, la *Freitagszeitung* de Bürkli et le *Beobachter aus der östlichen Schweiz*, organe des frères Rohmer et de Widmann ; les radicaux, par le *Schweizerischer Republikaner*, entre les mains de Snell, le *Landbote* (Winterthur) et le *Deutscher Bote aus der Schweiz*, fondé par Charles Fröbel en janv. 1842.

Herwegh avait fait au mois d'avril 1841 la connaissance de Frédéric Rohmer qui se présenta d'abord dans le cercle de Follen et de Fröbel avec les allures d'un réformateur, et le « Comptoir littéraire » avait édité la brochure de Théodore Rohmer : *Deutschlands Beruf in der Gegenwart und Zukunft*, où les idées du nouveau Messie (car Frédéric Rohmer s'attribuait volontiers le rôle d'un prophète) étaient développées avec emphase. Herwegh et Fröbel, après s'être rapprochés de ce hâbleur, lui sacrifiant l'un son temps, l'autre son argent (Frédéric Rohmer se fit avancer par Fröbel les honoraires d'un manuscrit qu'il ne livra jamais), ne tardèrent pas à s'apercevoir qu'ils avaient affaire à un mystificateur ; la supercherie cessa d'être douteuse lorsque les frères Rohmer passèrent avec armes et bagages dans le camp de Bluntschli et des conservateurs-libéraux.

A son retour de Paris, le poète se trouvait en présence de cette situation. Aux correspondances de Bluntschli dans la *Gazette Universelle d'Augsbourg*, marquées d'un soleil, il répondit dans le même journal, à partir du mois d'avril par les articles marqués . ⁕ . Il fait allusion lui-même

---

(1) Fr. Rohmer, de Weissenburg (Franconie), 1814-1856, auteur de : Speculationis initium et finis (1835), Zwei Sendschreiben von Friedrich Rohmer an die moderne Bellettristik und ihre Söhne und die Herren Gutzkow und Wienbarg insbesondere (1836), Lehre von den politischen Parteien (1844), Wissenschaft und Leben (1871-1885).

à ces réfutations dans sa lettre à Prutz du 8 avril 1842 où il expose le caractère du conflit : « Nous avons un Messie, avec une demi-douzaine d'apôtres, le conseiller Bluntschli en tête... Ces petites gens veulent renverser le radicalisme et prêcher en Suisse l'évangile de la conservation à la Hébert (1) et consorts. Rohmer, un charlatan de la plus basse espèce. Le livre de son frère, une œuvre jésuitique qui, sous couleur de libéralisme, doit introduire en contrebande les plus viles pensées de Frédéric Rohmer... Leur évangile est une sorte de psychologie qui prétend posséder la clef des plus profondes énigmes de la nature humaine, mais cette découverte ne les intéresse que dans la mesure où ces prétendues lois psychologiques procurent les moyens de régner sur les hommes. De là, l'idolâtrie de ces fats pour Napoléon. Dominer, dominer *in abstracto*, sans idéal, dominer à tout prix. L'ensemble est une tentative pour ériger l'égoïsme en système... La *Gazette Universelle d'Augsbourg* va s'occuper de ce scandale. Ils nous ont provoqués, je veux frapper ferme et j'espère que Kolb sera suffisamment impartial pour ne pas trop me censurer ».

Les articles de Herwegh, réimprimés presque entièrement dans la *Deutsche Dichtung*, se rapportent d'une façon trop particulière aux dissensions locales du canton de Zürich pour être analysés ici (2). Mais j'appelle l'attention sur une réplique d'une plus grande portée que ces correspondances : *Der Prophet von Weissenburg oder Charlatanerie, Arroganz und Ignoranz* qui parut dans le *Schweizerischer Republikaner* (3). Herwegh dut se déclarer publi-

---

(1) Procureur général à Paris, docile instrument des tendances répressives du ministère Guizot, en particulier contre les journalistes.

(2) V. Augsburger Allg. Zig : 9 avril (Hauptblatt und Beilage), 17 avr. (B), 18 avr. (B), 20 avr., 27 avr., 28 avr. Cf. Deutsche Dichtung, 1ᵉʳ juin 1897, p. 96-99.

(3) Schw. Rep., 29 mars 1842. Cf. G. Herweghs Briefwechsel mit seiner Braut p. 291 ss.

quement l'auteur de cet article (de là son importance dans la biographie du poète) : un procès lui fut intenté, et cette hostilité avouée lui attira l'inimitié de Bluntschli, c'est-à-dire de la majorité du Grand Conseil qui obéit au mot d'ordre des conservateurs libéraux (1).

Sans le citer *in extenso*, j'en détacherai seulement ce portrait de Frédéric Rohmer et cette critique sommaire de son système (Rohmer, assimilant la vie des partis à la vie humaine, prétendait que le radicalisme correspondait à l'enfance, le libéralisme à l'adolescence, la doctrine des conservateurs à l'âge mûr, l'absolutisme à la vieillesse) :

« Ce parti avait besoin d'un homme capable de faire des miracles, car il faut être thaumaturge pour entreprendre de justifier aux yeux de ses propres satellites et devant leur conscience ce régime de magister chrétien-germanique avec ses principes grossiers et sa brutalité inouïe. C'est alors qu'un Allemand survint, fruste comme une vieille monnaie qui a passé dans les mains de plusieurs maîtres, toujours visible au premier rang des roquets dans toutes les battues littéraires, rehaussé par un goût caractéristique de gibier faisandé, ce qui le rend piquant pour certains palais. Ce pouvait être à l'origine un hâbleur débonnaire, mais il ne tarda pas à devenir, pour nous servir de l'expression la moins violente, un charlatan conscient et spéculateur, armé de grands projets et de petits moyens, cherchant à se dédommager de l'oisiveté par cette importunité

---

(1) Dans sa lutte contre les aristocrates de Zürich, Herwegh eut pour auxiliaire Jules Fröbel qui publia un article contre Rohmer dans un journal de Soleure, puis, en réponse à la brochure : Offenes Sendschreiben an Julius Fröbel, le pamphlet : Friedrich Rohmer aus Weissenburg in Franken und seine messianischen Geschäfte in Zürich, pour lesquels on l'accusa de diffamation. La cause ne fut jugée qu'en janv. 1843. Le tribunal de première instance condamnait Herwegh à soixante-douze francs d'amende et aux frais. « Ich habe appelliert », écrit-il le 26 janv. 1843. Herwegh n'est pas nommé par le Schw. Rep. (n° du 17 févr. 1843) dans le jugement d'appel qui condamna J. Fröbel à 16 jours de prison et 200 fr. d'amende, Ch. Fröbel à 14 j., 160 fr., Follen à 120 fr., et les frères Rohmer, l'un, Frédéric à 120 fr., l'autre, Théodore à 8 j. de prison et 200 fr. d'amende.

prodigieuse et cette impudence qui imposent toujours aux faibles d'esprit »...

« Terre, eau, air, feu = paysan, bourgeois, gentilhomme, roi — printemps, été, automne, hiver = enfant, jeune homme, homme, vieillard = radicalisme, libéralisme, parti conservateur, absolutisme. Dieu du ciel ! si cela s'appelle sagesse, où est la folie ? On doit d'ailleurs avouer que ces individus ne manquent pas d'astuce et nous supposons que, s'ils ont préféré comparer les quatre partis aux quatre âges de la vie, au lieu de les comparer aux quatre saisons, c'est pour la bonne raison que le parallèle du printemps et du radicalisme les eût mis dans l'embarras. Le parti conservateur correspondrait dans ce cas à l'automne ; il serait plus facile de l'admettre, notamment pour Monsieur Frédéric Rohmer, si cruellement affligé d'affections nerveuses. Cette politique en quatre blocs a pour corollaires quelques rodomontades contre la Révolution française. Ce n'est pas la première fois qu'elle est dénoncée par de chétives âmes et l'on a résolu de ne plus faire sérieusement attention à cette besogne de basse police. Même si les révolutionnaires français avaient été des monstres, ce qui n'est pas précisément notre avis, vous vous rendez d'autant plus ridicules, vous autres mouches, en vous raidissant contre des dragons, Toms Pouces contre des géants ! »

Bien que l'article : *Der Prophet von Weissenburg* se termine sur ces mots : « La suite à la prochaine occasion », je n'ai rien trouvé de la plume de Herwegh sur le même sujet dans le *Schweizerischer Republikaner* de 1842, et l'on ne saurait lui attribuer avec certitude d'autres articles politiques ou littéraires, parus dans ce journal pendant son séjour à Zürich. Malgré l'avis de Franzos, je ne le crois pas l'auteur des articles du *Deutscher Bote aus der Schweiz* marqués d'un grand delta. Les preuves matérielles, à l'appui de cette assertion, manquent ou sont insuffisantes, et, en tout cas, elles me semblent formellement contredites par cette déclaration d'une lettre de Herwegh à Prutz : « A partir du 1er oct. je prendrai la rédaction en chef du

Deutscher Bote aus der Schweiz auquel je n'ai pas jusqu'à présent collaboré (1) ».

Cette polémique acharnée devait avoir aussi son écho dans l'œuvre poétique de Herwegh. Il composa pendant cette période la poésie : *Die Schweiz*, où, après avoir célébré en des vers magnifiques les paysages de l'Helvétie, les majestueuses montagnes qui sont « le berceau des nuées et la tombe solitaire des aigles », les torrents impétueux, symboles de la rébellion, il conjure les Suisses de se méfier « des subtilités de l'étranger » (ce mot fait principalement songer à Rohmer) « et de leur propre déraison » (2).

Herwegh exprime la même idée dans le discours prononcé le 12 juillet 1842 à la fête de tir de Coire : « Les princes ne peuvent convoiter un pays qui, dès le premier jour de la création, a été destiné par la nature à former une république ». « Vos montagnes » disait-il aux Suisses « sont trop hautes pour y bâtir des palais, vos routes trop rapides pour y rouler carrosse, et vos pâtres, Dieu merci ! trop pauvres pour nourrir des parasites. Ne tournez pas vos regards vers l'extérieur, mais au-dedans de vos frontières, cherchez et terrassez l'ennemi dans votre propre demeure, purifiez votre maison, efforcez-vous de conquérir en plus de votre liberté nationale la liberté morale, la liberté de pensée » (3).

Le poète passa presque tout l'été 1842 en excursions et en voyages. Il écrit lui-même dans sa lettre à Prutz du 4 septembre 1842 qu'il n'était pas resté plus de huit jours de suite à Zürich, mais qu'il avait erré en Suisse de tous côtés. Il se reposa cinq semaines aux eaux de Stachelberg dans le canton de Glaris. Les poésies : *Aus den Bergen*,

---

(1) Lettre du 4 sept. 1842 : « an dem », selon la version du manuscrit (V. Herweghs Briefwechsel mit seiner Braut p. 254), à laquelle Franzos a substitué par erreur : « an der ».

(2) Ged. eines Leb. II, Die Schweiz.

(3) V. Deutscher Bote aus der Schweiz, 27 juillet 1842. Cf. Rheinische Zeitung, 30 juillet et 2 août 1842.

Der arme Jakob, *Bei Hamburgs Brand* (1) datent de ce séjour.

Au mois de sept. 1842, Herwegh se chargea de la direction du *Deutscher Bote aus der Schweiz*, mais il se proposait d'en modifier l'esprit, voulant créer un asile pour préserver de la censure la philosophie, la théologie, « la vérité toute nue », et un nouveau foyer pour la poésie moderne. Entre les mains de Charles Fröbel, le *Courrier allemand* s'était préoccupé presque exclusivement des intérêts suisses. Les tendances de ce journal devaient devenir universelles, et ses incursions dans le domaine de la philosophie ou des sciences, résolument politiques : « Ce sera l'organe de notre parti, une feuille révolutionnaire au meilleur sens du mot » (2), « révolutionnaire et irréligieuse » (3).

Herwegh écrivit à Prutz et au philosophe Feuerbach pour s'assurer leur collaboration. Feuerbach répondit : « C'est avec plaisir que je saisis l'occasion de vous exprimer, chevaleresque poète de la liberté, ma profonde vénération. Vous m'avez poussé au premier larcin de ma vie... Le *corpus delicti* fut le sonnet : *Sei mir gesegnet, frommes Volk der Alten* (4) que j'ai découpé dans un misérable journal politique où je l'ai lu pour la première fois. Je n'ai pas hésité à revendiquer comme ma propriété légitime ce que j'ai reconnu ma propriété intellectuelle. *Sapienti sat. Ex ungue leonem* » (5). Feuerbach promit ses *Xénies théologiques-satiriques* (6), mais ne les envoya pas. La part de Prutz se réduit à des informations anonymes.

---

(1) Cf. les poésies de Heine, Gottschall, Prutz, sur l'incendie qui avait éclaté à Hambourg le 12 mai 1842.

(2) Herwegh à Prutz 4 sept. 1842.

(3) Herwegh à Feuerbach 3 sept. 1842

(4) Ged. eines Leb. I, Sonette XXIII.

(5) Feuerbach à Herwegh, 23-27 sept. 1842. Ce passage n'a pas été reproduit par Bolin (II p. 110).

(6) Les Xénies de 1830, « gereinigt von den jugendlichen Auswüchsen und Fehlern », selon la lettre de Feuerbach, 23-27 sept-

Lorsque la revue parut en 1843, elle portait d'ailleurs un autre titre. L'interdiction du 28 novembre 1842 dont il sera parlé plus loin, qui frappait le débit du *Deutscher Bote* en Prusse avant sa naissance, avait contraint Herwegh d'abandonner son projet. Les poésies et les articles destinés à paraître dans les cahiers mensuels du premier trimestre formèrent un volume de vingt et une feuilles d'impression, les brochures au-dessous de vingt feuilles ne pouvant circuler librement en Prusse, en vertu de l'ordonnance du 4 oct. 1842 (1) — d'où le nom d'emprunt de l'unique numéro de la revue : *Ein und zwanzig Bogen aus der Schweiz*.

Ce numéro, préparé dans les derniers mois de 1842, contenait : *Morgenruf*, de Georges Herwegh — l'article anonyme : *Preussen seit der Einsetzung Arndts bis zur Absetzung Bauers*, sympathique à la France, aux Juifs et aux « Libres » de Berlin — l'article également anonyme : *Der badische Landtag von 1842*, critique de la première Chambre badoise et du ministère Blittersdorf — *Die Fähigkeit der heutigen Juden und Christen, frei zu werden*, de Bruno Bauer — *Heidenlied*, de Georges Herwegh — *Socialismus und Communismus vom Verfasser der europäischen Triarchie* (Moïse Hess), critique du centre hégélien, avec un intéressant parallèle entre Fichte, Schelling, Hegel d'une part, Babœuf, Saint-Simon, Fourier d'autre part — *Die Eine und ganze Freiheit*, sans doute du même auteur — *Not bricht Eisen*, poésie de Louis Seeger — *Polens Zukunft und der Graf Gurowski*, de Nauwerck — *Die Schweiz, die Jesuiten* (anonyme) — *Die deutsche Rechtswissenschaft in ihrem Verhältnis zu unserer Zeit*, d'Adolphe Seeger — *Fragen der Gegenwart mit Rücksicht auf P. A. Pfizers Gedanken über Recht, Staat und Kirche*, de F. v. L. S. — sous le titre collectif : *Kritik der preussischen Zustände* diverses notes sur le roi de Prusse, le

---

(1) Cf. Prutz, Gedichte, Preussens freie Presse :
Neunzehn Bogen sind gefährlich,
Aber zwanzig machen ehrlich.

ministre Eichhorn, l'épiscopat de Jérusalem, la bureaucratie, le cabinet noir du secrétariat des postes, la situation respective des partis à Königsberg, la censure ; les *Xénies du Zodiaque*, douze épigrammes de Strauss ; *Der Kölner Dom*, poésie de Louis Seeger ; *Censurschnitzel aus Hamburgs Brand*, poésie de Gottschall ; *Amnestie* (moins la 4e str.), *1841-1843, Pour le Mérite, Parabel*, de Georges Herwegh ; *Preussisches Fastenmandat*, poésie de L(ouis) S(eeger) — *Friedrich von Sallet*, étude sur Sallet, avec une introduction de Georges Herwegh, suivie de la dissertation philosophique de Nees d'Esenbeck : *Welche Zeit ist es im Reiche Gottes ?* (1) — enfin, des comptes rendus de Louis Seeger concernant des publications récentes (2).

Herwegh voulait combattre l'Etat et l'Eglise, envisagés dans leurs antiques institutions ; toute son œuvre tend à ce double but, la recherche de ce qu'on peut appeler avec l'un de ses collaborateurs le libéralisme « extérieur » et « intérieur » (3).

Il m'a semblé naturel de placer l'analyse des *Vingt et Une Feuilles de Suisse* avant le voyage de Herwegh en Allemagne. D'abord parce que le projet des *Vingt et Une Feuilles* (primitivement *Deutscher Bote aus der Schweiz*)

---

(1) Nees d'Esenbeck envoya son article à Herwegh le 1er déc. 1842 ; Sallet mourut le 21 févr. 1843. Dans l'intervalle, au banquet donné en son honneur à Königsberg, le 2 déc. 1842, Herwegh reçut de la part de Sallet, par l'intermédiaire d'un ami commun l'exemplaire des Gesammelte Gedichte qui venaient de paraître, avec la cordiale dédicace : « An Georg Herwegh — Nehmen Sie mit diesen Liedern, in denen sich ein Menschenleben von den Blütenträumen der Jugend bis zum furchtbaren Ernst der Gegenwart entwickelt, freundlichen Gruss und Handschlag von dem Dichter. Breslau d. 21. Nov. 1842, Fr. von Sallet ». Comme cette dédicace est partiellement citée dans l'article des Vingt et une feuilles, on ne peut hésiter à lui attribuer cette introduction non signée, devenue une nécrologie.

(2) Weihnachtsgabe für Hamburg, Zeitgedichte, de Wackernagel ; la Philosophie de l'action, de Moïse Hess ; Bilder und Sagen aus der Schweiz, de Jérémie Gotthelf.

(3) V. Ein und zwanzig Bogen aus der Schweiz : Fragen der Gegenwart.

dérive directement de la lutte qu'il eut à soutenir contre le parti aristocratique et clérical de Zürich. Ensuite, parce que, pour bien comprendre l'intention et même l'itinéraire de son voyage en Allemagne, entrepris dans le but de trouver des collaborateurs, il est bon de connaître ceux-ci. Le poète n'avait d'autre pensée, en allant de ville en ville, que le désir de se concerter avec les écrivains sur le concours desquels il pouvait compter, des bords du Rhin aux rives de la Vistule, pour assurer l'existence et le succès de sa revue. Mais il ne faut pas oublier que le *Deutscher Bote aus der Schweiz* n'avait en effet paru ni lorsque Frédéric-Guillaume IV reçut Herwegh en audience ni lorsque le décret du ministère prussien menaça les jours du futur journal, « l'enfant dans le sein de sa mère », comme l'écrivait le poète dans sa lettre au roi.

Herwegh se mit en route dans les derniers jours de septembre. Selon Fröbel, il aurait cédé en quittant la Suisse au désir de voir le roi de Prusse qui, non content de montrer un vif intérêt pour les *Poésies d'un Vivant*, avait promis, disait-on, de faire bon accueil à l'auteur ; mais ce mythe n'a plus besoin d'être réfuté dès que l'on connaît les circonstances qui ont précédé l'audience (1). Cependant, il est vrai que l'ambassade prussienne de Berne lui accorda un passeport sur les instances de Fröbel parce qu'il ne pouvait s'en faire délivrer ni à Stuttgart, à cause de la désertion, ni à Zürich, à cause de l'hostilité du gouvernement, inspiré par Bluntschli.

(1) Fröbel, Ein Lebenslauf I p. 131.

VIII

VOYAGE EN ALLEMAGNE

« C'est un jeune souverain, il entre botté et éperonné dans l'assemblée des poètes de son pays, il prend la couronne et la met sur sa tête » (1). Saint-René Taillandier, en présentant ainsi l'auteur des *Poésies d'un Vivant* au public français, trouvait la formule à la fois la plus concise et la plus pittoresque pour définir l'effet produit par l'apparition de Herwegh dans la littérature de son temps. Il fit l'impression d'un jeune *imperator* : ses vers sonnaient comme le signal d'un joyeux avènement et la jeunesse qu'il personnifiait reconnut aussitôt sa souveraineté. Frappés de sa conception du rôle des poètes qu'il mettait au-dessus des rois, non seulement dans la poésie : *An die deutschen Dichter*, mais pour ainsi dire dans toute son œuvre, ses contemporains, adoptant ses métaphores, le saluèrent comme un prince ; même un adversaire, Geibel, le nommait « roi des poètes », « poète de droit divin » (2).

De nos jours, nous pouvons nous faire difficilement une idée du succès des poésies de Herwegh. Il faudrait recueillir de multiples témoignages dont une minime partie a passé seule à la postérité, les louanges de ceux d'entre ses disciples qui jouissaient d'un certain renom, les articles de la presse quotidienne ou périodique qui célébraient ses mérites, les mémoires ou la correspondance des écrivains les plus connus de l'époque.

---

(1) Revue des deux Mondes, 1er juin 1844 : La poésie et les poètes démocratiques.

(2) Kölnische Zeitung 1841 n° 183 : An Herwegh.

Les poètes politiques le chantèrent comme un héros. Prutz, qui lui empruntait d'ailleurs le thème, les comparaisons et le rythme de la plupart de ses vers (1), glorifiait sa popularité dans l'hymne : *Wilde wilde Rosen* en réponse à la poésie : *Aus den Bergen* :

So von den Schweizerbergen auch in unser Nebelland hernieder,
So leuchteten, so strahlten auch die roten Flammen deiner
[Lieder.
Sie trafen uns, sie zündeten ! Die kalten Herzen wurden warm,
Und neues Leben, neue Kraft hebt unsern kettenmüden Arm (2).

Gottschall, ouvrant sa Walhalla aux champions de la justice et de la liberté, se plaçait sous l'égide de Herwegh :

Deine Feuerzeichen strahlen nieder,
Von der Freiheit Alpen weit zu schaun...
Schwert und Leier hast du auch geschrieben,
Freiheitslieder, drin Begeist'rung rauscht (3).

Georges Herwegh apparaissait à Glassbrenner comme un nouveau Saint-Georges :

Ich komme zu retten, riefst du auch,
Die Armen, die Sklaven, die Schwachen !
Mein mutiger Ritter Sankt Georg,
So zogst du, zu töten den Drachen (4) !

L'analogie s'imposait aux esprits ; elle se retrouve même

---

(1) Soit comme dans : Wilde Wilde Rosen sous forme d'allusions (Zehn tausend Winkelriede, cf. Der Freiheit eine Gasse, Aus offnen Wunden Rosen, cf. Gebet), soit en reprenant l'idée d'une promenade nocturne et jusqu'aux expressions de : Der Gang um Mitternacht comme dans : Nachts, ou en juxtaposant les motifs du Reiterlied, du Lied vom Hasse et encore de : Der Freiheit eine Gasse comme dans : Letzte Rettung. .

(2) Prutz, Gedichte (2ᵉ éd. 1846).

(3) Gottschall, Lieder der Gegenwart (1842) : Walhalla, Herwegh.

(4) Glassbrenner, Lieder eines norddeutschen Poeten (2ᵉ éd. 1845) : Sankt Georg.

dans la satire de Freiligrath (1). Lüning, s'inspirant de la même idée, exaltait le Saint-Georges moderne :

> Er liess sich nimmer irre machen ;
> Giftig Gewürme, Molche, Drachen,
> Die traf sein gutes Ritterschwert (2).

Louise Otto lui savait gré d'avoir eu confiance dans le courage des femmes et rappelait avec orgueil la dernière strophe de *Gebet* :

> Aber wollen mich die Männer nicht verstehn, die schwerver-
> [irrten,
> O so höret ihr mich, Frauen ! Traget ihr ein Schwert in
> [Myrten (3) !

Les voix discordantes de la critique (Menzel, *Literaturblatt zum Morgenblatt*, 19 juillet 1841, et principalement Vischer, *Kritische Gänge*) (4) furent couvertes par un concert presque unanime d'encouragements et d'approbations (*Gazette d'Augsbourg*, supplément du 29 juillet 1841 ; *Annales allemandes*, 13, 14, 15, 16 septembre 1841 (5) ; Charles Grün, *Bausteine* (6), etc.).

Les jugements qui n'étaient pas destinés immédiatement à la publicité révèlent mieux encore l'étendue de son influence, par exemple celui qu'on relève dans les *Tage-*

---

(1) Freiligrath, Ein Glaubensbekenntnis : Ein Brief (Ein neuer Held Sankt Jürgen).

(2) Lüning, Gedichte (1844) : An Georg Herwegh.

(3) Herwegh, Ged. eines Leb. I ; Louise Otto, Mein Lebensgang (Leipzig 1893) I Aus den Jahren 1840-1850 : an Georg Herweg 1843. Sans compter les poetæ minores : Lengerke, Jachmann, Hermann (Georg Herwegh und die königlich preussischen Hofpoeten Schaffhausen 1843), etc., et plus tard parmi les autres disciples : Pfau (Gedichte 1847), Schnauffer (Gedichte 1846), Strodtmann (Lieder eines Kriegsgefangenen 1848), etc.

(4) V. Kritische Gänge II p. 282-343.

(5) Cf. Ruge, Sämmtliche Werke III p. 254-273.

(6) V. Bausteine p. 43-57.

bücher d'Emma Siegmund à qui le jeune poète devait bientôt se fiancer : « Qu'il est grand, mon Dieu, celui qui peut te comprendre ainsi ! que de dons infinis il lui faut pour produire à la lumière du jour, librement et dans toute sa pureté, ce qui se cache de filons d'or dans le fond de son cœur, en sorte que son rayonnement intérieur répande partout la vie comme le soleil et que toutes les mains, armées par son courage, lèvent un glaive flamboyant contre les despotes ! » (1). Fontane rapporte dans son autobiographie qu'un cercle de jeunes Herweghiens s'était formé à Leipzig ; ceux qui en faisaient partie ne juraient que par Herwegh (2).

On conçoit que, dans ces conditions, le voyage du poète en Allemagne se soit transformé en un véritable triomphe.

Herwegh rencontra d'abord à Berne le Würtembergeois Louis Seeger, réfugié en Suisse depuis 1835, l'un des principaux collaborateurs des *Vingt et Une Feuilles de Suisse* et connu plus tard pour ses traductions d'Aristophane et de Béranger (3). Descendant le cours du Rhin, Herwegh se rendit jusqu'à Cologne dans l'intention de s'entendre avec les rédacteurs de la *Rheinische Zeitung ;* ce journal, fondé au commencement de 1842, était alors sur le point de passer entre les mains de Marx ; Herwegh fit la connaissance de Marx et de Hess qui organisèrent un banquet en son honneur. Le poète, gagnant le centre de l'Allemagne, arriva le 9 octobre à Iéna où l'attirait l'amitié de Prutz qui a fixé le souvenir de cette visite dans sa poésie : *An L. Follen.* Les étudiants vinrent chanter sous ses fenêtres l'hymne de Schenkendorf: *Freiheit, die ich meine* et celui de Maurice Arndt : *Der Gott, der Eisen wachsen liess.* Prutz

---

(1) V. Herweghs Briefwechsel mit seiner Braut p. 26.

(2) Autobiographie, von 20 bis 30, ch. 4 Mein Leipzig lob' ich mir.

(3) Les deux principaux recueils de poésies politiques de Louis Seeger (1810-1864) sont intitulés : Politisch-soziale Gedichte von Heinz und Kunz 1844, Ein Sohn der Zeit 1846. Avant de publier sa traduction d'Aristophane, Seeger pria Georges Herwegh d'en écrire l'introduction ou d'en charger Henri Heine (d'après lettre inédite du 9 oct. 1846).

le conduisit jusqu'à Weimar. Les ovations se succédaient sur son passage. Les chorales de Naumbourg l'invitèrent à l'une de leurs fêtes. A Leipzig, où il s'arrêta du 22 au 25 oct., un grand festin eut lieu à l'hôtel de Pologne : Laube et Robert Blum y assistaient ; Herwegh, se dérobant aux acclamations, pria les convives d'oublier sa personnalité pour ne songer qu'au triomphe de la cause libérale ; on chanta ses poésies et le poète lui-même dut réciter son *Morgenruf* :

> Die Lerche war's, nicht die Nachtigall,
> Die eben am Himmel geschlagen (1).

Herwegh séjourna du 26 oct. au 2 nov. à Dresde, où Ruge s'était transporté à la suite de ses démêlés avec la censure prussienne ; il se lia non seulement avec le rédacteur des *Annales allemandes* qui devait l'accompagner ensuite à Berlin, mais aussi avec l'écrivain Jules Mosen et les Russes Tourguéniev et Bacounine, surtout avec ce dernier (2). Il descendit à Halle chez le docteur Gutike, ami de Max Duncker et des Siegmund de Berlin pour lesquels Charlotte Gutike, la fille aînée du médecin, fiancée à Max Duncker, remit à Herwegh une lettre d'introduction.

Voici en quels termes un journal de la capitale annonçait l'arrivée du poète : « Herwegh est ici depuis quelques jours. Il est difficile de décrire les marques d'estime et de vénération qui lui sont prodiguées. Sur l'homme et sur le poète l'opinion est unanime » (3).

Herwegh ne tarda pas à se présenter dans la famille Siegmund. Le salon de ce riche marchand de soieries, fournisseur de la Cour, était fréquenté par les plus hauts représentants du monde des lettres, des arts et de la politique. Ch. Fr. Savigny, fils du jurisconsulte et neveu de Bettina, le président Ladenberg, ministre des domaines

---

(1) Ged. eines Leb. II.
(2) V. lettre de Ruge à Stahr, 15 nov. 1842.
(3) Berliner Figaro, 7 nov. 1842.

et des forêts de 1840 à 1842, s'y rencontraient avec le peintre Begas, l'actrice Crelinger, des romanciers et des poètes, Rellstab ou Marie Petersen. L'un des disciples les plus appréciés de Schleiermacher, le pasteur Schwarz, était un familier de la maison. Le maître de Mendelssohn, Berger, donnait des leçons à la fille du grand négociant.

Emma Siegmund, née à Magdebourg le 10 mai 1817, avait reçu une instruction exceptionnelle. Elle cultivait la musique et la peinture, savait plusieurs langues et s'adonnait à l'étude de l'histoire avec une intelligence pénétrante. Douée des sentiments les plus généreux, aimant les beaux vers, elle fut remplie d'enthousiasme à la lecture des *Poésies d'un Vivant* qui paraissaient, selon ses propres paroles, « la réponse à son âme ». Herwegh se présenta chez Siegmund le 6 nov. 1842 ; les relations prirent aussitôt un tel caractère d'intimité qu'il sembla que le poète et Emma Siegmund ne se voyaient pas pour la première fois, mais se retrouvaient. Ils se fiancèrent le 13 novembre (1).

Nulle part l'ardeur et la magnanimité de leur amour ne se montrent mieux que dans les lettres qu'ils ont échangées entre le mois de novembre 1842 et le mois de mars 1843. La parenté de leurs natures se manifeste à chaque ligne de leur correspondance, dans leurs effusions, dans les cris d'espoir ou de colère qui leur échappent lorsqu'ils songent au sort de la multitude et dans tous leurs jugements. On n'a pas de peine à se persuader de l'inanité des craintes conçues par l'entourage du poète au sujet de cette union (2). Herwegh avait trouvé en la personne d'Emma Siegmund une compagne dont l'affection ne lui fit jamais défaut et dont le courage fut supérieur à toutes les épreuves. En annonçant à Prutz la nouvelle de ses fiançailles il ne pouvait s'empêcher de s'écrier dans un transport d'admiration : « Tu n'as pas à t'inquiéter pour moi du

---

(1) V. Herweghs Briefwechsel mit seiner Braut, p. 27 ss. (d'après les confidences de Madame Herwegh).

(2) Cf. lettre d'Emma à Georges Herwegh, 4 déc. 1842.

saint état de mariage, ma fiancée est plus enragée que moi, c'est un républicain de premier ordre » (1).

Herwegh profita de son séjour à Berlin pour fréquenter les « Libres », sur l'alliance desquels il comptait pour son *Deutscher Bote*. Ceux qui s'appelaient fastueusement de ce nom ont fait beaucoup parler d'eux dans la littérature du temps. Vaillants défenseurs des idées nouvelles, mais séduits par la fausse gloire de l'exagération, ils voulurent dépasser tous les systèmes et se couvrirent de ridicule. On les crut redoutables parce que la rumeur publique supposa sur la foi des journaux qu'ils formaient une vaste association. Ils étaient en réalité peu nombreux : quelques amis de Bruno et d'Edgar Bauer se rencontrèrent régulièrement, à partir du mois de juin 1842, pour discuter ou pour se distraire, le jour chez Stehely, le soir principalement chez Hippel, deux cafés (le premier Am Gendarmenmarkt, le second Friedrichstrasse) où se réunissaient les jeunes esthètes et les orateurs de clubs. Selon Mackay, le biographe de Stirner, le groupe comprenait, outre les frères Bauer et Stirner lui-même (2), plusieurs journalistes : Louis Buhl, rédacteur du *Patriote*, Edouard Meyen, oncle du poète Alfred Meissner, Frédéric Sass, qui se faisait nommer le plus grand républicain parce qu'il avait une taille de grenadier et qu'il était originaire de la ville

---

(1) Herwegh à Prutz, 12 déc. 1842. Son frère, Gustave Siegmund, futur médecin, était un ardent démocrate ; il écrivit en 1848 une brochure sur la Prusse, sa Révolution et la Démocratie, « ce qu'on a publié de plus pénétrant et de plus solide dans ce genre » selon l'historien de la Révolution de 1848, Zimmermann (v. Die Deutsche Revolution, Karlsruhe 1848, p. 254).

(2) Stirner cite la devise du Parteilied de Herwegh : Nur offen wie ein Mann : Für oder wider ? dans ses articles de la Rhein. Ztg contre le dilettantisme : Das unwahre Prinzip unserer Erziehung oder der Humanismus und Realismus (10, 12, 14, 19 avr. 1842). « Den Priesterstand der Gelehrten und den Laienstand des Volkes aufzuheben, ist das Streben des Realismus und darum muss es den Humanismus überflügeln », écrivait-il ; cf. Herwegh, Ged. eines Leb. I Zuruf. Stirner condamne, au nom de l'individualisme, les partis politiques dans : Der Einzige und sein Eigentum, Zweite Abt. II, 2 (éd. Reclam p. 274 ss.).

de Lübeck, Ch. Fr. Köppen et Jules Faucher. D'après Mehring, le professeur Köppen ne prit part aux réunions des « Libres » qu'au début, ainsi que Nauwerck et Engels (1). Comme ils firent beaucoup de bruit autour de leur nom et même du scandale dans les rues, ils devinrent célèbres, et leur notoriété acquit d'autant plus d'importance qu'on les jugeait au loin sur leurs écrits qui valaient mieux que leurs actes. Ruge et Herwegh assistèrent à leurs séances dans la première quinzaine de novembre ; mais ils ne purent supporter leur forfanterie et s'éloignèrent avec dégoût. Ruge les traitait d' « ignobles fanfarons » (2) et dénonçait leurs frivoles négations comme un monstrueux penchant à l'anarchie qui lui semblait ravaler l'homme au niveau de la bête (3). Selon le témoignage de Ruge, Herwegh avait commencé une poésie contre les « Libres », que je n'ai pu retrouver (4) ; il écrivit, dans une lettre à Marx, un véritable réquisitoire dont Meyen qui collaborait à la *Rheinische Zeitung* eut sujet de se plaindre parce que Marx l'avait inséré dans sa gazette (5). Grâce aux confidences de Herwegh, le rédacteur en chef de la *Rheinische Zeitung* sut désormais à quoi s'en tenir au sujet du groupe

---

(1) Hoffman de Fallersleben (Mein Leben IV p. 46) nomme aussi Arthur Müller. Cf. IV p. 121 : « Als wir eintreten, finden wir die beiden Bauer, Bruno und Edgar, in einem unzurechnungsfähigen Zustande. Bei ihren rohen, gemeinen Aeusserungen wird uns so unbehaglich, dass wir bald auswandern ».

(2) Ruge à Prutz, 18 nov. 1842.

(3) V. Ruge à Fleischer, 12 déc. 1842.

(4) V. Ruge à Prutz, 7 déc. 1842.

(5) D'après lettre inédite de Ruge à Herwegh, 13 déc. 1842 : « Bruno Bauer ist sehr zornig, immer aus dem alten Grunde, der im Grunde keiner ist, aber er hat doch nicht mit den Jahrbüchern gebrochen. Natürlich ist das Pathos der Freien mit seinem Grimm nicht zu vergleichen, aber der Grimm ist freilich sehr kalt. Religion ! sagt Bakunin, und der hat doch Recht. Marx hat Ihren Brief in der Zeitung vom 29. zu einer Korrespondenz benutzt, die viel Effekt nach beiden Seiten hin machte, und einen förmlichen Bruch der Freien mit der Zeitung führte Herr Meyen herbei ». Cf. Herwegh à Prutz, 12 déc. 1842. V. Rhein. Ztg, 29 nov. 1842.

de Berlin qui s'arrogeait le droit de tout critiquer, raisonnait dans le vide, employait des phrases sonores et creuses, s'écoutant avec une admiration complaisante pérorer et divaguer (1). Prutz qui détestait les « Libres » et leurs paradoxes, « mélange incohérent de radicalisme philosophique, de dissolution morale et d'indifférence politique », a toutefois exagéré l'importance de leur rupture avec Herwegh en prétendant qu'elle détermina la tiédeur des Berlinois à l'égard du poète après les premiers transports d'enthousiasme (2). Ils n'ont pas exercé une influence si considérable. De plus, si une partie des attaques dirigées contre Herwegh à la suite de l'audience chez le roi venait de leurs rangs, ils ne blâmèrent pas tous le poète ; en tout cas, Bruno Bauer était resté encore au début de 1843 en assez bons termes avec Ruge et Herwegh pour ne retirer ses manuscrits ni des *Anekdota* ni des *Vingt et Une Feuilles* (3).

**
**

Par l'entremise de Schönlein, dont il avait fait la connaissance à Zürich, Herwegh fut invité à se présenter chez le roi. Sa Majesté, après avoir feuilleté un *Almanach des Muses* qui contenait un portrait de l'auteur des *Poésies d'un Vivant*, avait exprimé le désir de recevoir le poète. Le médecin du roi insista près de Herwegh sur l'intérêt de cette visite pour son avenir. « Je ne vois pas » déclara d'abord celui-ci « ce que Sa Majesté et moi nous avons à nous dire ». Schönlein n'avait pas considéré cette réponse

---

(1) Marx à Ruge, 30 nov. 1842.

(2) Zehn Jahre, II p. 381.

(3) Dans sa lettre à Herwegh, du 13 déc. 1842, Ruge établit d'ailleurs une distinction entre Bruno Bauer et les Libres.

Les Xénies de Herwegh sont favorables aux frères Bauer, v. Xénie XLI : Bauer-Krieg, cf. la xénie inédite :

Zwar ein Bauer ist's nur. Doch ist's ein Bauer, der Trumpf ist,
  Herz ist Farbe und du bist nur ein König in Kreuz.

comme un refus définitif ; secondé par des amis que Herwegh tenait en haute estime, il assiégea littéralement le poète et finit par lui arracher la promesse d'une entrevue. Le roi fit alors connaître le jour et l'heure à son médecin qui alla chercher Herwegh chez lui et le conduisit au château dans sa propre voiture (1).

Il est évident d'après ce simple récit, sur l'authenticité duquel on ne peut concevoir aucun doute, car il ne fut suivi d'aucun démenti, que Georges Herwegh n'avait pas sollicité d'audience, comme le bruit en courut ; mais Frédéric-Guillaume IV avait demandé à Schönlein de le lui amener « mort ou vif » (2).

Des flots d'encre ont coulé sur cette audience dont il importe de fixer les moindres détails dans la mesure où ils ont pu être contrôlés.

On admet généralement la date du 19 nov., donnée par Prutz, contemporain et ami de Herwegh ; les historiens ont respecté cette tradition (3). Dans les lettres des fiançailles, Emma Siegmund demande, le 18 novembre : « As-tu des nouvelles du roi ? » Herwegh attendait, en effet, après la seconde visite de Schönlein, une réponse de Frédéric-Guillaume IV pour le rendez-vous, or cette seconde visite, d'après les termes de sa Déclaration, précéda le jour de l'audience. D'autre part, à la date du 21 novembre, Georges Herwegh écrit à sa fiancée : « Si Schönlein ne se montre pas ce matin, je partirai vraisem-

---

(1) Déclaration de Herwegh contre Schönlein (publiée intégralement dans le Schweiz. Republikaner du 17 janvier 1843, tronquée dans la Gazette Universelle d'Augsbourg du 20 janv. 1843) : « Ich entliess ihn ohne bestimmte Antwort, die erst bei einer zweiten Begegnung auf Zureden sonst sehr vorsichtiger Freunde dahin ausfiel, dem Wunsche S. Maj. zu entsprechen, worauf Herr Schönlein an einem dritten Morgen in Folge eines Billets, das S. Maj. noch abends aus dem Königsstädter Theater an ihn geschrieben, mich in seinem Wagen nach dem königlichen Schlosse abholte ». Treitschke n'a pas tenu compte de cette déclaration.

(2) Cf. Neues Stuttgarter Tageblatt, 3 mai 1878, réponse de Madame Herwegh à Laube.

(3) Treitschke ne donne pas de date, Brandes adopte le 19.

blablement demain ». Mais cette allusion peut s'interpréter comme une visite promise par Schönlein après l'entretien. Le journal de Varnhagen ne peut servir d'argument : Varnhagen n'a enregistré l'entrevue que le 21 nov. (1), mais il était coutumier de ces retards : il a inscrit dans son journal à la date du 11, c'est-à-dire six jours après, l'arrivée de Herwegh à Berlin, à la date du 27 le récit détaillé de sa réception au château, à la date du 1er déc. l'interdiction du *Deutscher Bote* qui résulta du décret du 28 nov.

Les indiscrétions de Schönlein qui assistait seul à l'entrevue du roi et de Herwegh ont donné naissance à des comptes rendus parfois contradictoires, en partie légendaires. Le récit de Varnhagen reconstitue la scène de la manière la plus complète (2) : « Le conseiller intime Schönlein l'a introduit chez le roi qui le salua du nom de grand poète. Votre visite me réjouit plus que celle que j'ai reçue récemment d'un étranger. Tourné vers Schönlein, il ajouta en guise d'explication : Je fais allusion à celle de M. Thiers. Puis il dit : Nous avons des vues tout à fait différentes, mais n'importe, nous pouvons nous conduire en loyaux ennemis. Il reprit en plaisantant : Vous m'avez fait avaler beaucoup de pilules indigestes, mais celui-là (il désignait du regard Schönlein), de bien plus mauvaises » (3). Treitschke, historiographe officiel, a résumé l'audience en ces lignes : « Le roi loua son talent poétique tout en regrettant ses tendances radicales ; il lui

---

(1) Au passé : « Der Dichter Herwegh ist zum Könige gerufen worden ».

(2) Varnhagen tenait ces détails d'Ackermann.

(3) C'est à peu près la version du Mannheimer Journal et de la Rheinische Zeitung du 9 déc. 1842, mais le roi, lorsqu'il congédia le poète, aurait encore ajouté ces mots : « Sie gehen nach Königsberg, dort finden Sie viele, die Ihre Gesinnung teilen, eine entschiedene Opposition gegen manche meiner Regierungsgrundsätze, ich weiss das, aber ich lobe die männliche selbständige Gesinnung und die Ostpreussen gehören zu meinen besten Freunden », ou selon la rumeur publique : « Ich liebe eine gesinnungstüchtige Opposition ».

souhaita une journée de Damas : Votre influence, lui dit-il, deviendra considérable, et il termina leur court entretien par ces bienveillantes paroles : Nous voulons être de loyaux ennemis » (1). Ces paroles du roi (*Wir wollen ehrliche Feinde sein, Ich wünsche Ihnen von Herzen einen Tag von Damaskus und Sie werden Ungeheures wirken*) sont confirmées par Herwegh, les unes dans sa lettre à Frédéric-Guillaume IV, les autres dans les *Xénies* où elles figurent comme motif en tête de la 74ᵉ épigramme. Herwegh ajoutait, en racontant l'entrevue, qu'il avait quitté le roi sur cette citation du *Don Carlos* de Schiller : « Sire, je ne puis être le serviteur d'un prince » (2). Ce souvenir littéraire qui n'était pas de nature à offenser le souverain dilettante rappelait l'analogie de la circonstance avec la grande discussion de Posa et de Philippe II. Le roi fit observer, dans un rapport, que Georges Herwegh se plaignit de « l'importune amitié » de certains Juifs (3). Enfin, d'après la Déclaration de Herwegh contre Schönlein, l'entretien porta sur la situation de la presse, et Schönlein intervint pour dénoncer certains journaux.

Ce que nous savons de plus sûr se borne à ces informations. Les insinuations malveillantes des adversaires de Herwegh n'ont aucune valeur historique, elles relèvent de la fantaisie et du mensonge, ainsi que les satires de Heine, celle des *Zeitgedichte*, primitivement précédée de l'épigraphe : *Sire, Geben Sie Gedankenfreiheit* (4), et celle des *Letzte Gedichte* : *Die Audienz*, remplie des mêmes réminiscences schillériennes.

On a reproché à Herwegh d'être allé chez le roi. Les uns ont vu dans cette démarche une preuve d'infatuation, les autres au contraire une humiliation. Une gravure de l'époque (*Der zahm gewordene Löwe*) le repré-

---

(1) Deutsche Geschichte V p. 205.
(2) Don Carlos III, 10.
(3) V. Thile's Bericht vom 28 nov. 1842.
(4) V. Pariser Vorwärts, 10 janv. 1844.

sente d'une part en 1841, vêtu du costume national, jetant le gant au buste du monarque, d'autre part en 1843, paré d'un habit de cour et s'inclinant profondément devant le roi. Cette caricature fournit l'explication du titre du sonnet *1841-1843* où l'enthousiasme des libéraux prussiens est pris sur le vif en deux attitudes, d'abord à l'avènement de Frédéric-Guillaume IV, lorsque les nuages s'amoncelaient à l'horizon et que, dans un élan de patriotisme, après avoir éprouvé la pointe de leurs épées, les fidèles Berlinois applaudissaient leur nouveau roi qui leur tenait de beaux discours, puis, l'orage dissipé, lorsqu'ils s'étaient retrouvés dans une salle de théâtre, saluant de leurs frénétiques bravos l'habile acteur qui, en guise d'exploits, avait appelé près de lui Tieck pour monter *Antigone* et Rückert pour expliquer les poèmes hindous :

> Ein bischen Griechisch und ein bischen Indisch (1).

Sans aucun doute, Frédéric-Guillaume IV avait provoqué l'audience, mais, loin d'avoir eu le dessein de réprimander Herwegh, il s'était imaginé qu'il lui suffirait de paraître pour briller et de sourire pour séduire, car il ne manquait pas d'esprit : il fut aimable envers le poète et le complimenta, mais quand il s'aperçut de l'inutilité de ses efforts, il cacha mal son désappointement. Herwegh ne se montra pas moins désintéressé que le marquis de Posa (2).

Nul n'a mieux caractérisé que Varnhagen l'impression produite sur le public par la nouvelle de cette entrevue : « Les grands, les piétistes, les légitimistes sont consternés, offensés ; les jeunes sont remplis d'envie » (3).

Herwegh se vengea plus tard de Frédéric-Guillaume IV et de Schönlein dans ses *Xénies* (4) ; immédiatement après

---

(1) Ged. eines Leb. II : 1841-1843.
(2) Cf. les paroles de Philippe II à Posa dans Don Carlos : « Vous avez paru devant votre maître et vous n'avez rien demandé pour vous. Rien. Cela est nouveau pour moi ».
(3) Tagebücher II, 27 nov. 1842.
(4) V. Xenien XVII, LV, LVI, LXV, LXVI, LXVII, LXXIV.

l'audience, il écrivait de Königsberg à sa fiancée : « Depuis ma visite chez le roi, je me sens beaucoup plus fier, c'est à-dire beaucoup plus libre. La royauté est morte, définitivement morte pour moi ; elle ne pourra plus exercer le moindre prestige sur le monde. Que cet homme m'a paru petit, infiniment petit et ordinaire ! Je commence à prendre en pitié les têtes couronnées ; elles jouent un rôle plus que misérable » (1).

Le 24 novembre, Herwegh partit pour Königsberg (2), où l'accueillirent le professeur Voigt, Jacoby, Walesrode et Crelinger chez lequel il descendit. Cette ville était devenue un centre d'opposition depuis la cérémonie de l'hommage (sept. 1840). Schön, l'ancien collaborateur de Stein, y résidait ; président de la province de Prusse Orientale jusqu'en juin 1842, il avait dû céder alors la place à Bötticher, à la suite du scandale soulevé par la mise en vente de sa brochure : *Woher und Wohin?* Cette vive critique de la bureaucratie prussienne avait encore été dépassée, pour l'énergie des revendications, par les *Quatre Questions* de Jacoby qui avaient paru en février 1841 et que l'on a comparées à la brochure de Sieyès sur le Tiers Etat : « Que désiraient les Etats ? » demandait Jacoby. « Quels étaient leurs droits ? Quelle réponse leur fut donnée ? Que leur reste-t-il à faire ? » Dans un style précis, calme et ferme, l'auteur exposait que la liberté de la presse et la représentation nationale constituaient l'apanage des citoyens prussiens, en vertu des principes de la raison même et de la légalité, selon l'édit du 22 mai 1815 qui, n'ayant jamais été rapporté, restait juridiquement en vigueur ; les Etats devaient le prouver par leur attitude vis-à-vis de la couronne. La publication des *Quatre Ques-*

---

(1) Lettre du 27 nov. 1842. Emma Siegmund répondit, 1er déc 1842 : « Tust recht, die Könige zu bemitleiden, es sind wandelnde Mumien, deren Kronen von den entmarkten Köpfen der Völkersturm schon treiben wird ».

(2) V. Le récit humoristique de son voyage dans sa lettre du 26 nov. à sa fiancée.

tions, bientôt suivie d'un procès retentissant (1), avait fait de Jacoby le chef autorisé et reconnu des démocrates de Königsberg. Walesrode venait au premier rang de ceux qui se groupaient autour de lui : il avait démasqué les pseudo-libéraux dans la *Königsberger Zeitung* (2), et ses spirituelles conférences contre les idéologues, les ploutocrates, les piétistes et le juste-milieu lui avaient valu la réputation d'un brillant causeur, aussi fin qu'impitoyable dans la satire des travers contemporains (3). L'avocat Crelinger, l'hôte de Herwegh, était le frère du conseiller Crelinger de Berlin ; il acquit plus tard un certain renom comme défenseur des accusés polonais dans le fameux procès de 1847, intenté à Mierowslaski et ses complices (4). Nous retrouvons les membres du groupe de Königsberg parmi les collaborateurs du *Taschenbuch* de Walesrode (1846) : Jacoby, Crelinger, le poète Lengerke, professeur de théologie à l'Université, auteur de : *Bilder und Sprüche* (1844), *Fliegende Blätter* (1847), le conseiller Jachmann, poète et publiciste, Alexandre Jung, disciple de Gutzkow, rédacteur du *Literaturblatt* et conférencier, auteur de :

---

(1) On avait accusé Jacoby de haute trahison, de lèse-majesté et d'insoumission ; l'accusation de haute trahison fut ensuite abandonnée (v. Jacoby, Meine Rechtfertigung 1841). Condamné en première instance, en avril 1842, à deux ans et demi de forteresse, il en appela devant la cour suprême (v. Jacoby, Meine weitere Verteidigung 1842). Le jugement d'appel lui fut favorable ; le procès se termina par un acquittement, janv. 1843.

(2) V. Königsberger Zeitung 1842 n° 236 : Offenes Sendschreiben an den Landtagsdeputierten in Ostpreussen, Verfasser des Aufrufs an alle wahrhaft Liberalen.

(3) Le premier recueil, dédié à Jachmann, porte le titre : Glossen und Randzeichnungen zu Texten aus unserer Zeit, Königsberg 1842. Le second recueil, dédié à Herwegh : Untertänige Reden, Zürich und Winterthur 1843, lui attira un procès de lèse-majesté et d'insoumission ; v. la liste des passages incriminés dans : Der Humor auf der Bank der Angeklagten, Mannheim 1844.

(4) C'est de Louis Crelinger de Königsberg et non pas du mari de l'actrice qu'il est question dans la lettre de Madame Herwegh du 10 nov. 1847 (Cf. Briefe von und an Herwegh 1848, p. 50).

Königsberg und die Königsberger (1846). En 1842, deux jeunes poètes faisaient également leurs études à Königsberg : Jordan, auteur de : *Glocke und Kanone* (1841) et Gottschall, auteur de : *Lieder der Gegenwart* (1842), deux recueils conçus selon l'esprit des *Poésies d'un Vivant*, mais plus violents dans l'expression.

Herwegh jugea d'abord les libéraux de Königsberg avec sévérité: « Ils ne possèdent pas cette dignité, cette noblesse, l'air grand et imposant que mon âme cherche partout » (1). Mais il rétracte son premier jugement en faveur de Jacoby, de Jachmann et de Crelinger lorsqu'il les connaît plus intimement (2). Schön, qui le reçoit le 30 nov., lui paraît sincère, bienveillant, tolérant, mais encore trop entiché de la personne du souverain « dont il attend toutes les mesures possibles, bien que celui-ci l'ait traité avec la dernière désinvolture » (3). Jung lui produit l'effet d'un visionnaire planant dans les nuages (4).

Les autorités voulaient s'opposer à la démonstration projetée par les étudiants en l'honneur du poète ; elles durent finalement céder et cette manifestation eut lieu le 30 nov. (5). Le surlendemain, environ 150 personnes organisèrent, pour fêter Herwegh, un dîner politique qui eut l'importance d'un événement historique dans les annales du temps. Les journaux contemporains (*Allgemeine Leipziger Zeitung*, *Rheinische Zeitung*, 12 déc. 1842) donnent une image fidèle de ce festin dont Georges Herwegh a tracé un récit sommaire dans ses lettres (6). Crelinger, Walesrode, Jacoby prirent la parole (7) ; Lengerke, Jach-

---

(1) V. Lettre à Emma Siegmund, 27 nov. 1842.
(2) V. Lettres à Emma Siegmund, 28 et 30 nov. 1842.
(3) V. Lettre à Emma Siegmund, 1er déc. 1842.
(4) V. Lettre à Emma Siegmund, 1er déc. 1842.
(5) V. Lettres à Emma Siegmund, 30 nov. et 1er déc. 1842.
(6) V. Lettre à Emma Siegmund, 4 déc. 1842. Cf. Treitschke, Deutsche Geschichte, V p. 205.
(7) V. Herweghs Briefwechsel mit seiner Braut, p. 263-264 : toast de Walesrode.

mann, Jordan et Gottschall récitèrent leurs vers (1) ; Herwegh lui-même déclama son *Morgenruf* ; il répondit aux discours par l'éloge de l'Allemagne du Nord et de Jacoby (2).

Le décret du 28 nov. 1842 ouvrit l'ère des persécutions contre Herwegh : « Le journal *Der deutsche Bote aus der Schweiz*, édité à Zürich et Winterthur, doit paraître à partir du dernier trimestre de l'année courante sous une autre forme. Georges Herwegh dont le nom est bien connu en devient le rédacteur d'après un avis publié par la presse et daté du 1ᵉʳ de ce mois. Les tendances de cette feuille correspondent au néo-hégélianisme et aux principes de la nouvelle école des poètes politiques. On devra employer tous les moyens pour empêcher la circulation de ce journal absolument interdit ». Le bruit courut que l'interdiction du *Deutscher Bote* avait été décidée le soir de l'audience (3) ; mais, selon Zolling qui a pu consulter les archives (le dossier de la police et de la censure, les ordres de cabinet du roi et du général de Thile, le rapport du général de Gerlach), cette décision remontait au mois d'octobre. Le poète en eut connaissance dès le 30 nov. ; il résolut aussitôt de se plaindre au roi de « l'ignominie » et de la « vilenie » de ses ministres (4).

---

(1) La poésie de Jachmann se trouve dans : Herweghs Briefwechsel mit seiner Braut, p. 262 ; Gottschall récita sans doute son hymne à Herwegh (v. Lieder der Gegenwart), il observe sur ce point un rigoureux silence dans ses Mémoires ; Jordan opposait, dans ses vers, Königsberg à Berlin comme Lacédémone à Corinthe.

(2) « Meine Herren ! Wie die Magnetnadel nach Norden zeigt, so hat sich auch die Freiheit und der Sinn für sie nach dem Norden zurückgezogen, deshalb bin ich hierhergekommen. Die Freiheit kommt jetzt wie die Lerche von Osten, nicht wie die Nachtigall von Süden ». Le récit de Prutz (Zehn Jahre II p. 384-385) peut prêter à confusion ; les paroles : « man müsse die Freiheit bis zum Wahnsinn lieben » furent prononcées par Herwegh dans son allocution aux étudiants.

(3) Cf. Varnhagen, Tagebücher II, 1ᵉʳ déc. 1842.

(4) Lettre à Emma Siegmund, 30 nov. 1842.

La lettre de Herwegh à Frédéric-Guillaume IV a été diversement appréciée. On comprend l'indignation des réactionnaires qui la tenaient pour indélicate, mais on peut s'étonner de la désapprobation des libéraux qui la jugeaient puérile. Scherr trouvait cette démarche mûrement réfléchie et tout à fait opportune.

« Nous voulons être de loyaux ennemis ! — Ces paroles que le roi de Prusse m'a récemment adressées me donnent le droit, m'imposent même le devoir de faire entendre aujourd'hui ma plainte, ma plainte amère devant votre trône, aussi franchement que j'ai naguère exprimé ma confiance en votre Majesté (1), sans simuler une dévotion que je ne connais pas ou des sentiments que je n'éprouve et n'éprouverai jamais. Nous voulons être de loyaux ennemis ! — Et le jour même où Votre Majesté a daigné prononcer ces paroles, il plaît à son Ministère d'interdire aux libraires la vente d'un journal dont je dois devenir le rédacteur, dont aucune ligne n'a paru jusqu'ici sous ma rédaction, dont le débit avait été autorisé, il y a deux mois, lorsqu'on ne savait pas encore que le journal passerait entre mes mains ; il lui plaît de l'interdire à cause de mon nom. Après ce que vous venez de dire devant moi, je ne puis pas, je n'ai pas le droit de croire que mon nom sonne si mal aux oreilles de Votre Majesté. Sans doute Votre Majesté n'a pas été avisée de ce procédé et c'est le but de cette lettre de porter à votre connaissance ce simple fait pour que vous puissiez décider de quel côté se trouve la justice ». Herwegh critiquait la politique ministérielle, l'aveuglement, la brutalité des mauvais conseillers et des néfastes serviteurs du prince (2). « Il existe encore des hommes que rien n'effraie, et je me range parmi eux, des hommes qui crieront de toute leur âme jusqu'à ce que le

---

(1) Allusion à la poésie : An den König von Preussen.

(2) Par les mots : « Beschränkter Untertanenverstand » il faisait allusion aux mots malheureux de Rochow dans sa réponse aux habitants d'Elbing en 1837. Rochow avait été remplacé par Arnim au Ministère de l'intérieur le 16 juin 1842, mais il avait conservé une place dans le Conseil.

droit et la justice se réalisent sur la terre, et d'autant plus hardiment que les ennemis du progrès ne possèdent plus eux-mêmes le courage d'user de violence, comprenant bien le danger auquel ils s'exposent en créant des martyrs : pour un homme qu'ils parviennent à opprimer, vingt surgissent tout armés du sol ». Herwegh montrait l'inutilité du décret : « Défendre un livre, c'est lui donner des ailes, et ce que le peuple veut lire, il le lit en dépit de tous les arrêts. Les Ministres de Votre Majesté ont interdit mes poésies, il y a quinze mois, et j'ai la bonne fortune de pouvoir en ordonner maintenant la cinquième édition. Les Ministres de Votre Majesté ont édicté la saisie de livres qui leur semblaient dangereux et, je m'en suis convaincu durant tout mon voyage, ces livres sont entre les mains de chacun ». Aussi ne demandait-il pas au roi de révoquer l'édit d'interdiction, il s'estimait heureux de n'avoir rien à solliciter dans un pays auquel ne le rattachait aucun lien, car il était républicain et sur le point de se faire naturaliser citoyen d'une République ; ce qu'il condamnait, moins en son propre nom qu'en celui de ses semblables, c'était la censure arbitraire, appliquée en Prusse aux œuvres de la pensée.

Herwegh envoya cette lettre de protestation à Frédéric-Guillaume IV, sans avoir l'intention de la publier ; il ne la fit circuler que dans son plus proche entourage en recommandant la plus grande réserve. La lettre suivante de Walesrode et la note que le poète inséra quelques jours plus tard dans les journaux ne permettent là-dessus aucun doute. « Par une impardonnable imprévoyance de la part de Jachmann ta lettre au roi » écrivait Walesrode « est tombée dans le domaine public : il en circule ici d'innombrables copies qui, naturellement, vont en se multipliant, et peut-on savoir ce qui se passe ailleurs ? Il n'est pas en notre pouvoir d'en arrêter la publication dans la presse allemande » (1). « A mon insu » expliquait Herwegh « ma lettre privée au roi a été publiée dans la *Leipziger Allgemeine Zeitung* du 24 déc.

---

(1) Herweghs Briefwechsel mit seiner Braut, p. 268-269.

accompagnée de quelques fautes d'impression. Je prie le lecteur d'en mettre la publication uniquement sur le compte de l'inexcusable indiscrétion d'un ami et non d'une indélicatesse de ma part » (1).

Les mesures d'expulsion suivirent de près la divulgation de cette lettre. Parti de Königsberg le 7 déc., Herwegh, après un court séjour à Stettin dans la famille de Prutz, revint à Berlin le 14, pour y passer les fêtes de Noël en compagnie de sa fiancée avec laquelle il fit de nouveau le voyage de Stettin, le 26, sur l'invitation de Prutz ; dès le lendemain, il recevait de la police l'ordre de quitter la ville. On ne toléra sa présence à Berlin que pour quelques heures ; des commissaires veillaient sur son départ qui s'effectua le 29. On ne lui permit pas de descendre à Halle. Sur les instances de l'éditeur Wigand qui redoutait la malveillance des autorités (2), Herwegh dut s'éloigner précipitamment de Dresde et de Leipzig où il avait d'abord été convenu que le mariage aurait lieu. Bacounine quitta l'Allemagne avec lui. Peu s'en fallut que Ruge ne prît le même chemin. En effet, la vengeance de la cour de Prusse atteignait, derrière le poète, les journaux qui étaient suspects de sympathie pour lui : la *Leipziger Allgemeine Zeitung* qui avait publié la lettre au roi fut frappée d'interdiction le 28 déc. 1842 (3) ; la *Rheinische Zeitung* cessa de paraître à partir du 1er avril 1843 après avoir été suspendue du 20 au 28 janvier ; la cour de Saxe, imitant l'exemple de la Prusse dans la voie de la répression, abolit les *Annales Allemandes* par décret du 2 janvier 1843.

---

(1) Julius, rédacteur en chef de la Leipz. Allg. Ztg, s'excusa d'avoir publié la lettre, v. lettre d'Emma Siegmund à Herwegh, 15 janvier 1843. Cf. lettres à Emma Siegmund, 9 janv. et 12 fév. 1843 : « Zehn Jahre von meinem Leben sind mir jetzt nicht so viel wert, als die Veröffentlichung des Briefs ».

(2) Cf. lettre de Herwegh à Emma Siegmund, 6 janv. 1843 : « Wigand war offenbar zu ängstlich ».

(3) L'éditeur Brockhaus, en changeant de rédacteur, réussit à faire lever l'interdiction de vente en Prusse le 28 juin 1843 (cf. lettre d'Emma Siegmund à Herwegh, 31 janv. 1843).

Parmi les violentes attaques auxquelles Herwegh se vit exposé après avoir été reconduit à la frontière sur l'ordre du roi de Prusse, les satires de Freiligrath et de Heine ont été mentionnées plus haut, l'*Anti-Herwegh* de Tieffenbach et les épigrammes anonymes des journaux peuvent être passés sous silence, mais les critiques de la *Literarische Zeitung* (1) méritent une attention particulière, car elles ont provoqué la réponse : *Georg Herwegh und die Literarische Zeitung*. Il n'y a pas de raison pour attribuer cette brochure à Herwegh, comme l'a cru Zolling qui lui prêtait aussi, à tort, les parodies qu'elle renferme (2) : puisqu'il fallait généralement trois jours au courrier de Berlin pour parvenir à Zürich, et *vice versa*, la réplique, datée de Berlin le 1ᵉʳ février 1843, n'aurait pu être matériellement rédigée et envoyée dans ce délai. Il n'est pas question de la *Literarische Zeitung* dans ses lettres à sa fiancée, en janvier 1843, mais de l'article de la *Berliner Zeitung*, du 2 janv. et du pamphlet de Vogelleim : *Gegen Georg Herwegh* (3). Loin de se laisser décourager par ces attaques, Herwegh trouva dans les hostilités de ses adversaires une nouvelle source d'énergie : « Nous avons le droit d'être des gens de lettres, mais des hommes sincères et pleins d'enthousiasme, jamais. Nous pouvons écrire, tant que nous voudrons, pourvu que nous n'agissions pas... Ils nous poussent à plaisir vers le but où leur système qui repose sur le mensonge doit sombrer. Puisqu'ils le veulent, ils sentiront un jour de quoi seront capables les hommes pour qui la liberté est une religion » (4).

D'ailleurs toutes les voix ne s'accordaient pas pour condamner le poète. La jeunesse lui restait fidèle : « Blum écrit que la tenue de la jeunesse allemande est excellente,

---

(1) V. Lit. Ztg, 28 janv. 1843.
(2) Georg Herwegh und die Literarische Zeitung p. 21, 45, 46, 47.
(3) V. lettre d'Emma Siegmund à Herwegh, 3 janv. 1843 ; lettre à Emma Siegmund, 18 janv. 1843.
(4) Lettre à Emma Siegmund, 6 janv. 1843.

que les *Sächsische Vaterlandsblätter* reçoivent de toutes les Universités une foule d'articles en ma faveur, mais que la censure saxonne n'en laisse malheureusement imprimer aucun » (1). Des amis se chargèrent de présenter les choses sous leur vrai jour : Hermann Müller intervint maladroitement, selon le poète (2), mais Prutz, qui désapprouvait la lettre adressée au roi, s'est efforcé de rendre compte de la situation avec équité, et son article : *Herwegh und das deutsche Publikum* peut passer pour l'un des meilleurs exposés du conflit (3).

Revenu le 12 janv. à Zürich par Francfort, Strasbourg, Bâle, Liestal, où il sollicita sa naturalisation, Herwegh s'aperçut qu'il ne s'était pas attiré seulement la haine d'une partie du public allemand, mais que le gouvernement cantonal qui n'avait pas assouvi sa rancune se disposait à sévir avec une extrême rigueur. Les journaux répandirent prématurément la nouvelle de la proscription qui le menaçait (4) ; elle fut d'abord démentie, mais les faits ne tardèrent pas à prouver qu'elle était fondée. A la suite du procès Rohmer, le Conseil du Gouvernement résolut à l'unanimité, le 9 févr., de refuser à Herwegh l'autorisation de séjourner plus longtemps à Zürich s'il ne renonçait pas à ses projets de publiciste. Certes, les témoignages de sympathie ne lui manquaient pas, mais ils ne servirent qu'à irriter ses adversaires. Dès son retour à Zürich, il avait été salué par les étudiants (5),

---

(1) Lettre à Emma Siegmund, 30-31 janv. 1843.

(2) V. Rheinische Zeitung 15 janv. 1843. Cf. lettre à Emma Siegmund, 24 janv. 1843.

(3) V. Rheinische Zeitung 21 mars 1843 ; Herweghs Briefwechsel mit seiner Braut p. 275.

(4) V. Augsburger Allgemeine Zeitung, Vossische Zeitung 9 janv. 1843.

(5) V. Schweiz. Republikaner 17 janv. 1843, discours des étudiants et réponse de Herwegh : « Meine Freunde, wenn diese Huldigung nur mir gelten sollte, so würde ich sie streng, ja tadelnd zurückweisen. Aber ich weiss, ich fühle, was Sie damit ausdrücken wollen, und danke Ihnen von ganzem Herzen. Ich

et les ouvriers allemands s'étaient proposé de lui donner une sérénade (1). Lorsque l'on connut la décision du Conseil de Gouvernement, les pétitions affluèrent. Le Grand Conseil, dans sa séance du 15 févr., rejeta par 132 voix contre 19 toutes ces pétitions, celle de Fröbel et Hegner, éditeurs du « Comptoir littéraire » à qui cette mesure portait préjudice, celle du professeur Oken qui plaidait la cause de la science et de la poésie, celle de Herwegh lui-même qui invoquait la liberté de la presse (2). Le droit d'asile devait lui être retiré dès le 19 févr.; il obtint à grand'peine l'ajournement jusqu'au 3 mars. Mais, en même temps, le canton de Coire lui offrait l'hospitalité : celui d'Argovie, ayant à cœur de prouver « que tous les cantons n'étaient pas encore la proie du béotisme », s'empressait de lui accorder la permission de se réfugier pendant trois mois sur son territoire. Après les formalités nécessaires, le canton de Bâle-Campagne lui octroyait finalement le droit de cité : Herwegh avait présenté sa demande à la municipalité de Basel-Augst, le Grand Conseil cantonal l'agréa le 1ᵉʳ mars et lui délivra le diplôme le 10 avril 1843.

De plus, les anciens compatriotes de Herwegh, les Würtembergeois, relevèrent comme une injure personnelle l'affront qu'il avait reçu du roi de Prusse et des partisans de Bluntschli. Le roi de Würtemberg informait le

---

freue mich, wieder auf schweizerischem republikanischem Boden zu stehen, und freue mich doppelt, mich in Einem Glauben vereinigt zu sehen mit einer so frischen, freien Jugend. Bleiben Sie jung und bewahren Sie diesen Glauben, der doch am Ende siegen muss über die Eifersucht des Alters, das sich uns in die Bahn wirft. Führen Sie der Schweiz die schöne Zukunft heraus, zu der sie vor allem berufen ist ».

(1) V. lettre à Emma Siegmund, 15 janv. 1843.
(2) V. Schweiz. Rep. 14 févr. 1843, la pétition du Comptoir littéraire ; 24 févr. 1843, les débats du Grand Conseil. Cf. Oestlicher Beobachter 21 et 24 févr., débats, pétition d'Oken : « Die Behandlung eines Gelehrten könne nicht ohne entmutigende Wirkung auf die Professoren bleiben... Ihn des Landes zu verweisen, hiesse ein vielversprechendes und bereits anerkanntes Talent zerstören ».

poète que, s'il lui plaisait de revenir à Stuttgart, il n'avait pas à craindre d'être poursuivi comme déserteur. Selon les journaux, Herwegh écrivit à Guillaume Ier pour obtenir sa réhabilitation ; dans les correspondances de Follen et de Caroline Schulz il n'est question que d'une lettre de remerciements qu'il n'envoya pas et d'une démarche auprès du roi qu'il ne fit jamais malgré les instances de Pfeufer et de Follen (1).

Si l'on jette un coup d'œil sur les travaux littéraires de Herwegh pendant cette période, on trouve au premier plan les poésies des *Vingt et Une Feuilles* et la ballade : *Die kranke Lise*, au second plan les *Xénies*. La préface du *Deutscher Bote*, entreprise en janvier 1843 (2), resta inachevée. Les épigrammes que Strauss lui communiqua en février 1843 pour les *Vingt et Une Feuilles* ont inspiré les premières *Xénies* qui furent continuées en Italie (3).

---

(1) D'après lettre inédite de Follen à Herwegh, 4 mars 1843 : « Wegen des Dankschreibens an den König bin ich auch, wie du weisst, schon früher einverstanden gewesen » ; lettre inédite de Follen à Herwegh, 4 juillet 1843 : « Dein König ist in Livorno, bei ihm Pfeufers Schwager der Leibarzt. Wir alle wünschen, dass du dahin gehst und entweder persönlich, was weitaus das beste, oder mittelbar durch ein Hardogg zu übergebendes Schreiben dem König dankst ». Cf. Lettre inédite de Caroline Schulz à Madame Herwegh 6 juillet 1843 : « Pfeufer sagte uns, er habe Herwegh geraten, nach Würtemberg zu gehen, oder vielmehr zunächst nach Livorno, um neben den Seebädern die Gesinnungen des Königs von Würtemberg zu erforschen in betreff eines Aufenthalts in Stuttgart für euch. Wer den Brief an den König von Preussen und das Lied von der Amnestie gedichtet hat, darf in keiner Monarchie leben, darf nicht das geringste von einem König annehmen ».

(2) V. Lettre à Emma Siegmund, 20 janv., 1843.

(3) V. Lettre à Emma Siegmund, 10 fév., 1843.

IX

RELATIONS DE HERWEGH JUSQU'EN 1848

Georges Herwegh épousa Emma Siegmund le 8 mars 1843 à Baden (canton d'Argovie). La cérémonie du mariage conserva le caractère de la plus stricte intimité ; Bacounine et Henle, Follen et Pfeufer servirent de témoins (1). Après un court séjour à Berne chez le père du naturaliste Charles Vogt, le jeune couple partit en voyage. Leur itinéraire nous est connu dans les moindres détails grâce aux notes de Madame Herwegh, mais il suffit de retenir que le poète s'arrêta du 12 au 15 avril à Genève, qu'après avoir parcouru le Sud de la France et s'être embarqué à Cette il arriva vers la fin du mois d'avril à Naples où il resta sept semaines et qu'après avoir séjourné trois semaines à Rome, quinze jours à Florence, il revint en Suisse par Venise et Milan, au commencement d'août 1843.

Son passage à Genève fut marqué par un incident dont il faut relater immédiatement les suites. On fit un grief à Herwegh d'avoir assisté à une réunion de communistes. Cette secte était puissamment organisée à Genève où les ouvriers allemands de la « Jeune Allemagne » avaient commencé par fonder une société de lecture et de chant, laquelle, sous l'influence de l'organiste Weitzel, puis d'Auguste Becker, disciple de Weitling, s'était scindée successivement en deux, puis en trois groupes distincts, dont le plus compact était celui des communistes ; les ébénistes, républicains et rationalistes, formaient le noyau des « Jeu-

---

(1) Cf. Herweghs Briefwechsel mit seiner Braut, p. 218-222.

nes Allemands » proprement dits, — les horlogers, restés fidèles aux principes de Weitzel, étaient mystiques et socialistes, — et l'on comptait surtout des ouvriers tailleurs dans le groupe communiste de l' « Alliance des Justes » qui correspondait à l'ancienne « Alliance des Proscrits », constituée à Paris sous les auspices de Venedey. Auguste Becker, plus connu sous le nom du rouge Becker, pauvre diable à la barbe et aux cheveux roux, à qui son costume débraillé, un béret noir, une sorte de blouse russe flottante, ses grandes bottes et son gros gourdin donnaient l'aspect d'un chef de brigands, avait été dans la Haute-Hesse, en 1834, avec Weidig et Georges Büchner, l'un des principaux agents de la propagande démagogique ; on l'avait incarcéré pour ces menées ; sorti de prison en 1840, il avait su, depuis qu'il vivait à Genève, gagner de nombreux adhérents aux doctrines de Weitling. L'auteur de l'*Humanité comme elle est et comme elle devrait être* (1838), des *Garanties de l'Harmonie et de la Liberté* (1842), de l'*Evangile d'un pauvre Hère* (1843) avait obtenu un succès considérable dans la classe ouvrière parce qu'il offrait aux âmes populaires, à peine sorties de leur torpeur religieuse, un dogme dont elles aimèrent l'aspect à la fois chimérique et concret ; on devait abolir l'argent, aimer son prochain comme soi-même, la société se confondait avec la famille, une juste répartition du travail assurait l'égalité du bonheur parmi les hommes. Les « Jeunes Allemands » ne goûtaient pas les utopies de Weitling. Préparée de longue date et consommée au commencement de 1843, la rupture revêtit un caractère violent en 1844 : les communistes avaient pour organe le *Hilferuf*, fondé en 1841 à Genève, transporté à Zürich en 1843 ; Marr fonda pour leur répondre : *Die Blätter der Gegenwart für soziales Leben* dont les premiers numéros parurent en décembre 1844.

Dans sa réponse au rapport sur les Communistes, publié par décision du Grand Conseil après l'arrestation de Weitling à Zürich (le 9 juin 1843), Herwegh a désigné du terme vague de « groupe de Genève » les ouvriers devant lesquels il prit la parole (1) ; mais il s'agit, à n'en pas douter, de l' « Alliance des Justes », puisque, son nom se trouvant cité dans la correspondance des communistes avec Weitling (2), il fut impliqué dans le procès de juin pour cette raison.

Ce rapport était l'œuvre de Bluntschli qui s'imagina pouvoir triompher définitivement de ses ennemis en les mêlant à une affaire qui risquait de compromettre non seulement leur situation morale, mais leur existence matérielle. On vit en effet Fröbel désavoué par les libéraux les plus avancés, mis dans la nécessité d'abandonner le *Républicain Suisse* qu'il dirigeait depuis janvier 1843. Follen repoussait l'accusation en maudissant les communistes et leur système, en vantant l'efficacité de l'impôt progressif sur le revenu et en offrant de payer pour sa quote-part plusieurs milliers de francs (3). Herwegh, dans sa justification, n'exagérait pas comme Follen les torts des communistes. Il ne rougissait pas d'être regardé comme l'un des leurs : « Je crois de mon devoir de communiste... » disait-il. Mais il ne voulait pas être assimilé aux fauteurs de désordre et de vaine agitation révolutionnaire : « Je me suis toujours fait un honneur de fréquenter de

---

(1) J'ignore si cette réponse a été publiée par Herwegh en 1843 ; elle est reproduite entièrement dans : Die Zeit, n° du 17 avril 1897.

(2) Cf. Lettre inédite de Fröbel à Herwegh, 13 juillet 1843 : « Die Kommunisten haben eben untereinander über diejenigen Männer korrespondiert, auf die sie besondere Hoffnungen stützen, und es ist wohl natürlich, dass in dieser Korrespondenz unserer Namen rühmlich Erwähnung geschieht ; so werden also in den Akten du, Ruge und andere deutsche Progressisten verdächtigt oder als Kommunisten denunziert werden. Dein Name kam schon im Grossen Rat vor, wo zwei Briefe an Weitling über mich, von Becker und von Seiler, in denen ich als eine Hoffnung des Kommunismus figuriere, unerhörte Sensation und panischen Schrecken unter allen Labuisten verbreitet haben. »

(3) D'après lettre inédite de Follen à Herwegh, 4 juillet 1843 : « In Zürich ist Krieg zwischen uns, d. h. dem Republikaner, d. h. Fröbel und mir einerseits, andrerseits der Koalition von Konservativen und Radikalen. Wir hatten, schlechthin gezwungen, uns erklärt, dass wir zwar Nicht-Kommunisten seien, also nicht das Eigentum abschaffen und nicht in unfreie Gemeinschaft, wie die Kommunisten sie wollen, eintreten wollen ; wohl aber, dass

temps à autre les classes inférieures, qui sont rudes, inhabiles, mais saines et robustes, et de chercher dans les rêves et les châteaux en Espagne de la poésie populaire le plan fondamental de la future société. Dans cet esprit je suis entré en relation avec le groupe de Genève, j'ai discuté avec ses membres, j'ai même dîné avec eux sans appartenir à leur groupe ni même avoir été invité à donner mon adhésion, car je hais les ligues et les conspirations, non par lâcheté ou par loyalisme, mais par un profond sentiment moral : la cause du peuple me semble trop grande pour être tranchée dans des coteries qui la compromettent inutilement vis-à-vis du pouvoir qui dispose de la force ». Herwegh considérait les théories du communisme comme un progrès nécessaire et comme une sorte d'école où l'humanité devait s'instruire avant sa libération définitive, l'égalité selon les communistes ne réalisant que l'égalité de tous dans l'esclavage (1).

Herwegh ayant échappé, malgré les efforts de Bluntschli, aux poursuites dirigées contre Weitling et ses amis, il fallut tramer une autre accusation pour le perdre ; les *Vingt et Une Feuilles* en fournirent l'occasion : on ouvrit aussitôt une enquête ; le livre où figurait le *Heidenlied* fut représenté comme un danger pour la religion. Mais

---

wir die Demokratie mit allen ihren Konsequenzen ins Leben eingeführt verlangen, also eine wahre Gemeinschaft Aller für Einen und umgekehrt, also geistige Erhebung und materielle Emanzipation der untern Klassen und als Mittel die progressive Besteuerung der Reicheren und Reichen. Hierauf Rasenwut der Radikalen ! Sie haben uns durch den Mund von Zehnder und Furrer im Grossen Rat förmlich und feierlichst verleugnet und Bluntschli hat daselbst diese Lossagung feierlichst in Empfang genommen ».

(1) Erwiderung G. Herweghs auf die Angriffe des Züricher Kommunistenberichts, d'après le manuscrit. Cf. Die Zeit, 17 avril 1897, et la lettre de Herwegh à Prutz, 25 juillet 1843 : « Nun haben mich die dummen Genfer Kommunisten kompromittiert, weil ich da und dort unverhohlen mein Einverständnis mit der demokratisch-sozialen Reform geäussert... Unsere miserabeln Institutionen sind schuld, dass es solchen Pöbel giebt, die mach' ich dafür verantwortlich, nicht die armen Menschen, die mit unsern Namen renommieren wollten ».

la sentence du tribunal n'atteignit pas Herwegh et la cour d'appel de Zürich ne condamna que Fröbel qui s'était porté seul éditeur responsable.

En traversant alors l'Italie, le poète croyait parcourir un immense cimetière : « Ce paradis est un désert » écrivait-il à Prutz... « Que faire dans un pays où je ne peux honorer que les morts, où je dois mépriser les vivants, dans un pays qui n'a pas d'histoire et n'en aura plus » (1). Il a vu l'Italie en artiste lorsqu'il revint à Rome en 1847, mais, en 1843, sans être insensible à la grandeur des spectacles qui l'entourent, il maudit, selon les paroles de sa lettre à Prutz, les voyageurs égoïstes et nonchalants, exclusivement occupés « à contempler le ciel bleu ou à discuter si Raphaël est un plus grand peintre que Michel-Ange, si la plus imposante cathédrale est celle de Florence ou l'Eglise Saint-Pierre » (2). On cherche vainement dans le carnet de notes qu'il emporte en Italie, qui l'accompagne à Naples et à Rome, les descriptions du golfe, des îles, des ruines, des musées. A peine apparaissent de loin en loin les souvenirs classiques. L'actualité le préoccupe par-dessus tout. Le recueil de Platen ne le quitte guère ; il glorifie ce stoïque poète dans un *ex-voto* selon la manière de l'Anthologie grecque, que l'on croirait destiné à son tombeau (3). S'il songe au Dante et à Pétrarque, c'est pour les louer d'avoir chanté la liberté :

Schafsköpfe, ist Dante's Komödie kein politisch Gedicht ?
Sucht er nicht an der Hand der Liebe die Freiheit ?

Petrarka besang vor Laura den Scipio... Und auch Petrarka gegen Rom ! und wie (4) !

Il visite à Sorrente la villa du Tasse, et les représentations du *Tasso* de Gœthe à Berlin s'imposant à son esprit, il

---

(1) Herwegh à Prutz, 25 juillet 1843.
(2) Herwegh à Prutz, 25 juillet 1843.
(3) V. Ged. eines Leb. II, Xenien XXXIII.
(4) D'après le carnet inédit de 1843.

conçoit aussitôt l'idée d'une épigramme dirigée contre les poètes-courtisans. Ses notes d'Italie sont les ébauches de ses *Xénies* ; toutes les pages du carnet en sont couvertes (1).

Pour goûter le sel de ces épigrammes et des poésies satiriques du second recueil il faut tenir compte des événements qui s'étaient écoulés depuis la publication du premier volume de Herwegh.

Pour toute constitution les sujets du roi de Prusse avaient obtenu par ordonnance du 21 juin 1842 qu'un comité consultatif, composé en nombre égal de chevaliers et de députés des villes ou des campagnes, siégeât en permanence dans chaque province entre les sessions des Etats. L'ordonnance du 19 août avait convoqué à Berlin pour le 18 octobre les comités réunis, mais Frédéric-Guillaume IV les congédia bientôt en leur rappelant qu'ils ne devaient pas être « les représentants du vent de l'opinion et des doctrines éphémères » (2). En réalité, rien n'avait changé dans les attributions du roi ; le texte des décrets publiés dans le *Journal Officiel* de la monarchie débutait comme par le passé : « Sa Majesté avait daigné, etc. » (3). Les fêtes de Cologne en septembre avaient d'ailleurs prouvé que Frédéric-Guillaume IV ne pensait pas abdiquer la plus petite parcelle de son autorité personnelle. La consé-

---

(1) Les 75 Xénies comprises dans le second recueil des Poésies d'un Vivant ne représentent qu'une faible partie de celles que le poète écrivit soit en février, soit en mai ou juin 1843. En communiquant les premières à sa fiancée, il déclarait qu'il en avait achevé plusieurs douzaines (V. lettre à Emma Siegmund, 10 fév. 1843). On en compte 105 dans un cahier où elles furent transcrites par Madame Herwegh, dont environ 40 inédites, et le chiffre en serait beaucoup plus élevé si l'on ajoutait les brouillons.

(2) V. Treitschke, Deutsche Geschichte V p. 186-187 ; Prutz, Zehn Jahre p. 318. Cf. Xénies LXX (Ständsche Verfassung), LXXIII et LXXV : Zur Farbenlehre, Christlich-Germanisch (allusions au discours d'ouverture d'Arnim, à la réponse du maréchal des Comités, le prince de Solms-Lich et Hohen-Solms, disciple de Haller), LXXI : Wind, Wind.

(3) Preuss. Staatszeitung 1er déc. 1842 : « Des Königs Maj. haben geruht ». Cf. Xénie LXXII : Kabinettsordre.

cration de la cathédrale avait été célébrée avec une pompe inaccoutumée, mais le peuple, avide de liberté et non de jeux, réclamait du pain : on l'avait « gorgé de pierres », comme l'écrivait Herwegh (1). Ce souverain, vraiment trop imbu des dogmes du Moyen-Age pour se plier aux exigences de l'époque, aimait le luxe et l'apparat ; il favorisait l'aristocratie et multipliait les titres nobiliaires pour accroître la galerie des figurants sur le théâtre de sa cour. Il distribuait les décorations avec largesse, exigeant que les chevaliers de l'aigle noir parussent revêtus de leurs insignes et de leurs manteaux rouges aux réunions du chapitre (2). Il institua (mai 1842) une nouvelle classe pour les services civils dans l'ordre pour le Mérite (3) et prit une mesure qui indigna profondément la bourgeoisie lorsque, rayant des rangs de la noblesse les criminels nobles, il assimila la roture à une peine d'infamie (4). Potsdam était devenu une résidence brillante et frivole ; Herwegh raillait les représentations dramatiques données sur cette scène d'amateurs, indigne de l'antiquité grecque qui devait y revivre (5), le goût du roi pour la mimique (6), la protection accordée aux romantiques et aux peintres néochrétiens de l'école de Cornélius (7). A l'aide de ces réminiscences, mêlées d'allusions récentes, le poète avait composé la satire : *Quid novi ex Africa*, dédiée à Fröbel qui était allé à Berlin pendant l'été 1843 : il y tournait en ridicule la célébration du dimanche, la vénalité de la *Staats-*

---

(1) Cf. Xénies XI (Zum Dombau-Album), XII : X für U, XIII : Unsres Wegs ! XIV : Andre Zeiten Andre Sitten, XLV : Panem, non Circenses !

(2) V. Treitschke, V p. 213. Cf. Xénies LXI : Der rote Adler et LXII : Rot I. II. III. IV. Schwarz.

(3) Cf. Xénies LII : Partielle Auferstehung. LVII : Die Dekorierten ; Pour le Mérite.

(4) Cf. Xénies LIX : Zahn um Zahn, LX : Prärogative.

(5) Cf. Xénie LIV : Antigone in Spree-Athen.

(6) Cf. Xénie LV : Seydelmann auf dem Todbette.

(7) Cf. Xénie XLVII : Neuchristliche Malerei ; Unseren Künstlern quand même noch zwei Sonette.

zeitung, le voyage de Frédéric-Guillaume IV à St-Pétersbourg (1).

Entre tous les ministres du roi de Prusse, Eichhorn, à l'instruction publique et aux cultes, avait atteint le plus haut degré d'impopularité. C'était lui qui avait signé la révocation de Bruno Bauer, de Nauwerck, de Hoffmann de Fallersleben. La caricature, pour se venger, profitant de l'exemption de censure (28 mai 1842 — 3 févr. 1843), le montrait sous l'aspect d'un petit écureuil, grignotant une noix : l'Etat chrétien (2). Après s'être adoucie, la censure redevint ce qu'elle était aux plus mauvais jours de la Restauration, en sorte qu'il n'exista bientôt plus en Prusse qu'une presse gouvernementale servile (3) : la *Literarische Zeitung* recevait une subvention du gouvernement ; personne n'ignorait que le ministère avait soudoyé le principal rédacteur de la *Kölnische Zeitung*, Hermes (4). On ne souffrait pas même la plus innocente opposition ; le roi tança publiquement Willibald Alexis (de son vrai nom Häring) qui voulait obtenir pour la *Vossische Zeitung* une plus grande indépendance vis-à-vis de la censure : « J'ai vivement regretté de trouver un homme de votre culture et de votre notoriété littéraire parmi ceux qui s'efforcent d'amoindrir le prestige de l'administration du pays aux yeux de la foule presque toujours irréfléchie, en jugeant superficiellement ses actes, en soupçonnant avec légèreté ses intentions sans les comprendre, comme s'ils désiraient rendre plus lourde encore sa tâche déjà lourde (5) ».

---

(1) Xénie LXIII.

(2) Cf. Xénies XXXIX : Dauer im Wechsel (Krummacher), XL : Was man nicht lassen kann, LXIV : Eichhorn.

(3) Instruction du 4 févr. 1843 ; institution du Tribunal Suprême de la Censure, 23 févr. 1843.

(4) Cf. Xénies XIX : Die (alte) Kölnische Zeitung et XX : Hermes Psychopompos. Lorsque l'on connut cette tentative de corruption, Dumont crut nécessaire de se séparer de Hermes, d'où l'allusion (Fersengeld).

(5) V. Treitschke, V p. 208. Cf. Xénie LIII : Das Reskript an Willibald Alexis.

Le ministre de la justice, Savigny, encourageait aussi la politique rétrograde, et lorsque les habitants des pays rhénans avaient demandé avec insistance aux Etats provinciaux de 1843 le maintien du code Napoléon, Frédéric-Guillaume IV, désireux d'établir un code pénal uniforme, s'était irrité de leur résistance et les avait blâmés en orgueilleux autocrate (1).

Sur tout le continent le système de Metternich triomphait (2). Prutz, l'ami de Herwegh, était banni du grand-duché de Saxe-Weimar pour avoir manifesté trop ouvertement sa sympathie à l'égard de Dahlmann (3). Le roi Othon, fils du faux Mécène, Louis de Bavière (4), frustrait la Grèce des franchises constitutionnelles qu'on lui avait promises et celle-ci devait recourir à l'émeute pour les reconquérir (15 sept. 1843) (5). En France, la monarchie de Juillet avait déçu toutes les espérances (6). Même en Suisse, comme on l'a vu, la liberté était compromise : les conservateurs persécutaient les communistes que Georges Herwegh croyait de son devoir de défendre (7).

La hardiesse de l'auteur des *Poésies d'un Vivant*, tranchant sur l'humilité générale, avait abouti au scandale et au désarroi dans le monde des poètes-courtisans et dans la presse (8). Le souvenir des attaques que son livre avait soulevées était encore trop présent à l'esprit de Herwegh pour qu'il pût s'empêcher de décocher à ses adversaires quelques-unes des flèches acérées de ses épigrammes : la

---

(1) V. Treitschke, V p. 261. Cf. Xénies LXVIII et LXIX : Das neueste rheinpreussische Strafgesetzbuch, Die Verwerfung.

(2) Cf. Xénie XLVIII : Metternich (Du ziehest am Stock Völker...)

(3) Cf. An die Deutsche Jugend bei Gelegenheit der Verbannung von Robert Prutz.

(4) Cf. Xénie L : Der Kunstprotektor.

(5) Cf. Xénie LI : Griechische Revolution.

(6) Cf. Xénies XLII : Der neueste Sündenfall, XLIII : Guten Morgen Nachbar et XLIV.

(7) Cf. Xénie XLVI : Die Kommunisten.

(8) Cf. Xénies II : Hundscourage et III : Concedo !

Gazette d'Augsbourg, le journal d'Allemagne le plus répandu hors de Prusse, en eut une large part (1).

Après une courte saison à Ostende, le poète vint se fixer à Paris (septembre 1843). Alors les lettres de Follen qui, depuis l'apparition du premier recueil, n'avait cessé de réclamer la suite des *Poésies d'un Vivant*, devinrent plus pressantes. Herwegh termina son second volume en composant les tercets : *Auch dies gehört dem König*, où, rappelant à propos la poésie : *An den König von Preussen*, dont ces nouveaux vers étaient en quelque sorte la contrepartie, il dénonçait le faux serment du roi de Prusse à Königsberg et l'influence de plus en plus prépondérante, de plus en plus pernicieuse du tsar Nicolas sur Frédéric-Guillaume IV (2). Xénies, tercets, poésies antérieures et de 1842, Follen réunit le tout, jugeant le moment propice pour lancer la seconde partie des *Poésies d'un Vivant*, au risque d'attirer sur le « Comptoir littéraire » les foudres de la réaction. Après un échange de vues intéressant entre le poète et son impatient correspondant, le volume parut en décembre 1843.

D'autres projets littéraires ont occupé Georges Herwegh vers la même époque. Ses carnets et les lettres de ses amis en témoignent. Nous savons par Caroline Schulz et par Prutz qu'il avait sur le chantier un drame historique dont le héros était Chénier (3). Faire revivre dans son œuvre l'âme de la Révolution française demeura toujours l'une des pensées favorites du poète. On retrouve à l'état d'ébauches dans ses notes de 1842 plusieurs fragments destinés à

---

(1) Cf. Xénies XXI : Die Allgemeine, XXII : Herr von Cotta, XXIII : Dito.

(2) V. 32ᵉ tercet : « Und Freund und Bruder nennst du den Despoten ». Cf. les paroles du roi de Prusse au banquet du 6ᵉ cuirassiers (avril 1842) et le toast qu'il avait porté à la santé du tsar (le 19 déc. 1842). V. Prutz, Zehn Jahre, II p. 125, p. 331.

(3) Lettre inédite de Caroline Schulz, 2 nov. 1843 : « Wie ist es, lieber Freund, mit Ihrem längstbegonnenen Drama, erwacht die Lust daran nicht wieder auf seinem heimischen Boden ? » Cf. lettre de Prutz à Herwegh, 26 nov. 1843 : « Was treibst du ? Wo bleibt der 2. Band der Epigramme ? Der Chénier ? ».

former un cycle épique : *Camille Desmoulins au Palais Royal, la Dernière nuit de Louis XVI...* Herwegh n'a pas jeté sur le papier le plan de son drame, ou ne l'a pas conservé, mais on possède ses commentaires sur les tragédies, les hymnes et les discours de Marie-Joseph Chénier (surtout *Caïus Gracchus* et *Charles IX*) et il ressort clairement de ses réflexions sur ses lectures qu'il avait l'intention d'opposer dans sa pièce la littérature politique, sociale ou active d'une part et la littérature abstraite ou soi-disant absolue d'autre part. « Chénier » écrivait-il « voulut le premier doter la France de la vraie tragédie politique qui ne pouvait être représentée sans doute que sous la Révolution (1) ». Il est probable que, si le drame avait été achevé, Marie-Joseph Chénier n'y aurait pas joué le principal rôle, mais André Chénier (2). Herwegh abandonna ce projet ; il en fut de même du nouveau *Faust* qu'il avait conçu en s'inspirant de la vie de Byron (3). Les comédies

---

(1) Notes inédites : « Für uns ein Mann von doppelter Bedeutung, da er Frankreich die eigentliche politische Tragödie geben wollte, die freilich nur unter der Revolution gespielt werden durfte ».

(2) Lettre inédite de Madame d'Agoult à Herwegh : « Voici le volume de M. de Vigny, j'ai marqué la page où commence l'histoire d'André Chénier dans le cas où vous ne seriez pas disposé à tout lire. Vous verrez combien cela est charmant, réel et idéal tout à la fois. Ces deux personnages de femmes (la duchesse de Saint-Aignan et Mlle de Coigny) seraient, je crois, très neufs à mettre en scène et d'une opposition douce préférable aux oppositions heurtées qui sont en usage au théâtre. Le poète aux pensées graves, plein de haine, affamé de justice comme il le dit lui-même, souriant cependant au pied de l'échafaud à ces deux femmes, à ces deux amours, la grâce souveraine et la dignité simple de la femme aristocratique mise en contraste avec le jovial dévouement et la bonté un peu rude de la fille du peuple (Rose, la fille du geôlier), ne seraient-ce pas là des choses d'un effet très heureux ? et les doutes horribles d'André sur son frère, et le vieillard suppliant, etc., etc. »

(3) Notes inédites : « Ich träume einen neuen Faust, der von allen Höhen des Glaubens, (der Geschlechtsliebe) der Politik herabsteigt; um Mensch zu werden, der sich rettet, indem er unternimmt, die Welt zu retten. Faust will Gott gleichen ; im neuen Faust ist Gott Mensch... Nachdem dieser Faust einen Thron

aristophanesques de Platen, *Leonce und Lena* de Büchner lui suggérèrent l'idée d'écrire contre le roi de Prusse une satire dialoguée : *As et Roi* ou *le Roi de Trèfle, Beaucoup de bruit pour rien*, dont les interlocuteurs étaient empruntés aux figures du jeu de cartes. Au lever du rideau, un groupe de chevaliers devisait dans la rue ; au milieu d'eux, Bunsen (1) gesticulait comme une marionnette : les futilités de la mode et des courses faisaient l'unique objet de leur conversation, dans laquelle la noblesse se parodiait sans le savoir. Un héraut annonçait l'arrivée du roi. Celui-ci délibérait avec un joyeux conseiller, un mystificateur, sur les moyens de se prémunir contre la malice de l'as, c'est-à-dire du peuple. Plus loin, l'as apparaissait au roi comme un revenant, comme le spectre de la Dame blanche, et lui révélait l'avenir. Les événements du règne de Frédéric-Guillaume IV (le voyage en Angleterre pour le baptême du prince de Galles, janvier 1842, la commémoration du traité de Verdun, août 1843, etc.) défilaient sous différents masques. D'après un second plan, la pièce s'ouvre à la mort de Frédéric-Guillaume III : le nouveau maître, en deuil, s'entretient de ses devoirs de roi avec son gai compagnon qui se moque de lui. Le dernier mot devait rester au joyeux conseiller : ce personnage bouffon explique au public comment le roi qui s'est vanté d'accomplir des merveilles échoue dans toutes ses entreprises parce qu'il n'a jamais songé qu'à ses propres intérêts. Par malheur le poète n'acheva pas cette comédie satirique qui promettait d'être pleine de verve (2).

Herwegh préparait aussi une troisième partie des *Poésies d'un Vivant*. Ce recueil aurait eu un goût plus prononcé de socialisme ; les ballades du second volume : *Der*

---

gestürzt, sind die Sklaven seine Tyrannen. Nachdem er umsonst in seinem Vaterland gekämpft, fällt er wie Byron im Kampf für fremde Freiheit, wenn es fremde Freiheit giebt ».

(1) Ambassadeur de Prusse à Rome, puis en Angleterre, confident du roi, surnommé le Chevalier d'Ancône à l'occasion du conflit de la couronne avec l'archevêque de Cologne.

(2) Ces esquisses se trouvent dans le carnet inédit de 1843.

arme Jakob, die kranke Lise, annoncées comme « échantillons », (1) préludaient à une série de scènes symboliques d'après la vie : *Le Pauvre à l'enterrement d'un Grand, Le Pauvre avant la naissance de son treizième enfant, La Dernière sortie du Pauvre, etc*. Le poète dédiait cette partie à son fils (2), *Wiegenlied für meinen Sohn in Bezug auf die Armen* :

> Du hast des Volkes Milch getrunken
> Und sollst, mein Sohn, vom Volke sein.

La note humanitaire se reconnaît dans tous ces titres (3).

De tous ses travaux Herwegh n'a livré à la publicité en 1844 que les deux poésies : *Verrat*, sur les instances de Ruge et de Marx (4), et *Festgruss* pour la fête de tir de Bâle à l'occasion du voyage qu'il fit en Suisse pendant l'été 1844 (5). Parmi les autres poésies politiques qu'il écrivit avant 1848 plusieurs furent publiées, soit dans la *Schweizerische Nationalzeitung*, soit dans *l'Opposition* de Charles Heinzen, soit dans la revue : *Die Horen* de Mäurer, soit encore en brochure comme *Zwei Preussenlieder : An Borussia, L'Etat c'est moi* (6). L'émeute des tisserands de Silésie qui inspira le célèbre *Weberlied* de Heine dicta aussi à Herwegh une violente satire, restée dans ses notes à l'état de fragment.

L'intérêt de cette période pour la biographie du poète

---

(1) V. Ged. eines Leb. II, Zwei Stehlchen aus einer grossen Musterkarte.

(2) Horace Herwegh, né à Paris en 1843, mort à Paris en 1901.

(3) D'après le carnet inédit de 1844.

(4) Deutsch-französische Jahrbücher, Paris 1844, 1. u. 2. Lieferung, p. 149-151.

(5) Schweiz. Nationalzeitung, 20 juin 1844. Cf. Pariser Vorwärts, 20 juillet 1844.

(6) Schweiz. Nationalzeitung, 16, 17 mars 1846 : Für Polen, Polens Sache Deutsche Sache. — Opposition, Mannheim 1846 : Zukunftslied. — Horen, Paris 1847, p. 233 : Am 22. Mai 1845, Und so wären's dreissig Jahre. — Zwei Preussenlieder, Leipzig 1848. V. Neue Gedichte, édition de Zürich, p. 3, 11, 14, 16 et 20.

réside principalement dans l'histoire de ses relations, très étendues dans le monde de l'émigration étrangère et dans la société parisienne.

Il fut rejoint à Paris, peu de temps après son arrivée, par Marx et par Ruge avec lesquels il s'était lié plus ou moins étroitement au cours de son voyage en Allemagne. Tous deux fuyaient la tyrannie de la censure qui les avait brusquement désarmés en abolissant la *Gazette Rhénane* et les *Annales Allemandes*, mais ils s'étaient concertés pour fonder à Paris une nouvelle revue que Ruge, hanté par l'idée de la fusion de l'esprit français et de l'esprit allemand, baptisa « franco-allemande ». Les *Annales Franco-allemandes* eurent le sort qu'on pouvait attendre ; les deux rédacteurs en chef différaient trop d'humeur et de principes pour demeurer longtemps unis. Ruge, aussi autoritaire que Marx et plus malveillant, retira ses capitaux pour faire échouer l'entreprise ; seules, les deux premières livraisons parurent. Herwegh qui leur avait assuré son concours tint sa promesse, mais la rupture de Marx et de Ruge ne lui causa pas de surprise, car il l'avait prévue. Lorsque Marx et Ruge avaient loué en commun leur appartement de la rue Vaneau dont ils prétendaient faire le siège social de leur revue et un phalanstère en miniature, ils avaient offert à Herwegh d'habiter avec eux ; mais, par prudence, le poète s'y était refusé (1). Après la brouille des deux associés, on ne le vit rompre formellement ni avec l'un ni avec l'autre : jusqu'en 1848 il est resté à peu près dans les mêmes termes avec Marx qui ne cessa de réclamer ses services (2) ; Ruge, mécontent de voir son

---

(1) Herwegh habita successivement à Paris : en 1843, rue Saint-Thomas du Louvre ; de 1844 à 1848, rue Barliet de Jouy ; en 1848, rue Neuve Saint-Augustin ; en 1849, rue du Cirque.

(2) Marx n'aimait à s'avouer l'obligé de personne ; il faillit se fâcher avec Herwegh en 1847 parce qu'il avait entendu répéter par Engels qui le tenait d'Ewerbeck qui le tenait de Bernays que le poète l'avait soupçonné de ne l'avoir si bien accueilli à Bruxelles que pour des raisons intéressées. D'après lettre inédite de Marx à Herwegh, 27 juillet 1847. Cf. Briefe von und an Georg Herwegh 1848 : lettres de Marx à Herwegh, 8 août et 26 oct. 1847.

adversaire se rapprocher ostensiblement du poète, fit payer cher à celui-ci sa partialité apparente, il le calomnia (1), mais lorsqu'il eut de nouveau besoin de l'aide de Herwegh, en 1848, oubliant leur différend, il reprit sa correspondance avec lui (2).

Après l'échec des *Annales Franco-Allemandes*, Marx et Ruge recoururent pour leur propagande et leur polémique à l'hospitalité du *Vorwärts*. Ce journal qui existait depuis le 1er janvier 1844 s'était montré sous la direction de Börnstein hostile aux *Annales*, mais, en passant aux mains de Bernays (juillet 1844), il accentua son orientation vers le radicalisme, à tel point que le gouvernement français, mis en demeure d'intervenir, l'abolit et en dispersa les collaborateurs. Marx et Ruge quittèrent Paris à la suite du décret d'expulsion qui frappait les rédacteurs du *Vorwärts* (11 janv. 1845). Herwegh fit à Paris la connaissance de Bernays avec lequel il devait se retrouver à Zürich en 1861. Les attaques de l'*Allgemeine Preussische Zeitung* contre Herwegh eurent aussi leur retentissement dans le *Vorwärts* qui les a réfutées (3).

Les perfides allusions de la satire : *An Georg Herwegh bei seiner Ausweisung aus Preussen*, également accueillie par le *Vorwärts*, ne portèrent pas atteinte à la cordialité des relations de Herwegh avec Henri Heine. Herwegh se vengea plus tard des railleries de Heine en parodiant avec beaucoup d'humour le *Romancero* (4). Le ton de ces deux billets inédits, échangés en 1846, laisse deviner encore une affectueuse familiarité : « Très cher compatriote », écrit Heine, « je pense moins, en me servant de ce terme, à notre commune patrie allemande qu'au Parnasse hellénique, ainsi donc, très cher compatriote, je vous envoie ci-joint l'album dont je vous ai parlé hier en vous priant d'improvi-

---

(1) V. Nerrlich, Ruges Briefwechsel : Ruge à Feuerbach, 15 mai 1844 ; à sa mère, 19 mai 1844 ; à Fleischer, 23 nov. 1844.

(2) Cf Briefe von und an Georg Herwegh 1848 : lettres de Ruge à Herwegh, 26 août et 1er nov. 1848.

(3) V. Vorwärts, 29 mai et 5 juin 1844.

(4) V. Neue Gedichte, édition de Zürich, p. 121.

ser quelques vers sur l'une des pages. Au cas où vous posséderiez le livre de Ruge sur Paris (1) et seriez disposé à me le prêter pour quelque temps, vous pourriez me le faire parvenir par la même occasion. C'est aujourd'hui le 1ᵉʳ avril, grand jour pour l'Allemagne. Votre Henri Heine » (2). « Mon cher Heine », répond Herwegh, « voici le livre de Ruge qui aurait dû paraître le 1ᵉʳ avril ! Je vous enverrai l'album aujourd'hui ou demain. Votre Herwegh » (3). C'est dans le salon de Heine que Georges Herwegh vit pour la première fois Lassalle pendant l'hiver 1845-1846 : « Je vous présente un nouveau Mirabeau », dit Heine à son confrère. Lorsque le spirituel causeur s'était morfondu en compagnie de l'ennuyeux Venedey, il venait se dédommager près de l'auteur des *Poésies d'un Vivant*. « Ne me trouvez-vous pas particulièrement bête aujourd'hui ? » demandait-il un jour à brûle-pourpoint. « C'est que je viens d'auprès de Venedey avec lequel j'ai échangé mes idées depuis une heure », continuait-il en soupirant (4).

Il n'exista jamais d'intimité entre Herwegh et Venedey. Ce dernier était jaloux de son influence ; patriote et pédant, cœur sensible et tête confuse, hésitant sur le choix des moyens, incapable de tenir ses résolutions, sujet à de vagues accès de nostalgie et à de brusques repentirs, la risée

---

(1) Zwei Jahre in Paris, Leipzig 1846.

(2) « Teuerster Landsmann — ich denke bei diesem Worte weniger an unsere deutsche Heimat als vielmehr an den hellenischen Parnass — ja, teuerster Landsmann, ich schicke Ihnen anbei das Album, wovon ich Ihnen gestern gesprochen und bitte Sie, etwelche Verse hinein zu improvisieren. Im Falle Sie Ruges Buch über Paris besitzen und mir auf eine kurze Weile borgen wollen, könnten Sie es mir bei dieser Gelegenheit zukommen lassen. Es ist heute der erste April, ein wichtiger Tag in Deutschland. Ihr Heinrich Heine ».

(3) « Lieber Heine, hier ist das Ruge'sche Buch, das eigentlich am ersten April hätte erscheinen sollen. Das Album sende ich Ihnen heute oder morgen zu. Ihr Herwegh ».

(4) D'après une lettre de Madame Herwegh, 22 août 1903.

de tous, mais surtout de cet impitoyable Heine (1), il ne partageait aucune des manières de voir de Herwegh : il chercha en 1848 à lui créer d'insurmontables difficultés dans son rôle de président du Comité de l'Alliance démocratique.

Un nom revient souvent dans les lettres des amis de Herwegh, c'est celui de Mäurer avec lequel il se mit en rapport dès son arrivée à Paris. Ancien collaborateur de Venedey au journal : *Der Geächtete*, auteur de *Gedichte und Gedanken eines Deutschen in Paris* (1845) (2), *Herzensergiessungen* (1847) (3), Mäurer, philanthrope, disciple de Rousseau et de Lamartine, semble avoir vécu en excellents termes avec Herwegh et les philosophes de la nouvelle génération. Lorsqu'il fonda la revue : *Die Horen*, il sollicita et obtint sans peine l'appui du poète.

Parmi ceux que rapprochait de lui le désir de se l'associer comme collaborateur, il convient de citer, au même titre, Adalbert de Bornstedt, auteur des *Bas-reliefs* (1837) et des *Hauts-reliefs der Gegenwart* (1838) et fondateur en 1847 de la *Deutsche Brüsseler Zeitung*, rédigée par Marx, Engels, Weerth, Hess, Born, les principaux pionniers du

---

(1) V. Heine, Letzte Gedichte : Kobès I. Cf. Herwegh, Mein Deutschland strecke die Glieder (13° str. supprimée dans les Neue Gedichte) :
    Die schwarz-rot-goldene Wimpel
    Besorgt der Jakob Venedey ;
    Als Wappen nimmt er den Gimpel,
    Sein eignes Conterfey.

(2) V. la poésie de Mäurer, Mein Vaterland :
    Von jenem Deutschland stamm'ich nicht,
    Wo Scepter solchen Lenkern
    Das Volk reicht, dumme Treu und Pflicht
    Das Schwert giebt seinen Henkern.
    Aus jenem Deutschland, wo für's Recht
    Noch Männerherzen flammen
    Und jede Schmach das Eisen rächt,
    Aus jenem will ich stammen.

(3) V. Herzensergiessungen : An einen Lebendigen, où Mäurer proteste contre le vers de Herwegh :
    Was sollen uns noch Schiller oder Goethe ?

marxisme. Herwegh avait fait la connaissance d'Engels à Ostende en 1843 ; il se lia plus tard avec Born à Zürich. Quant à Bornstedt, nous le retrouverons à la vice-présidence du Comité démocratique en 1848 en rivalité plus ou moins ouverte avec Herwegh.

Tous les révolutionnaires allemands qui passèrent à Paris entre 1843 et 1848 ont fréquenté sa maison. Une étroite amitié l'unit aux uns, une sympathie passagère aux autres, parfois un simple intérêt de curiosité. Je ne cite que pour mémoire la visite d'anciens amis, de Fröbel en octobre 1843, de Schulz en octobre 1847. Le babouviste Kriege, avant de s'embarquer pour l'Amérique, descendit chez lui, sur la recommandation de Feuerbach. Arrivé dans le Nouveau Monde, il écrivait au poète une lettre élogieuse et curieuse à tous égards où il lui confiait ses projets (1). On sait qu'il fonda le *Tribun du Peuple* à New-York et s'attira par sa prédication enthousiaste et naïve, en contradiction flagrante avec le matérialisme historique, la colère de Marx qui a publié contre lui et contre ce qu'il appelait la transformation du communisme en « rêvasserie sentimentale » un violent réquisitoire (2). Kriege, nommé à Francfort en 1848 membre du Comité central du Parti démocratique avec Fröbel, Rau, Meyen et Hexamer, déploya une grande activité aux congrès de Francfort (14-17 juin) et de Berlin (26-30 oct. 1848). Il mourut à New-York en 1850. — Un autre disciple de Feuerbach que les biographes du philosophe ont injustement oublié, Solger, neveu de l'esthéticien (3), écrivain d'un talent facile, spontané, mais déréglé,

---

(1) Lettre inédite de Kriege à Herwegh, New-York, 4 déc. 1845 : «... Und wenn du nächstens einmal hörst von agrarischen Bewegungen in Nordamerika, von kommunistischen Konspirationen, von gottlosem Leben, da denk, du hast einen Freund dort, der da treiben hilft, so gut er kann... Babœuf ist mein Vater, sein Werk mein Erbe... »

(2) V. Westfälisches Dampfboot, 16 mai 1846.

(3) Cf. Conversations de Gœthe avec Eckermann, 21 janv. 1827, 15 juillet 1827, où il est question de Charles Solger (1780-1819), traducteur de Sophocle, auteur de dialogues platoniciens.

auteur de l'épopée satirique : *Hans von Katzenfingen*, dirigée contre la caste militaire (1), s'éprit pour Herwegh en 1847 d'une amitié qui toucha presque au fanatisme. Solger se trouvait à Paris en mai 1847 et, après une absence de plusieurs mois, il y vécut d'octobre 1847 à mars 1848. Sa correspondance abonde en traits pittoresques sur les contemporains, les chefs du parti radical et les fêtes de l'opposition (2). — Parmi les voyageurs à l'importunité et l'indiscrétion desquels Herwegh se vit exposé, Meissner occupe le premier rang. Dans ses Mémoires celui-ci a tracé le récit de ses deux séjours à Paris (février-septembre 1847, janvier-avril 1849) ; sa médisance, comme celle de Gutzkow, (3) s'est exercée sur le poète qui l'avait accueilli sans méfiance, toujours prêt à l'obliger comme il obligea Solger, Dronke, Blind et tant d'autres sans se lasser (4).

---

(1) V. Deutsches Taschenbuch 1845, 1846 : 1er chant ; Poetische Bilder aus der Zeit 1847 : fin du 2e chant.

(2) Lettre inédite de Solger à Herwegh, Heidelberg 13 juin 1847 : « Dowiat, der eben hier ist, werde ich wohl morgen sehen. Man sagt, er betrachte den Deutschkatholicismus (ein Steckenpferd, das man Struve nicht verübeln muss) als Mittel, die Leute selbstisch zu machen, während er im Herzen Atheist sei »... « Darauf erhob sich Struve und sprach von der Verächtlichkeit der Heuchelei mit Beziehung auf den vorigen Redner, worauf ein kleiner Bengel ihn aufforderte zu nennen, wen er meine. Dem drohenden Streite wurde teils durch die schlappschwingige Vermittlung des beleidigten Advokaten vorgebeugt,...teils durch die Dazwischenkunft eines Studenten, der dem Struve im Namen einiger Damen einen Eichenkranz aufs Haupt drückte ». — Lettre inédite de Solger à Herwegh, Leipzig 11 juillet 1847, au sujet de Feuerbach : « Der ganze Mensch ist für mich eine Elegie. Solch ein Mensch müsste in Griechenland auch in seiner äusseren Erscheinung das vollkommene Bild der schönen Menschlichkeit geworden sein ».

(3) V. Meissner, Geschichte meines Lebens, Drittes Buch, XVI, p. 147-152 ; Gutzkow, Rückblicke (1875), p. 200 ; cf. lettres de Gutzkow à sa femme, 10, 15, 22 mars 1846. Gutzkow vint chez Herwegh avec Thérèse de Bacherach, v. Revue Germ. Janv.-févr. 1906.

(4) Dronke, auteur du livre : Berlin, dédié à Herwegh (1846), rédacteur à la Deutsche Brüsseler Zeitung, puis à la Neue Rheinische Zeitung, fut secouru par Herwegh lorsqu'il vint à Paris sans ressources en novembre 1848. — Blind, ami de Struve dont

Par l'intermédiaire de Bacounine et de Tourguéniev, avec lesquels il s'était lié à Dresde, Herwegh se trouva placé pour ainsi dire au centre de l'émigration polonaise et russe. Une amitié qui ne se démentit jamais l'unit à Bacounine (1). Biernacki, Magdzinski, beau-frère de Lelewel, Sasonoff, Ogareff, qui entouraient le célèbre nihiliste, devinrent les familiers du poète. Sasonoff concevait pour lui une telle admiration qu'il le comparait, par esprit évangélique, aux premiers martyrs chrétiens : « Ainsi vous comprendrez, j'y compte, comment il se fait que moi, barbare, je vous apprécie et je vous aime mieux qu'aucun de vos compatriotes ; vous comprendrez à propos de quoi j'ai confondu la révolution et le martyrologe ; vous comprendrez que ce n'est que là que j'ai pu trouver ces exemples d'égalité qui, me donnant l'espoir d'être un jour placé à côté de vous, m'ont procuré la jouissance du cœur la plus grande par suite de l'amitié que je vous porte et la satisfaction la plus haute d'amour-propre par suite de l'estime que je vous ai vouée » (2). Golovine, l'auteur de l'*Europe révolutionnaire* (1849), se montra aussi l'ami fidèle de Herwegh avec lequel il était encore en relations en 1867. Herwegh fit en 1843 la connaissance d'Alexandre Herzen ; ce gentilhomme libertaire, disciple russe de Hegel, surveillé par la police depuis 1834, tenu

---

il partagea la captivité (sept. 1848-mai 1849), envoyé comme secrétaire d'ambassade à Paris par le gouvernement provisoire badois, eut recours dans sa détresse à Madame Herwegh lorsqu'il fut incarcéré à la Force en juin 1849 comme partisan de Ledru-Rollin et des Montagnards.

(1) V. lettres de Bacounine à Herwegh dans : Briefe von und an Georg Herwegh 1848, p. 9-12, 12-24, 223-230. Bacounine fut chassé de Zürich en 1843 à la suite du procès Weitling, puis de Paris à la suite du banquet commémoratif de la dernière insurrection de Pologne le 29 nov. 1847. Après l'insurrection de 1849 à Dresde, livré à l'Autriche, puis à la Russie, traîné de prison en prison, et déporté en Sibérie, il réussit à s'échapper. Le bruit courut de sa mort. Ses vicissitudes, ses souffrances, sa disparition tiennent une grande place dans les lettres de Herwegh et de ses amis.

(2) Lettre de Sasonoff à Herwegh, 1844.

éloigné de Moscou jusqu'en 1838, récemment venu à Paris pour y retrouver ses compagnons d'armes, était très lié à Chojecki (Charles Edmond), collaborateur de la *Revue Indépendante*, et voyait souvent Proudhon dont il partageait les paradoxes.

Liszt introduisit Herwegh dans la haute société parisienne. Le grand artiste, après avoir mis en musique le *Reiterlied* et le *Rheinweinlied* (1), avait reçu une aimable lettre du poète qu'il avait à son tour remercié et complimenté (2). En 1843, Liszt facilite à Herwegh l'accès du salon de George Sand qui l'accueille avec une affectueuse bienveillance, et le poète se présente chez la comtesse d'Agoult, l'amie de Liszt. Le salon de Madame d'Agoult — écrivait George Sand — était « une réunion d'élite qu'elle présidait avec une grâce exquise et où elle se trouvait à la hauteur de toutes les spécialités éminentes par l'étendue de son esprit et la variété de ses facultés à la fois poétiques et sérieuses » (3). Madame d'Agoult — ou Daniel Stern pour l'appeler du nom dont elle avait signé ses premiers articles dans la *Presse* et ses romans (4) — choisit le poète pour conseiller et pour guide : elle lui soumit ses travaux, ses articles sur Bettina, sur Heine et Freiligrath (5), sur Platen, sur les premiers Etats Généraux du royaume de Prusse (6) ; elle ne commença son roman de *Nélida* qu'après lui en avoir montré le plan, le priant de le corriger (7), et lorsque le roman parut en

---

(1) V. Vierstimmige Männergesänge, 1843. Liszt mit encore en musique : Der Gang um Mitternacht et : Ich möchte hingehn.

(2) Lettre du 14 déc. 1841 ; réponse du 19 nov. 1842.

(3) Histoire de ma vie, 5ᵉ partie, XI. Cf. dans les Lettres d'un voyageur, son portrait sous le nom d'Arabella.

(4) Hervé 1841, Julien 1842.

(5) V. Revue des Deux Mondes, 15 avril 1844 et 1ᵉʳ déc. 1844.

(6) V. Revue Indépendante, 10 sept. 1845, et 25 avril, 10 juin, 25 juillet 1847.

(7) Lettre inédite de Madame d'Agoult à Herwegh, oct. 1844 : « Je crois que vous ne serez pas mécontent de mon roman ; il indique clairement, si je ne m'abuse, le passage, la défection de la

1846, il portait au frontispice parmi ses multiples dédicaces cet hommage à Georges Herwegh : « A vous, jeune poète à la parole de flamme, qui m'avez crié courage, à vous, cher noble cœur, étoile prophétique à mon ciel obscurci » (1). L'*Envoi* de *Nélida* mentionnait encore au nombre des amis intimes de la comtesse : Louis de Ronchaud, le peintre Lehmann et Vigny. Lehmann exécuta pour Daniel Stern les portraits des Herwegh. Ronchaud, l'auteur des *Heures* (1844), l'un des principaux collaborateurs de la *Revue Indépendante*, fut toujours très dévoué au poète. Vigny ne se départit guère envers lui de son habituelle froideur. Mais un autre écrivain dont les débuts avaient été consacrés chez Madame d'Agoult, François Ponsard qui lut dans ce milieu littéraire, devant Sainte-Beuve et Lamartine, sa *Lucrèce* encore inconnue prit Herwegh en grande affection. Le poète rencontra aussi dans le salon de Madame d'Agoult le directeur de la *Presse*, Emile de Girardin, et beaucoup d'autres personnalités du du monde des critiques et des journalistes : la baronne de Carlowitz, Nicolas Martin (2). L'hôtel de Daniel Stern s'ouvrait même aux philosophes socialistes Pierre Leroux et Proudhon. Ce dernier déplut d'abord à Herwegh, mais l'adversité les a rapprochés au cours de la Révolution.

Entre 1843 et 1848 le poète quitte Paris à plusieurs reprises. Pendant l'été 1844 il se rend à Bâle, puis à Zürich où Follen et Oken le reçoivent avec joie. Il passe les mois de juillet et d'août 1845 à Baden-Baden, à Heidel-

---

femme en qui réside le sentiment prophétique, l'idéal, et qui va de la société triomphante à la société militante et souffrante, de l'aristocratie au peuple ».

(1) Au-dessus se trouvait cette dédicace à Emma Herwegh : « A vous, étrangère par le sang, sœur par les liens sacrés de l'idéale famille, à vous, sollicitude invisible et dévouée, silencieuse constance, incomparable affection ».

(2) V. Nicolas Martin. Les poètes contemporains de l'Allemagne (1846), ch. Herwegh p. 258-273, où se trouvent les traductions : Léger Bagage, Chant de la Haine, Dernière Guerre, Une Vision, les Jeunes et les Vieux, Triste Consolation, Protestation, Aux Poètes Allemands, Louis Uhland, Le Trompette Mourant, et quelques Xénies.

berg et dans la Forêt-Noire. Il revoit à Heidelberg ses amis de Zürich : Henle et Pfeufer, professeurs à l'Université (1) ; il fréquente leurs collègues : l'illustre libéral et jurisconsulte Charles Welcker, l'un des plus grands orateurs de la Chambre badoise, esprit distingué, aimable, mais imbu de préjugés (2), le philosophe Chr. Kapp de Bayreuth, père de Jeanne Kapp, oncle de Frédéric Kapp avec qui Georges Herwegh entra aussi en relations (3). Il reçoit la visite de Charles Beck, « blasé dans sa vie, forcé dans sa poésie », selon les termes dont il se sert pour caractériser dans ses lettres l'impression que lui produit le poète hongrois (4). Mais le résultat le plus précieux de son séjour à Heidelberg devait être sa rencontre avec Louis Feuerbach : « Nous éprouvâmes tout de suite de la sympathie l'un pour l'autre. C'est une nature complète ; il voit clair dans les partis pris et les indélicatesses de Ruge et de Marx. Il porte un habit vert, un gilet de je ne sais combien de couleurs et une cravate couleur feu. Tes yeux, quand ils liront cela, seront blessés, je le sais. N'importe, il me plaît beaucoup et nous passerons sans doute un mois ensemble ici » (5). Feuerbach

---

(1) D'après lettre inédite de Herwegh à sa femme, 3 juillet 1845 : — « Henle und Pfeufer sind die populärsten der Heidelberger Professoren, weil sie eben keine Professoren sind ».

(2) Cf. Bolin II p. 148, lettre de Feuerbach à Kapp, 1er août 1845 : « Herwegh nur entschädigte uns für die Langeweile, indem er zu unserer grössten Freude, aber zur grössten Bestürzung Welckers, ein gigantisch gottloses Gedicht mitteilte ». V. dans la même lettre le jugement qu'elle renferme sur Herwegh, et II p. 150 s., lettre de Feuerbach à Herwegh, 25 nov. 1845 : « Wenn ich es bedauere, dass der Donnerschlag, den du im Welcker'schen Hause verursacht hast, nicht der gesammten deutschen Philisterwelt zu Ohren und zu Gemüte dringen soll ».

(3) V. Feuerbach, Werke II : Christian Kapp und seine literarischen Leistungen.

(4) Lettre inédite de Herwegh à sa femme, 15 juillet 1845 : « im Leben blasiert, im Dichten forciert ».

(5) Cf. Deutsche Dichtung, 15 avril 1897, lettre de Herwegh à sa femme, 3 juillet 1845.

différa en effet son départ jusqu'au 26 juillet pour rester plus longtemps avec Herwegh. Leur amitié, fondée sur une admiration réciproque, dura jusqu'à leur mort (1).

Dans la société de ses amis, les physiologistes Henle et Pfeufer, Georges Herwegh se passionna pour l'étude de la nature. Pour compléter ses lectures scientifiques par l'observation directe, il résolut, à son retour en France, malgré ses préférences pour la montagne, de s'installer à Saint-Servan, au bord de la mer (2), où ne tardèrent pas à le rejoindre Bacounine et Ogareff, Charles Vogt et un savant danois, nommé Ross. Vogt dans ses *Lettres de Voyage : Ocean und Mittelmeer*, imitées des *Reisebilder* de Heine, a tracé de leur séjour en commun sur les côtes de la Manche un récit rapide et spirituel qui laisse entrevoir quelle part prenait Herwegh aux travaux du naturaliste et quel prix celui-ci attachait aux recherches zoologiques du poète (3). Toutes les sciences l'intéressaient au même degré : après avoir étudié la pathologie avec Henle, la zoologie avec Vogt, il suivit à Paris les cours de botanique de Brongniart au Jardin des Plantes et assista aux conférences de Beaumont sur les phénomènes volcaniques. Feuerbach, enfoui, comme il l'écrivait, « dans la poussière des livres », enviait les excursions de son ami dans le domaine des sciences concrètes, « dans les prairies toujours vertes et fleuries de l'histoire naturelle » (4).

L'été 1846 ramenait Herwegh auprès du philosophe : ils entreprenaient ensemble un voyage dans la Forêt-Noire et s'arrêtaient à Fribourg chez l'archéologue

---

(1) Cf. Deutsche Dichtung, 15 avril 1897, lettre de Herwegh à sa femme, 21 juillet 1845 : « Wir lieben uns gegenseitig und harmonieren in unsrer ganzen Weltanschauung ».

(2) Cf. les poésies des Neue Gedichte : Komm, mein Mädchen, in die Berge et : Zu dem Meere, qui figurent dans les lettres échangées pendant le voyage de Heidelberg et empruntent un charme particulier à la spontanéité des sentiments qu'elles expriment.

(3) V. par ex. I p. 75 (observations sur les actéons).

(4) Bolin II p. 150, lettre de Feuerbach à Herwegh, 25 nov. 1845.

Anselme, frère de Louis Feuerbach et père du célèbre peintre. Le poète se réconciliait, en Suisse, avec Follen qui avait jeté feu et flamme contre lui à la suite de la querelle des athées. Puis, accompagné de Charles Vogt avec lequel il s'était concerté pour continuer au bord de la Méditerranée l'étude de la faune et de la flore maritimes, il se mettait en route pour Nice où il restait tout l'hiver. C'est encore au livre de Vogt qu'on doit recourir pour connaître les savantes occupations du poète à Nice ; je renvoie à la partie du volume : *Ocean und Mittelmeer* qui traite de la pêche aux poissons, aux mollusques, de l'examen des méduses au microscope et des discussions où se laissaient entraîner les deux voyageurs (1), réalisant la prédiction de Siebold dont Herwegh avait fait la connaissance à Fribourg : « En tout cas la science y gagnera, car vous ne quitterez pas le littoral de la Méditerranée sans avoir noté d'intéressantes découvertes, j'en suis convaincu à l'avance » (2). Les lettres inédites de Georges à Emma Herwegh complètent les renseignements du naturaliste : elles contiennent un récit souvent humoristique de leur installation et de leurs habitudes ; on y remarque la défiance du poète à l'égard de Vogt (3) ; en outre, elles montrent que, même absorbé par ces observations scientifiques, il ne perdait pas de vue les symptômes inquiétants de la politique européenne : l'annexion de Cracovie par l'Autriche, la réunion des premiers Etats généraux en Prusse (4).

---

(1) I p. 294 et ss., II p. 18 et ss., etc.

(2) Lettre inédite de Siebold à Herwegh, 1846 : « Jedenfalls wird die Wissenschaft dabei gewinnen, denn dass Sie beide die Küste des Mittelmeeres nicht verlassen werden, ohne neue interessante Beobachtungen gemacht zu haben, davon bin ich im voraus überzeugt ».

(3) D'après lettre inédite de Herwegh à sa femme, 13 janvier 1847 : « Er ist gutmütig bis auf einen gewissen Grad, denn ganz kann man auch ihm nicht trauen, wie schon Pfeufer und Henle behauptet ».

(4) Lettre inédite de Herwegh à Madame Herwegh, 3 janv. 1847 : « Wenn sich nur gegen diesen nordischen Absolutismus eine-

Herwegh passa le Carnaval à Rome avec Stieglitz et plusieurs artistes, entre autres le peintre Rahl qui fit son portrait sans grand succès (1). Vogt, peu sensible à l'esthétique, s'étonnait de le voir s'arrêter en contemplation devant « quelques vieilles pierres », les débris des palais impériaux, ou devant les magnifiques fresques des Stances du Vatican et de la Chapelle Sixtine (2). Herwegh, émerveillé, rapporta de son voyage à Rome une riche collection de gravures (3). Il faut lire dans Vogt le récit de leur promenade au Monte Mario avec les belles paroles du poète sur les lignes et le coloris de la Campagne romaine (4).

En juin 1847 Herwegh se rendit à Bruxelles pour y voir non seulement Jacoby, sur les instances duquel il allait en Belgique (5), mais aussi Marx et les chefs de l' « Alliance démocratique ». Il prit les bains de mer en septembre à Pornic où il continua ses études de naturaliste (6). Il devait partir pour l'Espagne au printemps de 1848, mais la révolution de Février fit échouer ce projet et, retenant le poète à Paris, changea le cours de sa destinée.

Opposition in Süddeutschland zusammenbringen liesse, aber diese Süddeutschen haben die grosse Politik, von der die Zukunft eines Weltteils oder der Welt abhängt, nie begriffen ». — Lettre inédite à Madame Herwegh, 18 févr. 1847 : « Da balg'ich mich denn unter anderem auch über das königliche Patent seiner preussischen Majestät herum, das du wahrscheinlich gelesen hast, und, wenn nicht, wenigstens lesen musst, um von Neuem zu erfahren, mit wie wenigem man ein deutsches Gemüt zufrieden stellen kann ».

(1) V. Vogt II p. 219 ss., les noms de ces artistes : Reinhard, Riepenhausen, Wagner, Overbeck, Willers, Castelli ; lettre inédite à Georges Herwegh, 27 janvier 1847, le jugement de Madame Herwegh sur le portrait de Rahl : « es ist roh, hart, massenhaft behandelt, kurz Alles, nur nicht du ».

(2) V. Vogt II p. 164 et s., p. 176 et ss.

(3) V. Vogt II p. 240.

(4) V. Vogt II p. 192.

(5) D'après lettre inédite de Jacoby à Herwegh, 20 juin 1847.

(6) Cf. la lettre de Herwegh à Vogt, 19 sept. 1847, qui sert d'introduction au livre : Ocean und Mittelmeer.

X

LA RÉVOLUTION

Au lendemain de la Révolution parisienne, Herwegh se vit entouré par les émigrés qui cherchaient un chef : trompés par de faux rapports et croyant l'instant venu de tenter l'impossible, ils se groupèrent autour du poète qui, sollicité par les quatre cents Allemands que Bornstedt avait réunis au café de Mulhouse, ne voulut pas se soustraire à leur appel. Nommé président du comité des démocrates allemands et prié en cette qualité de rédiger une adresse au peuple français, il rendait hommage à la nouvelle République et demandait l'appui moral du gouvernement provisoire (1). Le 6 mars, dans la salle Valentino, plus de quatre mille assistants adoptaient cette adresse, au grand désappointement de Venedey qui désirait supplanter Herwegh. Le 8, environ six mille manifestants suivirent le poète jusqu'à la place de l'Hôtel de Ville où Crémieux les reçut et leur répondit que la France applaudissait avec bonheur à toutes les tentatives de liberté (2). En réalité, à la suite de cette manifestation, le gouvernement provisoire se montra hésitant : Lamartine refusait des armes et Flocon n'accordait qu'une faible somme d'argent (5000 fr.). L'entente ne régnait pas toujours au sein du comité des démocrates allemands : Corvin, ancien officier prussien, qui s'était chargé avec Schimmelpfennig d'organiser une légion de volontaires et de l'exercer en vue d'une expédition en Allemagne, faisait mine de se retirer sous sa tente parce qu'il n'était pas écouté et le poète devait apaiser et

---

(1) V. Briefe von und an Herwegh, 1848, p. 133-135.

(2) V. Moniteur, 9 mars 1848.

ramener « le nouvel Achille » (1). Conscient de la responsabilité qu'il assumait en restant à la tête des réfugiés qui voulaient proclamer la république au-delà du Rhin, Herwegh ne conservait guère d'illusions sur les chances de l'entreprise, compromises par l'insuffisance des préparatifs. Mais, pendant ce temps, les événements se précipitaient et la troupe indisciplinée qui s'était mise à la disposition de l'Alliance démocratique devenait de jour en jour plus impatiente ; il fut bientôt impossible de la retenir.

Les nouvelles, venues d'Allemagne, augmentaient l'effervescence. Le 13 mars, le prince de Metternich, soutien de l'absolutisme depuis la chute de Napoléon, démissionnait et quittait l'Autriche : sa défaite semblait entraîner celle de son système qui s'effondrait avec lui. Le 18 mars, l'émeute de Vienne eut son contre-coup à Berlin : le peuple cerna le château et combattit toute une nuit sur les barricades ; le roi dut capituler, éloigner l'armée de la ville et se découvrir devant les cadavres des insurgés, portés sur des civières dans la cour de son palais. Herwegh a rappelé avec éloquence cette humiliation dans l'éloge rétrospectif des journées révolutionnaires, intitulé le *18 Mars*, qui figure dans les *Nouvelles Poésies* (2).

Dans le grand-duché de Bade, les réunions populaires se succédaient sans interruption. Dès le 27 février les libéraux et les républicains avaient résolu de soumettre leur programme aux représentants du pays et leurs délégués défilèrent le 1er mars dans la Seconde Chambre badoise. Le 5 mars, les « amis de la liberté » constituaient à Heidelberg le comité des 51 qui convoqua le « Parlement préliminaire » de Francfort. Les chefs de partis se rassemblèrent les 18 et 19 mars à Offenbourg où l'extrême-gauche élut un comité de vingt-sept membres en vue d'élaborer les réformes et d'organiser la résistance. Le succès de cette propagande s'affirma dans les meetings de Heidelberg et

---

(1) Corvin, Erinnerungen III p. 47 : lettre de Herwegh à Corvin.
(2) Herwegh, Neue Gedichte, p. 236, Achtzehnter März.

de Fribourg auxquels prirent part 30 ou 40.000 citoyens (26 mars). Deux agitateurs extrêmement habiles, Struve et Frédéric Hecker, tenaient la tête du mouvement.

Fils d'un diplomate russe, mais né à München, élevé en Allemagne, ancien attaché d'ambassade et magistrat démissionnaire, Struve s'était établi en qualité d'avocat à Mannheim en 1836. On ne le connaissait que par ses travaux de phrénologue lorsqu'il prit la direction du *Mannheimer Journal* et publia successivement : *Briefwechsel zwischen einem ehemaligen und einem jetzigen Diplomaten* (1845), *Politische Briefe* (1846) et *Briefe über Kirche und Staat* (1846). Défenseur opiniâtre de la légalité, condamné sans cesse de 1845 à 1846 pour délits d'insoumission, grevé d'amendes et plusieurs fois emprisonné, il ne céda jamais ; il a recueilli les pièces de ses procès dans les trois volumes des *Censurstriche* où sont reproduits à l'encre rouge tous les passages du *Mannheimer Journal*, rayés par le crayon rouge du censeur Uria-Sarachaga entre le 2 juillet 1845 et le 12 février 1846 (1). Struve fonda en 1847 *Der Deutsche Zuschauer* et déploya malgré la surveillance de la police une activité prodigieuse pendant la période électorale de la même année. Les sociétés de gymnastique qu'il patronait étaient toujours à la veille d'être dissoutes, mais elles subsistaient grâce à sa persévérance. Végétarien et abstème, il avait foi en un idéal très élevé, mais la douceur s'alliait chez lui à une volonté primitive un peu rude: il était à la fois compatissant, sentimental et intraitable ; malgré son horreur de la violence, sa fermeté poussée jusqu'au fanatisme lui aliénait les cœurs tendres, et sa mansuétude ne transparaissait dans ses rapports avec les hommes qu'à travers son pessimisme, sa religion de l'ordre et sa passion du droit.

Hecker, membre de la Seconde Chambre badoise en 1842, réélu en 1847, avait joué un rôle prépondérant dans cette Assemblée à côté d'Itzstein et de Sander. Il était doué de

---

(1) Actenstücke der Censur, Mannheim und Heidelberg, 1845, 1846.

tous les avantages de l'orateur : son visage qui respirait la santé contrastait avec le teint jaune bilieux de Struve ; il séduisait et par sa parole facile entraînait ses auditeurs sans effort. Mais, enthousiaste et confiant, aussi prompt que Struve était tenace, il montrait plus de talent que de caractère. Pour les opposer, un paysan de la Forêt-Noire comparait Hecker à « de l'or » et Struve à « du fer » (1). Il avait, selon ce dernier, beaucoup d'enjouement, un tempérament fougueux, mais vite abattu, un grand penchant à la bienveillance, peu de scrupules, et son intelligence procédait moins par réflexion que par association d'idées (2).

Au *Vorparlament*, les républicains badois rencontraient un terrain défavorable. Mis en minorité, ils quittèrent bruyamment l'Assemblée ; on les y rappela pour l'élection du « Comité de permanence », mais aucun d'eux ne fut élu de cette commission qui siégea jusqu'à l'ouverture de la Constituante. Rejetés ainsi malgré eux de la représentation nationale, ils résolurent de se soulever. C'est alors que Fickler, l'un de leurs lieutenants, fut arrêté à Carlsruhe par Mathy. Herwegh avait rejoint l'avant-garde de la légion démocratique à Strasbourg où il attendait l'arrivée des autres colonnes, prêt à combiner son action avec celle de Struve et de Hecker qui venaient d'entrer en campagne dans les districts de Constance et de la Haute-Bade.

Le poète rêvait d'une intervention pacifique. Offrant aux démocrates allemands une armée de secours, il ajoutait : « Si vous croyez par malheur que l'Allemagne n'est pas encore mûre pour le meilleur régime de la liberté, pour la République, nous ne vous imposerons pas de force nos convictions, mais nous resterons républicains de corps et d'âme et nous continuerons à faire de la propagande parmi vous pour nos idées » (3). On avait fait courir le bruit,

---

(1) Löwenfels, Struve's Leben, p. 38.
(2) V. Zwölf Streiter der Revolution : Friedrich Hecker (d'après l'examen phrénologique de Struve).
(3) Proclamation datée de Strasbourg, 15 avril 1848.

pour alarmer les paysans, que la légion de Paris où plusieurs Français s'étaient enrôlés recevait une solde du gouvernement français, qui, nous l'avons vu, n'avait donné qu'un subside dérisoire, et les populations badoises se croyaient menacées d'une invasion étrangère (1), si bien que Hecker lui-même hésitait à s'allier à Herwegh. Madame Herwegh fut envoyée à Engen, puis à Kandern, pour négocier avec le tribun contre lequel s'avançait maintenant un contingent de 55.000 hommes.

Les émissaires du « Comité de permanence », Spatz et Venedey, s'efforcèrent en vain de dissoudre la légion ; le professeur Henle, à titre privé, eut beau supplier le poète d'abandonner l'entreprise : dès que les pourparlers avec Hecker eurent abouti, on donna l'ordre aux légionnaires de traverser le Rhin ; Herwegh ne voulut pas se séparer de la petite troupe à l'heure du danger (2).

Le commandement militaire appartenait à Börnstein qui avait sous ses ordres Corvin et Löwenfels ; le poète ne suivait le corps des francs-tireurs qu'en qualité de chef politique. Les légionnaires étaient au nombre de huit cents en quittant Strasbourg, mais ce chiffre tomba bientôt à 675, puis à 650 soldats. Après avoir passé le fleuve dans la nuit du 23 au 24 avril entre Bansenheim et Neuenbourg, ils s'avancèrent sans obstacle jusqu'à Kandern où ils apprirent l'échec de Hecker qui, aux prises avec le détachement du général Gagern, avait été battu le 20 et contraint de se réfugier en Suisse. Le corps de Struve, mis en déroute le même jour près de Steinen, s'était reformé derrière le détachement de Sigel qui marchait sur Fribourg pour empêcher l'armée d'exécution d'investir la ville. Les légionnaires avaient décidé de gagner Todtnau pour se fondre avec ces deux corps, mais, en poursuivant leur route, ils

---

(1) V. Briefe von und an Herwegh 1848, p. 150 : la justification de Herwegh dans la Mannheimer Volkszeitung.

(2) Cf. Briefe von und an Herwegh 1848 p. 310 : Berichtigendes über Herwegh.

furent informés que le général Hoffmann avait repoussé et dispersé les troupes qui s'étaient aventurées prématurément jusqu'à Guntersthal. Entourés de tous côtés par des forces supérieures, ils ne pouvaient penser à soutenir la lutte et leur seule ressource consistait à se rapprocher au plus vite de la frontière s'ils ne voulaient pas verser inutilement des flots de sang. Le conseil de Herwegh prévalut : la retraite fut organisée ; mais leurs guides les trahirent en les égarant la nuit dans la montagne (1), et lorsqu'ils eurent dépassé Niederdossenbach, le 27 avril, ils se trouvèrent exposés au feu de la première compagnie du 6ᵉ Würtembergeois commandée par le capitaine Lipp. L'affaire fut courte, mais chaude : elle coûta la vie à une cinquantaine d'hommes, entre autres, à Schimmelpfennig, tué sous les yeux du capitaine Lipp. Pendant toute la durée du combat, Herwegh prépara les cartouches qu'il fit distribuer aux fusiliers sur les rangs pour éviter la débandade. Quand la fusillade cessa, faute de munitions, et que tout fut perdu, la fuite commença. La tête du poète avait été mise à prix et les soldats würtembergeois s'acharnèrent à sa poursuite. Il ne voulut pas accepter l'escorte que les légionnaires lui offraient avec empressement, mais, à son insu, le Français Delaporte d'Amiens, chef du quatrième bataillon, couvrit sa retraite avec une poignée d'hommes. Toujours traqué, il se fraya difficilement un chemin, avec sa femme, à travers la ligne des avant-postes. Un généreux paysan de Karsau, Bannwarth, les cacha tous deux dans sa maison et leur prêta des habits. Sous ce déguisement ils purent

---

(1) D'après une note confidentielle de Madame Herwegh (1903) le poète était entouré d'embûches dans le sein de la légion : « Man bot Alles auf, mich wenigstens abzuhalten, ihn zu begleiten, indem man mir die Gefahren und das Bedenkliche eines solchen Nachtmarsches für eine Frau zu schildern versuchte. Es war uns nämlich längst zu Ohren gekommen, dass einige räudige Schafe, wie sich deren überall finden, unzufrieden, dank Herweghs Ueberwachung nicht im Trüben fischen zu können, sich das Wort gegeben, ihn während dieses Nachtmarsches zu beseitigen ».

s'échapper et, au risque d'être reconnus par les sentinelles, atteindre le pont de Rheinfelden dans un chariot vide, sans tablier ni capote, traîné par deux bœufs.

Tous ces détails ont leur importance, car ils réfutent l'injurieuse fable qui, née dans la cervelle d'un oisif (1), colportée par des chansons, entre autres par la célèbre complainte de Nadler, *das Guckkastenlied vom grossen Hecker* (2), s'est accréditée parce que Herwegh ne s'abaissa pas à répondre aux calomnies. Il lui aurait peu coûté, semble-t-il, de réduire à néant la réputation de poltronnerie qu'on lui prêtait pour l'avilir. Vogt l'engageait vivement à se défendre (3). Herwegh a préféré laisser ce soin à sa femme : « qui s'excuse s'accuse », disait-il, et, par excès de fierté, il n'écrivit rien contre ses détracteurs avant 1870 (4). Mais la réfutation du professeur Krebs établit d'une manière définitive que la voiture dans laquelle le poète se trouvait pendant la bataille était également un chariot de paysan, qu'il en descendit, à la fin du combat, pour se rendre à pied à Karsau, et ensuite dans une voiture à fourrage sur le territoire suisse (5). De l'autre côté de la frontière, Herwegh avait encore à craindre pour sa sécurité personnelle, mais l'aubergiste de Rheinfelden refusa net de livrer son hôte aux officiers würtembergeois qui tentaient de le soudoyer.

---

(1) V. Meissner, Geschichte meines Lebens. Drittes Buch. XVI. p. 150. Selon Meissner, l'inventeur de la Spritzledergeschichte fut un certain Spiess de Francfort.

(2) V. 13°, 14°, 15° et 16° couplets. Cf. Heine, Letzte Gedichte : Simplicissimus I.

(3) V. Briefe von und an Herwegh, 1848, p. 217 ss. : lettre de Vogt, 2 août 1848.

(4) V. Briefe, 1848, p. 305 ss : lettre de Herwegh, juin 1870.

(5) V. Die Wage, 16 avril 1875 ; Der Beobachter 9, 10, 12 mai 1877. Cf. Briefe von und an Herwegh, 1848, p. 333-352 ; Corvin, Erinnerungen III p. 128 : « eine boshafte Lüge, schon deshalb, weil der Leiterwagen, auf dem er sass, kein Spritzleder hatte » et Lipp, p. 69 : « auf dem Leiterwagen », p. 88 : « zu Fuss ».

Avant de revenir en France, le poète rendit visite à Hecker, retiré dans le voisinage de Bâle. Le souvenir de leur entrevue s'est conservé dans la poésie :

> Im Frieden deines Muttens,
> Die grosse Seele Huttens,
> Sie möge mit dir sein !
> Wie er, des Volkes Wecker,
> So stehest du, o Hecker,
> Verlassen und allein... (1)

Herwegh ne vit pas Struve en 1848, mais celui-ci, fixé à Birsfelden près de Bâle où il avait trouvé un asile en attendant une nouvelle révolution, rechercha la collaboration du poète en le priant de lui envoyer des articles pour son *Deutscher Zuschauer* et son *Staatslexikon* (2). Struve fut arrêté en septembre lorsqu'il essaya de proclamer la république pour la seconde fois dans le grand-duché de Bade. Condamné à cinq ans de prison et délivré le 13 mai 1849 au début de la troisième insurrection par le jeune Schlöffel, il fit partie du gouvernement provisoire qui s'établit à Carlsruhe après le départ du grand-duc, mais il entra en rivalité avec Brentano et se transporta sur le théâtre des opérations militaires, auprès des commandants Sigel, Willich et Mieroslawsky, peut-être pour s'assurer leur appui contre le Directoire. Après la répression, Struve se réfugia en Suisse avec les débris de l'armée révolutionnaire. C'est à Genève dans l'été 1849 que Herwegh fit la connaissance personnelle de l'austère doctrinaire qui ne lui inspirait qu'une médiocre sympathie : « Je me sens toujours un peu comme dans une église au milieu des républicains allemands » écrivait-il «... Les hommes que je crains le plus sont ceux qui ne doutent plus de rien. Par leur affection pour l'humanité en géné-

---

(1) Freiheit Arbeit, 11 mars 1849 ; Briefe von und an Herwegh 1848, p. 271.

(2) V. Briefe, 1848 : lettre de Struve à Herwegh, 16 juillet 1848.

.ral ils masquent leur impuissance à aimer réellement les individus qu'ils rencontrent dans la réalité » (1). Jugement clairvoyant qui caractérise bien le dogmatisme autoritaire et la philanthropie abstraite de Struve !

Non seulement Struve, mais Fröbel, Ruge, Blum et Gottschalk ont eu recours à la plume du poète en 1848 et 1849. La *Mannheimer Volkszeitung*, dirigée par Fröbel, inséra les réponses de Herwegh aux attaques de Venedey. La *Reform* de Ruge publia ses correspondances sur les événements de Paris (2). Ses poésies parurent dans la *Reform* (3), dans la *Deutsche Reichstagszeitung* de Blum (4), dans *Freiheit, Arbeit*, organe de Gottschalk et des démocrates de Cologne (5) ; ces satires de 1848-49 montrent que Herwegh, fidèle à la tradition des *Poésies d'un Vivant*, suivait de près le cours de la Révolution.

Dans le Parlement qui se réunit à Francfort le 18 mai 1848 la majorité demeura toujours instable parce que les partis se divisèrent sur des questions de personnes et entrèrent par rivalité dans des coalitions douteuses. Six mois après l'ouverture de ses séances, cette Assemblée de six cent quatre-vingts membres ne comptait pas moins de neuf fractions : l'extrême-droite, la droite, le centre droit, le centre gauche modéré, le centre gauche, la gauche modérée, la gauche, la gauche radicale, l'extrême-gauche (6). En

---

(1) V. Briefe 1848 : lettre à Madame Herwegh, 13 juillet 1849.

(2) Reform (Berlin), août-nov. 1848.

(3) Reform, 15 août 1848 : Huldigung.

(4) Deutsche Reichstagszeitung (Francfort), 15 août 1848 : Huldigung.

(5) Freiheit, Arbeit, 25 févr. 1849 : Mein Deutschland, strecke die Glieder ; 11 mars 1849 : Hecker ; 22 mars 1849 : Im Frühling. Cf. Briefe 1848, lettres de Gottschalk à Herwegh, 22 mars et 1er mai 1849, et le passage concernant Herwegh (p. 319-320) dans son discours du 29 mars 1849. Gottschalk, médecin, mourut victime du choléra en sept. 1849.

(6) Respectivement désignés, d'après le local où ils se réunissaient, sous les noms de café Milani, Casino, Landsberg, Hôtel d'Augsbourg, Hôtel de Würtemberg, Westendhall, Hôtel de Nüremberg, Hôtel Germanique et Donnersberg.

outre, la nouvelle Assemblée manquait de sens pratique ; elle ignorait le maniement des affaires. Les représentants sortaient, pour la plupart, du monde de l'Université ; des avocats et des journalistes, très peu de véritables hommes d'Etat, grossissaient les rangs. Le centre auquel appartenaient des députés tels que Beseler, Dahlmann, Albrecht, Droysen, Duncker, Haym, Waitz, Zachariä, Biedermann, Mittermaier, Robert Mohl, ne tarda pas à être désigné sous le nom de parti des « professeurs », et la malignité publique trouva facilement à s'exercer contre leur funeste idéologie, leurs motions mort-nées, leurs ordres du jour contradictoires et leurs interminables discours (1).

L'esprit de l'Assemblée nationale se manifeste dans le choix de son premier président : avec son imposante stature, sa physionomie et son attitude composées, sa voix sonore et la creuse emphase de ses paroles, Gagern, le « Noble », comme on se plaisait à l'appeler, pouvait passer pour le type accompli de la suffisance parlementaire.

Dès le début, la majorité des doctrinaires, peu soucieuse de combiner le pouvoir législatif et le pouvoir exécutif, se préoccupait de créer un gouvernement central provisoire hors du Parlement par une entente préalable avec les princes ; c'était chercher à paralyser l'énergie de la Constituante, et la discussion qui s'ouvrit à ce sujet fut l'occasion de longues joutes oratoires qui ne prirent fin que le 29 juin par l'élection de l'archiduc Jean d'Autriche à la dignité de Régent irresponsable, lorsque Gagern, à l'exemple de Dupin, eut déclaré du haut de la tribune qu'il convenait de confier cette haute fonction à un prince « non parce qu'il était prince, mais quoiqu'il le fût ».

Le régent fit son entrée à Francfort le 11 juillet 1848 et les troupes lui prêtèrent serment de fidélité le 6 août (2). Dans le ministère dont il s'entoura et dont Schmerling

---

(1) Cf. Hartmann, Die Reimchronik des Pfaffen Maurizius.
(2) Cette cérémonie de l'hommage n'eut lieu solennellement que dans les petits Etats ; l'Autriche et la Prusse s'y dérobèrent.

était l'inspirateur et devenait presque aussitôt le chef, le général prussien Peucker accepta le portefeuille de la guerre, Beckerath les finances, Mohl la justice, Heckscher l'extérieur.

Ce dernier rencontre bientôt de sérieuses difficultés aux affaires étrangères. La suspension d'armes, acceptée par la Prusse après une courte campagne contre le Danemark et signée à Malmö (26 août), soulève, dès la première lecture, l'indignation de l'Assemblée nationale. Un soudain revirement permet au ministère de rester au pouvoir : le Parlement ratifie en effet l'armistice le 16 sept. Mais alors l'explosion de la fureur populaire est si considérable que Heckscher se voit forcé de donner sa démission et de fuir, et l'émeute éclate dans les rues de Francfort où le sang coule pendant toute la journée du 18 sept. Cette émeute coûte la vie au prince Lichnowsky et au général Auerswald, députés de l'extrême-droite, tués par la populace aux portes de la ville. La réaction regagne le terrain perdu ; la peur de l'anarchie favorise la répression et le Parlement approuve les mesures du ministère pour sauver la légalité.

Cependant, à Vienne, le ministre de la guerre Latour, hostile aux Hongrois, est immolé par la foule qui devient maîtresse de la capitale. L'empereur Ferdinand se réfugie à Olmütz dans la nuit du 6 au 7 oct. Jellachich, le ban des Croates, et Windischgrätz, quittant l'un la Hongrie, l'autre la Bohême, marchent contre Vienne ; ils contraignent les assiégés à capituler après une héroïque résistance (31 oct.). Pour soutenir l'esprit de la population viennoise pendant le siège, la gauche radicale et l'extrême-gauche du Parlement de Francfort envoient en Autriche les députés Blum, Fröbel et Hartmann qui prennent part aux escarmouches livrées sous les murs de la ville. Mais, après la prise de Vienne, lorsque Blum et Fröbel qui n'étaient pas Autrichiens sollicitent un sauf-conduit des autorités militaires pour retourner à Francfort, le général Cordon les fait arrêter et conduire en prison. Blum est condamné après un interrogatoire sommaire et fusillé le 9 nov. sur l'ordre de Windischgrätz, dans la prairie de Sainte-Brigitte. Fröbel doit son salut à sa brochure sur *Vienne, l'Allemagne et l'Europe*, favorable à l'hégémonie autrichienne.

L'exécution de Blum jeta la consternation dans le pays et les révolutionnaires jurèrent de le venger. Mais l'heure n'était pas propice à la Révolution : Vienne reconquise, le roi de Prusse se sentit plus d'assurance et résolut d'en finir avec la pseudo-Constituante prussienne qui lui disputait ses droits ; le décret du 8 nov. suspendait les séances et transférait à Brandebourg le siège de l'Assemblée ; le surlendemain, les troupes sous les ordres de Wrangel, après avoir dispersé la Constituante, occupaient Berlin militairement. Au sein du Parlement de Francfort, divisé désormais en Petite et en Grande Allemagne — les premiers voulant l'exclusion de l'Autriche, les seconds son maintien dans la Confédération germanique — les partisans de l'impérialisme prussien triomphèrent le 28 mars 1849 grâce à l'appui de Welcker et de ses amis. Mais Frédéric-Guillaume IV, élu empereur, refusait la couronne et ne consentait pas à reconnaître la Constitution ; plusieurs princes allemands suivaient son exemple : ce fut le signal des insurrections. Les Prussiens réprimèrent en quelques jours celle de Dresde (5-9 mai 1849) ; la révolte du grand-duché de Bade se prolongea pendant plus de deux mois. La cour martiale fit chèrement expier aux défenseurs de Mannheim et de Rastatt leur courageuse conduite : au nombre des vingt-sept que l'on fusilla se trouvaient le jeune Max Dortü de Potsdam (31 juillet) et le député saxon Trützschler (14 août).

Tous ces faits se présentent à l'esprit lorsqu'on lit les poésies de Herwegh écrites en 1848 et 1849. Tantôt il flagelle les rhéteurs du Parlement, « Moïse et les prophètes », « les oies du Capitole » (1), « les cinq cents marottes de

---

(1) Neue Gedichte, p. 28 : Das Reden nimmt kein End.

l'orchestre de Francfort » (1). Tantôt il proteste contre l'élection de l'archiduc Jean d'Autriche à la régence provisoire de l'empire :

> Er ist ein Mann — wir sind ihm gleich,
> Und wir — sind Millionen (2).

Au mois d'août 1848, lorsque les troupes des Etats confédérés prêtent serment au régent, le poète intervient encore pour flétrir dans ses éloquents trochées la dynastie des Habsbourg, « Metternich le bourreau, le boucher Windischgrätz », et le servilisme des Allemands :

> Alles treibst du mit Behagen, doch du dienst mit Leiden-
> [schaft (3).

Après le meurtre de Lichnowsky et d'Auerswald, Herwegh, sans montrer d'indulgence aux meurtriers (4), comprend qu'on veut désormais se servir de la loi « comme d'un collet tendu pour étrangler la liberté » (5). L'exécution de Robert Blum le remplit d'indignation :

> Die Blutau von Brigitten,
> Wir haben's feig gelitten (6).

---

(1) Neue Gedichte, p. 33 : Mein Deutschland, strecke die Glieder.

(2) Neue Gedichte p. 31 : Kein Preussen und kein Oesterreich !

(3) Neue Gedichte, p. 23 : Huldigung. La 5e str. de l'original ne figure pas dans les Neue Gedichte :
O Erlöser, tu'ein Wunder, öffne diesem Volk die Augen !
Schade freilich, dass nur Fürsten zum Erlösertume taugen ;
Wohl vergessen und verschollen wäre längst der heil'ge Christ,
Hätte die Bibel nicht bewiesen, dass er kein Plebejer ist.

(4) C. Meissner, Geschichte meines Lebens, II p. 151 : Herwegh congédia un vagabond qui se vantait d'être le meurtrier de Lichnowsky.

(5) D'après le brouillon :
> Und das Gesetz — die Schlinge
> In der man uns erwürgt.

(6) V. Briefe von und an Herwegh 1848 : Erinnerungen aus dem Jahre 1848, Hecker II.

> Die Völker kommen und läuten Sturm —
> Erwache, mein Blum, erwache !
> Vom Kölner Dome zum Stephansturm
> Wird brausen die Rache, die Rache (1).

En mai 1849, le poète renonce à prendre part au combat, mais le souvenir de la répression se grave fortement dans son esprit et les noms de Dortü et de Trützschler sont encore évoqués dans les poésies : *Zum neunzehnten Mai 1862* et *Kampfprolog im Himmel* (1866) (2).

* * *

Pendant les journées de juin 1848, Herwegh habitait à Paris dans la même maison qu'Ivan Tourguéniev qui nous a laissé le récit d'un curieux épisode, révélant la popularité de Herwegh dans le camp des démocrates. Un homme en blouse entra chez le poète le 26 juin au matin ; il venait au nom des insurgés pour lui annoncer que son fils Horace, qu'une servante ramenait de Berlin (3), était tombé entre leurs mains, mais il n'avait rien à craindre, disait-il, car on l'avait mis en sûreté dans une famille d'ouvriers. « Est-il possible, continua Herwegh, que vous soyez venu ici uniquement pour me rassurer sur le sort de mon fils, moi qui suis un inconnu pour vous ! Le vieillard releva lentement sa tête courbée : Oui, les nôtres m'ont envoyé » (4).

Herwegh, depuis son retour en France, s'efforçait de vivre à l'écart, mais les républicains le recherchaient. Il

---

(1) Neue Gedichte p. 36 : Im Frühling. Ces vers sont suivis de la strophe suivante dans l'original :
> Vom Stephansturm zum stillen Prag
> Und weiter, weiter nach Polen,
> Das ist der Könige jüngster Tag ;
> Der Teufel, er wird sie holen.

(2) V. Neue Gedichte, p. 93 et 166.

(3) Le second fils de Herwegh, Camille, né le 19 mai 1847, mourut à Berlin le 14 avril 1848, pendant l'expédition du grand-duché de Bade.

(4) Le Temps, 13 mai 1874 : Les Nôtres m'ont envoyé, Episode des journées de juin 1848 à Paris.

se rendit à un banquet de la *Tribune des Peuples* où il fit la connaissance de Victor Hugo. Malgré lui, les Allemands de l'Alliance, les nihilistes russes de son entourage le compromettaient ; il se laissait entraîner à de généreuses imprudences, signait dans le *Peuple* la protestation contre l'expulsion de Willich (1) et se liait avec Proudhon au moment où celui-ci, poursuivi pour ses articles contre le président Louis-Napoléon, était traduit devant les tribunaux et jeté en prison. A la suite de l'échauffourée du 13 juin 1849 on arrêta plusieurs étrangers. Se sachant espionné et sous la menace d'une perquisition domiciliaire, Herwegh jugea nécessaire de se faire oublier et partit pour Genève (juillet 1849).

Mais de cette ville encore, avec Alexandre Herzen, grand zélateur des doctrines proudhoniennes, retiré comme lui sur les bords du lac Léman, il ne cessa d'encourager les projets de Proudhon pendant sa captivité. Madame Herwegh, restée à Paris, servait d'intermédiaire : elle allait voir le prisonnier à Sainte-Pélagie ; les rédacteurs de la *Voix du Peuple*, Charles Edmond, Darimon, Guillemin tenaient fréquemment conseil chez elle. Herwegh déclarait dans l'une de ses lettres qu'il désirait rentrer à Paris pour seconder les entreprises de Proudhon (2). Malheureusement l'hypothèse de son retour se trouvait irréalisable. Madame Herwegh multiplia les démarches ; mais, en dépit de l'influence de Ronchaud, d'Emmanuel Arago, de Wolowski, de Viel-Castel et de l'ambassadeur suisse, le gouvernement français refusa de viser le passeport du poète : « Les renseignements donnés par le ministère des affaires étrangères ont été excellents, mais il paraît que

---

(1) V. Le Peuple, 2 avril 1849.

(2) V. Briefe von u. an Herwegh 1848 : lettre de Herwegh à sa femme, 28 août 1849. Les lettres de Herzen sur la Russie, dédiées à Herwegh (v. dans la première de ces lettres l'éloge de Herwegh), parurent dans la Voix du Peuple (Supplément, 19, 26 nov., 10 déc. 1849) ; la lettre de Herzen à Mazzini parut dans la Voix du Peuple (Suppl., 1ᵉʳ avril 1850) ; le dialogue : Qui a raison ? dans le Peuple (9, 11, 14 août 1850).

ceux de l'intérieur ont été défavorables, ainsi du moins
nous l'a dit M. de Viel-Castel hier soir. On a dit qu'on sait
très bien que M. Herwegh n'a participé en rien à ce qui
s'est passé en France, qu'il n'a même pris aucune part dans
la dernière insurrection badoise, mais on sait également
quelle part active il a prise dans la première insurrection,
et rapport à cela et à ses idées très avancées qu'on connaît
on ne tient nullement à son retour » (1). L'ambassadeur
suisse reçut du préfet de police la même réponse : le dossier
de Herwegh était « trop défectueux » (2). Le prince président
préparait par ces mesures de rigueur la dictature
impériale que le poète a poursuivie d'une haine implacable
dans ses satires de 1859 à 1870 (3).

---

(1) Lettre inédite de Madame Herwegh à son mari (en français), nov. 1849.
(2) D'après lettre inédite de Madame Herwegh, déc. 1849.
(3) V. Neue Gedichte, p. 41, 81, 102, 185, 204, 207.

XI

LES ÉTUDES SCIENTIFIQUES DU POÈTE

SES AMIS DE ZURICH

La séparation de Georges et d'Emma Herwegh, amenée par les circonstances politiques, prolongée par un drame intime (1), dura près de trois années. Tandis qu'il vivait à Genève (juillet-déc. 1849) et à Zürich (déc. 1849-août 1850, avril 1851-mai 1853), sa fidèle épouse, obligée de quitter Paris à son tour, se fixait en Italie avec ses deux enfants : son fils Horace et sa fille Ada (2), d'abord à Nice, puis à Gênes, où le poète fit aussi un court séjour (août 1850-avril 1851).

Ce qu'on doit infiniment regretter, c'est la disparition des poésies que Georges Herwegh composa entre 1850 et 1853 pour répondre à ses détracteurs. La fierté et l'indignation les inspiraient, selon le témoignage d'un des rares survivants de sa génération, le docteur Bizonfy, de Kismarton (Hongrie), qui cite comme l'une des meilleures la satire : *Dulce est*, à laquelle fait allusion le pamphlet de Scherr : *Deutscher Parnass* (3).

Herwegh profita de son séjour à Genève pour s'adonner à l'étude de la langue et de la littérature russes. Il lisait les œuvres de Gogol dans le texte, et la mélodie des vers

---

(1) Le moment n'est pas encore venu de révéler au public toutes les circonstances de ce drame qui n'intéresse d'ailleurs en aucune manière l'œuvre que j'étudie.

(2) Née en 1849.

(3) Je n'ai retrouvé qu'une ébauche de cette satire. V. Nachlass.

de Pouschkine le charmait (1). « Il connaissait à fond Gogol et Pouschkine », écrivait plus tard Eliza Wille (2). Il traduisit aussi Lermontoff. « J'apprends le russe pendant la moitié du jour » disait-il. « J'y ai découvert une nouvelle source de poésie qui me procure un grand réconfort » (3).

A Zürich, il éprouva le désir d'explorer le domaine de la philologie comparée et se mit à étudier avidement les vieux idiomes aryens : le sanscrit, le perse, afin de remonter jusqu'aux racines primitives. Il discutait volontiers sur l'étymologie. Il suivit, avec son ami le docteur Bizonfy, le cours de l'orientaliste Schweizer. Le vieux-norois de l'Edda lui était familier, et ses connaissances linguistiques prêtèrent un aussi grand secours à Richard Wagner que celles du professeur Ettmüller pour l'étude des sources des *Nibelungen*.

La lecture d'un dictionnaire ou d'une encyclopédie le captivait plus que celle d'une œuvre d'imagination. Un coup d'œil jeté sur la bibliothèque de Herwegh nous renseigne sur ses goûts et sur ses travaux : on s'étonne d'y lire les titres les plus divers, d'y voir figurer des centaines de livres appartenant aux disciplines les plus variées, la philosophie, la théologie et les belles-lettres, la sociologie et l'histoire naturelle, des grammaires, des chrestomathies, des fragments de paléographie à côté d'innombrables volumes de médecine (4).

---

(1) V. Briefe von und an Herwegh 1848 : lettre à Madame Herwegh, p. 293-294, 23 août 1849.

(2) Quinze lettres de Richard Wagner, p. 51.

(3) D'après lettre inédite à Madame Herwegh, 15 sept. 1849 : « Den halben Tag verbringe ich mit Russisch-lernen... Ich habe eine neue Quelle der Poesie dabei entdeckt, die mir grosse Erquikkung verschafft ».

(4) D'après le catalogue de la bibliothèque de Herwegh (Zürich, 1867) : au nombre des livres acquis entre 1850 et 1853 on peut noter le Catéchisme positiviste de Comte, les œuvres de Proudhon, plusieurs ouvrages d'anatomie, le Système des Montagnes de Beaumont, l'Astronomie nouvelle d'Emanuel, la Géographie physique et mathématique de Heger, l'Introduction à la Conchyliologie de Johnston, l'Analyse des Corps organiques de Liebig, plusieurs traités d'optique, puis la Grammaire du sanscrit de Benfey.

Par l'intermédiaire du célèbre oculiste Graefe, Herwegh reçut le diplôme honorifique de membre de l'Académie de médecine en 1849 (1). Il poursuivit sans relâche après la Révolution ses recherches physiologiques ; il en parle souvent dans sa correspondance : avant d'arriver à Nice et après son départ de Gênes, il s'inquiète de l'expédition de ses microscopes et de ses collections ; il travaille pour Vogt qui le consulte avec fruit (2). De retour à Zürich en 1851, il se montre l'auditeur assidu du savant Ludwig, comme il le sera plus tard de Volger et de Moleschott qui ont apprécié sa compétence et son initiative.

Eliza Wille constate ces studieuses occupations ; les lettres de Wagner et de Liszt les confirment.

Le journaliste hambourgeois, François Wille, avait acheté à Henri Simon sa propriété de Mariafeld sur les bords du lac de Zürich ; Herwegh s'y rendit en 1852 avec Wagner. « Je recueillis alors », dit Eliza Wille, présente aux entretiens, « bien des choses concernant l'antique philosophie cosmogonique des Hindous et j'appris à connaître la pureté du bouddhisme » (3). Herwegh avait apporté les œuvres de Schopenhauer. La vogue du grand pessimiste ne s'était pas encore répandue dans le monde entier et ses paradoxes offraient l'attrait de la nouveauté. Wagner qui avait écrit sous l'influence de Feuerbach son *Œuvre d'Art de l'Avenir* (1849) fut initié par Herwegh à la philosophie de Schopenhauer : l'auteur des *Nibelungen* vit pour la première fois les *Parerga et Paralipomena* sur la table du poète ; on sait quelles modifications profondes *Le Monde comme Volonté et Représentation* introduisit dans la sym-

---

la Langue russe de Boltz, les Dialectes français aux XIIe et XIIIe siècles de Burgny, la Langue française dans ses rapports avec le sanscrit de Delatre, le Dictionnaire gothique de Diefenbach, étymologique de Diez, une phonétique comparée des langues slaves, une Grammaire celtique, etc., etc.

(1) D'après lettre inédite de Madame Herwegh à son mari, 12 juillet 1849.
(2) D'après lettre inédite de Vogt à Herwegh, 6 février 1851.
(3) Quinze lettres de Richard Wagner, p. 48.

bolique du maître. Schopenhauer montra d'ailleurs peu de reconnaissance à Wagner qui ne manquait jamais de lui envoyer un exemplaire de tout ce qu'il publiait, car il lui fit dire un jour qu'il n'entendait rien à la musique (1). Mais le philosophe apprit de Volger avec plaisir, en 1856, que Herwegh avait contribué à propager ses doctrines (2).

Wagner qui, par plaisanterie, qualifiait Herwegh de « rat de bibliothèque », car il avait parfois de la peine à l'arracher à ses lectures, était frappé de l'universalité de son intelligence. Il le prit pour médecin lorsqu'il fit une cure aux eaux de Saint-Moritz : « Il connaît à fond la physique et la physiologie » expliquait-il à sa femme « et m'est à tous égards plus sympathique que n'importe quel praticien » (3). Le musicien résumait encore ses impressions en ces termes : « Je trouvais chez Herwegh le sens d'une foule de choses auxquelles les esprits des autres restaient fermés » (4).

Liszt qui le surprit lors de son passage à Zürich en 1853 « emmagasiné dans une masse de livres scientifiques et d'appareils chimiques et optiques, comme feu le docteur Faust », rend également hommage à son savoir : « Depuis plusieurs années il fait des études suivies d'histoire naturelle, et en dernier lieu il s'est aussi beaucoup occupé de sanscrit et d'hébreu » (5).

On peut rapprocher de ces citations le témoignage de Moleschott : « Il se sentait à l'aise dans tous les domaines de la science, sans être l'esclave des spécialités qui empêchent un si grand nombre de savants de voir clair autour d'eux et que d'autres ont soin de hérisser comme autant

---

(1) Cf. Eliza Wille, quinze lettres, p. 96.

(2) D'après lettre inédite de Volger à Madame Herwegh. 14 déc. 1895.

(3) Wagner à sa femme, juillet 1853.

(4) D'après lettre inédite de Bizonfy à Madame Herwegh, 6 juillet 1896.

(5) Liszt à la princesse Sayn-Wittgenstein, 4 juillet 1853.

de barricades pour pouvoir avec plus de succès s'assurer la suprématie dans un champ délimité. Chez Herwegh, cette culture générale n'avait pas abouti à des connaissances superficielles, mais à l'harmonie, à l'intime accord de l'art et de la science... Il conciliait l'art et la science, l'observation et la théorie, et ne reconnaissant pas d'idoles, c'était souvent lui, le poète, qui prononçait le mot décisif » (1).

Ces considérations sur les études scientifiques de Herwegh permettent de rectifier la fausse image que l'on s'est faite généralement de la passivité du poète après 1848. Les victimes de la Révolution ont passé leur temps à s'entredéchirer ; Herwegh ne pouvait échapper à la rancune des proscrits allemands qui l'ont accusé de sybaritisme. Mais Rollett lui-même, l'un de ses adversaires, écrit dans son journal intime : « Son inactivité littéraire n'est qu'apparente. Il travaille beaucoup, même comme poète. Mais il ne croit pas que l'époque se prête à une grande influence poétique. Sa principale occupation est la philologie comparée qui l'absorbe presque exclusivement » (2).

Herwegh ne fraya guère avec les réfugiés politiques. A Genève, il eut soin de les éviter, au risque de passer pour un aristocrate. « Ignorant tout ce qui s'est accompli en dehors de leur sainte et apostolique église, ils se tiennent pour des politiciens consommés, ils froncent les sourcils pour se donner des airs d'hommes d'Etat, et successivement ils s'éteindront dans les bras de la réaction » (3) : c'est dans ces termes qu'il a condamné les ci-devant parlementaires. Parmi eux, il ne fréquente, à Genève, que Fröbel et Jacoby. A Zürich, il se lie avec Kolaczek et s'intéresse à sa *Deutsche Monatsschrift*, à laquelle Herzen col-

---

(1) Für meine Freunde, p. 285 et s.
(2) Erdgeist, août 1908 : Ein unbekanntes Bildnis Georg Herweghs.
(3) Briefe von und an Herwegh, 1848 : lettre à Madame Herwegh, 23 août 1849.

labore sous le pseudonyme d'Iscander (1), à la grande fureur de Venedey qui détestait dans la personne du riche émigré russe un digne héritier du prince Pückler-Muskau (2). Herwegh n'eut qu'à se louer de ses rapports avec Louis Pfau, charmant poète et démocrate sincère, expulsé malheureusement dès 1850 par la police suisse (3).

Prutz, de passage à Zürich pendant l'été 1852, a fixé le souvenir de sa rencontre avec Herwegh dans la poésie qui commence par ces vers : « Les feux du jour s'étaient éteints, non loin de ces montagnes derrière lesquelles notre pays allemand gît aux pieds des gendarmes. En ces jours infortunés, je me trouvais avec toi près du lac de Zürich, aux dernières clartés du couchant, et je partageais ton oppression ». Après avoir rappelé le succès des *Poésies d'un Vivant*, l'expédition du grand-duché de Bade et les calomnies auxquelles elle avait donné naissance, Prutz exhortait le poète à publier ses satires pour terroriser ses ennemis : « Je sais que ton carquois est plein de chants pareils à des flèches acérées dont la blessure est telle que personne n'en doit plus jamais guérir... Avec la joie la plus profonde j'évoque quelques-unes des heures récentes où, épiant toutes tes paroles, j'étais suspendu à tes lèvres ». Herwegh lui avait récité l'une des poésies qui se sont perdues et dans lesquelles il châtiait avec vigueur les politiciens. Prutz continuait, plein d'espoir : « De nos jours, nous avons besoin d'une chanson qui, comme l'éclair du sein des nuages, tombe en apportant la destruction, mais brille en même temps sur la foule... Et s'il est un chanteur qui soit doué pour entonner cet hymne sublime, s'il en est un que les louanges et le dédain aient trempé dans la forge de la réalité, porté sur cette hauteur d'où la vue plane librement, c'est toi, tu as le pouvoir de lancer l'éclair

---

(1) V. 12ᵉ cahier, déc. 1850 : Mein Lebewohl, Epilog zum Jahre 1849.

(2) D'après lettre inédite de Kolaczek à Herwegh, 6 nov. 1850, où il est question d'un manuscrit de Venedey : Von diesem Ufer, en réponse à Herzen : Vom andern Ufer.

(3) Cf. Briefe von und an Herwegh, lettre de Pfau, 28 août 1850.

de la poésie ». Ces vers que je cite d'après le manuscrit ne se trouvent pas, que je sache, dans les œuvres de Prutz et n'ont été reproduits que partiellement dans *Simplicissimus* (1).

Au nombre de ses meilleurs amis de Zürich, Herwegh comptait Guillaume Rüstow, l'architecte Semper et Wagner. Rüstow, dont M. Marcel Herwegh a publié la biographie (2), était un ancien officier prussien ; condamné à trente et un ans de forteresse pour avoir attaqué la caste militaire et prôné le système des milices dans sa brochure : *Der deutsche Militärstaat vor und während der Revolution* (3), il s'était évadé. Devenu citoyen suisse, il prit du service dans l'armée helvétique ; plus tard il s'enrôla dans l'armée de Garibaldi ; il se signala dans l'état-major suisse par son talent d'organisateur et ses merveilleuses connaissances stratégiques ; comme écrivain militaire, il acquit une réputation universelle : les historiens citent volontiers son *Histoire de la Guerre des Frontières du Rhin* (1870-71) parmi les meilleurs ouvrages sur les hostilités franco-allemandes. Homme d'un solide mérite et d'une rare énergie, il conçut pour Herwegh une estime qui grandit avec le temps.

On raconte que Semper devint révolutionnaire par amour du beau : s'étant aperçu des imperfections d'une barricade, il avait voulu la reconstruire selon les principes et les règles de l'art ; ainsi compromis dans l'émeute, ayant perdu sa place à Dresde, il dut s'exiler (4). Pendant toute la durée de son séjour en Suisse, il se montra intimement lié à Georges Herwegh avec lequel il échangea ses idées sur la plastique chez les Grecs et chez les Modernes. Le poète entrait si profondément dans ses vues que Semper a

---

(1) V. Simplicissimus, 4 avril 1896 (str. 10-14, 16, 18-20).
(2) V. Nouvelle Revue, 15 déc. 1906, 15 janv., 1er, 15 févr. 1907.
(3) 1re éd. Königsberg 1850, 2e éd. Zürich 1851.
(4) V. Figaro, 6 janv. 1894 : Figures révolutionnaires.

cru devoir reproduire dans son livre sur le *Style*, sous le titre : « Paroles d'un célèbre penseur et connaisseur », toute une page de Herwegh contre l'esthétique spéculative (1). Le poète fournit à Madame de Charnacé les éléments de son étude sur Semper pour la *Revue Germanique* ; il écrivit lui-même l'esquisse d'une biographie du grand architecte.

Herwergh fit la connaisance de Wagner au mois d'avril 1851. Tous deux caressèrent le projet d'attirer en Suisse Louis Feuerbach et ce fut un crève-cœur pour le philosophe de ne pouvoir les rejoindre (2). Au cours de l'été 1852 ils entreprirent ensemble un voyage aux lacs italiens. Herwegh assitait en mai 1853 aux trois concerts de Zürich où le maître déploya une supériorité qui souleva un enthousiasme unanime : « Avec ses ressources prodigieuses et ses virtuoses » écrivait plus tard le poète dans son éloge du *Tannhäuser* « le Conservatoire de Paris que nous avons eu souvent l'occasion d'admirer pour l'exécution des œuvres de Beethoven n'a rien donné de pareil aux concerts du petit orchestre de Zürich... Wagner comme chef d'orchestre n'a jamais été égalé » (3). C'était aussi l'avis de Madame Herwegh (4).

Le foyer du poète s'anima d'une vie nouvelle lorsque Liszt y parut en 1853 (5). La biographie de Herwegh se confond durant plusieurs années avec l'histoire de ses relations avec les deux grands musiciens. Liszt rêvait de se l'associer pour la composition d'un livret sur le Christ : « Nous nous sommes embarqués » écrivait-il à son amie la

---

(1) V. Der Stil, Prolegomena, p. XIX Frankfurt a/M. 1860.

(2) V. Briefe von und an Herwegh 1848, p. 359 : Herwegh à Feuerbach. 3 déc. 1851. Cf. lettre inédite de Herwegh à sa femme. 13 janv. 1852 : « Wollten Feuerbach nach Zürich locken. Vielleicht interessiert dich das Billet von Feuerbach ».

(3) Neue Züricher Zeitung, 20 mars 1861

(4) V. Deutsche Revue, mai 1908, p. 179.

(5) Depuis le retour de Madame Herwegh jusqu'en 1867 Herwegh habita successivement à Zürich = Neumünster, = Sonnenbühl, = Zeltweg, = Münsterhäuser, = Schanzenberg.

princesse de Sayn-Wittgenstein « par le plus beau soleil avec Wagner sur le bateau à vapeur du lac de Zürich pour nous rendre à Brunnen qui est un des plus beaux points du lac des Quatre-Cantons... Au Grütli nous nous sommes arrêtés aux trois sources et l'idée me vint de proposer à Herwegh *Brüderschaft* en prenant de l'eau dans le creux de ma main, à chacune des trois sources. Wagner en fit autant avec lui. Plus tard nous sommes revenus assez en détail sur notre projet du Christ, vous savez ce dont je veux parler, et je pense qu'il le réalisera bientôt et grandement ». (1). Liszt avait aussi l'intention de fonder une revue littéraire et musicale et d'en confier la direction à Herwegh (2), mais il abandonna ce plan de même que celui du *Christ*.

En juillet 1853 Herwegh accompagna Richard Wagner à Saint-Moritz (3). Le poète fut ensuite convié à toutes les premières auditions des œuvres de Wagner : l'*Or du Rhin* chez le compositeur lui-même (1854), *Tannhäuser* au théâtre de Zürich (17 févr. 1855), la *Walkyrie* à l'hôtel Baur (22 oct. 1856), *Tristan et Isolde* chez Wesendonck (1857).

Liszt revint à Zürich en 1856 avec Carolyne de Sayn-Wittgenstein et la princesse Marie, sa fille. On sait quelle femme remarquable était la confidente de Liszt. Issue d'une grande famille polonaise et mariée par son père à dix-sept ans contre son gré, elle quitta la Russie en 1848 pour se fixer au château d'Altenbourg dans le voisinage de Weimar ; cette résidence où Liszt composa ses chefs-d'œuvre symphoniques devint une sorte d'académie, une petite cour — selon Hoffmann de Fallersleben qui en fut le poète officiel — où la maîtresse du logis, instruite, spirituelle, aimable, douée d'un goût exquis, recevait en souveraine (4). Les deux princesses se lièrent d'une étroite amitié avec Georges et Emma Herwegh. On fêta solennellement l'anniversaire

---

(1) Liszt à Carolyne de Sayn-Wittgenstein, 8 juillet 1853.
(2) D'après lettre de Wagner à Liszt, 16 août 1853.
(3) V. lettres de Herwegh à sa femme, juillet 1853.
(4) V. Hoffmann, *Mein Leben* VI p. 58 ss.

de Liszt à l'hôtel Baur et dans l'intimité chez Herwegh qui a dédié au nouveau chantre de Paolo et Francesca de Rimini sa délicate poésie :

> Die lichte Blum' im dunkeln Kranz,
> Den aus Geschicken du gewunden,
> Francesca war's, o Meister Franz,
> Drin ich dein Wesen tief empfunden... (1).

Le grand artiste venait d'achever, en effet, la *Dante Symphonie*, cet admirable triptyque dont la première partie évoque la figure des immortels amants de la *Divine Comédie*, et il aurait voulu décider le poète à en écrire les paroles.

Hans et Cosima de Bülow passèrent aussi à Zürich, peu de temps après leur mariage (2), et s'y arrêtèrent encore en 1858 à l'occasion du baptême du plus jeune fils de Herwegh dont Madame de Bülow fut la marraine et l'architecte Semper le parrain.

Wagner, la même année, invita Georges Herwegh à plusieurs reprises dans son nouveau chalet près de la somptueuse villa des Wesendonck, devenue un centre élégant de réunion dont Mathilde Wesendonck, l'Isolde de Wagner (3), jeune femme gracieuse et raffinée, faisait les honneurs avec charme.

L'amitié de Herwegh et de Wagner survécut au départ du grand compositeur pour Venise ; l'attachement témoigné par Madame Herwegh à Minna Wagner n'y porta pas ombrage. A son retour d'Italie, Wagner exprimait à son ami son désir de l'attirer près de lui à Lucerne et lui confiait qu'il lisait avec un réel plaisir ses articles pleins de verve et ses vers toujours juvéniles (4). Herwegh défen-

---

(1) V. Neue Gedichte p. 263 : An Franz Liszt.
(2) V. Neue Gedichte p. 265 : An C (osima) in's Album, sept. 1857.
(3) Cf. Wagners Briefe an Mathilde Wesendonck, Berlin 1904.
(4) V. Lettres de Wagner, 15, 17 juin, juillet 1859. « Dein heutiges Gedicht ist wundervoll » écrivait-il au sujet de la poésie : Zum eidgenössischen Schützenfest.

dit le *Tannhäuser* contre la cabale montée par Meyerbeer qui fit échouer cet opéra, à Paris, après trois représentations ; il avait prévu le revirement d'opinion qui ne pouvait manquer de se produire (1). Lorsque Wagner, harcelé par ses créanciers, vint se réfugier en 1864 chez Wille pour y terminer ses *Maîtres-Chanteurs*, il ne put résister à la tentation de revoir le poète à Mariafeld (2).

Tout à coup sa fortune changea : le roi de Bavière lui offrit de faire jouer ses œuvres avec la plus magnifique mise en scène. Au mois de mai 1865, Wagner priait Herwegh d'assister à Münich aux grandes représentations de *Tristan et Isolde* qui s'annonçaient comme un triomphe (3). Mais les Bavarois s'alarmèrent des prodigalités de leur souverain : le nouveau théâtre que Semper méditait de construire sur un plan grandiose avait ému la colère des philistins, et le favori s'éloignait de la capitale devant l'impopularité croissante. Herwegh chante alors sur sa lyre avec une ironie légère et sans malveillance l'odyssée de Wagner :

> Vielverschlagner Richard Wagner,
> Aus dem Schiffbruch von Paris
> Nach der Isarstadt getragner,
> Sangeskundiger Ulyss !
>
> Ungestümer Wegebahner,
> Deutscher Tonkunst Pionier,
> Unter welche Insulaner,
> Teurer Freund, gerietst du hier !...
>
> Er bestellte sich bei Sempern
> Gar ein neu Komödienhaus !... (4).

La visite du jeune roi au célèbre musicien dans son exil de Triebschen inspire une autre satire au poète : *La Bal-*

---

(1) V. *Neue Züricher Zeitung*, 20 mars 1861.
(2) V. lettre de Wagner à Herwegh, 1864.
(3) V. lettre de Wagner à Herwegh, 7 mai 1865.
(4) *Neue Gedichte* p. 138 : An Richard Wagner, janv. 1866.

lade du roi perdu (mai 1866) (1). Les deux amis n'eurent pas la chance de se rencontrer à Münich en 1869 (2). Dans une lettre envoyée à l'occasion de son second mariage, le compositeur jetait un regard en arrière sur les années passées à Zürich dont il dictait le récit à sa femme : « Ton nom y revient souvent » écrivait-il à Herwegh (3). Mais le poète n'a jamais voulu pardonner à Wagner sa soumission à l'Empire et l'en a raillé avec amertume dans une de ses dernières poésies :

> Die nüchterne Spree hat sich berauscht
> Und ihren Verstand verloren...
> Die einzig wahre Zukunftsmusik
> Ist schliesslich doch Krupps Orchester (4).

Liszt avait baptisé du nom de « tente royale » le cabinet de travail du poète où se réunissait l'élite de Zürich. Le philologue Köchly, l'un de ceux qui avaient pris part à l'insurrection de Saxe en 1849, grand commentateur des Classiques grecs, ami et collaborateur de Rüstow (5), s'y montrait en compagnie de Wagner et de Bernard Stein, ex-officier prussien. Keller, le célèbre poète et romancier suisse qui, devenu pangermaniste, se brouilla dans la suite avec Herwegh y discutait sur l'esthétique avec l'incomparable Semper. Deux savants avaient coutume d'y venir : le géologue Volger, président du club démocratique de Göttingue en 1848, et le matérialiste Moleschott, l'un des plus hardis disciples de Louis Feuerbach, auteur de la *Circulation de la Vie, en réponse aux lettres de Liebig sur la chimie* (1852). Volger est resté en correspondance avec Herwegh après son départ pour Francfort (oct. 1856) où il fonda le *Freies Deutsches Hochstift* dans la maison natale

---

(1) Neue Gedichte, p. 157.

(2) V. Lettre de Wagner à Herwegh, août 1869.

(3) V. lettre de Wagner, 13 sept. 1871.

(4) Neue Gedichte, p. 235 : An Richard Wagner, 8 févr. 1873.

(5) Ils ont publié en commun l'histoire de la stratégie grecque (1854-55).

de Goethe (1) ; il le consulta sur le choix de ses collaborateurs, lui soumit son programme, reçut de lui de précieuses indications relatives au positivisme contemporain, et longtemps après la mort du poète il se plaisait à évoquer le souvenir de leurs intéressants entretiens sur les secousses sismiques du globe (2). Moleschott enseigna de 1856 à 1861 à Zürich, puis à dater de cette époque à l'Université de Turin. Madame Herwegh lui apprit l'italien : « Sans vous » écrivait-il dans sa reconnaissance « je n'aurais pas été nommé en Italie et sans Georges je n'aurais pas trouvé ma place à Zürich » (3).

Les portes de l'hospitalière demeure s'ouvrirent aussi aux Français exilés en Suisse, aux républicains chassés par le Coup d'Etat du 2 décembre : Flocon, l'ancien ministre, Charras, l'ancien sous-secrétaire d'Etat, le député Marc Dufraisse, actif auxiliaire de Proudhon, et Challemel-Lacour qui, après bien des vicissitudes, avait fini par entrer comme professeur au *Polytechnicum* de Zürich. Georges Herwegh exerça surtout sur ce dernier une heureuse influence : il lui facilita ses études sur les pessimistes en lui signalant entre autres les œuvres de Leopardi ; il inspira ses travaux sur la littérature allemande. Par son entremise Challemel-Lacour fut chargé de la traduction du *Tristan* de Wagner (4) ; il espérait même être attaché comme conservateur au Musée de Naples sur sa recommandation. « Une âme si haute, un esprit d'un tel vol, une nature si choisie ! » disait-il du poète (5) ; on peut penser ce qu'un tel compliment signifiait dans la bouche d'un homme si froid, volontiers impénétrable, et qui n'était pas un flatteur. Leurs relations, quelque temps interrompues avant la

---

(1) Cf. Volger, Das Freie Deutsche Hochstift, Frankfurt 1859 ; Gœthes Vaterhaus, Frankfurt 1863.

(2) D'après la correspondance inédite de Herwegh et Volger.

(3) Lettre inédite de Moleschott à Madame Herwegh, 3 déc. 1883.

(4) « De cette façon on saura au moins ce que Wagner a voulu dire », disait plaisamment Herwegh qui goûtait médiocrement le style wagnérien.

(5) Lettre de Challemel-Lacour à Herwegh, 12 oct. 1861.

guerre franco-allemande, reprirent en 1870 le caractère qu'elles avaient à leurs débuts en 1856 ; les épreuves de la France fortifièrent leur amitié.

« Jamais une cour princière » écrivait Bernays, consul des Etats-Unis à Zürich de 1861 à 1862 « n'eut tant d'attrait que la maison de ce grand homme. Il n'y a pas de mouvement libéral en Europe qui n'ait été influencé ou du moins profondément compris dans l'entourage de Herwegh. Il n'y a pas de découverte scientifique qui n'ait été discutée et examinée dans ses rapports avec le bien-être des nations par cet homme extraordinaire. Il n'y pas d'infortune politique qui n'ait trouvé de la sympathie dans cette âme généreuse et il n'y a peut-être pas un martyr de la tyrannie qui, dans ses pérégrinations, ne soit venu frapper à sa porte hospitalière... Il est resté debout comme un roc au milieu de toutes les réactions qui ont suivi le grand mouvement révolutionnaire de 1848, le même homme dans son refuge que dans la tourmente de cette étrange révolution, le même apôtre de la liberté clairvoyant, sincère et désintéressé » (1).

L'année 1856 coïncide avec le retour du poète à la vie publique. La princesse de Sayn-Wittgenstein laisse entendre dans sa correspondance qu'il formait le projet de publier un nouveau recueil et qu'il cherchait avec ses amis un lien pour rattacher le présent au passé (2). Trois poésies de 1856 figurent seules dans les *Neue Gedichte* : *An Franz Liszt*, *Zum Kadettenfest in Zürich*, *Er tröstet sich*, satire de la suzeraineté du roi de Prusse dans le canton de Neuchâtel ; cette dernière parut dans le *Zürcher*

---

(1) St-Louis Daily Union, march 1863.

(2) V. lettres de 1856, Deutsche Revue, juin 1908, p. 310 : « Nous avons encore longtemps causé hier des poésies qui avaient été lues et dont nous avons encore relu quelques-unes en songeant que le projet d'un poème mélancolique dans sa satire et satirique dans sa mélancolie était certainement le chaînon le plus élastique et en même temps le plus neuf pour relier le passé à l'avenir ».

Intelligenzblatt (4 oct.). La collaboration de Herwegh à ce journal semble avoir été assez active à partir de 1857. Je signale, entre autres (1), le feuilleton sur les conférences de Marc Dufraisse : *Dufraisse über Camille Desmoulins* (Z. I. 26 févr. 1857), la critique théâtrale du *Narcisse* de Brachvogel (Z. I. 2 mars 1857), du *Grillon* de Birch-Pfeiffer d'après la *Petite Fadette* (Z. I. 4 oct. 1857), — l'analyse des conférences de Challemel-Lacour sur la société française avant la Révolution (Z. I. 14 janv. 1859), *Ueber die Bauprojekte im Kratz* en faveur de Semper (Z. I. 1ᵉʳ et 2 févr. 1859), la poésie : *Bonaparte couche* (2) (Z. I. 17 mars 1859), *Ein Zeitbild* (Z. I. 28 mai 1859), *Kürassiere Clam Gallas durch München ziehend*, parodie des poésies du roi de Bavière (3) (Z. I. 9 juin 1859, *Ein Sturm in einem Glas Wasser oder die süddeutsche Aufregung*, remarqué par Wagner (Z. I. 15 juin 1859), *Zum eidgenössischen Schützenfest* (Z. I. 3 juillet 1859) (4). Son chef-d'œuvre de 1859, le prologue pour le centenaire de Schiller, récité au théâtre de Zürich (5) eut un tel succès que l'assistance se leva pour acclamer le poète (6).

Les articles consacrés à la politique comme : *Ein Zeitbild*, *Ein Sturm in einem Glas Wasser* offrent un intérêt général. A cette époque le Second Empire triomphait : l'année 1859 fut marquée par la rapide et glorieuse campagne d'Italie ; l'Autriche reçut un coup mortel. L'Allemagne du Sud manifestait hautement ses sympathies pour la maison de Habsbourg et sa haine pour la France. Or une nouvelle guerre ne pouvait profiter qu'à la fortune de Napoléon, s'il

---

(1) D'après les exemplaires conservés dans sa famille, portant ses initiales au crayon, de sa main, ou marqués d'un trait à l'encre.

(2) V. Neue Gedichte, p. 41.

(3) V. Neue Gedichte, p. 45.

(4) V. Neue Gedichte, p. 277. Cf. lettre de Feuerbach, 29 juillet 1859, Bolin II p. 237.

(5) V. Neue Gedichte, p. 279.

(6) Cf. lettre de Challemel-Lacour à Herwegh, 1859.

était vainqueur, et au prestige de la réaction, dans le cas contraire. Herwegh dénonça le péril en se moquant agréablement des chauvins allemands, dupes de la plus grossière illusion : « Qu'une oie des hautes sphères » écrivait-il dans *Ein Zeitbild* « interdise à ses sœurs les oies de parler français ; que les vierges de Stuttgart n'emploient plus d'autre pommade que la graisse d'ours allemande de provenance authentique ; qu'une douzaine de philistins de Haigerloch et Sigmaringen ne veuillent plus faire venir leur cuir politique de Cologne, mais d'Augsbourg ; qu'une paire de Rossinantes patriotiques discutent avec une certaine animation la question de race qui présente, on le conçoit, un très haut intérêt pour des chevaux, et qu'ils s'embrouillent dans les avantages du romanisme ou du germanisme ; que le fossile du *Siebengebirge*, le vieux Arndt, entonne l'hymne de « Toute l'Allemagne en France » ou que quelques jeunes blancs-becs se disputent au sujet de la barbe de l'empereur : ce sont là de naïves futilités qui naissent avec le jour et disparaissent le soir... Mais, enfin, lorsque la lie de la société, avec un cynisme insolent, monte à la surface et que l'on peut voir quels sont les complices et les auteurs responsables de cette fermentation patriotique ; lorsque le Bayard de la réaction qui a toujours brandi l'étendard des ténèbres égyptiennes, un comte Reichberg, se met à la tête de l'Etat autrichien ; lorsque le petit Veuillot du Nesenbach, gueux entre les gueux, qui a sans cesse traîné dans la boue toutes les gloires de l'Allemagne, un Wolfgang Menzel (*salva venia*), sort de la cachette où l'universel mépris de ses contemporains l'avait banni pour se placer avec son ami le capucin Liesching à la tête des plus puériles démonstrations : il semble que même les Souabes au-dessous de quarante ans devraient commencer à réfléchir et à douter de la pureté du breuvage qu'on leur prépare sur les bords du Lech ». « C'est une monstrueuse mystification que l'on se permet envers le peuple allemand » continuait-il dans *Ein Sturm in einem Glas Wasser*. « D'une part, les visionnaires et les somnambules de la politique, évoquant le fantôme de la conquête, oubliant que l'Allemagne, hostile à la liberté, a contribué par sa lutte contre la République française à faire crouler sur elle et sur le monde l'avalanche de la conquête napoléonienne ; d'autre part, les réactionnaires, poussant à une invasion d'une manière insensée pour provoquer une diversion en faveur de l'Autriche... En frappant sur Bonaparte ils en veulent à la France, c'est-à-dire à la Révolution et c'est parce qu'ils pensent atteindre la Révolution que nous croyons leur cause véreuse ». Après avoir énuméré les crimes de la maison d'Autriche : « Nous avons fait l'expérience » s'écriait-il « que le despotisme des Habsbourg a la vie très dure tandis qu'un Bonaparte est mortel, très mortel ».

La politique extérieure de Napoléon III (l'annexion du Chablais et du Faucigny, l'entrevue de l'empereur avec les princes allemands à Baden-Baden le 18 juin 1860) suggéra les poésies : *Noten Noten* (Z. I. 8 mai 1860), *Dies ist die neueste Elegie von Chablais und Faucigny* (Z. I. 29 avril 1860), *Die Borriesäerei* (Z. I. 26 mai 1860), *Zur Feier des 18 Juni* (Z. I. 19 juin 1860) (1), les articles : *Die Revanche für Waterloo* (Z. I. 14 juin 1860), *Der Hecht unter den Karpfen oder Louis Napoléon in Baden-Baden* (Z. I. 17 juin 1860).

Le brochet tient aux carpes à peu près ce discours : « Mes chères carpes, n'ayez pas peur de moi. Je ne suis pas un achanti, un ogre, un anthropophage. Je ne ressemble ni à Rinaldini ni à Garibaldini. Je suis un brochet ordinaire... Le brochet est votre meilleur ami et la faute de tous les malentendus qui se sont élevés entre nous retombe sur quelques jeunes sots qui, en jetant des pierres dans l'eau, ont alarmé les bonnes carpes. Il faut maintenant mettre une muselière à ces jeunes sots... A quoi bon cette agitation ? à quoi conduira-t-elle ? A un Parlement allemand incompatible avec votre intelligence bornée de princes. Et ce Parlement ? A une guerre avec moi, avec la France ? à une guerre où je perdrai peut-être mon trône, où vous perdrez

---

(1) V. Neue Gedichte, p. 66, 76, 73, 78.

sûrement le vôtre si votre peuple prend les choses au sérieux... Réfléchissez s'il ne serait pas en effet plus avantageux pour vous de me céder la moitié de l'Allemagne que de tout laisser tomber aux mains des démagogues !... Mais n'ayez crainte ! Je suis venu pour verser de l'huile sur les flots agités, pour apporter la paix et vous assurer de mes meilleures intentions... Dites à votre peuple combien je suis désintéressé ; je me ferai réserver tout au plus, à l'occasion, le remboursement de mes frais de voyage, par exemple Landau et Saarlouis. Continuez à frayer en paix sur vos trônes, grands et petits : ni vos œufs ni votre laitance ne sont menacés. Il n'est pas vrai que j'aie voulu vous manger à la sauce brune. Carpes, sauvez la civilisation et embrassons-nous ! »

Le journal humoristique : *Kladderadatsch*, fondé en 1848, accueillit ses violentes satires de la politique intérieure de l'Allemagne : *Ihr lieben Herren von Eisenach, Auch ein Fortschritt* (2 oct. 1859), *Was macht Deutschland, Harmlose Gedanken* (15 avril 1860), *Eine Stimme aus der Ferne* (20 mai 1860). Il faut se souvenir, pour les bien comprendre, que l'agitation créée par les succès de Napoléon sur les Autrichiens en Italie avait abouti à une solennelle réunion d'anciens *Frankfurtler* et *Gothaer* (1), constitués en *Nationalverein* à Eisenach. Ils prêchaient, comme dix ans auparavant, la modération et la confiance :

> Wir zogen von Gotha bis Eisenach
> In zehen Jahren, gemach, gemach;
> Von Gotha bis Eisenach sind drei Meilen —
> Staatsmänner sollen sich nicht übereilen. (2).

Rien n'était changé dans la vieille confédération qui subsistait malgré sa fragilité, offrant toujours le spectacle de cette Allemagne raisonneuse, hésitante et timorée que

---

(1) On appelait ainsi les députés du Parlement qui s'étaient groupés autour de Gagern à Gotha en juin 1849.

(2) Neue Gedichte p. 49 : Auch ein Fortschritt.

Börne et Freiligrath avaient comparée à Hamlet (1), incapable d'agir et dépensant toute son audace en procès verbaux :

> Deutschland pflegt sich —
> Wohl zu besinnen...
> Deutschland legt sich —
> Zu Protokoll. (2).

La comédie du *Nationalverein* se jouait devant le même parterre que celle du Parlement de Francfort, avec les figurants qu'on appelait alors les « professeurs », les doctrinaires du centre, et les apostats de la gauche et de l'extrême-gauche : Jacob Venedey, Vischer (*Kritischer Gänger*), Fröbel (*Confucius*) (3), auxquels s'était joint le « Messie » Bluntschli :

> Zu sitzen wieder wie Anno acht
> Und vierzig in Frankfurt dacht'es ;
> Doch wenn es ein Parlament gemacht :
> Das Parlament, was macht es ?...
>
> Ich kenne das Stück, ich kenne den Saal —
> Ist schwarz-rot-golden behangen :
> Jacobus spielt zum zweiten Mal
> Auf allgemeines Verlangen. (4).

La verve de Herwegh s'est acharnée sur ce malheureux Venedey qui pouvait passer pour le prototype des pangermanistes, bons apôtres et hâbleurs, ne jurant que par

---

(1) V. Börne : Dramaturgische Blätter ; Freiligrath : Ein Glaubensbekenntnis.

(2) Neue Gedichte p. 51 : Was macht Deutschland ?

(3) Partisan de la « triade », c'est-à-dire d'un triumvirat de l'empereur d'Autriche, du roi de Prusse et d'un tiers prince.

(4) Neue Gedichte p. 52 : Harmlose Gedanken.

leur prophète, Maurice Arndt, l'auteur du chant de la *Patrie Allemande*, mort en 1860 :

> Legen Alle die Hand
> Aufs Herz — wie erhaben !
> Gevenedeytes Land
> Bis Pommern und Schwaben ! (1)

Outre ces articles et ces poésies, le poète communiqua des renseignements aux journaux sur l'action qui, pendant que l'Allemagne perdait son temps à méditer et à pérorer, se déroulait sur les champs de bataille d'Italie où son ami Rüstow se signalait dans les rangs des Garibaldiens.

---

(1) Neue Gedichte, p. 69 : Eine Stimme aus der Ferne.

XII

HERWEGH ET LES PATRIOTES ITALIENS

Comparant en 1849 les révolutionnaires italiens aux républicains allemands, Herwegh, alors à Genève, s'écriait : « Les Italiens sont de tous ceux qui ont fait leur apparition ici les plus beaux et les plus nobles, notamment les Romains » (1). Ces Romains (environ 200) avaient vaillamment défendu leur capitale, assiégée par l'armée française ; leur chef, Joseph Mazzini, l'un des triumvirs de la République romaine avec Saffi et Armellini, membre du comité national italien avec Saffi et Montecchi après la prise de Rome, s'était réfugié à Lausanne où Georges Herwegh eut l'occasion de le voir avant la fin de 1849. Mazzini vint lui-même à Zürich en 1854.

De son côté, Madame Herwegh, pendant son séjour à Nice ou à Gênes, fut entourée d'hommes magnanimes, d'un dévouement sans bornes, qui lui donnèrent la plus haute idée du caractère italien : les peintres Agneni et Marcato, les frères Fabrizj sur lesquels elle ne tarissait pas d'éloges (le général Nicola, le chirurgien Paolo, Luigi le plus jeune qui devint colonel en 1862) (2). Elle rencontra également le plus tendre accueil près de la mère de Mazzini : « Elle m'a embrassée comme son enfant » écrivait-elle à Georges... « Tant de jeunesse encore malgré ses soixante-douze ans, tant de feu dans les yeux, tant de fraîcheur dans ses illusions après un immense désenchantement ! » (3).

---

(1) Briefe von und an Herwegh, 1848 : lettre à Madame Herwegh, 14 août 1849.

(2) D'après lettres inédites de Madame Herwegh à Herwegh, 19 oct. 1851, 22 mars 1852, 22 mai 1852.

(3) Lettre inédite du 18 juin 1851. Maria Mazzini mourut le 9 août 1852.

On vit ce que Madame Herwegh fut capable d'entreprendre, l'heure venue, pour sauver ses amis. Orsini, après avoir parcouru en agitateur pour le compte de Mazzini les confins de la Valteline sous le nom de Tito Celsi, avait réussi d'abord à tromper la police en se munissant du passeport de Herwegh, mis au nom de Hernagh (1), mais on l'arrêta sur la dénonciation de Moïse Formazzini à Hermanstadt en Hongrie le 17 déc. 1854. Enfermé au donjon de Mantoue, il résolut de s'évader pour ne pas partager le sort de Calvi, pendu le 4 juillet 1855 près du pont de Saint-Georges. Il confia son projet à Madame Herwegh avec laquelle il trouvait le moyen d'entretenir une correspondance secrète en dépit de ses gardiens (2). Elle multiplia ses efforts pour recueillir l'argent nécessaire à l'évasion sans prendre garde aux injurieux soupçons conçus par le prisonnier qui craignait de n'être pas secouru à temps, et le poète approuva sa conduite pleine d'abnégation : « Fais ce que te dicte ton cœur » lui dit-il. « Lorsqu'un homme est en danger de mort, on ne tient plus compte des griefs personnels, même des plus légitimes, et l'on tâche avant tout de le sauver ». Elle lui fit parvenir la somme dont il avait besoin pour fuir et, dissimulées dans la reliure d'un livre, les scies qui lui servirent à limer les grilles de son cachot (3). Grâce à ces soins et au concours de Cironi, Orsini recouvra sa liberté dans la nuit du 29 mars 1856. Informé de tout ce que Madame Herwegh avait déployé d'activité pour favoriser son évasion, il écrivait qu'il lui devait plus de respect et plus d'affection qu'à sa mère (4).

---

(1) V. Memorie politiche p. 145 ss.

(2) Memorie politiche, p. 375-388 : Fragments de ces lettres. Ils correspondirent à l'aide du jus de citron, sensible à la lumière, et du lait d'amandes pilées, le salpêtre servant de réactif.

(3) V. Memorie politiche, p. 281 (Orsini mit 24 ou 25 jours à limer les huit barreaux).

(4) Memorie politiche p. 387. Cf. le plaidoyer de Jules Favre. Le récit de l'évasion, retracé par Madame Herwegh pour le comte Grilenzoni, complète et précise sur bien des points les Mémoires. L'entrevue de Madame Herwegh et de Napoléon III avant l'exécu-

Cironi, après avoir pris une part très vive à la révolution de Toscane et de Lombardie, avait expié ce crime en 1849 dans les prisons de la réaction ; il fit la connaissance de Herwegh à Zürich où, banni de Gênes, il séjourna près de trois ans (nov. 1853-oct. 1856), intimement lié aux patriotes mantouans Sacchi et Melegari ainsi qu'à De Boni qui avait été ambassadeur de la République romaine en Suisse pendant la révolution (1).

Sur les instances de De Boni, Rüstow s'engagea dans l'armée de Garibaldi pour faire la campagne de Naples (1860). La brigade qu'il commandait se conduisit si vaillamment aux batailles de Santa Maria et du Volturno qu'elle acquit la réputation d'une des meilleures de l'armée du sud, et lui-même, « le diable rouge », comme les Napolitains l'avaient surnommé, eut trois chevaux tués sous lui (2). Le poète avait traduit l'hymne garibaldien pour les volontaires suisses qui accompagnèrent Rüstow en Italie (3) ; en souvenir, Garibaldi lui envoya du champ de bataille sa photographie (4). Rüstow pendant cette expédition transmit à Herwegh un plan détaillé des opérations et un grand nombre d'informations pour les journaux (5).

Une note curieuse, en français, retrouvée dans les papiers

---

tion capitale d'Orsini (v. le Gaulois, 22 février 1890 : Le prisonnier de Ham) ne repose sur aucun fondement de vérité : Madame Herwegh était alors en Suisse ; elle n'a jamais vu Napoléon.

(1) V. Ludmilla Assing, Piero Cironi, p. 191.

(2) D'après lettre inédite de Rüstow à Herwegh, 6 oct. 1860.

(3) V. Neue Gedichte, p. 43 : Die Gräber sind offen, die Toten erstanden.

(4) Aujourd'hui au musée de Liestal.

(5) C'est ce qui résulte de la lettre inédite de Rüstow à Herwegh, 22 juillet 1860 : « Schreiben Sie doch, wenn es ganz fest ist, dass ich hier bleibe, einmal an die Deutsche Zeitung in Berlin und etwa an Brockhaus in meinem Namen und sagen Sie, dass Sie als Vermittler zwischen mir und den betreffenden Zeitungen in Bezug auf Nachrichten handeln könnten. Ueberlegen Sie die Sache und teilen Sie gelegentlich Ihre Meinung mit. Ich glaube, bei solchen Dingen braucht man die Farbe des betreffenden Blattes nicht auf die Goldwage zu legen ». Ces correspondances ont paru sans signature.

de Herwegh, montre comment il jugeait en 1861 la question italienne lorsqu'un parlement, composé des députés de toute la péninsule, eut décerné le titre de roi d'Italie à Victor-Emmanuel :

« Ne pas confondre absolument l'*Italia degli Italiani* avec l'*Italia dei moderati*. L'Italianisme du Piémont très douteux. Le parlement italien (80.000 est le nombre de ceux qui ont élu à Naples et en Sicile sur 8 millions) est une expression très équivoque de la nation italienne. On annexe par le suffrage universel, on se fait élire roi par le suffrage universel, on élit les députés d'après un cens électoral très élevé. Il n'y a presque pas d'exemple d'un parlement qui ait valu grand'chose. Où en est la faute ? Majesté du Parlement !! Les fictions constitutionnelles (encore le Piémont ne vit toujours que sous le statut octroyé), nous en avons fait le triste essai depuis tant d'années. Responsabilité des ministres. Où, dans toute l'Europe, peut-on en parler sérieusement ? C'est surtout à Naples que l'idée de l'Unité italienne avait le moins d'adhérents. Regardez le parlement, il n'y a pas 50 hommes qui aient mérité d'une manière quelconque de l'Italie. Il y a une poignée d'hommes, Italiens et étrangers, qui ont fait à peu près tout, les autres ont moissonné où les premiers avaient semé. Les Piémontais sont braves sans doute, mais ce qu'ils ont fait à Ancône, à Capoue, à Gaëte, ne vaut pas la peine qu'on en parle tant, et même La Marmora. C'est en Italie comme partout : les nobles, les généreux sont en petite minorité. Entre nous, les deux millions de francs que Garibaldi a pu ramasser !! et encore, dans quels rangs les a-t-il trouvés ? S'il y a un homme auquel il manque précisément l'âme italienne, c'est Cavour. Toujours les mêmes tentatives stériles pour ne faire de l'Italie qu'un Piémont grossi. Curée des emplois. Le Piémontais est le moins doué, n'a point d'idées.

« Pour ce qui regarde l'identité de Mazzini et de Garibaldi, on a les preuves en main, même de la connivence du roi avec Mazzini. L'Italie sera, mais non par les hommes d'à présent.

« L'*Italia degli Italiani* est inventée justement par Mazzini, comme tout le reste.

« Concorde ! mais donnez les premiers l'exemple ! Les mazzinistes ont autant le droit de dire aux cavouristes : Au nom de la concorde faites-vous mazzinistes, que les cavouristes de dire aux mazzinistes : Faites-vous cavouristes au nom de la concorde. Qui doit en décider ? M. Cavour qui, avant tout, pour le répéter, n'est pas Italien, mais conspirateur bonapartiste.

« Il faut tout de même qu'un peuple s'intéresse à l'autre. Que deviendrait sans cela l'humanité ? Nous retournerions à l'état de sauvages, nous nous entremangerions. Que deviendrait l'Italie ? Les souvenirs ne la sauveront pas. Surtout on ne désire pas une répétition de Rome antique. Ce sont des sentimentalités. Solution par la liberté, partout, non par un homme de paille, Victor-Emmanuel ».

Nous savons par les lettres de De Boni que Herwegh a collaboré au *Popolo d'Italia* : « Ecrivez sur l'Allemagne, la Suisse, la France, sur ce que vous voudrez et dans la langue qu'il vous plaira. Je traduirai » (1). « Envoyez aussi des caprices littéraires » (2). « Dictez une lettre à votre femme le plus souvent que vous le pourrez » (3). « Avant-hier soir, j'ai publié l'article sur les garibaldiens suisses » (4). Sauf pour cet article du 23 mars 1861, les recherches faites à Naples dans la collection du *Popolo d'Italia* n'ont abouti à aucune certitude, ces correspondances n'étant pas signées (5).

---

(1) Lettre inédite, 11 oct. 1860 : « Scrivete sulla Germania, sulla Svizzera, sulla Francia, su quel voi volete, e nella lingua che vi piace. Io tradurro ».

(2) Lettre inédite, 29 nov. 1860 : « Anche capricci letterari ».

(3) Lettre inédite, 18 janv., 1861 : « Dittate a vostre moglie più di spesso che potete una lettera ».

(4) Lettre inédite, 25 mars 1861 : « Ier l'altro a sera ho publicato l'articolo sui Garibaldini svizzeri ».

(5) V. Popolo d'Italia, 23 mars 1861 : Li svizzeri volontari sotto Garibaldi. Le colonel Ziegler avait proposé d'amnistier également les Suisses qui avaient pris du service dans l'armée du roi de Naples et les volontaires républicains. « Confondere quelle due

Herwegh, admirateur de Garibaldi, avait salué avec enthousiasme le soulèvement des Deux-Siciles en 1860 :

> Hört Ihr Palermo's Nachtigallen ?
> Hört Ihr sie schlagen ? Das ist Tusch !
> Das ist des Räubers Siegesfanfare !
> O süsser Garibaldi-Mai,
> Mach uns vom heil'gen Januare
> Und mach uns vom Dezember frei ! (1)

En 1862, il chanta la funeste journée d'Aspromonte où le grand patriote fut blessé et arrêté dans sa marche sur Rome :

> Besiegt, der unser Banner trug,
> Dem jedes Herz entgegenschlug,
> Der unser Stolz, der unser Glück.
> Besiegt ! es war ein Bubenstück...
> Und haben sie am Aspromont
> Ihn feig verraten auch gekonnt,
> Und ruht, verwundet wie Achill,
> Auf seinem Lager bleich und still
> Der Allgeliebte, sei es drum !
> Achill fiel, doch auch Ilium.
>   Der Tag wird kommen...
> Noch ist sein Lorbeer nicht verdorrt,
> Noch wirkt Marsala's Wunder fort,
> Und auferstehen werden sie,
> Die am Voltura, von Sanct-Marie,
> Und einst am Tiber wird erneut
> Der Gancia-Glocken Sturmgeläut.
>   Der Tag wird kommen... (2)

Ces vers ont paru, avec un commentaire de Lassalle, dans la *Berliner Reform* et le *Zürcher Intelligenzblatt* (3),

---

categorie » était-il dit dans cet article « è una injuria non solo ai Garibaldini svizzeri, ma anche all' Italia ; la legge federale del 1859 non può colpirli, perchè non prestaron giuramento ». Cf. la protestation de Rüstow, 14 mars 1861, Deutsche Allgemeine Zeitung.

(1) Neue Gedichte, p. 78 : Zur Feier des 18. Juni 1860.
(2) Neue Gedichte, p. 98.
(3) Berliner Reform, 18 déc. 1862 : Zürcher Intelligenzblatt, 28 déc. 1862. Le commentaire de Lassalle est reproduit dans Lassalle's Briefe an Herwegh, p. 53-56.

et, l'année suivante, en brochure avec la traduction de l'*Aspromonte* de Pallavicino par Madame Herwegh (1).

Le poète a condamné, dans la poésie : *Ich hatt'einen Kameraden*, l'ingratitude de Victor-Emmanuel à l'égard du héros, laissé seul aux prises avec les troupes françaises et pontificales devant Rome en 1867 ; il y résume les quatre phases de l'épopée garibaldienne : la campagne de Lombardie, la conquête de Naples, l'échec de Calabre, la défaite de Mentana (2).

Herwegh prit fait et cause pour Mazzini, malgré leurs divergences de vues, lorsque celui-ci, en 1864, impliqué dans un complot qui menaçait la vie de l'empereur des Français, fut expulsé de Suisse : « Qu'est-ce qui a pu pousser la Suisse démocratique à une pareille mesure contre Mazzini au moment où le plus pur entre les purs, Garibaldi, l'embrasse tendrement et en ami, au moment où les ouvriers anglais, dans leur pétition, n'hésitent pas à placer son nom à côté de celui de Garibaldi, comme le second d'Italie ? Nous le disons à regret, le décret de notre Conseil fédéral serait dénué de tout fondement s'il se rapportait à la farce judiciaire qui s'est ébruitée dans le monde après s'être jouée à Paris, à huis clos, devant un public de deux cents personnes, au plus, très sûres et triées sur le volet... Nous ne pouvons croire que, seuls en Europe, nos conseillers se rendent coupables d'une telle niaiserie et prennent pour l'argent comptant de la vérité l'unique rapport dont la *Gazette des Tribunaux* et le *Droit* ont eu le monopole avant tous les autres journaux français. Où se trouve la vérité dans la France actuelle ? » (3). Le poète a défendu

---

(1) Herwegh écrivit la préface de cette brochure, devenue introuvable. Cf. lettre inédite de Rüstow, 1863 : « Ludmilla wird Ihnen schon geschrieben haben, worum ich sie bat, dass Garibaldi durch Georgs Einleitung zu der Uebersetzung der Aspromontegeschichte äusserst erheitert war und mich mehrmals durch lebhafte Bravos unterbrach ».

(2) V. Neue Gedichte, p. 187.

(3) Zürcher Intelligenzblatt, 23 avril 1864.

Mazzini contre la polémique de la *Neue Züricher Zeitung* et du *Bund* (1).

*
* *

Par l'intermédiaire des patriotes italiens Herwegh entrevit, en 1861, la possibilité d'occuper la nouvelle chaire de littérature comparée, créée à l'Université de Naples. Le 16 oct. il recevait, dans ce sens, une dépêche du ministre De Sanctis qui le priait de répondre par télégramme s'il était prêt à accepter ce poste avec un traitement de 4 000 francs. Le poète consentit après avoir consulté ses amis Rüstow, Dufraisse et Moleschott (2). De Sanctis, qui le connaissait, ayant enseigné plusieurs années la littérature italienne au *Polytechnicum* de Zürich, pouvait se flatter de son choix, mais cette nomination n'avait pas encore acquis un caractère définitif : « Je ne me dissimule pas » écrivait-il « les graves obstacles que j'ai à vaincre » (3) Ce n'était qu'une promesse.

L'offre de De Sanctis causa la plus grande joie dans l'entourage du poète. Challemel-Lacour, laissant libre carrière à sa satisfaction, écrivait à Herwegh : « Que la langue ne vous inquiète pas. Vous savez parfaitement l'italien... Ouvrez les écluses de votre âme, laissez couler ce qu'elle contient et je vous réponds que dans peu votre auditoire, quel qu'il soit, vibrera comme vous voudrez » (4). Cironi s'employait auprès du ministre, dont la décision s'attardait, pour l'engager à se hâter : « Je l'ai fait avec dignité », ajoutait-il, « parce que les qualités intellectuelles de Herwegh n'ont pas besoin d'être recommandées. Malheureux qui ne sait les apprécier ! » (5).

---

(1) Cf. Zürcher Intelligenzblatt, 27 avril, 3, 13, 19 mai 1864.

(2) D'après lettre inédite de Herwegh à De Sanctis, oct. 1861.

(3) Lettre inédite de De Sanctis à Herwegh, 28 oct. 1861.

(4) V. Revue, Lettres inédites de Challemel-Lacour, p. 517.

(5) Cironi à Ludmilla Assing, 14 janv. 1862 : « ed è fatto in modo dignitoso, perchè le qualità intellettuali del Herwegh non hanno bisogno d'essere raccomandate, disgraziato chi non sà pregiarle. »

Mais les intentions de De Sanctis produisirent, comme il l'avait prévu, une mauvaise impression dans les hautes sphères politiques. Non seulement les Tuileries et la cour de Berlin exprimaient leur mécontentement, mais elles s'opposaient d'une manière catégorique à la nomination de son candidat, « un républicain pur sang » (1). De Sanctis était d'ailleurs remplacé au ministère de l'Instruction publique après la chute de Ricasoli par Mateucci qui, tout dévoué à Napoléon, ne se soucia pas de tenir la parole de son prédécesseur et fit enfin savoir que la chaire de littérature était réservée à un Italien. « S'il eût eu quelque élévation et quelque délicatesse de sentiment ou même quelque bon sens, » écrivait Challemel-Lacour, « s'il eût compris ce qu'on doit d'égards aux gens qu'on est allé déranger chez eux sans attendre qu'ils vinssent solliciter, il se serait regardé comme lié par les engagements de M. De Sanctis » — et parlant de ce dernier : « Il ne faut pas qu'il se soit donné impunément des airs de Mécène pour planter là des gens qu'il a appelés quand ils ne songeaient pas à lui... Il pouvait ne vous rien offrir ; après vous avoir témérairement offert sans pouvoir donner, il y avait une façon noble et franche de s'en tirer qui n'aurait pas coûté à un honnête homme » (2).

Herwegh se plaignit énergiquement au ministre : « La réponse que M. Moleschott me transmet de votre part me fait supposer que vous ne connaissiez qu'à demi la marche de l'affaire dont il s'agit. C'est pourquoi j'ai l'honneur de mettre sous vos yeux la copie littérale de la petite correspondance de votre prédécesseur avec moi. Je voudrais vous faire juge vous-même de la conduite qu'on a tenue vis-à-vis d'un homme qui n'a jamais sollicité une place ni chez vous, ni ailleurs, mais auquel on est venu offrir spontanément et inopinément une chaire à l'Univer-

---

(1) Cf. Il Pungolo, 28 avril 1862 : « l'opposizione diplomatica è tale da non potersi vincere ».

(2) Lettre inédite à Herwegh, 5 mai 1862.

sité de Naples et non pas à un Institut de philologie supérieure qui n'existe pas encore.

« J'ai cru pouvoir accepter cette chaire. Le ministre m'en a remercié, et ses remerciements m'ont décidé à sacrifier tout mon temps pendant six mois pour faire honneur à son choix et à mon nom. J'ai donné congé de mon appartement et préparé tout pour un délogement prochain. Du reste, l'Italie peut parfaitement bien se passer de tout étranger, étant assez riche par elle-même ; quant à moi, je saurai également me passer, comme je l'ai fait durant toute ma vie, des honneurs et des avantages du professorat que je n'envie à personne. Seulement je tiens à vous faire savoir, Monsieur, une fois pour toutes, que je suis très étonné du manquement de parole et de l'oubli complet de toute convenance à mon égard. On était tellement pressé d'avoir mon acceptation qu'on demandait une réponse par le télégraphe; et l'on a laissé passer six mois sans conclure l'affaire, pour s'excuser à la fin, comme je viens de lire dans les journaux, avec des difficultés diplomatiques insurmontables. Ces difficultés, s'il en est quelque chose, il fallait les prévoir et ne pas s'engager envers moi, ou passer outre après.

« J'ai assez dit, Monsieur, pour vous faire connaître ma position vis-à-vis de votre département; vous agirez comme bon vous semblera. Je me réserve le même droit. Je n'ai pas frappé à votre porte, on est venu frapper à la mienne, et je ne peux pas croire qu'on se soit permis avec moi une mauvaise plaisanterie » (1).

« Remarquez donc, cher ami, » écrivait-il à Moleschott, « comme cette engeance cherche à se tirer d'affaire par des mensonges et des faux-fuyants. Dans le *Pungolo*, on fait imprimer qu'on s'est heurté à des difficultés diplomatiques insurmontables ; à vous, Mateucci vous dit que la chaire en question est pour un Institut de philologie supé-

---

(1) Lettre inédite de Herwegh à Mateucci (en français), 6 mai 1862. Cf. Lettre inédite de De Boni à Herwegh, 9 juin 1862 « La lettera vostra è degna, e vera, e vi onora ».

rieure qui n'existe pas encore ; à moi, il m'écrit qu'on doit pour cette chaire (à l'Université de Naples) découvrir aussitôt que possible un compatriote. Comment tout cela peut-il rimer ensemble ? » (1).

L'affaire en resta là : le poète prit son parti de cet échec qui lui laissait son indépendance. Conservant toute sa belle humeur et se souvenant aussi de ses mordantes satires contre les professeurs : « Tü vois bien, » dit-il à sa femme, « que je suis né pour ne jamais revêtir d'emploi officiel » (2).

---

(1) Lettre inédite à Moleschott, 18 mai 1862 : « Bemerken Sie doch, lieber Freund, wie sich dies Volk mit Lügen und Ausflüchten herauszuhelfen sucht. Im Pungolo lässt es drucken, dass man auf unüberwindliche diplomatische Schwierigkeiten gestossen sei ; Ihnen sagt Mateucci, die fragliche Chaire sei eigentlich für ein Institut der höheren Philologie, was noch nicht existiere ; mir schreibt er, man müsse für diese Chaire (an der Universität Neapel) so bald als möglich einen compatriote aufzutreiben suchen. Das reime mir irgend ein Poet der Welt zusammen ».

(2) Eine Erinnerung an Georg Herwegh, p. 6.

XIII

RAPPORTS AVEC LASSALLE

HERWEGH COMBAT BISMARCK

Les courtes relations de Herwegh avec Lassalle nous sont bien connues, grâce à la publication des lettres : *Lassalle's Briefe an Georg Herwegh*. Introduit chez le poète par Ludmilla Assing, nièce de Varnhågen, Lassalle vint à Zürich en 1861, avant de parcourir le Nord de l'Italie en compagnie de la comtesse Hatzfeldt et de Rüstow. Ils se revirent deux ans après. En 1864 survenait la catastrophe qui mit fin aux jours du grand démocrate socialiste.

Lassalle désirait faire représenter sur une scène d'Allemagne son drame de *Sickingen*, publié en 1859. Herwegh prit sur lui de le recommander à Dingelstedt, directeur du théâtre de Weimar. Mais il fallut auparavant abréger, élaguer la pièce, trop longue et trop touffue pour la représentation (1). Après avoir promis sa protection parce que la supériorité du drame de Lassalle l'avait frappé (2), Dingelstedt finit par se dérober, car l'entreprise exigeait de l'audace ; l'auteur n'en sut pas moins bon gré à Herwegh de lui avoir prêté son concours (3).

---

(1) V. Lassalle à Herwegh, 11 janv., 27 mars 1862. Cf. Gegenwart, 12 déc. 1896, les vers de Herwegh :
    So weit ging meine Mörderhand !
    Kommt drüber noch der Intendant
    Und drüber noch der Regisseur,
    So dauert's nicht drei Stunden mehr.

(2) Dingelstedt à Herwegh, 20 mars 1862, cité dans Lassalle's Briefe, p. 40.

(3) V. Lassalle à Herwegh, 6 nov., 18 déc 1862.

Lassalle voulait accaparer au profit de la démocratie socialiste l'activité littéraire du poète. Au début, sans trahir ses intentions, il insista pour le forcer à publier ses nouvelles poésies (1). La nomination de Georges Herwegh à Naples ne s'étant pas réalisée, voici en quels termes il l'exhortait à oublier ses déboires : « Le moment est venu de tenir, sans faute, sans retard, sans hésitation, la parole d'honneur que vous m'avez donnée d'éditer vos poésies. Il faut commencer tout de suite. Dans deux mois, ainsi au plus tard avant le milieu de mai, le manuscrit doit être chez Brockhaus... Le meilleur remède qu'un homme puisse appliquer à une blessure, c'est une activité fiévreuse, furieuse, entraînant la suppression de toute sensibilité... La sensibilité est bonne pour les femmes, l'opium pour les Orientaux... Dans six semaines, il faut que Brockhaus ou moi, nous ayons votre manuscrit » (2). Lassalle, avec son ardente nature, se peint tout entier dans ces lignes. A mesure que se précisaient ses projets d'agitateur, son désir d'entraîner à tout prix son ami dans le mouvement socialiste se dessinait aussi plus nettement ; il n'en faisait plus un mystère. Ne pouvant assister lui-même au congrès du parti ouvrier à Zürich (19 juillet 1863), il le nomma son représentant et, sans attendre son acquiescement, lui prescrivit de haranguer l'assemblée ou, à défaut de discours, de réciter une poésie composée pour la circonstance (3). Il avait compté sans la fermeté de Herwegh qui opposa un refus formel à ces impérieuses propositions, parce que — déclarait-il publiquement — il connaissait trop bien une partie des délégués auxquels il aurait eu affaire et ne se souciait pas « de se mesurer à ces économistes entichés de vérité qui, en dépit de Ricardo, qu'ils ne connaissent guère que de nom, et de Stuart Mill, ont la témérité de montrer le monde aux travailleurs sous une lumière si rose qu'ils vous en font perdre l'usage

---

(1) V. Lassalle à Herwegh, 10 oct. 1861.
(2) Lassalle à Herwegh, 27 mars 1862.
(3) Lassalle à Herwegh, 12 juillet 1863.

de vos sens ». « En dehors de leurs discussions, je me réserve » ajoutait-il « le droit poétique de me ranger du côté des déshérités, des 80, 90, 95 ou 97 % qui sont exclus du banquet de la vie, — qu'ils acclament Lassalle ou Schultze-Delitsch. De tout temps j'ai usé de ce droit, sans attendre le mouvement ouvrier actuel » (1).

Alors Lassalle, sans se décourager, changea de tactique et lui demanda des articles : « Pourquoi ne voudriez-vous pas utiliser votre brillante plume de prosateur ? Ecrivez pour le *Nordstern* des correspondances que toutes nos autres feuilles reproduiront, sur l'ensemble de la situation européenne ou sur tel détail qui vous plaira. Ou bien, que pensez-vous de l'idée suivante ? L'Allemagne aurait besoin d'une manière plus urgente que jamais d'un livre dans le genre des *Lettres Parisiennes* de Börne. Vous l'écririez d'une plume tout aussi brillante en puisant à une culture plus profonde... Cette forme permet de traiter tout ce qu'on veut, longuement ou brièvement, comme on veut. Cette forme donne tous les droits et n'impose aucun devoir. Elle se prête à l'éclair du moment, elle échappe à l'ennui de la doctrine et ne laisse pas de créer un système clair et vivant... J'ai éprouvé fréquemment en recevant vos lettres, presque toujours si brillantes et si précises, un vif regret de ne pas pouvoir les imprimer » (2).

Dans une lettre antérieure à celle-ci, il est question d'une correspondance que les journaux avaient déjà insérée, mais que Herwegh voulait compléter ; on la trouverait sans doute dans l'*Arbeiterzeitung* de Cobourg, fondé avant le *Nordstern* et dirigé par Streit et Schweigert. On voit également par les explications de Lassalle que leurs vues politiques étaient loin de s'accorder, car le socialisme lassallien faisait à l'Etat une trop large part, suivant Herwegh, qui s'attachait par tempérament et par doctrine

---

(1) Neue Frankfurter Zeitung, 31 juillet 1863. Cf. Lassalle's Briefe, p. 73.

(2) Lassalle à Herwegh, 17 juillet 1863.

à l'individualisme et dont le socialisme dérivait avant tout d'un sentiment de charité (1).

Lassalle finit pourtant par obtenir du poète, en octobre 1863, l'hymne fédéral du parti, commencé dès le mois de juin 1863, et désigné sous le nom de *Bienenlied*, dans sa lettre du 17 juillet. Lorsqu'il le lut pour la première fois à l' « Association des Travailleurs », toute l'assemblée se leva pour marquer sa gratitude (2). Il le fit imprimer à 12.000 exemplaires ; le gouvernement prussien confisquait en vain les premiers ; l'arrestation même de Lassalle n'empêcha pas la poésie de se répandre, grâce à la vigilance de Bucher (3). Le compositeur Hans de Bülow, sous le pseudonyme de Solinger (4), a mis le *Bundeslied* en musique. Chanté désormais au commencement de chaque séance, il a été souvent appelé pour cette raison la « Marseillaise des Travailleurs ».

Zolling a démontré sans peine (5) que cet hymne qui porte pour devise le vers de Shelley : *You are many, they are few* (6) n'a de commun avec la poésie : *To the men of England* que le thème général et la principale image (l'opposition des abeilles aux frelons) :

> Wherefore, Bees of England, forge
> Many a weapon, chain, and scourge,
> That these stingless drones may spoil
> The forced produce of your toil (7) ?

---

(1) V. Lassalle à Herwegh, 12 juillet 1863.

(2) V. Lassalle à Herwegh, 5 nov. 1863.

(3) V. Lassalle's Briefe, lettres de Madame Herwegh, p. 87-93. Le chiffre 1.200 est une faute d'impression ; on lit 12.000 dans le manuscrit.

(4) La ville industrielle de Solingen était toute dévouée à Lassalle.

(5) Gegenwart, 12 déc. 1896.

(6) Shelley, The Masque of Anarchy, XCI.

(7) Shelley, Song to the men of England.

> Menschenbienen, die Natur,
> Gab sie euch den Honig nur ?
> Seht die Drohnen um euch her !
> Habt ihr keinen Stachel mehr (1) ?

Zolling fait justement remarquer que le *Sic vos non vobis* et la comparaison des abeilles remontent à Virgile ; on ne peut parler de plagiat dans ce cas » (2). D'ailleurs le développement, plus long chez Herwegh que chez Shelley, ne comporte ni la même idée fondamentale, ni la même conclusion. Le poète anglais a tracé un sombre tableau de la misère des prolétaires qui aboutit à la morne résignation de la tombe, tandis que la poésie de Herwegh débute et se termine par un cri de révolte :

> Bet'und arbeit' ! ruft die Welt ;
> Bete kurz ! denn Zeit ist Geld.
> An die Türe pocht die Not —
> Bete kurz ! denn Zeit ist Brot...
>
> Mann der Arbeit, aufgewacht !
> Und erkenne deine Macht !
> Alle Räder stehen still,
> Wenn dein starker Arm es will...
>
> Brecht das Doppeljoch entzwei,
> Brecht die Not der Sklaverei !
> Brecht die Sklaverei der Not !
> Brot ist Freiheit, Freiheit Brot !

Une autre controverse s'est élevée entre les socialistes et Zolling au sujet d'une poésie que les premiers attribuaient à Herwegh et qui lui est tout à fait étrangère selon le plus probant des témoignages, celui de Madame Herwegh. Cette poésie : *Am Grabe Ferdinand Lassalle's*, parue pour la première fois dans le numéro du 4 sept. 1864 du *Nordstern*, sans signature, passa sous son nom dans les anthologies socialistes. Henckell, l'empruntant au recueil *Vorwärts* (1887), l'inséra, malgré ses doutes, dans *Buch*

---

(1) Neue Gedichte, p. 131 : Bundeslied für den Allgemeinen deutschen Arbeiterverein.

(2) V. Donatius, p. 17.

der Freiheit, mais reconnut de bonne foi son erreur dès qu'il en fut averti par Zolling.

Peu de temps avant le duel où Lassalle perdit la vie, le poète, appelé en toute hâte à Bâle, avait essayé de calmer son ami que mettaient au désespoir les obstacles opposés à son union avec Hélène, fille de l'ambassadeur de Dœnniges ; il l'avait quitté sur la promesse d'user du crédit de Wagner auprès du roi de Bavière pour fléchir le père de la jeune fille. La nouvelle du duel où Lassalle fut mortellement blessé par Rakowitz, le fiancé d'Hélène, parvint à Herwegh avec la prière d'envoyer au chevet du moribond le meilleur médecin de Zürich. Tous les soins demeurèrent inutiles. Herwegh assista aux funérailles qui eurent lieu à Genève le 2 sept. 1864, témoignant sa sympathie pour le défunt et son respect pour sa mémoire par cette inscription qu'il fit graver sur son cercueil :

> Dein Werk, es wird nicht untergehn,
> Es wird ein Rächer dir erstehn,
> Er wird erstehn aus diesen Gebeinen —
> So schwören, so schwören dir die Deinen (1).

Après la mort de Lassalle, Georges et Emma Herwegh s'employèrent à réfuter une partie des bruits suscités par l'issue de cette tragique intrigue (2). Sans se mêler aux querelles intestines du parti socialiste, Herwegh déclara qu'il se retirait de l' « Association Générale des Travailleurs » où la méfiance était semée par les marxistes qui, Lassalle disparu, attaquèrent la comtesse Hatzfeldt et Rüstow dans le *Sozialdemokrat*, et par les partisans de Bucher, sensibles aux avances de Bismarck : « Je me

---

(1) Zolling lui attribue aussi les deux autres inscriptions :
> Er starb, wie er lebte, im Kampf.

> Im Denken, Fühlen, Streben war ich Eins
> Mit Dir, ich hab' die Wurzeln meines Seins
> So innig mit der Deinigen verschlungen,
> Dass selbst dem Tod die Trennung nicht gelungen.

(2) V. Lassalle's Briefe, p. 104 et ss. : lettre de Madame Herwegh à S(chweigert).

retire à regret, mais avant de terminer je voudrais mettre les ouvriers en garde contre le danger de ce chant de sirène : qu'ils n'attendent pas du gouvernement prussien des propositions de loi pour l'amélioration du sort des classes ouvrières (1). Je leur conseille aussi de ne pas fonder de trop grandes espérances sur le suffrage universel tel que M. de Bismarck qui ne saurait avoir l'intention de réformer radicalement la société actuelle promet de l'octroyer, naturellement sans aucune des garanties qui préviendraient le retour des expériences napoléoniennes » (2). Le poète conserva sa liberté. « Ce n'est pas, » exprimait-il aux obsèques du socialiste Barrieux, « l'activité bruyante qui fait seule avancer le monde, mais autant pourrais-je dire, l'intervention anonyme des intelligences lucides qui surpasse dans l'ensemble de ses résultats celle des soi-disant grands esprits » (3).

**
***

Le point de vue du haut duquel Herwegh a jugé la politique de Bismarck, depuis l'avènement de Guillaume Ier jusqu'à la guerre de 1870, se montre dans les satires de ces dix années que l'on pourrait aussi bien définir, pour les caractériser d'un seul nom, ses poésies anti-prussiennes. Elles ont paru dans le *Schweizer Handelscourier* de Bienne (4), dans le *Kladderadatsch* (5), dans le *Zürcher Intel-*

---

(1) Cf. la motion du congrès de Hambourg, 1865.

(2) Lassalle's Briefe, p. 153 et ss. Cf. Nordstern 1er avril 1865, Zur Warnung (ces garanties étaient, selon Herwegh, la liberté de réunion, la liberté absolue de la presse et le scrutin secret).

(3) Eloge funèbre de Barrieux, mort en 1865 : « Es ist ja auch nicht die geräuschvolle Tätigkeit allein, welche die Welt vorwärts bringt, sondern ebenso sehr die ich möchte sagen anonyme Wirksamkeit heller Köpfe, die in ihrem Gesammtresultat diejenige sogenannt grosser Geister übertrifft » (D'après le manuscrit).

(4) Janv. 1861 : Nebelbilder ; Altes und Neues aus dem deutschen Reiche.

(5) 17 mars 1861 : Was Deutschland will.

ligenzblatt (1), dans le *Beobachter* de Stuttgart (2), dans le *Nürnberger Anzeiger* (3), dans la *Wiener Tagespresse* (4), dans *Didaskalia* (5), et dans le *Volksstaat* (6).

Les obsèques du roi défunt, décrites avec beaucoup d'humour dans *Nebelbilder* (7), devaient être suivies d'une satire des cérémonies de l'avènement qui n'a pas été achevée (8). Mais Herwegh a tracé de main de maître le parallèle des deux rois dans *Altes und Neues aus dem deutschen Reiche*, où il oppose les goûts artistiques du premier à l'ardeur belliqueuse de son successeur et compare leur religiosité et leur cruauté, leur attitude vis-à-vis de la question constitutionnelle, leurs mœurs, enfin leur esprit, si différent de celui du grand Frédéric (9).

Au début de l' « ère nouvelle », le poète, éloigné d'Allemagne, pouvait douter encore de la persévérance des idéologues allemands dans la voie de l'action :

> Wann wirst du einen Blick uns gönnen,
> Du wollendes Deutschland, in dein Können ?
> Du wollendes Deutschland, sag uns, wann
> Wird kommen die Zeit, da Deutschland kann ? (10)

---

(1) 25, 27 janv., 4, 18 févr. 1863 : Herr Wilhelm, preussische Conflictspoesieen ; 23 août 1863 : Zum Fürstentag.

(2) 7' févr. 1866 : Ein neuer Leich vom himmlischen Reich ; 20 févr. 1866 : Alle Neun ; 23 sept. 1866 : Guter Rat ; 4 oct. 1866 : Les rois s'en vont ; 12 oct. 1866 : Bekehrungsstrophen für meine schwäbischen Freunde ; 8 août 1866 : Der Schwabenkaiser ; 21 nov. 1868 : Der Dichter des Augustus.

(3) 25 mai 1866 : Aux armes, citoyens ; 23 juin 1866 : Kampfprolog im Himmel.

(4) 13 févr. 1870 : Antwort an Geibel.

(5) 21 juillet 1868 : Chlodwig ; 12 mars 1870 : Zvei Seelen wohnen auch in meiner Brust.

(6) 1er juin 1870 : Schaffot-Zuchthaus.

(7) V. Neue Gedichte, p. 84. La 14e strophe fait allusion à la mort de Gerlach survenue peu de temps après celle du roi; la 28e strophe à l'amnistie.

(8) V. Herweghs Nachlass.

(9) V. Neue Gedichte, p. 180.

(10) Neue Gedichte, p. 90 : Was Deutschland will.

Après l'arrivée de Bismarck au ministère des Affaires étrangères et à la présidence du Conseil (aut. 1862), ses yeux se sont dessillés. En effet, avec les désirs et les rêves de plusieurs générations, cet homme d'Etat réaliste s'entendit à forger une arme terrible, façonnée au service de ses plans, et les conflits surgirent parce qu'il les provoqua. Maître du pouvoir, il donna une prompte solution aux premières difficultés extérieures. Le parti libéral de la Hesse-Cassel étant en désaccord avec l'Electeur qui menaçait la constitution, la Prusse se vit obligée d'intervenir pour empêcher l'agitation de s'étendre. Bismarck envoyait alors à l'Electeur par un chasseur de la garde, à défaut d'ambassadeur, une note si catégorique que le prince se soumit de peur d'être détrôné. Les poésies : *Die acht und vierzig Stunden, Ultimatum* (1), font allusion à ces menaces dont le poète n'a mesuré que plus tard la portée. — Les difficultés intérieures duraient depuis plus longtemps. De Roon, entré au ministère de la guerre le 5 décembre 1859, avait aussitôt travaillé à la réorganisation militaire. Or l'augmentation du contingent, d'après le projet de février 1860, nécessitait un surcroît de dépenses de neuf millions de talers. En mars 1862, le ministère et les députés étant divisés sur le vote du budget de la guerre, le cabinet Manteufel donna sa démission et la Chambre fut dissoute. L'opposition disposait d'une immense majorité dans la nouvelle Chambre qui se trouvait en présence du ministère Hohenlohe-Ingelfingen, après les élections du 6 mai, bien résolue à continuer la résistance. Mais Bismarck qui avait accepté sur ces entrefaites la présidence du Conseil n'était pas homme à céder. « Les grandes questions du temps », déclarait-il à la commission du budget, « ne seront pas tranchées par des discours et des décisions de majorité, ce fut la grande faute de 1848 et 1849, mais par le fer et le sang » (2). Lorsque se rouvrit la session parlementaire, le 14 janv. 1863, le vote de l'adresse à la couronne montra l'acuité du conflit ; deux progres-

---

(1) V. Neue Gedichte, p. 95, 97.
(2) 30 sept. 1862.

sistes, Grabow et Behrend, et un député du centre gauche, Bockum-Dolffs, siégeaient au bureau de la Chambre ; un député modéré, le comte Schwerin, critiquant la politique ministérielle au cours de la discussion, la résuma d'une phrase désormais célèbre : « La force prime le droit ». Bismarck contesta pendant quatre ans les prérogatives de la Chambre, tour à tour s'enfermant dans un silence hautain ou s'emportant violemment contre les interrupteurs, soutenant la Russie dans la répression de l'insurrection polonaise, malgré l'adoption de la motion Hoverbeck-Carlowitz (février 1863), prononçant la dissolution hors session et sans motif pour faire procéder à de nouvelles élections (oct. 1863), déclarant la guerre au Danemark contre la volonté du Parlement (janvier 1864). En même temps, peu soucieux de ménager les susceptibilités d'un nationalisme de parade qui s'énervait dans les réunions et les banquets, irrespectueux de la vieille autorité de l'Autriche en laquelle il voyait une rivale, il défendait au roi Guillaume Ier d'assister au Congrès qui rassembla les princes à Francfort pour délibérer sur la réforme de la Confédération germanique (du 16 août au 1er septembre 1863). Après la guerre victorieuse du Schleswig-Holstein, la Prusse voulant multiplier ses armements, la loi militaire de 1863 revint devant la Chambre, sans modifications (mai-juin 1865), mais la majorité rejeta de nouveau le service de trois ans et refusa les crédits extraordinaires. Un débat mémorable qui faillit dégénérer en duel s'éleva entre Bismarck et le progressiste Virchow. Usant de représailles, le gouvernement levait les impôts sans budget légal et Bismarck déniait aux députés le privilège de l'immunité parlementaire ; la Cour Suprême admettait docilement la théorie gouvernementale. Telle était la situation en 1866.

Herwegh avait mis tout son espoir dans la nouvelle Chambre, car il croyait alors inévitable la défaite du pouvoir :

> Ich lebe, und ich winde schon

> Den Kranz für meine Streiter :
> Ich bin die Revolution (1).

Les quatre *Poésies du Conflit prussien* marquent l'origine de la lutte entre le ministère et les représentants de la démocratie :

> Und immer mehr und immer mehr
> Und immer mehr Soldaten !
> Herr Wilhelm braucht ein grosses Heer,
> Er sinnt auf grosse Taten...
> Er braucht es nicht wie Friederich
> Auf fernen Siegesbahnen —
> Herr Wilhelm braucht es innerlich
> Für seine Untertanen... (2)

Le poète prédisait au roi de Prusse, sous la forme d'une parabole biblique, le sort du pharaon qui périt avec ses troupes dans les flots de la Mer Rouge (3). Bismarck, l'homme « du fer et du sang », qui avait trahi les Polonais, finirait ses jours dans l'exil (4).

Cependant Herwegh ne pouvait se dissimuler longtemps la faiblesse de l'opposition libérale (5) et l'impuissance des vingt-cinq souverains réunis en congrès par l'empereur d'Autriche pour déjouer l'ambitieuse politique de la Prusse (6). Celle-ci poursuivait froidement son œuvre : le monarque et son « grand-vizir » s'entendaient à merveille sur le terrain de la réforme militaire. Le formalisme du premier pouvait prêter à rire par ses côtés grotesques :

> Jeder Zoll ein Korporal (7)

> Sorgt, dass nicht falsch getrommelt wird (8) ;

---

(1) Neue Gedichte, p. 93 : Zum 19. Mai 1862, Eröffnungstag der neuen preussischen Volkskammern.

(2) Neue Gedichte, p. 105 : Herr Wilhelm (I).

(3) Neue Gedichte, p. 110 : Herr Wilhelm (III).

(4) Neue Gedichte, p. 114 : Herr Wilhelm (IV).

(5) V. Neue Gedichte, p. 117 : Zweckessen.

(6) V. Neue Gedichte, p. 127 : Zum Fürstentag.

(7) Neue Gedichte, p. 110 : Herr Wilhelm (III).

(8) Neue Gedichte, p. 134 : Wilhelm der Rassler oder viel Lärmen um nichts.

mais les arrière-pensées de Bismarck, ses gigantesques projets, perçaient derrière les fanfaronnades :

> Ich habe Zähne zum Beissen,
> Um Deutschland zu verspeisen
> Bis an den Main, und allgemach
> Sogar bis an den Nesenbach (1).

En 1866, grâce à la complicité de la justice (2) et de la police (3), la Prusse se dressait entièrement disciplinée en face de la Bavière uniquement préoccupée d'intérêts matériels et livrée aux sombres menées des Jésuites (4). Après une courte trêve, l'Autriche et sa rivale étaient prêtes à en venir aux mains et toute l'Europe se tenait sur le pied de guerre (5).

La Prusse ouvrit les hostilités le 16 juin en envahissant les territoires de la Saxe, de la Hesse et du Hanovre. Le roi Jean abandonna son royaume après avoir mis ses trésors en sûreté. L'Electeur Frédéric-Guillaume, après la prise de Cassel, était conduit à Stettin comme prisonnier d'Etat. Les Hanovriens, malgré le succès de Langensalza, capitulèrent le 27 juin ; le roi Georges se réfugiait en Angleterre. Enfin, tandis que Moltke et Voigt-Rhetz battaient l'armée autrichienne entre Königgrätz et Sadowa (3 juillet 1866), les Prussiens poussant devant eux celle des alliés du Sud, s'emparaient de Francfort, de Nüremberg et de Heidelberg.

---

(1) Neue Gedichte, p. 134 : Wilhelm der Rassler.

(2) V. Neue Gedichte, p. 143 , Alle Neun :
> Hol der Teufel die Tribüne !
> Denn ich hab'das Tribunal.

(3) V. Neue Gedichte, p. 145, Ein neuer Leich vom himmlischen Reich :
> Dort schlichtet jeglichen Konflikt
> Der Bi-Ba-Bambus sehr geschickt.

(4) V. Neue Gedichte, p. 151 : Der Nürnberger Bierkrieg ; p. 153 : München.

(5) V. Neue Gedichte, p. 147 : Immer Mehr ; p. 162 : Aux armes, citoyens !

Habsbourg ou Hohenzollern — Herwegh détestait les deux dynasties, l'une souillée du sang de Robert Blum et des héros hongrois, l'autre déshonorée par les massacres du grand-duché de Bade :

> Freiburg und Brigittenau !
> Rastatt, Arads Galgen !
> Zwei Despoten, blond und grau —
> Mögen sie sich balgen ! (1)
>
> Nicht im Lager von Oesterreich,
> Nicht im Lager von Preussen...
> Oesterreich ist uns zu feist,
> Preussen uns zu mager... (2)

« L'anéantissement de l'Autriche » écrivait-il « est la condition primordiale de l'unité allemande, la condition primordiale de l'anéantissement de la Prusse et de la fin des petits Etats » (3). La disparition des roitelets n'était pas pour lui déplaire (4); mais les résultats de la victoire l'alarmaient, car les faibles se repentaient pour se rallier au vainqueur (5). Le poète comprit que l'hégémonie prussienne se substituait irrémédiablement à la conception de l'unité fédérale allemande, les petits Etats devenant les satellites de la Prusse (6); il le déplora, tout en se moquant du vieux fantôme impérial qui avait hanté jusqu'alors les imaginations et qui faisait désormais si piètre figure, avec son cortège et sa défroque Moyen-Age, devant les fusils Nouveau Modèle dont les salves avaient retenti sur le champ de bataille de Sadowa (7).

---

(1) Neue Gedichte, p. 166 : Kampfprolog im Himmel.

(2) Neue Gedichte, p. 168 : Ultimatum an die Kleinen.

(3) Lettre inédite de Herwegh à sa femme, 8 mai 1866 : « Vernichnung Oestreichs als Vorbedingung deutscher Einheit und als Vorbedingung der Vernichtung Preussens und der Kleinstaaterei ».

(4) V. Neue Gedichte, p. 172 : Les rois s'en vont.

(5) V. Neue Gedichte, p. 176 : Guter Rat.

(6) V. Neue Gedichte, p. 178 : Bekehrungsstrophen.

(7) Neue Gedichte, p. 182 : Der Schwabenkaiser, cf. p. 189 : Clodwig.

Herwegh ne pardonna pas à la Prusse ses sanglants trophées. Il s'était rapproché, à cette époque, du parti démocratique souabe où il comptait de fidèles amis, tels que Pfau, Ch. Mayer, J. Haussmann. Les lettres adressées à J. Haussmann pour lui annoncer l'envoi de ses satires servent de commentaires aux poésies. Il lui écrivait, au sujet de *Guter Rat* : « Il est très humiliant pour un honnête homme, surtout pour un poète, de se voir enrôlé sans autre forme de procès du côté du vainqueur ; on me fait cette injure un peu partout, soit par lettres, soit dans la presse. Si je ne puis pas dire avec Caton que la cause du vaincu m'a plu, je veux pourtant laisser aux dieux et à la valetaille le privilège d'applaudir la cause victorieuse. Simple et honnête mortel, je ne me suis jamais attelé à un char de triomphe et je voudrais encore moins m'associer pour cette besogne aux membres du parti de Gotha et du *Nationalverein* qui sont maintenant à la curée ». Il ne s'était jamais enthousiasmé pour la victoire de l'Autriche et pour l'organisation de l'Allemagne en petits Etats, il assistait sans déplaisir au duel des despotes, persuadé que tous ces événements favorisaient en somme la Révolution, mais il ne voulait pas laisser dire qu'il avait « passé en transfuge dans le camp du vainqueur avec armes et bagage » (1). Il ajoutait au sujet de la satire : *Les rois s'en vont* : « Cette poésie date également du mois de juin... On s'était mis à prendre les couronnes non plus des mains du Seigneur, mais de celles des seigneurs, ce qui ne s'accomplit pas — soit dit en passant — sans le secours de quelques centaines de baïonnettes. Tout a son côté humoristique dans l'univers, même la perte d'un père du peuple... J'avoue que je m'intéressais plus alors à la Madone de la Chapelle Sixtine qu'au maître de M. de Beust parce que je pensais qu'un roi de Saxe serait toujours plus facile à retrouver qu'un Raphaël (2). Les choses

---

(1) V. Stuttgarter Beobachter, 23 sept. 1866.
(2) Cf. Les rois s'en vont :
    Kommt die Jungfrau Raphaëls
    Wieder in's Museum.

pourraient changer sans doute si la ligne du Main (du Mien) et du Tien venait à subir de trop fréquentes oscillations » (1).

Herwegh accabla de son mépris le poète Geibel qui s'était empressé de célébrer les succès de la Prusse ; il ne put réprimer son indignation lorsque, Guillaume I*er* disputant à Louis II son « Horace », « la Muse de la Bavière prit un billet pour la Prusse » (2). L'intervention de Gerstäcker dans la polémique lui inspira cette vigoureuse réponse : « Le public ne peut manquer de croire, d'après les commentaires de Gerstäcker (3), que j'ai pleuré de désespoir sur la mort de la Diète fédérale, que j'ai attaqué la flotte allemande, mise à l'encan, cette flotte que j'avais chantée moi-même autrefois d'une si touchante manière, ou que je me suis répandu en élégies sur la lutte fratricide, tandis qu'en réalité le funeste voisinage de Rastatt m'a rappelé que la nouvelle poudre d'unité prussienne pourrait bien n'avoir pas été inventée seulement pour l'usage externe, contre l'ennemi héréditaire, mais aussi pour l'usage interne, par exemple contre les socialistes, à la disposition desquels, un jour, on mettrait sans doute avec plaisir les pontons de la flotte... Gerstäcker me remémore que j'ai moi-même éprouvé jadis le profond besoin de l'Unité Germanique, puis il me demande si c'est parce qu'un autre l'a réalisée que je tire mon sabre, il veut dire ma plume, du fourreau. Il me permettra de lui répliquer sur ce point que j'ai le malheur de ne pouvoir me représenter une solution monarchique de la question allemande et que je n'attends rien, pour l'unification d'un pays, des méthodes antédiluviennes d'un Louis XI ou d'un

---

(1) V. Stuttgarter Beobachter, 4 oct. 1866.

(2) Neue Gedichte, p. 192 : Der Dichter des Augustus oder der neueste Sängerkrieg ; cf. p. 194 : Tristia ; p. 196 : Antwort an Geibel.

(3) V. Wiener Tagespresse, 26 oct 1869, la poésie de Gerstäcker, qui commence par ces mots :
    Du magst getrost es Tristia nennen...

Louis XIV... Heureux ceux qui croient, mais plus heureux ceux qui savent qu'on nous a dupés outrageusement et que, d'ailleurs, il ne faut pas chercher une conviction spécifiquement allemande sur les hauteurs, sauf sur celles d'une forteresse, parfois même dans les fossés ! » (1).

Herwegh suivit avec un intérêt toujours croissant les séances du Parlement fédéral de l'Allemagne du Nord où se montrait de plus en plus clairement que le parti national-libéral était joué par Bismarck qui en faisait un instrument docile pour sa politique d'absorption et de domination. Les concessions du chancelier cachaient le plus souvent un piège où les naïfs se laissaient prendre. Il faut lire les satires du mois de mars 1870 : *Zwei Seelen wohnen auch in meiner Brust, Zuchthaus, Man schlägt sich — man verträgt sich, Abgeblitzt*, surtout la première et la dernière, dans lesquelles Herwegh a raillé avec tant de verve les victimes du « hobereau » et ces pauvres « Gueux-Prussiens », les « renégats », avec leur « matador » Bluntschli, exposés par un juste retour des choses aux camouflets de Bismarck (2).

La nouvelle Allemagne, hérissée de canons, et sur le point d'acclamer son César, n'éveillait pas les sympathies du poète (3). Invité par les étudiants de l'Association

---

(1) Wiener Tagespresse, 31 oct. 1869. Gerstäcker s'expliqua dans une lettre fort curieuse, encore inédite (2 nov. 1869) : « Je mehr Feinde, je mehr Ehr', sagen Sie in Ihrer Antwort. Rechnen Sie mich ja nicht zu Ihren Feinden, denn Sie würden mir und sich selber schweres Unrecht tun. Sie haben keinen wärmeren Verehrer als mich... Sie, lieber Herwegh, wollen ein einiges Deutschland auf fest bestimmtem Wege durch das Volk — mir ist es einerlei, durch wen wir es bekommen... Aber einen Wunsch hätte ich : den nämlich, dass Sie gerade, der Sie das Ideal der Freiheit im Kopf und Herzen tragen, ein einziges Mal nur eine Rundreise durch die verschiedenen Republiken der Welt machen könnten, die wir am besten in den verschiedenen Staaten Amerikas vertreten sehen. Ich habe sie alle durchwandert, und dort würden Sie diese Ideale praktisch ausgeführt sehen. Ich bin fest überzeugt, Sie kämen vollständig geheilt zurück.

(2) V. Neue Gedichte, p. 198, p. 199, p. 201, p. 202.

(3) V. Neue Gedichte, p. 205 : Den schwäbischen Freunden.

Freya de Vienne et ne pouvant se rendre à leur fête, il envoyait un fraternel salut aux Allemands d'Autriche, reniés par leurs frères de l'Allemagne prussienne :

> Wir halten, auch verstossen,
> Am ganzen, freien, grossen
> Volksdeutschland treulich fest (1).

Et comme la presse des nationaux-libéraux, déplorant l'attitude de Herwegh, refusait de reconnaître en lui l'auteur des *Poésies d'un Vivant*, il se glorifiait de leurs attaques qui lui dictaient cette fière épigramme contre le despotisme prussien :

> Ein bettelpreussisches Journal
> Hat mir durch einen grünen Jungen
> Im Tone national-liberal
> Ein de profundis abgesungen.
>
> Vielleicht hat's Recht, trägt Deutschland gern
> Die Schleppe preussischer Despoten,
> Dies neue Deutschland bleib'mir fern
> Und zähle mich zu seinen Toten (2).

---

(1) Neue Gedichte, p. 268 : **Telegraphische Antwort.**
(2) Neue Gedichte, p. 267 : **Abfertigung.**

XIV

TRADUCTIONS DE SHAKESPEARE

DERNIÈRES ANNÉES

La mauvaise santé de Herwegh l'obligea, entre 1860 et 1870, à des déplacements successifs : il dut se rendre en 1861 et en 1862 aux eaux de Carlsbad, en 1865 à Wildbad, en 1866 à Baden-Baden où il finit par rester sur le conseil des médecins.

Son séjour de 1861 en Autriche présente le plus grand intérêt. A Carlsbad il rencontra le poète Alfred Meissner qui s'était entiché du duc de Saxe-Cobourg-Gotha et de Louis Napoléon et qu'il essaya de convertir (1), puis Laube, le puissant intendant du théâtre de la cour de Vienne auquel il recommanda l'architecte Semper (2). Il fut cordialement accueilli, à Prague, par les Allemands et par les Tchèques (3). A Vienne, il vit Ladislas Rieger, l'un des principaux chefs du parti tchèque, et fêta sa réconciliation avec Dingelstedt et avec le poète Anastasius Grün qu'il avait un peu malmené dans ses *Poésies d'un Vivant* et qui lui dit avec une parfaite bonhomie en lui serrant la main : « Vous avez lancé autrefois une poésie contre moi, mais heureusement elle n'est pas vraie » (4).

Dingelstedt avait fait les premières avances pour rentrer en relations avec Herwegh en lui offrant de s'associer à la nouvelle traduction des œuvres de Shakespeare, pour le tricentenaire de la naissance du grand tragique anglais.

---

(1) V. Lettre de Herwegh à sa femme, 1-5 juillet 1861.
(2) V. Lettre de Herwegh à sa femme, 20 juillet 1861.
(3) V. Lettre de Herwegh à sa femme, 5 août 1861.
(4) V. Lettre de Herwegh à sa femme, 12 août 1861.

Herwegh consentit à traduire *Coriolan* sous les auspices de la société Shakespeare, chargée de diriger l'entreprise. Mais lorsque, en 1867, il eut achevé sa traduction, consciencieusement comparée aux éditions de Gutzkow, de Leo, de Devrient, pourvue d'une préface et de notes minutieuses, le président de la *Shakespeare-Gesellschaft*, le pédant Ulrici ne la trouva pas de son goût (1) : il s'arrogea le droit de tout modifier, la préface, les notes et même le texte, et le *Coriolan* parut en 1870 sous cette forme, mutilé, altéré, méconnaissable. La comparaison des deux passages suivants permettra d'en juger :

> Warum in diesem Narrenkleid hier stehn,
> Bei Hans und Kunz, wenn sie vorübergehn,
> Um ihr nutzlos Fürwort betteln ? So will's Brauch —
> O früg'man den in allem Andern auch,
> Nie streifte man den Staub des Alters ab,
> Berghoher Irrtum würde der Wahrheit Grab.
> Eh'ich ein Tor dem Brauche mich bequem',
> Lass' hohe Würden ich und Ehren dem,
> Der es vermag. (Herweghs Coriolan, II, (3).

> Warum in diesem Narrenkleide stehn,
> Um Hans und Kunz, wenn sie vorübergehn,
> Zu betteln um ihr nutzlos Fürwort ? So will'Brauch —
> Doch fragt'man den in allem Andern auch,
> So streift man nie den Staub des Alters ab,
> Und Irrtum berghoch wird der Wahrheit Grab.
> Anstatt dem Narrenspiel sich zu bequemen,
> Lasst Jeden Aemter sich und Ehren nehmen,
> Der dazu Lust hat. (Ulrici's Coriolan, II, 3).

Les autres pièces traduites par Herwegh : *Le roi Lear* (1868), *Les deux gentilshommes de Vérone* (1869), *La Mégère apprivoisée* (1869), *Les Méprises* (1869), *Tout est bien qui finit bien* (1870), *Troïle et Cressida* (1870), *Comme*

---

(1) Cf. Lettre inédite de Dingelstedt à Herwegh, 6 mai 1867 : « Ulrici brütet über deinen Eiern und wird sicher nicht ermangeln, ein paar (faule) von seinen eigenen darunterzutun ».

il vous plaira (1871) (1), furent publiées dans la collection Bodenstedt, en dehors de la « Société Shakespeare » dont le poète et Dingelstedt se séparèrent à la suite de cet abus de confiance. « Toute coopération, tout esprit d'association me sont devenus un objet de dégoût, » écrivait alors Dingelstedt « ... Par-dessus tout les pédants de la société Shakespeare, Leo, Ulrici, Elze et consorts, avec leur nature abstraite, regorgeant d'égoïsme, de vanité et d'entêtement, ont été une plaie pour moi pendant trois ans. Je les laisse avec plaisir aller de leur côté : tous les ans un *Annuaire*, lu de ceux-là seuls qui l'ont écrit, et une traduction de Schlegel revue, du Schlegel réchauffé ! et je vais du mien, car je veux illustrer Shakespeare du haut des planches, non par des livres » (2).

D'une manière générale, les traductions de Herwegh se distinguent par la précision, la clarté, le mouvement scénique. Ses brefs commentaires portent sur les diverses interprétations que présente le sens des passages les plus difficiles ou qui résultent des jeux de mots, ou sur la comparaison des locutions proverbiales dans plusieurs langues ; ils dénotent un grand savoir dans le domaine de la philologie et de l'étymologie.

Ses introductions ne manquent pas de variété malgré la ressemblance des sujets qu'elles traitent. Celle du *Roi Lear* renferme une analyse précise des caractères. Dans la préface des *Deux gentilshommes de Vérone*, le poète

---

(1) Ces dates sont données d'après les lettres inédites de Bodenstedt à Herwegh.

(2) Lettre inédite de Dingelstedt à Herwegh, 6 mai 1867 : « Alles Vereinswirken und Vereinswesen ist mir zum Ekel geworden... Insonderheit die Gelehrten der Shakespearegesellschaft, die Leo's, Ulrici's, Elze's u. a. m. sind mir mit ihrer unpraktischen, dabei von Selbstsucht, Eitelkeit und Eigensinn strotzenden Unnatur drei Jahre lang ein Pfahl im Fleisch gewesen. Mit Vergnügen lasse ich sie ihres Weges gehen — alle Jahre ein Jahrbuch, das nur diejenigen lesen, die es geschrieben, und eine revidierte Schlegelübersetzung, ein aufgewärmter Schlegel also, — und gehe den meinigen, der Shakespearen von der Bühne herab, nicht durch Bücher, illustrieren will ».

s'attache à discuter l'authenticité de la pièce ; il insiste sur les sources du drame de Shakespeare : « En effet, celui qui a composé cette comédie devait avoir les poches pleines d'écus sonnants de poésie. Le contenu de la pièce, rognée peut-être çà et là, peut n'avoir pas toujours tout son poids, mais l'effigie est incontestablement celle de Shakespeare et ce contenu suffirait encore amplement à dorer une demi-douzaine d'âneries modernes... L'embarras que l'on éprouve au sujet de la moralité de cette comédie ne doit pas nous préoccuper davantage. Quelle est la moralité d'une chanson de printemps ou d'amour ?... Il nous semble aussi que Shakespeare rend les hommes moins responsables de ce qu'ils font dans ses comédies que dans ses tragédies et qu'il mesure leur lot de souffrance d'une main plus clémente. L'amour et le hasard endossent une part de la faute et constituent une sorte de rédacteurs responsables pour les erreurs et les folies des amoureux ». Suivent d'ingénieux rapprochements avec les autres pièces du théâtre de Shakespeare, entre autres *Roméo et Juliette* dont il signale l'analogie avec la fable des *Deux Véronais*. Pour la *Mégère apprivoisée*, Herwegh montre l'intérêt des sources, puis il explique les péripéties de l'intrigue. Après avoir cherché à fixer la date de la *Comédie des Méprises*, il énumère les heureuses modifications introduites par le dramaturge anglais dans les *Ménechmes* de Plaute qui lui servirent de canevas et il termine par des considérations originales sur la philosophie de Shakespeare, selon lequel « la nature, quand elle répète les mêmes physionomies et les mêmes formes extérieures dans le caprice de ses créations, s'entend à sauvegarder néanmoins les droits de la personnalité individuelle, grâce aux diverses sympathies et antipathies qu'elle leur prête ». Dans *Tout est bien qui finit bien*, Herwegh s'intéresse surtout au style dont le double aspect, poétique et prosaïque, permet de distinguer la copie d'Accolti et les remaniements shakespeariens. En invoquant les jugements de Gœthe et de Heine, il prouve que *Troïle et Cressida* ne peut se classer dans aucun genre connu, ni tragédie ni comédie, ni parodie ni travestissement. Enfin, à propos des contrastes qui abondent entre les personnages de *Comme il vous plaira*, il ne peut s'empêcher de louer l'art infiniment délicat de la psychologie de Shakespeare qu'il oppose aux fades inventions des vaudevilles contemporains (1).

*
* *

Une fois installé avec sa famille à Baden-Baden en 1867, dans le modeste appartement qui répondait à sa situation de fortune, Herwegh se créa une existence retirée et silencieuse, interrompue par de rares voyages. Il vint encore à Paris en octobre-novembre 1867 pour l'Exposition : il y fréquenta Marcato et le poète dall'Ongaro, Græfe, le peintre Kaplinski, Alexandre Weill et les rédacteurs du *Courrier Français* ; il fut frappé de la sourde agitation qui s'était emparée des esprits, présage d'une guerre prochaine, Napoléon se disposant à jeter l'Italie dans les bras de la Prusse en s'obstinant à soutenir le pape contre les Italiens (2). Puis, au mois d'août 1869, il alla dans le Tyrol en compagnie de Haussmann et profita de son passage à Munich pour assister à la répétition générale de l'*Or du Rhin* avec Liszt.

En 1870, lorsqu'il apprit la déclaration de guerre, son premier cri fut pour saluer la Némésis vengeresse qui s'appesantissait sur la tête du « tyran » :

> Aufgeweckt von deutschen Schlägen,
> Rührt sich endlich die Justiz ! (3)

---

(1) De même que les « Deux Gentilshommes de Vérone » lui avaient fourni l'occasion de citer la littérature anglaise de Taine, la « Mégère Apprivoisée » de rappeler, en parfait connaisseur de la littérature française, le souvenir de l'Ecole des femmes de Molière (III, 2 : Votre sexe n'est là que pour la dépendance), la « Comédie des Méprises » de signaler sommairement que la morale et l'humour de Shakespeare font souvent songer à Montaigne et à Rabelais, il recommande à propos de « Comme il vous plaira » l'adaptation de George Sand.

(2) D'après lettre inédite de Herwegh à sa femme, 2 oct. 1867 : « Nigra, der italienische Gesandte, den Dall' Ongaro gestern gesprochen, ist heute nach Biarritz zum Kaiser, um ihm die Wahl zwischen Italien und dem Papst anzubieten ».

(3) *Neue Gedichte*, p. 207 : Endlich !

Mais, après l'ouverture des hostilités, il compatit aux malheurs de la France qu'il vénérait et aimait comme sa seconde patrie. Avec une éloquence tour à tour caustique et ardente, il a flétri les ambitions démesurées des pangermanistes qui réclamaient les terres qu'ils avaient dérobées aux Celtes, ceux-ci aux Finnois, et les Finnois aux singes, et ainsi de suite dans l'échelle des êtres *ad absurdum* jusqu'au soleil, le premier possesseur du sol (1). Il plaint les Allemands qui ne s'aperçoivent pas que « leur pire ennemi habite sur les bords de la Sprée » (2). Il mêle ses imprécations aux *alleluias* du triomphe :

> Du bist im ruhmgekrönten Morden
> Das erste Land der Welt geworden ;
> Germania, mir graut vor Dir ! (3)

Développant la même idée avec insistance, il exhorte les sujets du Nouvel Empire à se défendre contre l'ivresse de la victoire, contre la fausse gloire de leur unité « diabolique », réalisée aux dépens de la liberté (4), contre leur grandeur sans idéal, fondée sur des chiffres de banque et sur les exploits de la soldatesque (5).

Toutes les poésies qu'il a publiées depuis lors respirent la même haine de l'Empire allemand qui a substitué au respect de la pensée la crainte de la force brutale et au christianisme la religion du sabre, du fusil et du canon (6).

---

(1) Volksstaat, 17 août 1873. Cf. Neue Gedichte, p. 208 : Die Ureigentümerin.

(2) Wiener Tagespresse, 2 févr. 1871. Cf. Neue Gedichte, p. 211 : Der schlimmste Feind.

(3) Wiener Tagespresse, 14 févr. 1871. Cf. Neue Gedichte, p. 214 : Epilog zum Kriege.

(4) Wiener Tagespresse, 14 janv. 1872. Cf. Neue Gedichte, p. 216 : Den Siegestrunknen.

(5) Wiener Tagespresse, 12 mai 1872. Cf. Neue Gedichte, p. 218 : Gross.

(6) Demokratische Ztg, 1er juin 1872. Cf. Neue Gedichte, p. 220 : Die Namen. Allusion à l'attentat dont fut victime le baron Aufsess, fondateur et directeur du musée germanique de Nüremberg. V. République française, 21 mai 1872 : « M. von Aufsess, un forcené

Celles qui se rapportent au *Kulturkampf* sont particulièrement intéressantes. On sait quelle lutte acharnée Bismarck eut à soutenir contre le centre catholique pendant près de sept années. Ce conflit mémorable aboutit à l'expulsion des Jésuites (4 juillet 1872) et aux lois de mai 1873 qui, en assurant l'indépendance de l'Etat vis-à-vis de l'Eglise, l'armaient de pouvoirs discrétionnaires pour révoquer ou punir les ecclésiastiques récalcitrants. « Soyez sans crainte, » avait dit le chancelier au sein du *Reichstag*, « ni de corps ni d'esprit nous n'irons à Canossa » (1). Mais Herwegh ne pouvait se réjouir de la défaite des ultramontains, car, selon lui, le pape était détrôné dans les consciences au profit d'une autorité aussi douteuse :

> Soll ich vor dem Papste knien
> Oder vor Barbarossa ?
> Wohin soll ich ? Nach Berlin ?
> Oder nach Canossa ?...
>
> Bismarck oder Escobar —
> Welchen soll ich wählen ?
> Sind es nicht am Ende gar
> Zwei verwandte Seelen ? (2)

Guillaume Ier, François-Joseph et Alexandre II, réunis solennellement à Berlin (5-11 sept. 1872), renouvelaient la Sainte-Alliance (3). Fiers de leur obéissance passive et

---

germain, est mort des suites des mauvais traitements que lui ont fait subir, à Strasbourg, le jour de l'inauguration de l'Université, deux professeurs appartenant par la naissance au pays qu'on se plaît à nommer chez nous l'Etat de l'intelligence ». Demokratische Ztg, 19 sept. 1872, sous le titre : Jesuiten-Feldzug. Cf. Neue Gedichte, p. 223 : Liberales Jagdvergnügen. Allusion aux poursuites contre les jésuites, désignées de « Falkenjagd », d'après le nom du ministre des Cultes, Falk, qui succéda le 22 janv. 1872 à Mühler.

(1) 14 mai 1872.

(2) Wiener Tagespresse, 23 juin 1872. Cf. Neue Gedichte, p. 221 . Dilemma.

(3) Beobachter, 6 sept. 1872 ; 26 sept. 1872. Cf. Neue Gedichte, p. 226 : Kaisergrütli ; p. 228 : Post festum.

de leur devise : « Pour Dieu, pour le roi et pour la patrie » qu'ils opposaient aux principes de la Révolution, les Allemands renonçaient aux premiers devoirs de l'humanité (1), et toute l'apologétique de David Strauss ne parvenait pas à pallier le divorce de la force et du droit qui se montrait dans le Nouvel Empire (2). Politique « d'assassins et de larrons » (3), la domination de Bismarck ne paraissait pas autre chose au poète qui répétait à ceux qui s'étonnaient de sa longue rancune et espéraient inutilement le pacifier : « La Prusse absorbe le reste du pays comme une éponge » (4). Jusqu'à la fin de sa vie, il n'a cessé de rappeler aux libéraux que le libéralisme du chancelier, même dans le *Kulturkampf*, n'était qu'un leurre et qu'il les menait à sa guise comme des « marionnettes » : Bismarck obtenait, en dépit des dénonciations de Lasker, l'abandon des poursuites contre son fidèle ami, le concussionnaire Wagener, directeur de la *Gazette de la Croix*, « qui voulait amasser des trésors à la fois dans l'Empire Germanique et dans le royaume céleste » (5). Jusqu'à sa dernière heure le poète a combattu la docilité du *Reichstag* où la volonté despotique de Bismarck dictait les lois :

> Sein Schmeicheln ist für Euch Befehlen
> Und Kriechen Eure Religion (6).

Herwegh s'est montré irréconciliable et la nouvelle génération impérialiste n'a jamais pu le lui pardonner. Alors

---

(1) V. Neue Gedichte, p. 232 : Bei Einführung der Höflichkeit in der französischen Armee.

(2) Wiener Tagespresse, 24 nov. 1872. Cf. Neue Gedichte, p. 230 : Zur neuen Glaubenslehre. Allusion au livre de Strauss : Alter und Neuer Glaube.

(3) V. Neue Gedichte, p. 233 : Golgotha.

(4) Neue Gedichte, p. 238 : Eine Antwort.

(5) Demokratische Ztg, 10 avril 1873. Cf. Neue Gedichte, p. 239 : Ende gut, Alles gut.

(6) Neue Gedichte, p. 239 : Ende gut, Alles gut. Cf. N. G., p. 241 : Den Reichstäglern ; Frankfurter Latern, 30 janv. 1875, et N. G., p. 242 : Phylloxera ante portas.

que presque tous ses contemporains, les farouches révolutionnaires de 1840 et de 1848, comme Gottschall et Freiligrath, acceptaient l'hégémonie prussienne et se pliaient au régime césarien, les uns de bonne foi, les autres avec résignation, il avait le courage de rester fidèle à son passé. Invité en 1873 à l'inauguration du monument d'Uhland, il ne consentit pas à prendre part à la fête, car il prévoyait que, ce jour-là, on rendrait hommage à d'autres personnalités qu'au poète profondément vénéré qui, lui du moins, n'avait conçu de chef pour l'Allemagne que « la tête ointe d'une goutte d'huile démocratique » (1); « et comme je ne souhaite même pas un tel chef, il me serait absolument impossible de m'associer à de semblables hommages, impossible d'acclamer en même temps Louis Uhland et César » (2). De même, l'année suivante, il refusa de se rendre à Weimar au congrès des poètes allemands, d'abord parce qu'il ne voyait pas la nécessité et l'utilité de ces « jours » (3) qui n'empêchent pas la nuit de devenir en Allemagne « de plus en plus égyptienne », ensuite parce que la société dont se composait le congrès lui semblait trop mélangée : « Cette crainte paraît d'autant plus justifiée que dans votre comité figure déjà un adulateur des idoles du jour qui doit se faire une étrange idée du devoir que vous tracez aux poètes allemands s'il est vrai qu'il consiste à défendre et accroître le trésor de l'idéal contre les funestes contempteurs des souverains biens de l'humanité... L'impossibilité où je me trouve d'être des vôtres peut se passer de plus ample explication » (4).

---

(1) V. Discours d'Uhland au Parlement de Francfort, 22 janv. 1849.

(2) Lettre de Herwegh, 12 juillet 1873 : Es wäre mir, denn nicht einmal ein solches Haupt begehrenswert erscheint, rein unmöglich, derlei fremdartigen Huldigungen beizustimmen, rein unmöglich, Ludwig Uhland und Cäsar in einem Atemzug hochleben zu lassen ».

(3) Le mot allemand « Tag » signifie jour et diète.

(4) Lettre de Herwegh, 13 août 1874 : « Diese Befürchtung scheint um so gerechtfertigter, als schon in Ihrem Comité ein bekannter Hymnier figuriert, der sich jedenfalls eigentümliche Vorstellung

La même impression se dégage des articles de Georges Herwegh à la *République française*. Lorsque Challemel-Lacour fonda ce journal en 1871 pour soutenir la politique gambettiste contre Thiers et les Versaillais, il s'adressa pour la correspondance étrangère au poète, son ami, qui a collaboré pendant plusieurs mois à l'organe du parti de Gambetta, en adversaire irréductible de la Prusse (1).

La paisible vie de famille qu'il menait dans les dernières années de son séjour à Baden-Baden offre peu de prise à l'histoire; les jours se succèdent dans une obscurité voulue. Mais Herwegh ne se détourna jamais entièrement de la politique. Les lettres qu'il écrivit en mars 1873 à Volger, le savant conservateur de la maison de Gœthe à Francfort, sont encore intéressantes à cet égard. Comme on avait sollicité son adhésion aux fêtes du vingt-cinquième anniversaire de la révolution de 1848 : « Le Parlement » répondit Herwegh « nous a fait perdre le fruit des journées de mars. Ses bavardages ont affermi les trônes chancelants. Je ne pourrais pas le rappeler sans amertume et j'ai aussi peu de sympathie pour les parlementaires de 1848 que pour les députés du *Reichstag* actuel ou pour les bourgeois républicains non-impérialistes » (2). Herwegh a

---

machen muss von der Aufgabe, die Sie den deutschen Poeten stellen, nämlich, für die Verteidigung und Förderung des Idealgehaltes des Lebens gegen die Verächter und Verderber der höchsten Güter der Menschheit... Dass ich da nicht mitmachen kann bedarf wohl keiner weiteren Auseinandersetzung ».

Les membres de ce comité étaient : Kletke, Ehrlich, Fontane, Frenzel, Glassbrenner, Habicht, Th. Heigel, Hopfen, Liebetreu, Lindau, Löwenstein, Menger, Max Ring, Rodenberg, Schmidt-Cabanis, Schweichel.

(1) V. ceux de ces articles que j'ai réunis dans Herweghs Nachlass.

(2) Lettre inédite de Herwegh à Volger, 15 mars 1873 : « Um die Früchte dieser Tage sind wird vorzugsweise durch das Parlament betrogen worden, das die wackelnden Throne wieder festgeschwatzt hat. Ich könnte nicht ohne Erbitterung von demselben reden, und habe so wenig Herz für die Parlamenter von 1848 wie für die Reichstägler von heute oder für die nichtkaisermachenden republikanischen Bourgeois ».

déclaré par la voie de la presse qu'il regrettait de ne pouvoir assister au jubilé du 30 mars, date commémorative de la réunion du *Vorparlament* (1), et, à cette occasion, il s'est contenté d'envoyer au *Volksstaat* la poésie : *Achtzehnter März* dont le titre même montre clairement sa pensée (la date du 18 mars avait été choisie par les ouvriers en souvenir de l'émeute de Berlin en 1848). Dans ce prologue le poète glorifiait la générosité, la force et l'esprit de sacrifice des prolétaires et ses derniers vers attestaient l'espoir de lointaines représailles :

> Noch sind nicht alle Märze vorbei,
> Achtzehn hundert siebzig und drei (2).

Ainsi, toujours fidèle à ses convictions démocratiques, assuré dans la sérénité de sa foi républicaine, et toujours maître de son verbe, d'une prose ardente et d'une lyre juvénile, comme Wagner l'en avait loué en 1859, il consacra principalement à l'étude les heures suprêmes de son existence dans le calme de la retraite. Moins par curiosité littéraire que par piété et reconnaissance, on doit mentionner les noms des amis qui se groupèrent autour de lui à Baden-Baden après la guerre de 1870. Le petit cercle comprenait l'architecte Dernfeldt qui eut recours à l'érudition de Herwegh lorsqu'il s'agit de décorer les murs du *Friedrichsbad* de sentences hydrothérapiques empruntées à l'antiquité et aux temps modernes, les capitaines autrichiens Holtz et Pouhonny, la comtesse Zeppelin, Alsacienne, la marquise de Tallenay, le docteur Brumm, Suisse et médecin de la duchesse d'Hamilton. L'art et la science faisaient le sujet de la conversation dans ces réunions

---

(1) D'après lettre inédite à Volger, 25 mars 1873 : « Ein national-liberaler Mops bellt mich in einem badischen Schmutzblatt an, weil er gehört hat, dass ich am 30. März in Frankfurt a/M einen Prolog zu sprechen beabsichtige. Nicht um einer anonymen Bestie zu antworten, sondern um keinen meiner Freunde irre zu führen, erkläre ich, dass ich, zu meinem herzlichen Bedauern verhindert bin, einen solchen Prolog zu halten, und die hiezu an mich ergangene höchst ehrenvolle Einladung schon vor jenem kaiser-und reichsfanatischen Hundegebell abgelehnt hatte ».

(2) Volksstaat, 26 mars 1873. Cf. Neue Gedichte, p. 236.

intimes où le poète tenait ses hôtes sous le charme de sa parole, tour à tour enjouée ou sérieuse, douce et vibrante.

Les anciens amis des années de triomphe ou d'épreuve avec lesquels il avait entretenu à travers toute sa vie les plus cordiales relations le précédèrent dans la tombe : Prutz mourut le 21 juin, Feuerbach le 13 septembre 1872. Herwegh lui-même, atteint d'une fluxion de poitrine, succomba le 7 avril 1875.

Les funérailles provisoires, à Baden-Baden, prirent le caractère d'une imposante manifestation démocratique. On y remarquait les représentants des partis populaires : Louis Pfau, J. Haussmann, Mayer (du Würtemberg), Stör (de Munich), Krebs (de Mannheim), Hörth (de Francfort). Mayer retraça brièvement la noble carrière du poète et les belles leçons qu'il avait laissées ; Volger déposa sur le cercueil la couronne de l'Union Gœthéenne ; Hörth exprima les regrets des démocrates de Francfort et de Cologne. L'assistance écouta dans un religieux recueillement les vers de Stoltze, *An Herweghs Grab* : « Jamais pour ses fêtes les plus magnifiques, parées d'or et de roses, la Liberté ne remit une lyre plus claire entre les mains d'un poète. Jamais sa gloire et sa colère ne résonnèrent si merveilleusement dans la bouche d'un poète, comme Philomèle parmi les éclairs, ou comme l'aigle dans les nuées d'orage ! — Jamais pour proclamer les accents de la Liberté un cœur de poète ne chanta d'une telle ardeur : sa flamme embrasa toutes les âmes ; le peuple sentit grandir sa fierté et son courage. Nul autre peuple ne fit de telles ovations à son poète jusqu'aux plus lointains rivages ; aucun roi ne traversa ses provinces, comme toi dans la pourpre du chant. — Tu restas fidèle au peuple ; tu passas fièrement devant les trônes. Reçois dans la tombe l'hommage de notre reconnaissance. O libre cœur, tu es libre désormais. Tu planeras entre les étoiles ; ton nom de poète ne s'éteindra pas. Le Vivant vivra par-delà la mort et la tombe ! » (1).

---

(1) V. Beobachter, 13 avril 1875. Cette dernière strophe a été gravée sur le monument élevé au poète sur la place de l'école à Liestal, inauguré le 16 oct. 1904.

Les obsèques définitives eurent lieu en Suisse, à Liestal, le 15 avril 1875, car Georges Herwegh avait énoncé la ferme volonté de ne pas reposer dans une terre « esclave, étrangère », mais dans le libre canton de la république où il avait acquis le droit de cité.

XV

LES PORTRAITS DU POÈTE

Si je devais choisir parmi les portraits du poète ceux qui reflètent le mieux son lyrisme sous ses trois aspects de mélancolie, d'audace encore songeuse, de colère ardente et tempérée d'ironie, ceux qui révèlent le mieux son âme, diversement et complètement, j'adopterais la toile de Hitz, l'aquarelle de Frédérique Miethe et le tableau de Thoren (1).

La toile de Hitz, commencée lorsque Herwegh, frappé d'expulsion par le Grand Conseil, dut quitter Zürich, achevée dans le cours de l'année 1843, résume pour ainsi dire une période antérieure de sa vie, et l'on fit bien, en rééditant les *Poésies d'un Vivant*, de substituer à ce portrait empreint d'une grave douceur l'aquarelle, d'une expression plus farouche, dont les premiers éditeurs n'avaient pas voulu. Conrad Hitz a représenté le poète assis sur un rocher, au bord du lac de Zürich dont on voit moutonner les flots jusqu'à l'île étroite et escarpée où mourut Ulric de Hutten. Les yeux tristes, la tête légèrement penchée, les mains rapprochées l'une de l'autre sur les genoux, il médite, plongé dans sa rêverie, le regard perdu dans le vague. Le visage, d'un parfait ovale, encadré de cheveux noirs et d'un collier de barbe noire, n'a pas seulement le charme de sa beauté presque régulière, encore idéalisée par l'artiste, mais le front éclairé de pensée, l'air sérieux et douloureux, l'ombre de souffrance répandue sur le bas du visage qui contraste avec l'intensité du regard éveillent et retiennent la sympathie. Je ne sais quoi d'absent et de fixe dans la vue trahit

---

(1) Le portrait d'après Hitz se trouve reproduit en tête de l'édition de luxe de 1843 et dans Wahrer Jakob (17 mars 1896), l'aquarelle dans la nouvelle édition des « Poésies d'un Vivant » chez Hesse, 1905. Ces portraits sont maintenant au musée Herwegh de Liestal.

la nostalgie intérieure, mais en même temps une inflexible énergie qui défie la fatalité. On aime à se figurer sous ces traits l'auteur de l'élégie : *Ich möchte hingehn* et des plaintes où s'exhalèrent les premières inquiétudes de sa nature foncièrement tendre lorsqu'il eut secoué le joug de la théologie et se crut affranchi de celui des lois.

Le portrait de Miethe, plus théâtral, également de 1843, lui donne, peut-être trop, un air de conspirateur, avec l'ample manteau jeté négligemment sur les épaules, le col nu, les cheveux au vent, la mine sombre, les sourcils froncés et les yeux d'un incomparable éclat, brûlants de passion, de fureur. Mais il devait paraître ainsi, transfiguré par la révolte, courroucé, vibrant, menaçant, consumé d'une flamme dévorante, lorsqu'il maudissait les tyrans dans les transports de l'inspiration et songeait à délivrer le monde. Il convient au lecteur de s'imaginer de cette façon le poète révolutionnaire, le front chargé d'orage, avec des éclairs de haine dans les yeux, ayant peine à contenir l'impétuosité de sa vengeance. On dirait une transcription de ses chants de guerre : on devine des poings crispés, prêts à saisir le pommeau du glaive ; il nous semble que les lèvres, résolument serrées par une contraction d'impatience, laisseraient s'échapper le cri de ses refrains :

Frisch auf zum heiligen Krieg ! (1)

Der Freiheit eine Gasse ! (2)

Il est regrettable que dans le portrait de Thoren, fait après 1870, et bien supérieur au point de vue de l'art, grâce au chaud coloris des tons, les yeux ne soient pas réussis : ils ont conservé leur éclat superbe, mais ils sont dénués de transparence parce que le peintre, en exagérant l'immobilité du regard, l'a rendu vitreux et presque vide ; ils ne nous donnent pas assez l'impression immédiate de communiquer et de se mêler avec la pensée parce qu'ils miroitent plus qu'ils ne rayonnent, et ce défaut est d'autant plus

---

(1) Ged. eines Leb. : Der letzte Krieg.
(2) Ged. eines Leb. : **Der Freiheit eine Gasse**.

fâcheux que le reste de la physionomie compose une figure expressive. Le front chauve, large, puissant, à la fois dur et serein, le pli de la bouche à la fois dédaigneux et compatissant, la barbe soyeuse, déjà grisonnante, tombant sur la poitrine, tout contribue à traduire la fermeté, l'austérité, la philosophie hautaine du poète, parvenu alors au soir de sa vie, instruit, mûri, meurtri par l'expérience, convaincu de la méchanceté des grands et de la faiblesse des humbles, habitué à juger les hommes sans indulgence comme sans aigreur, unissant le stoïcisme à l'indignation et mêlant à son mépris beaucoup de confiance. A voir cette lumineuse figure, on concevait que la satire chez lui ne provenait pas de la sécheresse de cœur, que l'idéalisme avait survécu aux épreuves, que, s'il avait expié son enthousiasme, il ne l'avait jamais sacrifié et qu'il croyait encore au triomphe du droit en se résignant à ne plus l'attendre.

Tous les témoignages contemporains sont unanimes pour reconnaître le charme de sa personne, sa beauté physique et son élégance, depuis le récit de sa mère qui le décrivait comme un enfant pâle et svelte avec des yeux remarquables (1), jusqu'à celui de Lewald qui nous le dépeint : « grand, élancé, pâle, avec des cheveux noirs non bouclés, rejetés en arrière, l'œil brûlant et exalté » (2), jusqu'à celui de Scherr : « Il portait les cheveux longs et toute sa barbe, d'un noir brillant ; le corps était délicat et mince... ; sous le bonnet phrygien, qui se dressait sur sa tête quand il sortait, étincelaient les plus beaux yeux d'homme que j'aie jamais vus » (3). Tous ceux qui l'ont connu ont vanté la splendeur de ses yeux. « Des cheveux noirs et l'œil merveilleux » écrivait Dingelstedt (4). « Il suffisait de regarder son œil sombre et brûlant pour savoir

---

(1) V. Schwäbischer Beobachter, févr. 1877.
(2 Europa 1841, IV p. 164.
(3) Scherr, Georg Herwegh p. 8.
(4) Dingelstedt à Oetker, 24 janv. 1842.

quel volcan intérieur couvait en lui », disait Marr (1). Henriette Feuerbach comparait ses yeux à ceux de Mendelssohn : « les mêmes yeux d'âme », mais elle trouvait ceux de Herwegh encore plus profonds et plus humains (2). Toute sa personne, selon Publicola, produisait l'impression la plus favorable : « ses nobles traits, nettement marqués, pleins de juvénile fraîcheur et d'énergie, un regard qui, comme le son de sa voix, empreint de franchise, semblait répondre de la véracité de chacune de ses paroles » (3). Un collaborateur de l'*Europa* (peut-être Stahr), qui fit sa connaissance à Zürich en 1842, admirait le feu secret de ses yeux et l'air peu commun, pour ainsi dire oriental, de toute sa prestance (4). Son séduisant aspect et la rare distinction de ses manières n'ont pas échappé à ses détracteurs. « L'étroit ovale, » dit Charles-Auguste Mayer, « le nez finement modelé, d'une courbe légère, les yeux brun foncé dans le visage extrêmement pâle, les cheveux sombres, déjà clairsemés, la barbe taillée à la Jeune France, une tête non seulement belle, mais intéressante... On reconnaissait l'habitué des spirituels salons parisiens... Il avait dans les mouvements de son corps bien découplé une souplesse romane » (5). Meissner jugeait de même : « 'e profil régulier avec le nez proéminent et de beaux yeux bruns où passait une flamme inquiétante, le teint mat, la barbe courte, d'un noir luisant, les cheveux déjà moins touffus, mais tout à fait sombres, l'aspect d'un prince des rives de l'Oxus » (6).

Même l'âge venu, cette impression persiste. « Herwegh est près d'atteindre la cinquantaine, mais il semble que le

---

(1) Marr, Das Junge Deutschland in der Schweiz.

(2) Lettre à Madame Herwegh, 17 nov. 1847. V. Neue Rundschau, déc. 1908.

(3) Publicola, Georg Herwegh, Fragmente zur Geschichte des Tages.

(4) Europa 1843 I p. 573-579.

(5) Gegenwart, 27 mars 1880.

(6) Geschichte meines Lebens, II p. 147-152.

temps ait aussi peu de prise sur son corps que sur son esprit dont il n'a pu amortir l'ardeur juvénile. Il est souple ; un agréable embonpoint qui a remplacé la svelte maigreur de sa jeunesse le fait paraître un peu plus petit qu'en réalité. Mais la tête est surtout attrayante et supérieure. Herwegh est beau dans toute la force du terme : non seulement son visage offre une coupe impeccable, mais l'ensemble est spiritualisé et porte l'indéniable cachet du génie. Il a surtout deux yeux bruns, pleins d'expression et de douceur qui ne peuvent manquer de gagner tous les cœurs » (1). « La démarche aisée et juvénile, la face intelligente, belle et sympathique, encadrée d'une barbe noire — la vieillesse paraissait l'avoir respecté » (2). Aussi Madame Herwegh pouvait-elle écrire : « Si jamais un homme naquit sous l'égide des Muses et des Grâces, ce fut Georges Herwegh. Rarement la noblesse intérieure s'est manifestée au dehors d'une manière aussi heureuse et aussi parfaite que chez lui. Tout était harmonieux, bienfaisant, jusqu'au son de sa voix » (3).

L'étude psychologique de son caractère sort du cadre de ce travail, tel que j'ai cru devoir le délimiter en me proposant avant tout de faire connaître la vie du poète, encore obscure, dans ses rapports avec son œuvre et la véritable originalité de ses poésies ; je me bornerai à rappeler ici les traits d'ensemble dont on peut se faire une idée d'après ses vers.

Doué d'une naturelle distinction, Herwegh aimait les nobles manières, la vie élégante, le raffinement, même le luxe. Il savait savourer en poète les jouissances du monde, mais il s'entendit à porter avec grâce la pauvreté de sa jeunesse et les revers qui suivirent la révolution. Lorsque son mariage lui permit de mener une existence brillante, il n'affecta pas un rigorisme superflu, mais il eut le rare

---

(1) Didaskalia, 14 oct. 1866.
(2) Badische Landeszeitung, 18 janv. 1867.
(3) Eine Erinnerung, p. 4.

bonheur de se servir du bien-être et de l'argent avec insouciance et sans orgueil (1). Les envieux, et même de sincères démocrates, refusaient de reconnaître en lui le poète qui s'était vanté de son dénuement, et qui, glorieux de loger dans une mansarde, avait célébré la misère (2). Pourtant, l'adversité revenue, celui qu'ils traitaient de « sybarite » reprit sans rougir sa place entre les déshérités de la fortune, et ses visiteurs à Baden-Baden, en 1867, le trouvaient de nouveau dans un modeste attique comme au temps où il s'écriait :

> Hoch über meinem Volk, in der Mansarde,
> Umduftet von des Gartens blüh'ndem Flieder,
>
> So schreib' ich für mein deutsches Mädchen Lieder. (3)

Herwegh méprisait la richesse, car il était de la race des contemplatifs qui, suivant l'Evangile, ont choisi la meilleure part ; il se moquait des hommes affairés qui « ne gaspillent pas un souffle », ne songent qu'au marché, calculent sans cesse, utilisent tout, « le rire et les larmes » (4). Scherr, admirant « la légèreté divine » du poète, ajoutait : « Je n'ai jamais vu personne traiter plus que lui

---

(1) De 1843 à 1848, Herwegh avait pu vivre très largement grâce aux sommes d'argent avancées sur la dot de sa femme (20.000 fr. jusqu'en 1845, 16.000 en 1846, 12.000 en 1847), mais ce revenu, réduit d'abord à 6.000 fr. après la Révolution par suite des embarras financiers de Siegmund, descendit encore de moitié un peu plus tard et le testament du père de Madame Herwegh ne lui laissait finalement en 1865 qu'une rente viagère de 1400 fr. Il fallut recourir, pour vivre, aux correspondances dans les journaux et aux travaux de traduction, souvent mal rétribués : Herwegh reçut pour chacune de ses traductions de Shakespeare 300 florins, pour le Coriolan 100 frédérics d'or ; ses articles de la République Française lui étaient payés 50 francs.

(2) Cf. le jugement d'Auguste Becker dans une lettre inédite à Herwegh (1847) : « Ich aber sagte, du seist noch immer ein Grieche, der nur zum Zeitvertreib den Alcibiades spiele, um die Philister zu ärgern ».

(3) V. Bad. Landeszeitung, 18 janv. 1867 et Ged. eines Leb. : Sonette XXXVII.

(4) Ged. eines Leb. : Sonette XXII.

en bagatelle ce qu'on nomme communément l'existence ;
il vivait sans se tourmenter de ce qui le concernait, au jour
le jour, cueillait les roses du présent et envisageait l'avenir
sans inquiétude » (1).

Il méprisait également la renommée :

> Nur zagend lass' ich meinen Worten
> Vor andern Menschen ihren Lauf (2)

> Ich weiss, dass ausser meinem Spiegel
> Mich Niemand kennt (3).

Il publia son premier recueil sur les instances de Follen. Le succès ne l'a pas grisé ; lorsqu'il parcourut l'Allemagne en triomphe après la publication de ses poésies, ses partisans s'étonnèrent de la discrétion qu'il mit à parler de lui-même, de l'aimable indifférence avec laquelle, sans affectation, il accepta les compliments. Il n'avait nulle prétention et n'étalait pas ses mérites. Il poussa si loin le dédain de l'opinion qu'il ne se défendit pas toujours contre la calomnie. Il montra dans ses rapports avec le public et avec la critique une parfaite abnégation. Publicola rapporte qu'il refusa de répondre, en 1841, à la poésie provocante de Geibel, prétextant « qu'elle était trop belle et que c'était mieux ainsi ». Lorsque, plus tard, le pédant Ulrici dénatura sa traduction de *Coriolan*, Herwegh se contenta de hausser les épaules et, comme sa femme l'engageait à protester : « Laisse », dit-il, « cela n'en vaut pas la peine » (4). La modestie et l'amour de la tranquillité se partageaient si bien son âme que, malgré l'insistance de ses plus intimes confidents, il ne consentit pas à publier son dernier recueil de son vivant.

Réservé, silencieux, taciturne toutes les fois que son instinct lui conseillait de ne pas se livrer, il n'était pas

---

(1) Scherr, p. 15.
(2) Ged. eines Leb. : An Frau Karolina S.
(3) Ged. eines Leb. : Jacta alea est.
(4) Eine Erinnerung, p. 9.

seulement bon, mais empressé pour ses amis, et bienveillant, secourable pour tous, même à l'égard des étrangers. S'il n'ouvrait pas son cœur au premier venu, il déliait volontiers les cordons de sa bourse et, malheureusement, ne marchandait pas assez son temps, car il fut exploité par des importuns dont il ne sut jamais se défaire. « Georges Herwegh », selon le jugement de Volger qui l'avait bien connu, « avait beaucoup trop d'élévation pour toute la séquelle qui cherchait à l'approcher. Il prêtait une oreille attentive aux uns et aux autres parce qu'il savait découvrir le bien qui se cache en chacun de nous et qui, par bonheur, se montre même dans ce que nous avons de plus misérable. Mais, en agissant ainsi, il n'était jamais à l'abri des déboires que la vue du mal triomphant et de l'indignité de la plupart des hommes devait nécessairement lui réserver » (1). Lui reprochait-on de ne pas éloigner les fâcheux et les parasites, il répondait qu'il ne pouvait prendre sur lui de les mettre à la porte, et ils abusèrent de sa complaisance et de sa libéralité qu'ils savaient inépuisables.

Il leur témoignait sa condescendance par longanimité, mais non par hypocrisie, car il détestait par-dessus tout le mensonge :

Doch was du immer wagest, o beschönig's
Nie vor den Menschen durch ein zaghaft Schweigen,
Bekenn'es mit dem Freimut eines Königs (2).

Ich will trotzig meinen Kopf
Wie die Berge tragen (3).

Und Niemand suchtmich bei den Schmeichlerchören (4).

---

(1) Lettre inédite de Volger à Madame Herwegh, 14 déc. 1895 : « Georg Herwegh war für all das Gelichter, welches sich an ihn zu drängen suchte, viel zu vornehm. Wenn er sich zu diesem, zu jenem hinneigte, so geschah es, weil er das Gute, was Jeder in sich hatte und uns ja zum Glück auch im Erbärmlichsten nicht völlig fehlt, herauszufühlen wusste. Aber keine Stunde war er sicher vor dem qualvollen Katzenjammer, welchen die Erkenntnis der überwiegenden Elendigkeit und Unwürdigkeit in ihm erregen musste.

(2) Ged. eines Leb. : Sonette XXIV.
(3) Ged. eines Leb. : Aus den Bergen.
(4) Neue Gedichte, p. 255 : Sonett.

Scherr a fait l'un des premiers l'éloge de la sincérité de Herwegh.: « *Nur offen wie ein Mann, für oder wider* » (1), écrivait-il, « ce n'est pas seulement la devise de son attitude publique, mais aussi celle de ses relations de société, et c'est beaucoup dire dans une époque fausse et anxieuse comme la nôtre où la vérité s'enveloppe de mille mensonges, religieux, politiques et conventionnels » (2). C'était cette franchise qui donnait à ses poésies leur prix comme elle faisait le charme inappréciable de son amitié. « Un cœur battait dans tes paroles, » s'exclamait Kriege, « derrière tes vers brillait une épée ; je reconnus un caractère, de l'action, de la douleur, de l'amour ; aussitôt je fus ton frère... Car tu es plus qu'un poète : tes vers sont les moyens et non le but ; tu souffres et tu aimes réellement » (3). Solger, à propos d'une fête politique où un orateur, homme du peuple, avait cité Herwegh, justifiait en ces termes l'engouement de la foule : « Le peuple te connaît parce que tu es vrai et que tes images ne sont pas forgées par la réflexion » (4). On ne pouvait rendre un plus bel hommage au poète et au démocrate : il était incapable de dissimulation.

Son dévouement, dépouillé de toute considération personnelle et n'ayant pas l'ambition pour mobile, fut soupçonné de candeur par les égoïstes que la pureté de ses intentions offensait. Sa charité dans sa conduite vis-à-vis de ses ennemis pouvait passer pour de l'aveuglement, mais en les épargnant, il n'était pas leur dupe et sa générosité, même envers l'adversaire, ne manquait pas de clairvoyance.

---

(1) Ged. eines Leb. : Die Partei.

(2) Scherr, p. 15.

(3) Lettre inédite de Kriege à Herwegh, 4 déc. 1845 : « In deinen Worten pochte ein Herz, hinter deinen Versen blinkte ein Schwert, ich erkannte einen Charakter, ich witterte etwas von Aktion, von Schmerz, von Liebe, ich fragte nicht mehr, ich war dein Bruder !... Weil du mehr als ein Dichter, weil deine Verse die Mittel sind und nicht Zweck, weil du wirklich leidest und wirklich liebst ».

(4) Lettre inédite de Solger à Herwegh, 13 juin 1847 : « Das Volk kennt dich, weil du wahr bist und keine Gleichnisse zusammenreflektiert hast ».

Facilement irritable, irascible par tempérament (1), il pouvait laisser échapper dans un moment d'humeur une plainte injuste ou injurieuse, mais le calme ramenait la modération. Il apportait beaucoup de tact dans la discussion, et la contradiction ne l'humiliait pas. Sa haine pour les puissants qu'il jugeait avec sévérité, pour les renégats dont la vilenie révoltait sa conscience, n'était animée d'aucune jalousie, et rien ni dans ses épigrammes ni dans ses satires ne sentait la rancune.

Herwegh possédait enfin au plus haut degré le sens de la tolérance, et celle-ci dominait ses actes, érigée par lui en système. Il fuyait les doctrinaires dont la présence le gênait. Leur philanthropie incommensurable et abstraite, étiquetée comme un règlement, ne lui convenait pas. On connaît le jugement qu'il a porté sur Struve et ses coadjuteurs qui obéissaient à la tradition de l'autorité comme le clergé avec lequel ils rivalisaient de tyrannie (2). Herwegh voulait la liberté pour lui et pour tous. Un libéralisme supérieur fut le secret de sa politique et ce philtre magique à l'aide duquel, comme on l'a dit, « il attira les âmes les plus diverses et sut se faire aimer par ceux qui, entre eux, ne s'aimaient pas » (3).

---

(1) Cf. Ged. eines Leb., Sonette XIII : Die Leidenschaft ist mein Eliaswagen.

(2) V. Briefe von und an Herwegh, 1848 : Lettre à Madame Herwegh, 13 juillet 1849.

(3) Figaro, 6 janv. 1894 : Figures révolutionnaires.

DEUXIÈME PARTIE

L'ŒUVRE LYRIQUE DE HERWEGH

I

INFLUENCE DE SES LECTURES

Schiller lui servit de premier modèle. La première poésie de longue haleine que l'on ait gardée de Herwegh, l'élégie de Maulbronn, porte l'empreinte de Schiller dans sa manière sentimentale, encore sous le charme lui-même de la poésie de Klopstock et de Hölty (1). Le rapprochement est particulièrement curieux entre l'élégie de Schiller : *Auf den Tod eines Jünglings* et celle du jeune Herwegh à cause de l'analogie directe des sujets. Non seulement le motif (la mort), mais le vocabulaire est en partie le même (*Traüme, Wonne, Paradies, Ewigkeit*), avec des rencontres jusque dans les rimes (*Schlummer Kummer*). L'imitation presque littérale se reconnaît à des traces nombreuses :

Totentöne fallen von des Münsters Turme

Ach die Welt ist Sterbenden so süss

Mit der Freude stirbt hier auch der Kummer

Seine Liebe dauert ewig aus (2).

---

(1) On peut constater aussi l'influence de la phraséologie de Schiller (des Welkens Raub, die holden Sterne, kalten Staub, einer besseren Welt) dans la dédicace à Kommerell de 1833.

(2) Schiller : Auf den Tod eines Jünglings.

Noch hör' ich die Trauerglocken schallen

O schön ist's Leben, weil es endet

Du entrissest sie dem bleichen Kummer

Unsre Liebe bleicht das Alter nicht (1).

De plus, Schiller et Herwegh ont employé le même rythme (vers de cinq trochées, rimes alternées). Malgré cela, la copie de Herwegh dénote déjà une certaine originalité, car il a su éviter le mauvais goût des images de Schiller (2). Sans doute, le mélange de la mythologie païenne et chrétienne subsiste encore (3), et l'on peut déplorer aussi quelques duretés ou des obscurités qui proviennent d'une excessive concision, par exemple de la suppression trop fréquente des articles et des auxiliaires (*Lorbeer, den ein Sterblicher euch wand... Zeit wird alt... Sieg die Hoffnung, Liebe Seligkeit...*) ; mais sa phrase est à la fois moins déclamatoire et plus concrète (par exemple dans la description des funérailles), moins heurtée et plus élégiaque :

> Euer Dasein war ein Blütenleben,
> Euer Tod ein milder Gotteshauch.

Enfin les rimes sont plus exactes ; on n'y relève pas de rimes aussi défectueuses que *Sarge : Marke, Mutter : Bruder ;* seulement quelques rimes moins pures (*neu : entzwei, finden : gründen*).

---

(1) Herwegh : Auf den Tod zweier Mitschüler.

(2) On n'y trouve ni des hyperboles comme celles qui déparent l'élégie de Schiller (Die Bastardtochter der Gerechtigkeit, diesem komisch-tragischen Gewühl, diesem possenhaften Lottospiel, nach aufgerissenen Todesriegeln, Gräber kreissen, die Grüfte wiederkäun, Tischt auch den dem grossen Würger auf) ni les antithèses forcées (diesem faulen fleissigen Gewimmel, diesem teufelvollen Himmel).

(3) Herwegh accouple le génie de la mort antique et le souffle de l'au-delà chrétien, de même que Schiller le fil des Parques et le Paradis, l'aveugle Fortune et Jéhovah.

L'influence de Schiller sur Herwegh, bien qu'elle ne se soit manifestée nulle part d'une manière aussi apparente, ne se borne pas à cette poésie de début. L'enthousiasme juvénile avec lequel Herwegh a déclamé dans son enfance les poèmes et les drames de Schiller a laissé des traces profondes dans son œuvre (1). Elles ne consistent guère en des rencontres aussi précises ; elles ne se retrouvent plus dans la phrase poétique et dans le rythme, si ce n'est à l'état de vagues réminiscences (2), mais plutôt dans la façon de sentir et dans les idées générales : le culte de la femme, la nostalgie du paganisme et l'amour de la liberté.

C'est du même respect religieux que procèdent les vers dans lesquels Schiller exalte la dignité des femmes, composée de grâce, de calme, de tendresse et de douceur, ou la puissance que leur confère leur beauté (3), et l'apostrophe finale de *Gebet* (4) ou les beaux tercets du 26° sonnet : *Ein Felsen ist der Mann... Ein stiller See des Weibes weich Gemüt* (5). — La religion antique, avec son mélange de poésie et d'indépendance morale, ses divinités bienfaisantes, peuplant et enchantant la nature, embellissant jusqu'à la mort, inspire la même admiration à Schiller et à Herwegh (6). — La démonstration serait banale pour le culte de la liberté. Qui ne songe aussitôt aux *Brigands*, au *Don Carlos*, au *Guillaume Tell*, au patriotisme de la *Jeanne d'Arc* et même du *Wallenstein* ?

---

(1) Son hostilité est beaucoup moins tournée, en 1839, contre Schiller que contre l'intransigeance des ennemis de Goethe.

(2) Ainsi peut-être dans : An die Zahmen, comme dans : Hektors Abschied : Speere werfen.

(3) Schiller, Würde der Frauen, Macht des Weibes.

(4) Ged. eines Leb. Cf. les paroles d'Hector à Andromaque dans Hectors Abschied : Gürte mir das Schwert um, lass das Trauern.

(5) Ged. eines Leb. Cf. Neue Gedichte, Einer Frauenzeitung bestimmt (fragmentarisch) :
    In des Hauses Stille und im Gewühl der Schlacht
    Galt neben Manneswille der Frauen Zaubermacht.

(6) V. Die Götter Griechenlands et Ged. eines Leb., Heidenlied.

On ne peut s'empêcher d'associer encore le *Reiterlied* de Schiller et celui de Herwegh, mais ici les différences l'emportent sur les ressemblances. Mise en regard de la poésie de Schiller, longue, monotone et abstraite, remplie de réflexions sur la valeur personnelle du soldat, sur les avantages et les risques de sa vie de hasard, la ballade de Herwegh, vive et colorée, graduée dans son développement, soutenue par le mouvement et les assonances rythmiques, apparaît bien supérieure (1).

Conscient de ce qu'il devait à Schiller, Herwegh rendit hommage dans le *Schillerprolog* de 1859 à l'idéalisme si consolant de son œuvre, à la gravité et à la beauté de sa pensée, à la générosité de son caractère :

> Vom Glanz der Wahrheit blitzte sein Gefieder
> Und der Gedanke ward bei ihm Gesang...
>
> Denn tief im Schönen wurzelte sein Glaube...
>
> Erhebt vor einem Fürsten Euch der Geister,
> Der nur für Menschenwürde stritt ! (2)

On pourrait répéter pour un autre poète souabe ce qui s'applique aux rapports de Schiller et de Herwegh : notre poète a exprimé son admiration pour Hölderlin dans les pages de la *Volkshalle : Ein Verschollener* et dans le 48ᵉ sonnet des *Dissonances*. Il aimait ce qu'il y avait de pessimisme voilé dans les aspirations patriotiques de l'auteur d'*Hypérion*, ce qu'il y avait de vaguement plaintif et caressant dans les rythmes de ses poésies et surtout dans les cadences de sa prose. Au ton sur lequel il parlait du

---

(1) C'est une véritable série de tableaux ou de scènes dramatiques : 1º les cavaliers arrivent à l'aube devant une auberge et appellent l'hôtesse, 2º ils boivent le premier verre en brandissant leurs sabres et en jurant de mourir pour la patrie, 3º ils lèvent le second verre à la liberté et le vident en maudissant le Saint-Empire Romain, 4º après avoir brisé leur verre, ils partent au galop pour charger contre l'ennemi.

(2) Neue Gedichte, Zur Schillerfeier in Zürich.

septuagénaire que la jeunesse allait voir en pèlerinage à Tübingue, chez le menuisier charitable qui l'avait recueilli, dans cette humble maison où il vivait en proie à une douce et lamentable folie, « jouant d'une main hésitante des airs étranges sur un mauvais clavecin » (1), on comprenait qu'il avait conservé un touchant souvenir de ses entrevues avec le vieillard dont il enviait le mystérieux égarement :

> Die Götter haben freundlich dein gedacht,
> Die du so fromm gehalten einst in Ehren,
> Und lebend schon dich aus der Welt gebracht. (2)

Comme poète, il ne lui a rien emprunté, mais on découvre entre eux de subtiles harmonies, presque insaisissables, qui ne se trahissent pas dans les premiers vers de Herwegh, mais se révèlent dans les tendances des *Poésies d'un Vivant* : le besoin d'agir (3), le regret du monde hellénique, la conception de l'amitié (4) et de la coopération féminine dans la vie des héros (5), le rêve d'une république universelle (6), le panthéisme (7), l'amour du beau et le sens de la musique des mots ; la forme plastique et mélodieuse de Hölderlin a servi de correctif à la rhétorique de Schiller.

---

(1) Ged. und Krit. Aufsätze I. p. 112.

(2) Ged. eines Leb. Sonette XLVIII.

(3) Hölderlin, An die Deutschen : Leben die Bücher bald ? Cf. Herwegh, An die deutschen Dichter, An die Zahmen.

(4) V. Hyperion (p. 70, éd. Reclam) : « Da Harmodius und Aristogiton lebten, rief endlich einer, da war noch Freundschaft in der Welt ». Cf. Herwegh, Ged. eines Leb. Sonette XXVII : Tot ist die Freundschaft...

(5) Cf. Le rôle de Diotima dans Hyperion et la mission héroïque des femmes dans les Poésies d'un Vivant.

(6) V. Hyperion (p. 35, éd. Reclam), les paroles d'Alabanda contre l'Etat, et : « Du wirst den Frühling der Völker uns wiederbringen ». Cf. Herwegh, Frühlingslied, Eine Erinnerung : Dem Völkerfrühling wir voran.

(7) V. Hyperion (p. 9 et p. 166, éd. Reclam) : « Wir sterben um zu leben ». Cf. Herwegh, Sonette XVIII : Das Sterben macht das Leben ganz und voll.

Notre poète avoue qu'il feuilleta dans sa jeunesse « avec une hâte fébrile » les *Ballades et Romances* de Louis Uhland (1), et l'on remarque cette influence dans les deux ballades en prose de Herwegh : *Aus dem Portefeuille eines Freundes, die Reiherbeize*, surtout dans la seconde qui rappelle les scènes favorites de l'école romantique-médiévale, le décor d'amour et de chevalerie dont elle abusa. Notons que, dans la première, l'autel de la Vierge, au pied duquel les Siciliennes sont agenouillées, fait songer aux *Mariabilder*, devant lesquels se prosternent les religieuses ou les jouvencelles de Louis Uhland, aux chapelles dont nous entendons tinter les cloches dans la forêt ou sur la montagne (2) ; le spectre de Pietro qui ravit les fiancés et les entraîne dans la mer n'est pas non plus sans analogie avec les histoires de revenants qui remplissent les *Ballades et Romances* (3). Tout ce monde de vénerie et de fauconnerie, ces départs pour la chasse qui tiennent une si grande place dans l'imagerie romantique se retrouvent dans *Reiherbeize*, où la belle amazone, éprise d'un conspirateur, expire sur la civière de son bien-aimé comme les trois princesses d'Uhland rendent l'âme en étreignant leurs amants, tués par leur père (4).

L'influence directe des *Ballades et Romances* sur les poésies de Herwegh ne se reconnaît que dans le *Pauvre Jacques*, reproduisant la même situation funèbre que *Des Sängers Wiederkehr* dans des termes semblables :

> Dort liegt der Sänger auf der Bahre...
>
> Man legt zu ihm in schmucken Rollen
> Die letzten Lieder, die er sang. (5)

---

(1) V. Ged. eines Leb. Sonette XXXVI.

(2) Cf. par ex. Balladen und Romanzen : Die Nonne ; Jungfrau Sieglinde ; Der Waller ; Die verlorene Kirche.

(3) Cf. par ex. Vom treuen Walther ; Der schwarze Ritter.

(4) V. Balladen und Romanzen, Drei Fräulein. Cf. Les paroles des lords au prince Henri dans Uhland, die Jagd von Winchester : Wohl träf' ich gern ein edler Wild, et celles de lord Walstone dans Reiherbeize : « Aber so ein Wild, wie ich, Töchterchen, wirst du schwerlich erlegen ».

(5 Balladen und Romanzen : Des Sängers Wiederkehr.

Der alte Jakob starb heut nacnt...

Warum nicht auch den Bettelstab
Auf diese Bahre legen ? (1)

Rien, si ce n'est *Gegen Rom* (*Fluch über dich... Weh dir !...*), ne rappelle le *Sängers Fluch*, la seule des *Ballades et Romances* dont Herwegh, dans le sonnet à Uhland, s'enorgueillisse d'avoir gardé la mémoire à l'époque de sa maturité. Mais, à défaut d'action réelle, on peut dire que, d'abord, le vocabulaire négatif des *Poésies d'un Vivant* ou la majeure partie des expressions qui désignent précisément le passé combattu par le poète dérivent du romantisme de Louis Uhland. Herwegh n'affirme-t-il pas qu'il ne porte dans son blason « ni la rose, ni la coupe », mais « la nuée d'orage »? (2). Et n'oppose-t-il pas les ruines au renouveau (3), le lierre à la vigne (4), le souffle caressant du zéphyr aux cataclysmes de la tempête ? (5). Or, on pourrait reconstituer, soit avec ces mots (*Rose, Pokal, Moder, Epheu, des Westes Schmeichelwehen*), soit avec leurs équivalents (*Tauben, Schmetterling, Wappen, Asche, Sarg, Gruft*), les principaux éléments de la langue d'Uhland. Ensuite, Herwegh fait encore pour son compte une assez grande consommation de symboles romantiques, d'étoiles, de nids, de pétales de fleurs, sans oublier l'image favorite de l'alouette (6). Les emprunts à la langue archaïque d'Uhland sont peu considérables et moins impor-

---

(1) Ged. eines Leb. Der arme Jakob.

(2) Ged. eines Leb. An Frau Karolina S.

(3) V. Ged. eines Leb. Leicht Gepäck.

(4) V. Ged. eines Leb. An die deutschen Dichter.

(5) V. Ged. eines Leb. Sonette XIII.

(6) V. Uhland, Lieder : Lied des Gefangenen ; Die Lerchen. Cf. Herwegh : Frühlingslied ; An die deutschen Dichter ; Morgenruf.

tants (*ob* pour *obgleich*, quelques provincialismes comme *sandeln*) (1).

Les *Lieder* et *Vaterländische Gedichte* ont exercé une action plus persistante que les *Ballades et Romances* sur les *Poésies d'un Vivant*. En effet, on peut rapprocher jusqu'à un certain point *Des Knaben Berglied* (*Der Berg, der ist mein Eigentum*) et généralement les *Wander* - ou les *Trinklieder* de chansons telles que *Leicht Gepäck* (*Mein ganzer Reichtum ist mein Lied*) ou *Reiterlied* dont le rythme est le même que celui de *Nachtreise*. Mais surtout les poésies d'inspiration patriotique et libérale offrent de frappantes ressemblances qui proviennent nécessairement de la similitude des sujets et amènent le retour des mêmes procédés, comme les jeux de mots (2), et parfois de tournures presque littéralement identiques :

> Ihr aber hört nicht, was ich sage...
> Was ich gesollt, hab' ich gesungen (3).
> Ich weiss, man hört die Sänger nicht...
> Ich hab' getan, was ich gesollt (4).

> Noch ist kein Fürst so hochgefürstet (5).
> Es ist kein Fürst so hochgestellt (6).

La poésie : *Bei einem Schrank an grauer Klosterwand* révèle visiblement l'influence de Lenau. C'est le motif bien connu qui se retrouve dans le *Missel* de Sully Prudhomme : une fleur séchée entre les pages jaunies

---

(1) Avec le sens particulier de : cesser d'écrire, chez Herwegh (An die Zahmen), tandis qu'il a le sens de : continuer à écrire, chez Uhland (Den Landständen 1817).

(2) Uhland, Den Landständen 1817 (erlaucht, erleuchtet). Cf. Herwegh, An den König von Preussen (Nur wer ein Adler, sei von Adel).

(3) Uhland, Am 18. Okt. 1816.
(4) Herwegh, An den König von Preussen.
(5) Uhland, Nachruf.
(6) Herwegh, An die deutschen Dichter.

d'un vieux livre éveille la mélancolie du lecteur. Or le motif des fleurs flétries, symbole du regret, du souvenir ou de l'oubli, appartient essentiellement au vocabulaire de Lenau (1). D'autres expressions encore (*Der Strom ist mutig seiner Haft entsprungen* (2), *des Maien bunte Kinder* (3) rappellent l'auteur des *Sehnsuchtslieder*, sans que l'on puisse trop préciser, car dans le langage poétique universel, où les mêmes images reviennent, une prédilection pour certains mots ne prouve pas toujours une étroite parenté entre les poètes ; celle-ci tient davantage à de fines impressions qui fuient l'analyse, ou la supposent, mais très délicate, à je ne sais quelle physionomie des phrases, surtout dans leurs éléments auditifs. La poésie du cloître de Tübingue emprunte spécialement à Lenau, en particulier à plusieurs passages du *Faust* de ce poète, paru en 1836, une foule de nuances, saisies par l'oreille et qui résident dans l'accouplement des rimes, dans les coupes et les enjambements. La poésie du cloître de Tübingue diffère d'ailleurs, par le fond, de la sentimentalité de Lenau : tandis que la mélancolie du poète autrichien recherche le spectacle des choses éphémères parce qu'il y trouve un aliment pour ses doutes, pour l'incurable scepticisme de son âme, la confiance en la vie s'exhale ici du sentiment de la fragilité des êtres et cette méditation s'achève par un hymne au printemps. — Le thème de *Wellenklage* évoque les conceptions familières de Lenau : un fleuve, poussé par la fatalité vers l'Océan, sans pouvoir s'arrêter dans son cours, s'est épris d'une rose frêle dont il emporte les pétales ; Herwegh dépeint la tristesse de ses flots, habitués à admirer les fleurs et le ciel et qui

---

(1) Cf. Lenau, Die Rose der Erinnerung, An die Entfernte, Das dürre Blatt, et surtout Welke Rose :
   In einem Buche blätternd, fand
   Ich eine Rose welk, zerdrückt.

(2) Cf. Lenau, Der Lenz, mais aussi Goethe, Faust :
   Vom Eise befreit sind Strom und Bäche...

(3) Cf. Lenau, Der Postillon :
   Durch das stille Schlafgemach
   All der Frühlingskinder.

vont se perdre dans l'immensité. — Les deux poésies intitulées : *Der Gefangene* n'ont pas seulement l'analogie de leur titre ; les deux poètes prêtent également au prisonnier, devenu vieux, le désir de revoir la lumière avant de mourir et mettent dans la bouche du captif la même supplication douloureuse et vaine :

> Gib mir, o Gott, bevor das Herz mir bricht,
> Nur einen Schritt aus diesem Qualenorte. (1)

> Lass, König, lass mich in der Freiheit sterben ! (2)

L'influence de Lenau sur les *Poésies d'un Vivant* se réduit à très peu de chose. Quelques images rappellent ses comparaisons favorites, l'incantation lunaire dans la chanson : *Der Gang um Mitternacht* :

> Der Mond ergiesset sein versöhnend Licht,
> Und wär's auch über welke Blätter, (3)

ou l'opposition du bruit des trompettes et du calme du soir, de l'orage et de la floraison des buissons de roses dans les strophes : *An Frau Karolina S.* :

> Gleichwie am stillen Abend... (4)

Mais ces rapprochements peuvent être fortuits, de même que la ressemblance des deux apostrophes :

> Schlaf wohl, du armes Bettelweib (5)

> Schlaf wohl in deinem Sarkophag (6)

---

(1) Lenau, Gedichte.
(2) Herwegh, Ged. und krit. Aufsätze.
(3) Cf. Lenau, Schilflieder.
(4) Cf. Lenau, An einen Jugendfreund :
   Gleichwie Nachtlüfte wehn in Blütenhagen...
   So sollte dies Lied mit seinem Trauern
   Durch deine reiche Freudenblüte schauern.
(5) Lenau, Begräbnis einer alten Bettlerin.
(6) Herwegh, Der arme Jakob.

ou des vers :

> Mir war das Meer des Schmerzes hohe Schule (1)
>
> Das wilde Meer der Freiheit hohe Schule (2).

Dans plusieurs poésies de 1836-1837 (3), Herwegh laisse libre cours à une ironie sentimentale déjà mordante, fine et aiguë, qui rappelle celle du *Buch der Lieder* de Heine, alors en pleine vogue ; elle s'applique aux mêmes sujets et, riant ou souriant entre les larmes, s'exerce contre la mélancolie avec une grâce un peu triste, une émotion parfois cruelle. Les vers :

> Wir spielen miteinander
> Tragikomödie ;
> Ich zieh' den Mund herunter,
> Du ziehst ihn in die Höh ?
>
> Ein ganzes Lustspiel lachet
> Und springt um deinen Mund,
> Der Schmerz rast auf Kothurnen
> In meines Herzens Grund

ressemblent à ceux de Heine :

> Ich hab so lang als Komödiant
> Mit dir gespielt die Komödie. (4)

Dans une romance, publiée par Scherr, Herwegh raconte comment un poète se fit aimer d'une reine d'Espagne : les deux amants tremblent sans cesse d'être surpris et se confient leurs songes, pleins de visions sanglantes et sinistres ; dans leur dialogue, le souvenir de la réalité brutale s'oppose, avec une profonde amertume, à l'extase de leur passion. Le poète a rêvé que la reine était tuée :

> Ich erwacht' und sah Alonso
> Neben euch im Wagen gähnen ;

---

(1) Lenau, Faust : Der Traum.
(2) Herwegh, Die deutsche Flotte.
(3) Je les cite d'après un manuscrit de Madame Herwegh sans pouvoir indiquer où elles ont paru.
(4) Die Heimkehr, 46.

la reine, qu'elle apprenait de la bouche de son mari le meurtre de son amant :

>Und ich durft' um euch nicht weinen,
>Und ich sprach' : Herr, nur ein Dichter ! (1)

Le ton est le même que dans *Don Ramiro* (2).

On reconnaît facilement l'influence de Heine sur le *Totengräber*, jusque dans le vocabulaire (*in deinem Kämmerlein, ich glaube gar*). Les poésies : *Aeltere Lieder* se font remarquer, comme les petites pièces du *Lyrisches Intermezzo*, par le tour ironique prêté à l'expression de l'amour :

>Wozu wärst du meine Göttin,
>Liebtest du ein Menschenkind,
>Da ja Göttinnen und Götter
>Allen Menschen gnädig sind ?...
>
>Eine Bitte nur vor Andern
>Gib mir, süsse Göttin, frei !
>Schenkst du einem zween Küsse,
>O so schenk mir immer drei.

Ou, pour choisir un lied où le badinage, plus mièvre, prend une forme plus jolie :

>In kühler Laube fanden
>Am Abend wir uns ein
>Und tranken miteinander
>Den süssen roten Wein.
>
>Es leuchtete dein Antlitz
>In deinen Wein hinein,
>Du schlürftest dein eigen Antlitz
>Und konntest nüchtern sein ?
>
>Es brannten deine Augen
>Hinein in meinen Wein ;
>Wie war es anders möglich ?
>Ich musste trunken sein.

---

(1) V. Scherr, Poeten der Jetztzeit, p. 391
(2) V. Romanzen, 9.

Par contre, l'influence de Heine est entièrement absente des *Poésies d'un Vivant*. C'est à peine si la poésie du second recueil : *Die Epigonen von 1830*, écrite dans le voisinage de Heine, offre des analogies avec ses impressions de séjour à Paris :

> Nur der Verstand, so kalt und trocken,
> Herrscht in dem witzigen Paris —
> O Narrheitsglöcklein, Glaubensglocken,
> Wie klingelt ihr daheim so süss ! (1)

> Welch Glück, dass ihr in dem Getriebe
> Mein deutsches Spinnrad nicht vermisst,
> Dass ihr nicht ahnt, was deutsche Liebe,
> Nicht ahnt, was deutsche Narrneit ist. (2)

Sans doute cette influence reparaît dans les satires après 1844, mais on doit combattre l'opinion très répandue qui tend à ranger Herwegh comme satirique parmi les disciples de Heine. S'il est vrai que par leur facture leurs satires se ressemblent quelquefois, on ne peut s'en étonner puisque la culture du même genre suppose l'emploi des mêmes procédés, mais elles se distinguent par leur contenu. D'abord la satire est le plus souvent littéraire ou morale chez Heine, tandis que chez Herwegh elle est essentiellement politique et rarement générale. En second lieu, leurs tendances et la portée de leurs attaques n'ont rien de commun. Heine, désabusé et sceptique, s'en prend tour à tour à toutes les écoles, à tous les partis, et rien ne reste debout, rien ne demeure intact : illusions des légitimistes, utopies des républicains, erreurs des uns, travers des autres, il crible tout de son ironie qui s'achève dans le doute et la misanthropie. Herwegh, au contraire, a foi dans l'avenir ; il combat la Réaction et le Passé ; ses satires ne se retournent ni contre ses amis, ni contre la vraie démocratie.

---

(1) Heine, Neue Gedichte : Anno 1839.

(2) Ged. eines Leb. II : Die Epigonen von 1830.

On a même exagéré les ressemblances de style. Lorsque l'on compare de près les deux œuvres, on trouve peu de rapprochements et il n'y a pas toujours lieu de parler d'emprunts, car Heine, lui non plus, n'a pas inventé tous les procédés expressifs et rythmiques de ses satires et n'a pas toujours eu le monopole de ses saillies. Pour une imitation de détail dont on est frappé à première vue (1), convient-il de ne voir que des traits à la Heine dans les parodies, les malices et les jeux burlesques de l'ironie de Herwegh? Il faut mettre à part les allusions volontaires comme celles de la poésie : *Heinrich Heine* (2), le souvenir de Firdusi dans la satire : *An Richard Wagner* (3), écrite dans le rythme *d'Atta Troll* et rimée à la façon des *Zeitgedichte* (p. ex. *der Robert : erobert*), et le motif placé avec intention en tête du *Schwabenkaiser* :

>   Bedenk' ich die Sache ganz genau,
>   So brauchen wir gar keinen Kaiser. (4)

En dehors de ces rapprochements, que reste-t-il pour dénoncer une intime pénétration de l'esprit de Heine dans les *Neue Gedichte* ? Tout au plus ce jugement à double entente sur la frivolité française :

>   Ja, Michel, du bist kein Franzos, (5)

le parallèle des deux rois : *Altes und Neues aus dem deutschen Reiche* (6), ou le calembour *Meyer-bär* dans la satire : *An Richard Wagner* (7).

---

(1) Herwegh, Neue Gedichte. p. 20. An Borussia : Und die preussischen Auguren... Cf. Heine, Deutschland ein Wintermärchen, Kaput XI.

(2) Herwegh, Neue Gedichte. p. 121 ; cf. Heine, Romanzero : Der Ex-lebendige.

(3) Neue Gedichte. p. 138 ; Cf. Heine, Romanzero : Der Dichter Firdusi.

(4) Neue Gedichte. p. 182 ; cf. Heine, Deutschland, Kaput XVI.

(5) Neue Gedichte p. 52. Harmlose Gedanken ; cf. Heine, Zeitgedichte, Bei des Nachtwächters Ankunft zu Paris : Nicht oberflächlich wie Frankreich.

(6) Neue Gedichte. p. 180 ; cf. Heine, Zeitgedichte : Der Kaiser von China.

(7) Cf. Heine, Letzte Gedichte : Leib und Seele, König Langohr I.

Ce qui rappelle le plus directement Byron dans l'œuvre de Herwegh, c'est d'abord la croyance à la fatalité du génie, au « signe de Caïn » (1). Dans son adolescence, il n'était pas éloigné d'assimiler les poètes à des martyrs ; il voyait littéralement dans chaque poème « le sépulcre d'un bonheur » (2). Ce sentiment a persisté dans les *Dissonances* : il suffit de relire pour s'en convaincre le 10° sonnet (*die Dornenkrone, des Unglücks Weihe*) et le 23°, l'un des plus beaux, où le *Weltschmerz* se dissimule sous l'apaisement, où il fait partie intégrante d'une philosophie du monde d'inspiration antique, exprimée par une image grandiose :

> Der Frieden nicht, der Sturm trägt uns nach oben ;
> Die höchsten Freuden sind auf dunklem Grunde,
> Gleichwie des Aethers Sterne, eingewoben. (3)

Les deux poètes se ressemblent encore par leur esprit d'opposition, poussé à un degré qui fait songer à la lutte des Titans contre le ciel, par leur violente haine de la tyrannie et par leur énergie révolutionnaire. Que l'on se rappelle les stances de Byron sur Rousseau et sur la Révolution dans *Childe Harold* (4) et ses grands révoltés : le Corsaire, Lara, le Giaour, Manfred. Enfin, indépendamment de leur goût pour la contemplation dans la solitude, on peut rapprocher aussi leurs descriptions des Alpes : celle du Mont-Blanc et du lac Léman dans *Childe Harold* (5), celle des environs de Zürich dans Herwegh (6),

---

(1) Childe Harold I, 83 : Cain's unresting doom. Cf. Freiligrath, Bei Grabbe's Tod :
   Der Dichtung Flamm' ist allezeit ein Fluch...
   Das Mal der Dichtung ist ein Kainsstempel.
(2) V. les stances de 1837-1838, citées par Scherr, Poeten der Jetztzeit, p. 390 :
   Dass jedes Lied der Grabstein eines Glückes.
(3) Cf. Childe Harold IV, 41 : the ligthning sanctifies.
(4) Childe Harold III, 81 et ss.
(5) Childe Harold III, 62, 68, 86.
(6) Ged. eines Leb. Zum Andenken an Georg Büchner.

— le souvenir d'orages dans la montagne (1), — les soleils couchants (2). L'allusion à l'antique religion de Zoroastre, à l'adoration de la lumière sur les hauteurs, se retrouve également chez les deux poètes :

> Nor vainly did the early Persian make
> His altar the high places. (3)

> Hier wollte ich als frommer Parse beten. (4)

Herwegh a spécialement célébré Byron dans le 51ᵉ sonnet des *Poésies d'un Vivant* où il nous apprend que son culte pour le poète anglais remonte à sa plus tendre enfance ; il commente le célèbre *Sonnet on Chillon*, presque unique dans l'œuvre de Byron qui préféra toujours les formes libres aux chaînes du sonnet, mais surmonta son aversion pour les entraves de ce mètre pour chanter la liberté dans la prison de Bonnivard (5).

***

Sentimentalisme religieux, comme celui de la *Messiade* — prédilection pour l'idylle hellénique, remise à la mode par la guerre de l'indépendance grecque et par l'étude de la poésie orientale — romantisme du Moyen-Age, chevaleresque et conventionnel — amertume du pessimisme moderne : Georges Herwegh avait traversé plus ou moins

---

(1) Childe Harold III, 92 ; Ged. eines Leb. : Die Schweiz, Aus den Bergen.

(2) Childe Harold III, 99 : sunset into rose hues ; Ged. eines Leb. : Vive la République, beim Alpenglühen gedichtet.

(3) Childe Harold III, 91.

(4) Ged. eines Leb. : Auf dem Berge.

(5) V. en outre Herwegh, Ged. u. Krit. Aufsätze : Der Gefangene; Ged. eines Leb., Sonette, XLV : Der Gefangene. — Le Sonnet XI sur Shelley montre que Herwegh connaissait aussi l'auteur de Queen Mab, de Prometheus unbound et de l'Ode to liberty. La 4ᵉ str. de la poésie : Der Gang um Mitternacht rappelle les visions qui troublent le sommeil du roi dans Queen Mab. — Mais Herwegh renonça de bonne heure aux excès du byronisme : « Byron, Shelley, George Sand übertreiben », écrivait-il en 1839 dans la Volkshalle (v. Ged. u. Krit. Aufsätze, I p. 56).

toutes ces phases lorsqu'il fut placé en présence de l'école française ; il n'y puisa rien de nouveau, comme on peut se l'imaginer, mais, traduisant nos romantiques, il dépensa le surplus de fantaisie et de sensibilité maladive que la fréquentation des poètes de l'infini, des régions lointaines, des traditions disparues et des désirs inassouvis avaient développées dans son âme; il épuisa la surabondance de sa mélancolie. Ce fut un bienfait pour lui, à tout prendre, car s'il créa moins d'élégies, il trouva dans le *Zeitgedicht* sa note la plus originale, ayant appris, grâce à la lecture de Feuerbach, à se détacher des choses mortes, jusqu'à considérer la mort comme un retour à la vie.

La traduction d'une seule poésie de Victor Hugo nous a été conservée, la vingt-deuxième des *Feuilles d'Automne*, qui commence par ces mots : « *Enfant, si j'étais roi* », aveu d'amour banal et emphatique où la sincérité du sentiment disparaît sous les métaphores.

Herwegh se lassa vite de la rhétorique de Victor Hugo (1). Mais il se sentait plus d'affinités avec Lamartine. Le pessimisme qui s'absorbe dans la résignation, le déisme qui s'étend jusqu'au panthéisme, voilà pour le fond ce qui séduisit Herwegh dans l'œuvre de l'auteur des *Méditations*, bien moins parce que ces éléments enrichissaient sa sensibilité que parce qu'ils y répondaient. Il rend hommage au mysticisme du poète dans la préface qui précède la traduction de ses discours à l'Académie française : « Admettons » écrivait-il « qu'il joue le rôle de Joseph d'Arimathie qui couvre de roses le Christ mort, c'est encore un rôle poétique. Lamartine n'est nullement venu au monde avec cet esprit de piété et de pardon que produit le désespoir... Après avoir en vain demandé une consolation à l'amour et à la nature, il la cherche au-delà des astres. Sa religiosité n'a rien de l'inertie et de la suffisance des piétistes... Au fond, Lamartine a quelque chose de byronien, mais il le cache, il ne nous montre que la réconciliation. Comment s'expli-

---

(1) Cf. le jugement sur la poésie du 7 août 1829, Ged u. Krit. Aufsätze, II, p. 164.

quer autrement sa prédilection pour Byron ? Il regarde, lui aussi, le désespoir comme un échelon de l'échelle céleste » (1). Plus loin : « Il est chrétien autant que le vrai poète peut l'être, c'est-à-dire qu'il trouve le divin dans le christianisme, mais ne le trouve pas moins dans le baiser de sa bien-aimée, dans le feu de ses regards, dans le murmure de la mer » (2).

Herwegh a prodigué dans ses traductions des poésies de Lamartine la langueur dont son âme était atteinte. Il parvint ainsi à se lasser des soupirs et des larmes, des éternelles scènes d'adieux et des tableaux d'agonie qui inspirent la Muse de Lamartine ; il finit par éprouver le besoin d'échapper aux impressions mélancoliques de son adolescence. Ce résultat négatif dont on n'a guère tenu compte jusqu'ici importe plus que les réminiscences lamartiniennes que l'on relèvera dans une partie de son œuvre. Son style, dans ses traductions, laisse déjà pressentir cette heureuse transformation, car il est plus sobre que celui de son modèle, et s'il est aussi moins musical, du moins ne trahit-il pas sans cesse le poète qui perd de vue la terre à force de planer dans le ciel.

Si grand que soit le génie de Lamartine, on peut assurément lui reprocher, à ne considérer que le style et la forme métrique, d'avoir poussé à l'extrême le souci du mot noble et de ne s'être pas assez préoccupé de la variété de ses rythmes. Défauts de ses qualités, si l'on veut, puisque si l'on supprime une certaine pompe et le laisser-aller, la redondance et l'abondance, on détruit sans doute le charme de sa poésie. Les traductions de Herwegh ont sacrifié justement l'emphase et quelque chose du régulier équilibre des *Méditations*, des *Nouvelles Méditations* et même du *Jocelyn* en maints endroits, mais elles ont gagné en simplicité et en précision ce qu'elles perdaient en mélodie. D'abord, par horreur instinctive de l'affectation, Herwegh a substitué le plus souvent les expressions familières aux termes

---

(1) Lamartine's Werke, I p. 440.
(2) Lamartine's Werke, I p. 441.

choisis avec recherche : plus de nochers, plus d'esquifs — *der Schiffer mit seinem Boote* (1), surtout plus de Philomèles pour les rossignols — *die Nachtigallen* (2). Cette substitution lui était rendue plus facile par la langue allemande où les mots simples ont acquis dans le lied populaire une valeur poétique qu'ils n'ont pas en français. De plus, Herwegh n'a respecté scrupuleusement ni le nombre, ni les mesures du vers lamartinien: il l'a parfois abrégé en remplaçant les alexandrins par cinq pieds ïambiques ou trochaïques; il l'a presque toujours assoupli en multipliant les enjambements, interrompant du même coup le balancement des hémistiches, suppléant aux vagues contours des sons par la ligne sinueuse du dessin (3).

La répercussion de ces traductions sur le lyrisme de Herwegh n'en est pas moins incontestable. Le chef-d'œuvre : *Ich möchte hingehn* est si bien écrit dans la note des élégies lamartiniennes qu'il évoque certains vers des *Méditations*, le *Vallon*, ou *l'Automne* :

La fleur tombe en livrant ses parfums au zéphire ;
A la vie, au soleil, ce sont là ses adieux :
Moi, je meurs ; et mon âme, au moment qu'elle expire,
S'exhale comme un son triste et mélodieux (4)

ou la *Prière* :

Et comme le soleil aspire la rosée,
Dans ton sein à jamais absorbe ma pensée. (5)

---

(1) Nouvelles Méditations : Elégie ; Neue Betrachtungen : Elegie.
(2) Nouvelles Méditations : Chant d'amour, Le Poète Mourant, Adieux à la poésie; Neue Betrachtungen : Liebeslied, Der sterbende Dichter, Abschied von der Poesie.
(3) V. entre autres la Mort de Socrate, Der Tod des Sokrates.
(4) Trad. de Herwegh :
Die Blume fällt und lässt den Duft vom West verwehen,
An Licht und Leben noch ihr letztes Lebewohl ;
Und ich, ich sterbe ; will die Seel' von hinnen gehen,
In süssem Klageton sie aus sich hauchen soll.
(5) Trad. de Herwegh :
Lass, gleich dem Tau, den auf der Sonne Gluten trinken,
Mein Denken und mein Sein in deinem Schoss versinken.

Mais la fin de l'élégie de Herwegh surpasse en tristesse la mélancolie de Lamartine, car elle oppose la douleur de l'homme à la tranquillité de la nature :

> Sanft stirbt es einzig sich in der Natur,
> Das arme Menschenherz muss stückweis brechen. (1)

La même passion d'indépendance, la même fierté ombrageuse animent les *Adieux à la Poésie* :

> Libre comme l'oiseau des bois,
> On n'a point vu ma main craintive
> T'attacher comme une captive
> Aux portes des palais des rois (2)

et ces vers de *Leicht Gepäck* :

> Ich wohn'ein Vogel nur im Neste...
>
> Paläste komm' ich nicht hinauf. (3)

L'élégie sur la mort de Büchner contient un tableau de l'agonie du poète qui me paraît supérieur au *Poète Mourant* de Lamartine et une description du lac de Zürich, digne de celle du *Golfe de Baïa*.

L'amour religieux de la nature aboutit chez Lamartine à une magnificence de comparaisons dont Herwegh a tiré profit. Non seulement dans ses élégies, mais dans toute son œuvre, il emprunte une foule d'images aux deux groupes auxquels on peut les ramener presque toutes chez Lamartine : la contemplation du ciel et la vue des hautes montagnes. D'une part, les nocturnes, le firmament étoilé, ou l'orage attestant la majesté du Tout-Puissant, d'autre

---

(1) Ged. eines Leb. : Ich möchte hingehn.

(2) Trad. de Herwegh :
> Frei wie der Vogel auf dem Ast,
> Nie, nie griff ich in deine Saiten,
> Dich als Gefangnen zu geleiten
> Vor eines Königes Palast.

(3) Ged. eines Leb. : Leicht Gepäck.

part, les Alpes avec leurs rochers, leurs torrents, leurs aigles, les lacs aux eaux dormantes, la végétation des régions inhabitées et inaccessibles, les avalanches, les glaciers et les reflets de lumière de l'aurore ou du soir sur les cîmes couvertes de neiges éternelles, telles sont les images favorites des deux poètes, semées avec plus de profusion chez l'un, plus discrètement chez l'autre, pour exprimer les mêmes états d'âme. Je renvoie aux *Méditations* : *Le Soir*, *Les Etoiles*, au clair de lune *d'Ischia*, à ce passage de *Jocelyn* :

Oh ! nuit de ma montagne, heure où tout fait silence (1)

et, dans les *Poésies d'un Vivant*, à tous les vers où l'on voit rayonner ou s'évanouir les astres : *Kein Stern so schön* (2), *ein Stern im wilden Meer versunken* (3), *Gleichwie des Aethers Sterne* (4), *gleich goldnen Sternen* (5), *ein Stern zum Schoss der Nacht* (6), à ce lever de lune derrière la montagne :

Nach langem Ringen ist der Tag gewichen ;
Ein reizend Weib im leichten Silberflor,
Tritt Luna hinter dem Gebirge vor... (7)

Les descriptions alpestres, inoubliables chez Lamartine, sont également de toute beauté chez Herwegh qui, pendant son séjour en Suisse, observa les Alpes à son tour dans leur sauvage grandeur après les avoir aperçues à travers l'imagination d'autrui. Ses vers ne perdent rien de leur force et de leur éclat, mis en regard de la *Solitude* de Lamartine

---

(1) Jocelyn, Huitième époque. Trad. de Herwegh :
  O Bergesnächte ! Stund', wo Alles schweigt...
(2) Ged. eines Leb. : Anastasius Grün.
(3) Ged. eines Leb. : Sonette XI.
(4) Ged. eines Leb. : Sonette XXIII.
(5) Ged. eines Leb. : Sonette XXXIX.
(6) Ged. eines Leb. : Sonette XLVIII.
(7) Ged. eines Leb. : Sonette XLVII.

ou du *Jocelyn*, d'une cadence plus molle, plus fluide, un peu monotone :

> Salut, brillants sommets ! champs de neige et de glace !
> Vous qui d'aucun mortel n'avez gardé la trace,
> Vous que le regard même aborde avec effroi
> Et qui n'avez souffert que les aigles et moi !
> Œuvres du premier jour, augustes pyramides
> Que Dieu même affermit sur vos bases solides... (1)

> Lac limpide et dormant comme un morceau tombé
> De cet azur nocturne à ce ciel dérobé
> Dont le creux transparent jusqu'au fond se dévoile,
> Où quand le jour s'éteint la sombre nuit s'étoile... (2)

On peut recomposer les divers aspects pittoresques de la Suisse en rassemblant les traits épars dans les poésies de Herwegh, cette impression de crépuscule dans *Vive la République* :

> Abendglanzumstrahlter See,
> Schluchten, wild zerrissen...

les stances *Auf dem Berge* :

> Ich sehe die granitnen Säulen ragen...

le 15ᵉ sonnet où l'âme du poète est comparée à un lac profond «qui voit luire éternellement les étoiles du ciel» (3),

---

(1) Neue Betrachtungen, Die Einsamkeit, trad. de Herwegh :
   Gegrüsst ihr Strahlenhöhn, ihr Eisesfluren,
   Drein noch kein Menschenfuss gedrückt die Spuren ;
   Dran schaudernd selbst der Blick aufranket sich,
   Die ihr getragen nur den Aar und mich !
   Erschaffen an dem ersten Schöpfungstage
   Gab Gott euch eine ew'ge Unterlage !

(2) Jocelyn, 2ᵉ époque, trad. de Herwegh :
   Der klare, stille See, gleichwie ein Stück,
   Entfallen diesem dunkelen Azur,
   Dem man bis auf den tiefsten Grund kann schauen,
   Wo abends sich die düstre Nacht besternt.

(3) Cf. le 26ᵉ sonnet :
   Ein Felsen ist der Mann...
   Ein stiller See des Weibes weich Gemüt.

le 19ᵉ avec sa description de cimetière dans la montagne (1), le 43ᵉ (les troupeaux, les sapins) (2), le 44ᵉ :

Erreichbar nur dem Sturm und Sonnenbrand...

dans un autre genre ses paysages des rives du lac de Constance et du Rhin :

Meiner Heimat Strand befeuchtend,
Glänzt vor mir des Sees Spiegel (3)

O rebenlaubumkränzter, stolzer Fluss (4)

enfin l'hymne entier en l'honneur de la Suisse :

Land der Sehnsucht, drin die Berge wie der Freiheit Prachtstatüen,
Wie aus blankem Gold und Silber von dem Herrn gegossen, glühen;
Berge, die er seinem Himmel als die letzten Säulen gab,
Wiege seiner Wetterwolken, seiner Adler einsam Grab... (5).

⁎⁎⁎

Les contemporains de Herwegh ont été frappés de sa parenté avec les poètes de l'Indépendance allemande, avec ceux qui, au temps de la coalition contre Napoléon, avaient sonné le réveil du patriotisme germanique dans leurs vers belliqueux. Pour eux, il renouait avec la tradition des poètes de 1813; il apparaissait comme leur héritier direct. Les étudiants de l'Université, lors de son passage à Iéna, entonnaient en son honneur les hymnes d'Arndt et de Schenkendorf. On prit l'habitude de le comparer à Körner. Mais l'auteur des *Poésies d'un Vivant* rejetait de l'idéal des *Freiheitsdichter* tout ce qu'il contenait d'aristocratique, de mystique et d'étroitement patriotique.

---

(1) Cf. dans Jocelyn, 6ᵉ époque : Le cimetière de Valneige.
(2) Cf. les vers de Jocelyn, 2ᵉ époque :
    Arbres harmonieux, sapins, harpes des bois...
(3) Ged. eines Leb. : Einkehr in die Schweiz.
(4) Ged eines Leb. : Heimweh.
(5) Ged. eines Leb. : Die Schweiz.

Ce qui donne aux poésies de Schenkendorf un air vieillot, le loyalisme, la fidélité envers la dynastie prussienne, leur parfum de Sainte-Alliance, les vestiges de chevalerie lui sont tout à fait étrangers. Pour mesurer la distance qui les sépare, on n'a pas même besoin de prendre deux poésies d'inspiration aussi dissemblables que *Gebet bei der Gefangenschaft des Papstes* et *Gegen Rom* (1) ; la différence éclate partout dans leurs conceptions.

Il ne subsiste également chez Herwegh qu'une faible part de la religiosité, déjà plus spontanée, de Körner ou d'Arndt, de cette confiance dans le Dieu des Armées que respirent, pour ne citer que quelques exemples, *Gebet während der Schlacht, Unsere Zuversicht* (2), ou *Schlachtgesang, Vaterlandslied, Vor der Schlacht* (*Gott ist uns're Zuversicht*) (3), etc. Mais il a suffi que le sentiment religieux ne fût pas absent des *Poésies d'un Vivant* pour justifier la confusion de ses contemporains : il envisage la révolte, comme Körner, à la façon d'une guerre sainte (4), et Dieu la regarde d'un œil favorable et la bénit du haut de son ciel, exactement comme chez Arndt (5).

Enfin la poésie militante et patriotique ne revêt pas le même sens chez les trois poètes : l'indépendance telle que les deux premiers l'ont comprise, l'affranchissement du joug de l'étranger, ne préoccupe guère l'auteur des *Poésies d'un Vivant* qui combat la tyrannie nationale et ne fonde pas l'unité germanique sur la conquête, mais sur la liberté intérieure (6); selon lui, la communauté de race y contribue

---

(1) Tandis que, pour Schenkendorf, c'est Napoléon le « criminel » qui régna sur « Sodome » — in seinem Höllensitze, le pape est le « pécheur » selon Herwegh, sa résidence « une nouvelle Babylone », — im Höllenpfuhl.

(2) V. Körner, Leier und Schwert.

(3) V. Arndt, Gedichte.

(4) V. Körner, Aufruf : 's ist ein heil'ger Krieg; Herwegh, Der letzte Krieg : Der letzte heilige Krieg.

(5) V. Arndt, Vor der Schlacht :
 Gott der Herr wird mit uns stehn,.
Cf. Herwegh, Aufruf :
 Gott im Himmel wird's verzeihn.

(6) Les seules allusions aux menaces d'invasion se trouvent dans Wer ist frei, Rheinweinlied, An den König von Preussen.

moins que la communion d'idées ; Herwegh ne veille pas sur les frontières, mais veut sauver le patrimoine moral de l'Allemagne, et cette différence se manifeste jusque dans les formules qu'il emploie ; il ne dit pas comme Arndt : « Un pays, un peuple, un cœur, une armée » (1), mais il réclame « un cœur, un peuple et un seul blason » (2).

Si les *Poésies d'un Vivant* ont conservé la marque des hymnes de l'Indépendance, le rapprochement tient beaucoup plus aux procédés et aux détails qu'aux intentions qui les animent. Plusieurs poésies ont réellement l'allure de celles de Körner et d'Arndt ; ce sont principalement : *Wer ist frei* (3), *Der letzte Krieg* (4), *Rheinweinlied* (5), *Aufruf* (6), *Das Lied vom Hasse* (7). Pour préciser davantage, nous retrouvons les mêmes apostrophes que chez Körner : *Mein Volk*, *Frisch auf*, les mêmes refrains : *Stosst mit an*, les mêmes souvenirs classiques : les Thermopyles, Sparte, des images identiques, par exemple les roses du champ de bataille (8), et ces traits descriptifs :

> Die Büchse von der Wand (9)
> Die Büchsen von der Wand (10)

> Wer für sein Lieb nicht sterben kann
> Ist keines Kusses wert (11)

> Der ist sein Rebenblut nicht wert
> Das deutsche Weib, den deutschen Herd,
> Der nicht auch freudig schwingt sein Schwert. (12)

---

(1) Arndt, der Freudenklang.
(2) Herwegh, Dem deutschen Volk.
(3) Cf. Arndt, Wer ist ein Mann ?
(4) Cf. Körner, Aufruf.
(5) Cf. Körner, Trost, Jägerlied, Männer und Buben.
(6) Cf. Arndt, Vor der Schlacht.
(7) Cf. Arndt, Lied der Rache.
(8) Cf. Körner, Schwertlied : voll Röslein blutigrot; Herwegh, Reiterlied : wie lauter Röslein.
(9) Körner, Jägerlied.
(10) Herwegh, Rheinweinlied.
(11) Körner, Trost.
(12) Herwegh, Rheinweinlied.

Çà et là, le vocabulaire archaïque de Maurice Arndt (*Fehde, Flamberg, Tyrannensold, Tand*), le terme péjoratif de *Franzmann*, les énumérations de pays et de fleuves (*in Süd und Norden, am Don und Belt*).

On ne peut attribuer à Rückert, l'auteur des *Geharnischte Sonette*, d'influence réelle sur Herwegh, car ce qu'ils ont de commun se borne à des ressemblances qui rappellent également Körner ou Arndt : les lyres brisées à l'heure du combat (1), l'éloge du fer (2), le serment de rester insensible aux douces affections de famille tant que la patrie sera en danger (3). Muet à l'égard de Théodore Körner, sévère, presque impitoyable pour Arndt, Herwegh a fait preuve d'un froid dédain pour l'art trop factice et un peu puéril des *Oestliche Rosen* ou des «ghazels» de Rückert (4).

Du jour où il adoptait pour principe que la poésie devait refléter la vie contemporaine et servir d'organe aux protestations libérales sans sacrifier la beauté à la liberté, il ne pouvait manquer d'admirer un écrivain qui avait réuni la générosité des convictions et la perfection littéraire, la noblesse d'âme et la splendeur du style. Platen lui parut ce génie. Herwegh entreprit l'apologie du poète errant et méconnu : « Personne ne saurait lui contester le nom de vrai poète. Il s'est encore acquis un autre titre à notre amour par ses opinions libres et magnanimes... Ses *Chansons Polonaises* sont au nombre des plaintes les plus grandioses qu'on ait jamais chantées sur la tombe des héros ; il frappe les cordes de la harpe avec une divine colère. Il était loin de se sentir pour les hautes sphères de la société autant de sympathie que son rang pourrait le faire croire; une bonne part de son cœur, et la meilleure, appartenait

---

(1) Rückert, Geharnischte Sonette I, 5 ; Herwegh, An die Deutschen Dichter, cf. Unseren Künstlern quand même, II.

(2) Rückert, Geharnischte Sonette, II, 6 ; Herwegh, Aufruf.

(3) Rückert, Geharnischte Sonette, II, 7; Herwegh, Aufruf : Sei dem Mann kein Weib beschieden.

(4) V. Ged. eines Leb. : Arndts Wiedereinsetzung, et Xenien XXX (Blume vom Ganges...).

au peuple » (1). Herwegh a prêté une forme plus concise à cet enthousiasme dans l'épigramme XXXIII de ses *Xénies* (2).

Cependant l'influence de Platen fut moins décisive qu'on pourrait le supposer d'après ces lignes. On aurait de la peine à en trouver les traces avant 1839. En outre, comme le nombre des idées qu'ils ont en commun est relativement restreint et se borne peut-être à l'amour de la contemplation, au dédain du vulgaire, à la russophobie, elle ne se remarque d'une manière frappante que dans le culte de l'expression, dans un égal souci du beau chez les deux poètes. Elle s'exerce surtout sur les sonnets de 1840. Encore n'est-elle réellement visible que dans un seul, *Unsern Künstlern*, où comme Platen dans les sonnets XXVII, XXVIII et XXXII, Herwegh développe cette idée que l'art est supérieur à la religion :

Das Schöne nur wird ewig heilig bleiben (3).

Dans *Ufnau und St-Helena*, Herwegh fait allusion à la célèbre ballade : *Das Grab am Busento*. Dans l'ode : *An den König von Preussen*, il se réclame directement de son précurseur dont il commente l'ode : *An einen deutschen Fürsten*, dédiée à l'héritier présomptif de la couronne de Prusse; mais rien ne diffère plus de la poésie officielle de Platen que les fiers accents de Herwegh. Les tercets : *Auch dies gehört dem König* offrent quelque ressemblance, surtout pour le rythme, avec les tercets : *Das Reich der Geister*, dans lesquels Platen évoque l'ombre du Dante au chevet d'un tyran, mais il ne saurait être question d'imitation. Les *Polenlieder* n'ont pas modifié d'une façon importante le

---

(1) Ged. u. Krit. Aufsätze, I p. 21.

(2) Ged. eines Leb. II.

(3) Herwegh, Ged. eines Leb. Sonette XXXI. Cf. Platen, XXVIII :
   Und nur das Schöne heilig war auf Erde.

lyrisme de Herwegh ; deux chansons au plus pourraient être classées sous cette rubrique : *Der sterbende Trompeter* dans le premier recueil des *Poésies d'un Vivant*, *Eine Erinnerung* dans le second.

Même les *Xénies* de Herwegh doivent peu de chose à celles de Platen : les épigrammes votives du comte en exil, consacrées les unes à des descriptions d'œuvres d'art, les autres aux petits soucis de ses querelles personnelles, présentent aussi peu de rapports que possible avec celles des *Poésies d'un Vivant*, pour la plupart inspirées par une polémique d'un caractère presque exclusivement politique, et d'une forme bien plus variée.

D'une manière sinon profonde, du moins apparente, Herwegh subit l'influence d'Anastasius Grün. On ne peut dire que l'œuvre du comte autrichien lui servit de modèle dans sa période de formation, car on ne trouve aucune trace d'analogie dans les premières poésies ni dans celles qui ont paru dans *Europa*. Mais pour celui qui lit les *Promenades d'un Poète Viennois* et les *Gedichte* de 1837, il paraît de toute évidence que le large souffle mélancolique qui donne aux méditations de Grün l'ampleur de la prière berça mollement les rêveries du jeune poète. J'ai déjà rapproché du chef-d'œuvre sentimental de Herwegh : *Ich möchte hingehn* l'élégie de Grün sur la mort de Gœthe (1). *Der Gang um Mitternacht*, dans les *Poésies d'un Vivant*, rappelle les *Nachtgedanken* des *Promenades d'un Poète Viennois*. La poésie intitulée : *Anastasius Grün* est remplie d'allusions parfois littérales, comme le vers :

> Du willst nicht mehr so frei sein, frei zu sein,

qui répond à celui de *Salonscene* :

> Dürft'ich wohl so frei sein, frei zu sein ?

Enfin l'oreille de Herwegh se familiarisa si bien avec le rythme des *Promenades d'un Poète Viennois*, le mètre

---

(1) V. p. 24.

trochaïque de huit temps avec une forte césure au milieu du vers, que cette forme prosodique lui revint d'elle-même à la pensée lorsqu'il voulut prier, glorifier ou maudire sur un ton solennel (1). Le comte d'Auersperg lui facilita le passage de la poésie élégiaque personnelle à la poésie politique sentimentale ; cette initiation mérite d'être notée, car elle explique plus de choses qu'une imitation de détails.

L'influence de Charles Beck se borne à une impulsion générale, car Herwegh ne composa pas, à son exemple, de poèmes de longue haleine. Si l'article sur Beck, dans l'*Europa* de 1838, est bien réellement de lui, comme le croyait Zolling, il a dû goûter médiocrement les confuses allégories de l'auteur des *Nuits*: «Beck raconte si souvent ce qu'il souffre, ce qu'il souffre pour l'humanité ! Je ne veux pas contester ses souffrances, mais quelles preuves en donne-t-il au monde ? Tout grand poète souffre pour l'humanité, il est un de ses rédempteurs, mais il l'atteste par des œuvres et non par des affirmations abstraites... Il est souvent question de douleur et de cœur brisé. D'abord, un cœur brisé n'est pas poétique; ce qui l'est seul, c'est le cœur qui se brise, qui palpite et qui saigne, et un mot aussi abstrait que douleur ne nous touche pas... Beck généralise trop, il devrait individualiser davantage... L'allégorie ne fut jamais poussée aussi loin que dans ces deux contes » (2). Mais le ton presque dithyrambique de l'article : *Dichtergruppen* dans la *Volkshalle* de 1839 diffère tout à fait de celui de ce premier jugement : « Avec une grande sincérité, sans réserve, souvent même sans retenue, Beck sait exprimer notre chagrin et notre bonheur par des mots magnifiques. Dans la poésie de Beck nous trouvons beaucoup de scories, mais aussi beaucoup d'or et surtout une étincelle du feu de Prométhée que nous n'avons pas le droit de laisser éteindre. C'est un ferme champion au service du

---

(1) V. Ged. eines Leb. I : Gebet; II : Die Schweiz; Neue Gedichte Huldigung.

(2) Europa 1838 I p. 230-231.

peuple, comme celui-ci en a besoin. Les chants de Charles Beck sont des actions étouffées... Ces quarante-quatre sonnets surpassent en âpreté d'expression tout ce que Börne a écrit... Dans le quatrième chant il y a des mots que je n'ose pas exprimer en prose, des mots qui sont vrais, infiniment vrais et qui vous ébranlent jusqu'au fond de la poitrine, des mots célestes qu'on ne se répète qu'à soi-même dans le silence de la nuit lorsque personne n'écoute » (1).

Une analogie de tendances se manifeste entre les *Gedichte* de Freiligrath (1839) et les *Poésies d'un Vivant* : « Soif d'action, amour effréné de la liberté, mécontentement du présent », écrivait Herwegh (2) ; « opposition contre la poésie civilisée et la société civilisée », selon la caractéristique de Freiligrath lui-même (3). Cette filiation est particulièrement sensible dans *Wär'ich im Bann von Mekka's Toren* et *An die Zahmen* :

Wär'ich am Sinai geboren...
Gelehnt an eines Hengstes Bug. (4)

Des Sinai Gebraus...
In eines Streithengsts Bügeln. (5)

Mais en dehors de ces dispositions générales et du décalque peut-être inconscient de quelques « marines » des *Gedichte*, par exemple :

Ein grosses Grab ist Meeres Grund,
Ein Kirchhof Meeres Spiegel, (6)

---

(1) Ged. u. Krit. Aufsätze I p. 105, 106, 107 (au sujet du poème Ein fahrender Poet). Cf. I p. 137-139, l'éloge de Stille Lieder.

(2) Ged. u. Krit. Aufsätze I p. 103.

(3) V. Buchner, II p. 264.

(4) Freiligrath, Gedichte.

(5) Herwegh, Ged. eines Leb. I.

(6) Freiligrath, Gedichte : Die Toten im Meere.

> Gleicht nicht das heil'ge Meer dem weiten
> Friedhof der Welt (1)

ou d'une certaine prédilection pour le vocabulaire flamboyant et surtout pour les rimes étrangères, Herwegh ne rappelle guère Freiligrath. On peut même remarquer qu'il le juge avec sévérité en 1840, lorsqu'il lui reproche son affectation à propos de sa poésie sur Roland (2), et dans le 30ᵉ sonnet des *Dissonances* contre l'exotisme.

⁎⁎⁎

Vers 1839, après avoir connu les traductions et les adaptations de Chamisso et de Gaudy, Herwegh découvrit le véritable Béranger. Il s'en inspira dans les poésies qui ont paru dans la *Volkshalle* de 1840 (*Der Gefangene, Lied von der Weisheit, Tell*), composées de plusieurs couplets. Les deux premières, sans ressembler de près à aucune des chansons de Béranger, évoquent avec des accents plus profonds la mélancolie sentimentale des *Hirondelles*, par exemple, et avec moins d'insouciance la philosophie sceptique du *Grenier*. Nous voyons aussi apparaître l'opposition favorite des palais et des chaumières dans les derniers vers de l'élégie sur la mort de Napoléon II :

> Mein ist das Herz, das in der Hütte bricht,
> Um einen Bettler darf die Muse weinen

et dans l'antithèse de la poésie : *An die deutschen Dichter*, publiée dans la *Volkshalle* avant d'être recueillie dans les *Poésies d'un Vivant* :

> Seid ihr nicht Könige der Hütte ?

Il semble que Herwegh ait eu l'intention préméditée d'imiter Béranger. L'influence du chansonnier français se révèle souvent dans son recueil de 1841, soit dans l'esprit, soit dans le ton: dans la croyance à la fraternité des peuples (3),

---

(1) Herwegh, Ged. eines Leb. II : Die deutsche Flotte.
(2) Ged. u. Krit. Aufsätze II p. 213.
(3) Béranger : La Sainte Alliance des Peuples, les Quatre âges historiques ; Herwegh : Arndts Wiedereinsetzung, Der letzte Krieg, Drei Gutenbergslieder.

dans l'hostilité envers l'Eglise romaine, le pape et les jésuites (1), dans le rôle attribué un peu partout à la « mie » du poète (2), dans les effusions bachiques et la variété des refrains (3). Nulle part elle ne peut être soulignée dans les détails, sauf dans la chanson : *Béranger*, remplie intentionnellement d'allusions (4), ou peut-être dans *Leicht Gepäck* :

> Je fuis des cours le pompeux appareil (5)
> Oiseau craintif, je fuis la glu des rois (6)
> La fleur des champs brille à ta boutonnière. (7)
>
> Gern sing'ich abends zu dem Reigen,
> Vor Thronen spiel'ich niemals auf...
>
> Spiel'ich mit leichten Rosenblättern. (8)

Dans le recueil de 1843, outre le *Champagnerlied*, où la sagesse cède la place à la folie, de même que dans *Un tour de Marotte*, et la gageure de Herwegh et de Dingelstedt : *Wohlgeboren und Hochwohlgeboren*, lointaine paraphrase

---

(1) Béranger : Le pape est gris ; Herwegh : Gegen Rom.

(2) Lisette ou Rose dans les Chansons de Béranger ; O schönes Kind (Leicht Gepäck), Mein Liebchen (Gesang der Jungen), Mein Kind, mein Mädchen (Der Gang um Mitternacht).

(3) Béranger : Le mort vivant (Volnay, Pomard, Beaune et Moulin à Vent), Les Gaulois et les Francs (Ces vins que nous amassons... seraient bus par des Saxons), Les Gourmands (Chantons alors l'aï qui nous inspire), La Vieillesse (Par le champagne et les chansons), Brennus (Grâce à la vigne...). Les cinquante écus (Le bordeaux, le mursaulx, l'aï que l'on chante), Ma guérison (O chambertin, o romanée). Cf. Herwegh, Leicht Gepäck (Und ich aus meiner höchstens Wein), Rheinweinlied (Und wär's nur um den Wein), Gesang der Jungen (Kredenze, mein Liebchen, kredenze).

(4) Allusions à : La Fayette en Amérique, Le 14 juillet, Le tombeau de Manuel (Jede Freiheit in der Wiege, jeder in die Grube nach).

Allusions aux Oiseaux, L'Exilé, Hâtons-nous, Poniatowski, Le Pigeon Messager, Psara ou Chant de victoire des Ottomans (Die Verbannten, des Zaren reinste Diamanten, Suliotè, Türk').

Allusions aux Gueux, au Vieux Vagabond (am Boden, die Hütte).

(5) Béranger : Le nouveau Diogène.
(6) Béranger : A mes amis devenus ministres.
(7) Béranger : Mon habit.
(8) Herwegh : Leicht Gepäck.

du *Poète de cour*, on peut encore comparer *Der arme Jakob* au *Vieux Vagabond* et *Die kranke Lise* à *Jeanne la Rousse ou la Femme du Braconnier*. Jacques représente l'homme du peuple ; Lise, la jeune plébéienne. De plus, le même motif revient dans le *Vieux Vagabond* et le *Pauvre Jacques* : le pauvre n'a pas de patrie ou la patrie n'est pour lui qu'une marâtre (1), et la même analogie de situation se retrouve entre les deux mères, Jeanne la Rousse et Lise, mises au ban de la société (2). Mais nous assistons d'une part à la mort d'un chemineau dans un fossé de la route où, loin de tous, il exhale sa dernière plainte et déplore qu'on ne lui ait jamais appris à travailler ; d'autre part, aux funérailles d'un père de famille à qui les riches ont fait la charité de quelques liards dans les rues, par ostentation, en le payant de belles promesses pour l'autre monde, et qui expire dans un tel dénuement qu'on doit l'ensevelir sans linceul. Jeanne la Rousse, fille d'un pauvre magister, a épousé un braconnier qu'on a surpris et emprisonné ; elle vient chanter sous les fenêtres de la prison avec ses trois enfants. Lise est la femme d'un tisserand qui, faute de ressources et même de linge, est obligée de faire ses couches à l'hôpital. Le parallèle est donc surtout instructif au point de vue des différences.

D'ailleurs entre les deux poètes, les différences sautent aux yeux. Les chansons de Béranger comme *Le Cinq Mai*, *Couplets sur la journée de Waterloo*, *Les Deux Grenadiers*, *Les Souvenirs du Peuple*, ont favorisé la légende bonapartiste de la « redingote grise » et du « petit chapeau », tandis que Herwegh a protesté à maintes reprises contre l'exploitation de la gloire napoléonienne (3). Béranger, indépen-

---

(1) V. Béranger, 5ᵉ couplet ; Herwegh, 6ᵉ strophe.

(2) Jeanne la Rousse : Accoucha seule au fond des bois ; Lise : Ich muss in einer Grube werfen.

(3) V. Ufnau und St-Helena et Den Einbastillierten :
O glaubt die Freiheit nicht gerettet,
Wenn euer Aar die Flügel schlägt...
Denn keine Schlacht wird mehr geschlagen,
Damit ein Volk, ein Held sich kränzt.

dant et frondeur, s'incline devant le pouvoir absolu de ses maîtresses ; or cette subordination de la liberté à l'amour, telle que l'admet Béranger dans *Ma République*, par exemple, est étrangère à la Muse de Herwegh (1). Leur style, enfin, n'offre pas de ressemblance : celui de Béranger est généralement pompeux, amphigourique, rempli de froides allégories ; l'hymen, les fléaux, les foudres, le nectar y jouent un rôle prépondérant ; au contraire, le vocabulaire et la syntaxe de Herwegh sont surprenants de simplicité et de vie.

La chanson de *Vive le roi* dans le premier volume des *Poésies d'un Vivant* a été directement traduite d'Hégésippe Moreau (2) :

> Vive le roi !.... Comme les faux prophètes
> L'ont enivré de ce souhait trompeur !
> Comme on a vu grimacer à ses fêtes
> La Vanité, l'Intérêt et la Peur !
> Au bruit de l'or et des croix qu'on ramasse,
> Devant le char tout s'est précipité ;
> Et seul, debout, je murmure à voix basse :
>   Vive la liberté !

> Vive le roi !... Wie haben Trugpropheten
> Mit diesem Lügenwunsch ihn doch berauscht !
> Wie gierig haben stets bei seinen Fêten
> Furcht, Interesse, Eitelkeit gelauscht !
> Ich mag den Herren ihre Kreuze gönnen,
> Wenn ich sie so zu Hofe traben seh',
> Und steh' beiseit', um rufen noch zu können :
>   Vive la liberté !

---

(1) V. Leicht Gepäck :
> Ich will die Freiheit nicht verkaufen.
> Und wie ich die Paläste mied,
> Lass'ich getrost die Liebe laufen.

Cf. Der Gang um Mitternacht :
> Treu lieb'ich dich, mein Kind, doch nicht allein,
> Du wirst mich ewig mit der Freiheit teilen.

(2) V. Hégésippe Moreau, Le Myosotis (1838).

Vive le roi !... Quand des mages serviles
D'un dieu mortel flattaient ainsi l'orgueil,
Un autre cri, tombant des Thermopyles,
Vint tout à coup changer leur fête en deuil.
De l'Archipel aux rives du Bosphore,
Après mille ans, l'écho l'a répété,
Et la victoire a pour devise encore :
    Vive la liberté !

Vive le roi !... So hatten Höflings-Weise
Dem Hochmut eines Erdengotts gefröhnt ;
Wie ward ihr lauter Jubel doch so leise,
Als drauf der Leoniden Ruf ertönt !
O heil'ger Ruf, der noch in unsern Tagen
So prächtig klingt, wie bei Thermopylä.
Auch unsre Fahne soll als Wahlspruch tragen :
    Vive la liberté !

Vive le roi !... De nos vieilles tourelles
Ce cri souvent ébranla les arceaux,
Quand les seigneurs faisaient pour leurs querelles
Au nom du prince égorger les vassaux.
Dans ces débris, où leur ombre guerrière
Agite encore son glaive ensanglanté,
Le voyageur écrit sur la poussière :
    Vive la liberté !

Vive le roi !... Wie oft musst'das erschallen
Von unsern Burgen, wenn am eignen Herd
In ihres Fürsten Namen die Vasallen
Erwürgte unsrer gnäd'gen Herren Schwert !
Noch heben nächtlich sie beim Mondenschimmer
Die blut'gen Klingen fluchend in die Höh',
Doch lächelnd schreibt der Wandrer auf die Trümmer :
    Vive la liberté !

Vive le roi !... La voix de la vengeance
Se perd toujours au bruit de ce refrain ;
Pour endormir son éternelle enfance,
Voilà comment on berce un souverain ;
Mais quand la foudre éclate et le réveille,
Seul, sans flatteurs, le prince épouvanté
Entend ces mots gronder à son oreille :
    Vive la liberté !

> Vive le roi... Ha ! so erstickt der Sklave
> Der Rache Ruf im eitelen Refrain ;
> Dass ja das ew'ge Kind recht ruhig schlafe,
> Seht ihr, so wiegt man einen Fürsten ein !
> Doch bricht das Wetter aus, so lang'beschworen,
> Ist er verlassen, ohne Schmeichler — Weh !
> Dann donnert ihm vernichtend in die Ohren :
> Vive la liberté !

On ne peut voir autre chose, à mon avis, qu'une curieuse coïncidence entre les vers de Barbier et ceux de Herwegh :

Que la Liberté sainte est la seule déesse
Que l'on n'adore que debout. (1)

Wärst du die Freiheit, wenn wir vor dir knieten. (2)

Mon vers rude et grossier est honnête homme au fond. (3)
Zwar hinkt mein Vers, doch ist er ohne Falten. (4)

Toutefois, parmi nos poètes politiques, Barbier fut un de ceux dont la vogue passa la frontière (5), et Georges Herwegh possédait dans sa riche bibliothèque un exemplaire des *Iambes et Poèmes* de l'édition de 1840.

⁎⁎⁎

Le plus souvent le rapprochement des textes, loin de diminuer la valeur originale des poésies de Herwegh, dissipe les équivoques. On se fait une idée plus exacte de la signification des influences que la lecture de ses devanciers a pu exercer sur lui, dans sa jeunesse, en comparant ses poésies avec les œuvres des autres poètes. En effet, on ne

---

(1) Barbier, Iambes : La Popularité.

(2) Herwegh, Sonette XXI.

(3) Barbier, Prologue.

(4) Herwegh : An die deutsche Jugend.

(5) Das Grab auf Sankt Helena de Stieglitz (Wohl gleich' ich ihn dem edelfreien Rosse), Des Helden Traum de Gottschall (O Bonaparte, wie schön war deine Stirne, als sie der Jugend Locke noch umschlang), rappellent la Cavale de Barbier.

doit pas s'y méprendre, qu'il s'agisse de Schiller ou d'Uhland, de Byron ou de Lamartine, de Platen ou de Béranger, l'auteur des *Poésies d'un Vivant* les a lus sans doute et les a étudiés, mais pour les transformer ; il ne les a jamais copiés. La preuve qu'il ne faut pas, d'ailleurs, exagérer l'importance de ces références, c'est qu'elles se rapportent, dans certains cas, et pour le même passage, à plusieurs poètes de tendances ou de nationalités différentes. On peut observer que, par exemple, *Ich möchte hingehn* a été rapproché tour à tour d'une tirade de Büchner, de trois élégies de Lamartine et d'une poésie d'Anastasius Grün. Nos citations tendraient à faire croire que *Leicht Gepäck* serait dû à une combinaison des influences d'Uhland, de Lamartine et de Béranger. On a le droit de se demander alors quelle influence a prévalu et s'il y a eu vraiment réminiscence; l'abondance des sources infirme, on peut le dire, toute certitude d'imitation. En d'autres termes, l'inspiration qu'il puise dans les livres des autres poètes ne se manifeste pas sous une forme immédiate, et même lorsqu'il se pénètre de l'esprit de ses modèles, il ne leur emprunte rien au sens rigoureux du mot. Sa pensée, en dernière analyse, diffère toujours de celle de ses précurseurs : il ne montre tout à fait ni l'optimisme de Schiller ni les inquiétudes de Hölderlin ; il ne partage ni le calme d'Uhland ni les doutes de Lenau; il ne verse ni dans l'indifférence de Heine ni dans le sombre fatalisme de Byron et ne s'abandonne pas aux molles rêveries de Lamartine ; il ignore l'étroit patriotisme des poètes de l'Indépendance et l'altière froideur de Platen ; enfin, il a moins de frivolité et beaucoup plus de profondeur que Béranger.

Son art diffère aussi du leur, comme il nous reste à le voir. La nouveauté de la création artistique réside rarement dans la matière objective, mais presque toujours dans la vie dont l'artiste l'anime. Ces procédés de génération, éternels eux-mêmes, varient dans leurs combinaisons ; rapprochées d'aussi près que l'on voudra de celles des devanciers de Herwegh, ses poésies de jeunesse, les *Poésies d'un Vivant* et les *Dernières Poésies* représentent une série de combinaisons nouvelles.

II

POÉSIES DE JEUNESSE

Au début, la poésie de Herwegh était sentimentale. Elle devint enflammée en se transposant dans la politique : l'élégie fit place aux dithyrambes, aux chansons inspirées par la passion de la liberté. Son originalité réside surtout dans l'entrain de ses odes et de ses hymnes où ses contemporains croyaient entendre la voix même de l'enthousiasme. Plus tard, une série de déboires a contribué à modifier ces dispositions : d'abord l'hostilité du roi de Prusse qui eut son retentissement dans toute l'Allemagne, puis l'échec de l'expédition badoise, enfin la brutalité de la réaction. Les chansons tournèrent à l'épigramme, et la satire supplanta les dithyrambes ; le poète se voyait contraint de se défendre et de protéger son idéal et, les désillusions se multipliant, il n'existait plus, comme le disait Feuerbach, de meilleure expression poétique que la satire pour refléter les circonstances (1). Considérée dans ses lignes essentielles, l'œuvre de Herwegh apparaît ainsi tour à tour mélancolique, enthousiaste et mordante, et revêt la forme d'élégies, d'hymnes et de satires. Les trois groupes de ses œuvres : ses poésies de jeunesse (1836-1841), les *Poésies d'un Vivant* (1841-1843), les *Nouvelles Poésies* (1843-1875), correspondent à ces trois subdivisions.

Il ne faut pas attribuer une valeur absolue à ces délimitations. Herwegh est resté un élégiaque toute sa vie, par le fond même de sa nature, et l'expression des plaintes mélancoliques se prolonge dans toute son œuvre ; la tristesse religieuse de ses premiers essais poétiques s'est conservée jusque dans l'amertume de certaines satires. On

---

(1) V. Bolin II p. 291, lettre de Feuerbach à Mme Herwegh, 23 févr. 1863 : « Ich halte die Satire für den einzigen zeitgemässen Ausdruck der Poesie ».

découvre inversement les premiers germes des hymnes et des satires dans les poésies de la première période ; on ne peut prétendre que la satire soit exclue des *Poésies d'un Vivant* dont elle constitue l'un des éléments, et les dernières poésies de Herwegh, le *Prologue pour la fête de Schiller*, l'*Epilogue de la guerre*, n'ont rien perdu de l'élan ni des qualités lyriques qui distinguent l'*Ode au roi de Prusse* ou *La Flotte Allemande*. L'intérêt que présente l'examen de ces groupes, pris isolément, consiste dans l'étude des transitions qui se manifestent dans chacun d'eux, d'une façon plus ou moins profonde, en raison des changements survenus dans la vie du poète et dans ses idées.

Après avoir quitté le Würtemberg où il avait vécu dans un pur milieu d'hommes de lettres, Herwegh s'est fait une nouvelle conception du rôle de la poésie. On a vu comment ce dédoublement se révèle dans ses articles de la *Volkshalle*. De même, les poésies de 1839-1840 laissent entrevoir deux inspirations parallèles : l'une subjective, l'autre objective. Le premier groupe comprend des poésies nostalgiques comme : *Der Verbannte zum Gutenbergsfeste*, demi amères et demi résignées comme : *Lied von der Weisheit*, la magnifique plainte : *Totenopfer für den Dichter Franz Gaudy*, d'autres encore, empreintes d'une tendre langueur avec une arrière-pensée de mélancolie romantique comme : *Lieder, Frühlingsnacht*, des poésies ingénument ou fièrement amoureuses : *Einer Frommen, Gebet*, et enfin : *Reinsten Himmel Wolken decken, Abschied, Frühlingslied*, où la douceur et la tristesse prédominent. Si l'on excepte le sonnet : *Ich habe nie mein Elend mir vergoldet*, qui semble écrit pour les *Dissonances*, et les strophes : *An die deutschen Dichter*, reprises dans les *Poésies d'un Vivant*, on peut considérer le second groupe des poésies de 1839-1840 comme une suite de tentatives encore imparfaites et timides dans le genre politique. *Die Industrieritter, An einen Bekannten, der einen Orden erhalten hatte*, sont deux satires anodines, l'une des spéculations de librairie, l'autre de la manie des titres et des décorations ; cette dernière fait pressentir la satire dirigée contre Grün dans les *Poésies d'un Vivant* et la xénie : *Die Dekorierten*. La chanson du *Prisonnier*, déjà remplie de grands accents, ne trahit pas une profonde originalité de conception et de style. L'élégie sur la *Mort de Napoléon II* renferme de beaux vers, mais le souffle manque au poète qui n'a pas réussi non plus à vaincre les difficultés du sujet dans *Der Sterbende Republikaner*. Des obscurités gâtent la chanson de *Tell* où il avait l'heureuse idée d'opposer la révolte des sentiments de famille à la soudaine audace du père en présence du tyran. *Lied ohne Titel* sert de prélude aux luttes de l'homme avec la divinité auxquelles les *Poésies d'un Vivant* prêteront une expression plus éloquente. L'appel aux armes : *Liebesketten kannst du brechen* et *Barbarossa's letztes Erwachen* expriment sans ampleur l'impatience et le besoin d'unité qui seront bientôt la constante préoccupation de Herwegh. Le jubilé de Gutenberg sera mieux interprété dans les *Poésies d'un Vivant* que dans l'ébauche : *Konstanzer Gutenbergslied*, mais le thème est déjà trouvé et les mêmes notes se font entendre. Ces premières poésies politiques révèlent toutes cette sympathie pour l'humanité que le poète formulera dans le 20ᵉ sonnet des *Dissonances :*

Des eignen Herzens mög' er sich entwöhnen.

L'étude des *Dissonances*, comme on le verra plus loin, est encore plus significative pour l'évolution de Herwegh. Il s'était transporté à Zürich et, dans l'intimité de Follen, dans la société des réfugiés républicains, il sentait plus que jamais la nécessité de l'action. Le rêveur et le penseur s'opposent nettement dans ces sonnets qui n'ont pas tous pris place dans les *Poésies d'un Vivant*. Herwegh a lui-même éliminé de son œuvre plusieurs de ses essais, mais aucune de ces poésies de transition ne saurait nous être indifférente. L'analyse montre comment et dans quelle mesure les sonnets de l'*Album des Boudoirs*, aussi bien que ceux des *Poésies d'un Vivant*, justifient leur titre de *Dissonances*.

Sous la dénomination de Poésies de jeunesse, nous comprenons d'abord les deux poésies du cloître de Maulbronn et du séminaire de Tübingue, ensuite neuf poésies légères conservées dans un manuscrit de la main de Madame Herwegh, deux poésies sauvées de l'oubli par Scherr, les poésies de l'*Europa*, avec quelques brouillons inédits, enfin celles de la *Volkshalle*.

Une mélancolie et une résignation un peu factices dans ce qu'elles ont de prématuré animent l'élégie de Herwegh sur la mort de deux condisciples, mais le souci de peindre d'après la réalité se révèle déjà dans ces vers ; l'émotion du jeune poète pendant la cérémonie funèbre est vivement éprouvée et fortement rendue :

> Höre noch des Sarges Deckel fallen,
> Ach wie klang's so schaurig-tief und hohl !

Le sentiment de la vie, avec ses devoirs et ses joies, triomphe finalement de l'impression douloureuse :

> Kampf ist unsre Losung hier auf Erden
> Und das Herrlichste blüht nach dem Streit...
>
> Mutter Erde, kehre mir entgegen
> Deine reinsten Triebe, heil'gste Lust.

Nous avons noté le même élan de confiance dans l'élégie de 1836 : *Von einem Schrank an grauer Klosterwand*. Le poète décrit comment, en feuilletant une vieille Bible, il a trouvé entre les pages une fleur fanée, et la vue de cette fleur sans éclat lui rappelle que la fraîcheur de la jeunesse est éphémère, courte la durée du printemps, inévitable le retour des êtres et des choses dans le sein de l'Eternel ; mais le poète se console à la pensée que la nature se renouvelle ainsi et que la vie renaît sans cesse de la mort. Il n'est pas moins curieux d'observer l'allusion de cette poésie aux charges d'impôts qui accablent les pauvres et à la dureté des publicains, contraire à l'esprit de charité de l'Evangile.

Précédées de la traduction de la petite pièce de Victor Hugo : *Enfant, si j'étais roi*, les poésies de 1837 gardées par

Madame Herwegh chantent, avec une ingéniosité dans le badinage qui n'est pas exempte de préciosité, l'amour d'un peintre et poète pour une jeune fille dont la beauté défie les pinceaux ; les chants n'ont pu attendrir cette froide idole, mais elle exauce un jour les vœux de son amoureux ; celui-ci, malgré les médisances, s'obstine à la présenter sous les traits d'une madone, digne de l'adoration de tous ; il pense qu'il n'y a plus de tendresse possible dans l'univers en dehors de leur passion ; mais il sent bientôt son cœur se partager entre deux amours, et même il aspire, pour égaler Dieu, à la possession de toutes les beautés du monde ; en terminant, il confesse avec orgueil, pour désarmer la critique, la sincérité de son inspiration qui doit servir d'excuse à la hardiesse de ses poèmes :

> All diese Lieder schmecken
> Nach meiner Liebsten Mund.

Dans la première des poésies mentionnées par Scherr : *Was wär'es, wenn den Lorbeer ich erränge*, Herwegh déclare qu'il a trop souffert pour désirer encore la gloire, sinon pour celle qu'il aime, mais il accepte son martyre si elle peut, à ce prix, porter la couronne qui la préservera du malheur. La seconde est une romance espagnole : deux amants, reine et poète, échangent l'aveu de leur amour clandestin et des craintes que leur inspire la jalousie du roi.

L'*Album* de l'*Europa* a publié en 1842 plusieurs poésies laissées par Herwegh entre les mains de la rédaction et qui, remontant à une époque antérieure, doivent être replacées à leur date et jugées avec indulgence. *Meine Nachbarin* décrit l'amour malheureux d'un jeune homme pour sa blonde voisine qui aime un beau cavalier : elle fait tourner son rouet sans lever les yeux, tandis qu'il reste tout le jour aux aguets, mais vienne à paraître dans la rue le beau chasseur sur son cheval, le rouet s'arrête aussitôt. Une inspiration analogue à celle des neuf lieds du peintre-poète anime ceux qui sont intitulés: *Aeltere Lieder* dans l'*Album* de 1842 : le baiser d'une mortelle vaut mieux que l'immortalité ; ses pas tracent sur le sable un brûlant poème d'amour ; le poète consent à voir sa déesse enflammer les cœurs des autres hommes pourvu qu'elle lui fasse la faveur de mieux l'aimer que ses rivaux ; il s'enivre de ses regards qui se mirent dans le vin qu'il boit près d'elle ; cet amour passe, et le poète, en se servant d'une image qui lui est chère, le compare aux étoiles filantes dont on ignore le tombeau.

Dans l'élégie : *Des Mädchens Tränen* (*Europa* 1837), Herwegh montre d'abord le charme des larmes : un pan d'azur au milieu des nuages est plus beau que le ciel bleu, une goutte de rosée dans le calice d'une fleur en ravive la couleur, les perles précieuses scintillent au fond de la mer ; mais les larmes de sa bien-aimée l'attristent et il préfère essuyer ses pleurs, la faire sourire.

Le *Totengräber* (*Europa* 1838) évoque l'amour d'un fossoyeur dont la jeune femme ou la fiancée est morte par un matin de printemps et qui, devenu vieux, ne s'étant jamais consolé de ce grand malheur, déterre l'humble cercueil en retournant les tombes du cimetière.

L'élégie : *Wellenklage* (*Album* 1838) nous fait partager le sort d'une vague qui, sur le point de se mêler aux flots de l'Océan, regrette les fleurs de ses rives et les jolies baigneuses et demande aux vents de la prendre sous forme de nuage et de la rendre à la terre sous forme de pluie :

> Gebt den Blumen mich, den Mädchen wieder ;
> Lieber will ich durch die Erde irren,
> Lieber stürzen über Klippen nieder,
> Als im Oceane mich verlieren.

Les neufs lieds de l'*Album des Boudoirs* de 1840 s'inspirent de l'amour du poète pour une jeune fille trop pieuse qui dédaigne les joies terrestres les plus innocentes et qu'il essaie de convertir à la religion de la vie :

> Gegenwart allein ist Farbe
> Und die Sehnsucht ist nur Duft...
>
> Oft schon hat der Augenblick
> Eine Ewigkeit geboren !

Mais il a beau lui prouver que les plus lointaines étoiles n'hésitent pas à se balancer ici-bas dans les flots, que le soleil se couche chaque soir dans la mer, que la terre porte le ciel dans son sein ; elle est menacée, si son cœur reste insensible, de finir ses jours comme ces fleurs des froides hauteurs qui ne sont pas cueillies par les hommes, mais deviennent la proie des frimas; il vante les unions de la nature, célébrées librement sans la bénédiction du prêtre; malgré tous ses efforts, il ne peut lui arracher son consentement et doit se résigner à la quitter en renonçant à son affection. A son retour, il retrouve le même calme chez celle qu'il aime; alors, désespéré, accablé par le sentiment de sa solitude que l'amour n'a su combler, il se prend à souhaiter d'avoir « quelque chose à haïr ».

L'*Album* de 1841 publia : *Die Blätter meiner Laube*, chanson d'automne, dans laquelle le poète, maudissant la mauvaise saison, appelle de ses vœux le printemps qui abrite les amoureux sous ses feuillages.

On lit dans le même *Album* : *Die drei Sterne*, véritable petit chef-d'œuvre dont il semble difficile d'égaler la sereine mélancolie et qui, pour l'art de la composition, rivalise avec les courtes ballades de Gœthe. Trois étoiles se sont rencontrées dans le ciel à minuit : l'étoile des Bergers, l'étoile de César et l'étoile de l'Amour ; elles resplendissent d'une clarté merveilleuse, mais à peine ont-elles brillé au-dessus de nos têtes qu'elles disparaissent à l'horizon ; le poète ne le dit expressément que de la dernière et le sous-entend des deux autres :

> Noch klang am Himmel laut sein Wort,
> Der Stern war schon gefallen.

Le charme de ces quatre stances se trouve dans les sous-entendus qui prolongent indéfiniment la rêverie en la laissant inachevée ; ce que le poète s'est contenté d'indiquer, la fragilité de la foi, de la gloire et de l'amour au sein de l'humanité éphémère, nous apparaît derrière un voile, et ce sentiment, plutôt deviné que formulé, étreint le cœur sans l'assombrir.

La poésie : *Durchtobt in wildem Flusse* (reproduite dans les *Neue Gedichte* sans autre indication de provenance, mais écrite sur le même brouillon que *Die Blätter meiner Laube*) exprime, de la façon la plus sobre et la plus heureuse, l'influence de la douleur et de toutes les fortes émotions sur la destinée du poète.

Dans l'*Album des Boudoirs* de 1841 figuraient aussi les dix sonnets : *Dissonanzen* (*Cliquen, Aus der Schweiz, Ich sah zwei Reben, Allen Verliebten, Meine Zukünftige, Zur Hochzeit, Ihre Heimkehr, Dem philosophischen Nebenbuhler, Auswanderer, An Gutzkow*). Nous y voyons le poète, tour à tour sur un ton sérieux ou enjoué, déplorer l'esprit de mesquine jalousie et de vanité qui règne dans les petites chapelles littéraires, s'abandonner aux regrets de l'exil, désirer la perfection morale, oublier ses chagrins d'amour en pensant que les plus fières, les plus insensibles expient en rêve leur sévérité, espérer la réalisation d'une union prédestinée :

> Sie komme nur, ich will sie gleich erkennen,

chanter de nouveau son dépit et ses doutes, proclamer son souverain mépris pour les abstractions :

> Trink ihr unsterblich Teil in vollen Zügen,
> Magst du der Schönen schöne Seele speisen
> Und dich am ewigen Begriffe laben,
> Ich will mich mit dem Sterblichen begnügen,

prendre en pitié une famille de pauvres émigrants obligés de s'expatrier, protester de sa fidélité envers l'auteur de *Wally la Sceptique* dans la bonne et la mauvaise fortune.

Dans l'un de ses sonnets inédits, Herwegh se rappelle avec attendrissement les premiers troubles de son cœur ; dans un autre, il répond aux détracteurs de Gœthe ; dans un troisième, il raille la dernière exposition de peinture et les tendances malsaines de l'art (1). Enfin le sonnet qu'il

---

(1) Voici dans quel ordre se suivent les sonnets du manuscrit : I (2e sonnet des Poésies d'un Vivant), II (3e s.), III Wenn frommen Mädchenaugen gleich die Sterne, IV (Allen Verliebten), V (11e s.), VI (6e s.), VII (Ich sah zwei Reben), VIII (32e s.), XIII (Zur

écrivit en arrivant à Zürich, devant le monument de Gessner, offre à l'état d'esquisse un des plus curieux exemples de l'évolution de sa pensée, car il contient en quelque sorte ses adieux non seulement à la poésie pastorale dont les colombes et les brebis avec les rendez-vous d'amour dans les bocages font tous les frais, mais à l'idylle en général (1).

⁂

Le lyrisme le plus personnel et la générosité la plus humaine s'entremêlent dans les poésies de la *Volkshalle*.

Les *Chevaliers d'industrie* mettent en scène un éditeur et un auteur qui n'ont d'autre souci que de gagner beaucoup d'argent. Ils discutent en commun sur l'entreprise la plus fructueuse : sera-ce un réquisitoire contre la liberté ? un pamphlet contre la « Jeune Allemagne » ? Ils finissent par s'arrêter à un dénigrement de Gœthe qui paraîtra dans le format de l'édition Schiller, c'est-à-dire en volume de si petites dimensions que le libraire y trouve seul son compte et se rit déjà de l'écrivain qui s'est laissé duper :

Er hat den Kreuzer und ich den Louis d'or.

Le *Proscrit pour la fête de Gutenberg* se lamente sur la tristesse de la terre étrangère, avec tous ceux qui sont forcés de s'exiler parce que leur patrie ne connait pas la liberté de la presse.

Le *Prisonnier* exprime les souffrances d'un captif, condamné au silence depuis dix ans, privé de lumière et de grand air, implorant la grâce de mourir en liberté (2).

Dans l'élégie sur la *Mort de Napoléon II*, après avoir compati à l'oisiveté qui pesait comme une malédiction sur

---

Hochzeit), XIV (Meine Zukünftige), XV (Aus der Schweiz), XVI (Auswanderer), XXV (Ihre Heimkehr), XXVI (Contre les détracteurs de Gœthe), XXVII (40ᵉ s.), XXVIII Ein neues Leben hat die Kunst begonnen.

(1) V. Herweghs Nachlass.
(2) Cf. Ged. eines Leb., Sonette XLV :
   Seit Jahren kein Gestirn in blauer Ferne.

le fils de l'empereur (1), Herwegh se reprend pour opposer l'intérêt poétique des plus humbles destinées au néant des grandeurs.

Dans la *Chanson de la Sagesse*, il montre que l'homme dépouille la foi et les illusions de sa jeunesse au prix des plus grands maux. D'après la chanson de *Tell*, l'acte du libérateur de la Suisse mérite d'autant plus notre admiration qu'il exigeait une force d'âme extraordinaire dont aucun prince n'aurait été capable.

Dans *Lied ohne Titel*, Herwegh plaint la toute-puissance et l'omniscience de Dieu qui le rendent inaccessible à la pitié.

Dans la poésie : *A l'un de ses amis récemment décoré*, il assimile la croix qui brille sur la poitrine du nouveau dignitaire, soit à celle d'une tombe, car tout ce qu'il avait de fierté et d'enthousiasme dans l'âme est désormais enfoui sous les honneurs (2), soit à la lourde croix du Calvaire sous le poids de laquelle il fléchira, délaissé de ses anciens compagnons.

Suivant l'élégie sur la *Mort de Gaudy*, le poète favori des dieux et dieu lui-même, exerce une sorte d'apostolat sur la terre : lorsqu'il expire, on ensevelit avec lui les rêves qu'il n'a pas extériorisés et qui sont perdus pour toujours ; sa disparition prive l'humanité de ses joies et de ses consolations. L'idée revêt ici une forme pleine et sonore ; on est frappé de la fermeté et de l'intime sincérité de l'accent :

> Ein Dichter tot ! Und für so manche Wunde,
> So manchen Kummer nun kein Balsam mehr !...
> Mein eigen Herz um einen Frieden ärmer !... (3)

---

(1) Cf. An die Zahmen : Und tatlos nicht verglühn.

(2) Cf. Ged. eines Leb., Anastasius Grün : Doch Lebende lernt'ich noch nicht begraben.

(3) Ce poème fait allusion à une élégie sur la mort de Chamisso (1838), jusqu'ici introuvable, où Herwegh, selon sa propre citation, développait le même thème :
   Es wird dem Dichter in der Welt so bange.
Cf. le poème à la mémoire de Büchner :

L'*Agonie du républicain* nous introduit dans une mansarde où l'un des plus braves combattants de 1830 meurt de faim, tandis que la foule acclame le roi Louis-Philippe auquel la Chambre a voté des millions pour sa liste civile.

Le poète revient, dans Lieder : *Viel gesungen, müd' gerungen*, sur la médiocrité des félicités de l'au-delà comparées aux joies les plus brèves d'ici-bas et aux larmes qui sont le privilège de l'humanité ; il aspire au sommeil de la tombe qui lui permettra de poursuivre en songe le bonheur qui lui a échappé sur la terre.

Les poésies suivantes, comme les neuf lieds de l'*Album des Boudoirs* de 1840 dont trois d'entre elles font partie (1), sont adressées à une insensible dévote qui, selon le poète, pourra se repentir de son éloignement pour les pécheurs le jour où elle se présentera seule aux portes du Paradis. Le sonnet qui a pour idée essentielle qu'il vaut mieux souffrir et mourir jeune que vivre et rimer sans passion, car la douleur est la rançon du génie, rappelle par ses derniers vers l'un de ces neuf lieds :

> es ist ein Augenblick,
> In dem wir uns die Ewigkeit erstreiten.

Le poète envie dans *Frühlingsnacht* le calme nocturne de la forêt et le profond repos de la mort. La poésie allemande abonde en lieds de ce genre pour exprimer la nostalgie d'une survivance impassible dans un néant plus ou moins noir. Le lied de Herwegh, avec sa résonnance funèbre, trahit l'influence romantique :

> So müd' dies Haupt, schläft's doch nicht ein,
> Ich muss ihm tiefer betten !

Mais la liberté se dresse victorieusement en face de

> Mein Büchner tot ! Ihr habt mein Herz begraben !...
> Um einen Frühling ist die Welt gebracht !...
> Er darf die Zukunft nicht zur Blüte treiben,
> Und seine Träume müssen Träume bleiben ;
> Ein unvollendet Lied sinkt er in's Grab,
> Der Verse schönsten nimmt er mit hinab.

(1) Derselben, Abschied, Frühlingslied.

l'amour dans la poésie : *Auf !* Herwegh évoque, dans le *Dernier réveil de Barberousse*, le vieil empereur de la légende, pour donner congé à son spectre qui ne convient plus à notre époque. Le *Chant de fête de Gutenberg* célèbre la liberté de parole, avec la même gradation dans l'éloge que dans les *Poésies d'un Vivant* (*der gute Berg, der beste Berg*).

En somme, un pessimisme tendre et résigné, dépouillé d'amertume et rarement morbide, très vibrant, soutenu par une vive sympathie pour les victimes, délicat et charitable, moins désespéré que celui de Byron et moins abstrait que celui de Lamartine, constitue le premier trait de la poésie de Herwegh. Cette note mélancolique, voilée et plutôt grave que sombre, s'est perpétuée à travers les sonnets des *Poésies d'un Vivant*.

III

POÉSIES D'UN VIVANT

Les sonnets des *Dissonances* ont été composés avant la plupart des chansons politiques. Ils devraient donc les précéder logiquement dans le recueil, car ils semblent une suprême concession du poète populaire au public lettré. Toutefois, au point de vue esthétique, la place qu'ils occupent peut se justifier, parce que, venant après les chansons que l'on a comparées aux cloches du tocsin, ils font l'impression de vibrations plus sourdes qui se ralentissent et s'affaiblissent graduellement.

Nul rigoureux souci de composition n'a présidé à l'arrangement des *Dissonances*. Herwegh, on le sait, laissa le plus souvent à Follen le soin de classer ses poésies. Mais, voulu ou non, le désordre des sonnets produit le plus grand effet, car ces oppositions répondent aux alternances, aux fluctuations de la pensée.

Fils de son temps, le poète veut le conduire et non le servir ; le peuple a besoin de devins dans une période aussi troublée que l'époque contemporaine ; la Suisse, terre des aigles, est la vraie patrie des prophètes de la liberté ; lorsque l'heure de l'action sonnera, on n'écoutera plus les poètes : le chant du coq effarouchera bientôt les rossignols (I-V). Herwegh définit la mission du poète moderne : celui-ci doit s'inspirer autant de la raison que du sentiment, mépriser la renommée, se consacrer à la poésie nationale, ne peindre que les grandes scènes de la nature, puiser sa force dans le malheur, et, au risque d'être incompris comme Shelley, se laisser soulever par la passion, haïr le dilettantisme, enfin refléter l'infini (VI-XV). Les hommes font partie de l'Univers comme les gouttes d'eau de l'Océan et nous sommes réunis au Tout par la mort ; la poésie ne doit donc pas être individuelle, mais elle a pour principe d'exalter la liberté dont le culte exige une foi austère, de l'abnégation, du courage, la recherche audacieuse de la vérité ; l'art réconcilie l'homme avec sa destinée ; l'esprit de solidarité peut d'ailleurs trouver un puissant réconfort, soit dans l'amour, soit dans l'amitié (XVI-XXVIII). Le poète jette un regard en arrière sur la tranquillité qu'il est prêt à sacrifier pour lutter, peut-être isolément, en faveur de ses semblables : tel le flot qui monte à la surface pour être absorbé par les rayons du soleil regrette les profondeurs de la mer (XXIX). Herwegh oppose ses nouvelles conceptions à celles du milieu littéraire de son temps : il n'admet ni l'exotisme de Freiligrath, ni l'esthétique supra-sensible des Nazaréens ; russophobe, hostile aux teutomanes, il reproche à Dingelstedt sa confiance dans les princes, à Uhland son idéal de chevalerie surannée, aux poètes français leurs habitudes de luxe (XXX-XXXVII). Après un nouvel éloge de l'amour, de la solitude, de la nuit et de l'art, il envie encore la douce folie de Hölderlin et la vie inconsciente des paysans ; ce sont les derniers tressaillements, les dernières résistances des instincts pacifiques du cœur, et les *Dissonances* se terminent par un appel au dieu des orages, une invocation à Byron et une épitaphe sur les hasards de l'existence (XXXVIII-LII). Sans plan, ou sans véritable enchaînement dans le plan, elles rendent comme une fidèle symphonie la multiplicité des sensations et même les contradictions de l'âme du poète, alors partagée entre la mélancolie du passé et les espérances de l'avenir, entre le rêve et l'action.

Le poète politique s'affirme dans une foule de vers :

   Wie meine Mutter mich, die Zeit, erregte (I)
   Dem nur des Volkes Schmerz vom Auge taut (II)
   In deines eignen teuren Volks Geschichte (VIII)
   Die Losung ist nun Dante, und nicht Tasso (XIV)
   Den eignen Kummer schreib'er in den Sand (XX) ;

mais d'autres vers, jusque dans les sonnets politiques, semblent en contradiction avec ces tendances :

> Des Hahnen Ruf verscheucht die Nachtigallen (V)
> Doch mir däucht nur ein Dichter, der noch sänge,
> Wo keines Menschen Stimme zu ihm dränge (VII)
> Ich hab' mir die Beschaulichkeit erkoren (XXII).

Le contraste apparaît nettement dans le 13ᵉ sonnet qui compare la poésie contemplative à une eau calme, à peine ridée par l'haleine du zéphyr, bordée de tranquilles roseaux, et la poésie d'action, à une mer agitée par la tempête, sillonnée de lueurs d'incendie. Herwegh envie dans le 29ᵉ sonnet « ceux qui n'éprouveront jamais la rage de l'Océan déchaîné ». Le poète qui se prépare à remuer la foule par ses accents belliqueux, monté sur un fringant Pégase « dont les sabots frappent vigoureusement le sol et dont les naseaux lancent des flammes » (14ᵉ sonnet), adore la solitude : il a coutume d'errer dans les sentiers les plus silencieux de la montagne où lui parvient seul le tintement des clochettes des troupeaux, il se plaît dans le voisinage d'un cimetière (19ᵉ sonnet) ; il aime à s'élever sur les crêtes rocheuses, à s'entretenir avec la fleur qui croît sur les cimes sauvages et n'est jamais cueillie par une main sacrilège ni foulée par les pas des hommes (44ᵉ sonnet). Les 15ᵉ, 43ᵉ et 47ᵉ sonnets ont un caractère purement élégiaque. La lutte lui paraît sombre ; des aveux de découragement lui échappent :

> Auch ich wär' nach der süssen Ruhe lüstern...
> Statt also mir das Leben zu verdüstern (1) ;

il parle de l'humanité avec un respect mêlé de crainte :

> Wenn ich entflohen aus der Menschen Bann (2).

Ses premières inclinations le rattachent malgré lui à la paix, et cette idée joue encore un rôle considérable dans les *Dissonances*, soit que Herwegh fasse des adieux émus aux temps idylliques :

> Der Gott des Friedens will uns nimmer segnen (3)
> Schon liegt das Haupt des Friedens unterm Beile (4)

---

(1) Sonette XIV.
(2) Sonette XVI.
(3) Sonette III.
(4) Sonette V.

soit que, pour synthétiser les conceptions contradictoires, il oppose à l'inertie trompeuse de l'indifférence la véritable tranquillité de l'âme qui résulte de la compréhension de l'équilibre de l'Univers où le mal et le bien se compensent, où l'arc-en-ciel succède à l'orage :

> Die Welt ist mir ein heilig, heilig Buch,
> Drin alle Blätter flüstern : Frieden ! Frieden ! (1)

Même dans les chants presque farouches, parfois sanglants des *Poésies d'un Vivant*, dans les cris de colère et de rébellion du livre de la haine, on surprend encore des accents d'élégie, dispersés, étouffés, mais faciles à reconnaître. Ce sont d'abord les réminiscences des sonnets qui passent presque inaperçues : les deux premiers vers de la poésie *An Frau Karolina S.*, cf. sonnet I ; les quatre derniers vers de *Gebet*, cf. sonnets XXVI et XXVII ; la deuxième strophe de *Der Gang um Mitternacht*, cf. sonnet XLVII ; le début : *An die Zahmen*, cf. sonnets XIII et L. — L'emploi fréquent de l'optatif, pour exprimer les vœux ardents et impatients de la jeunesse prête à combattre, trahit également une habitude élégiaque :

> O könnt'im finstern Rat der Alten
> Mein Lied ein zündend Feuer sein ! (2)

> O wär'ich solch ein Ritter ! (3)

> Ich möcht' nun einmal sandeln,
> Ich möcht' nun einmal handeln ! (4)

De plus, l'idée de la mort, envisagée comme une condition de la vie, continue à former la base du recueil où le deuil domine en grisaille, si bien que l'élégie à la mémoire de Büchner, l'une des plus belles créations de Herwegh,

---

(1) Sonette XXV.
(2) An Frau Karolina S.
(3) Der Freiheit eine Gasse.
(4) An die Zahmen.

et l'élégie : *Ich möchte hingehn* ne jurent pas, mais s'harmonisent parfaitement avec ce motif souvent répété :

Doch muss man für sie sterben (1)
Schaff uns eine grüne Insel, wo wir frei noch sterben können (2)
Und lasst es mich sterbend noch hauchen (3)
Vorm Sterben, vorm Sterben (4)
Zu sterben mit dem Donnerruf (5)
Unser warten Thermopylen,
Perser — und im Schatten manch ein Grab (6).

L'idée de la destruction de la tyrannie s'ajoute au rêve d'une mort héroïque sur le champ de bataille dans la fleur de l'âge : le feu et la dévastation ont passé sur les empires tombés en poussière ; partout on marche sur des ruines (7).

Enfin, dans le deuxième recueil de Herwegh, la poésie : *Im Frühjahr* montre d'une manière curieuse la transformation d'un thème sentimental en un thème impersonnel par le changement d'un simple mot : le bonheur de la nature ne suffit pas à guérir un cœur malade (*eine kranke Brust*), telle est la première version du manuscrit, à laquelle le poète a substitué plus tard, au moment de l'impression, la variante imprévue, mais plus conforme à la note politique du recueil : un peuple malade (*ein krankes Volk*).

Lorsqu'on parcourt le premier volume des *Poésies d'un*

---

(1) Wer ist frei ?
(2) Gebet.
(3) Der sterbende Trompeter.
(4) Reiterlied.
(5) Der Freiheit eine Gasse.
(6) Zuruf.
(7) V. par ex. Vive la République : Ein versinkend Königshaus ; Jacta alea est : wenn die Paläste brechen ; Auch dies gehört dem König : man wird den Staub auf eurer Krone schauen;

Vivant, on voit qu'elles se suivent au hasard comme les sonnets, rattachées le plus souvent les unes aux autres par un faible lien. Le livre s'ouvre sur deux dédicaces, l'une à Pückler-Muskau, l'autre à Caroline S(chulz). Viennent ensuite l'éloge de la liberté, de l'unité germanique, de la fraternité universelle et plusieurs chants de guerre révolutionnaires. Le *Rheinweinlied* amène *Das freie Wort* dont le début : *Sie sollen Alle singen* répond au *Rheinlied* de Becker : *Sie sollen ihn nicht haben* et qui précède le groupe des poésies en faveur de la liberté de la presse. A la traduction de *Vive le Roi !* correspond l'hymne de *Vive la République !* Herwegh s'adresse aux poètes : il blâme Grün et loue Béranger ; il oppose le rêve et la réalité ; il s'isole dans la montagne, mais ne parvient pas à oublier les hommes ; il évoque l'ombre de Hutten et s'inspire de son exemple pour maudire le clergé romain ; il conseille au roi de Prusse de guider la jeunesse dans la voie du progrès et finit par invoquer la liberté contre les rois.

Il en est de même du second volume. C'est Follen qui a recommandé à l'auteur des *Poésies d'un Vivant* de rassembler, après la dédicace à Prutz, d'abord les chansons les plus générales (*Morgenruf-Husarenlied*), puis celles du voyage en France (*Champagnerlied, Die Epigonen von 1830*), celles qui ont trait aux affaires d'Allemagne (*Die drei Zeichen-Eine Erinnerung*), les poésies suisses (*Einkehr in die Schweiz-Aus den Bergen*), les satires personnelles (*Unseren Künstlern-Duett der Pensionierten*), puis les *Xénies*, enfin celles qu'il baptisait « communistes » (1). Ici l'ordre s'est trouvé interverti : ces dernières, entre autres celles des *Vingt et une Feuilles de Suisse*, passèrent devant les *Xénies*, à l'exception du *Pauvre Jacques* et de la *Lise* qui ferment le recueil avec les *Tercets au Roi*.

---

(1) D'après lettre inédite de Follen à Herwegh, fin oct. 1843.

Le choix des sujets ne suffit pas évidemment à donner au livre une solide structure. Les *Poésies d'un Vivant* ont un autre lien que leur communauté d'origine historique. A défaut d'unité dans la composition, leur homogénéité réside dans le principe de leurs antithèses ; l'antithèse devient l'âme même de la poésie de combat, la lutte s'exprimant ainsi en quelque sorte jusque dans les mots. Perpétuel antagonisme entre la vie et la négation de la vie, ou, selon le nom que le poète prêtera tour à tour aux deux esprits contraires, le jour et la nuit, demain et hier, la jeunesse et la vieillesse, la terre et le ciel, la liberté et la servitude, toutes les antithèses du recueil, ou à peu près, malgré la variété de leurs formes, peuvent se classer sous ces rubriques et sont contenues dans l'antithèse initiale, déjà latente dans les élégies de Herwegh. En dernière analyse, il célèbre le triomphe de la vie sous toutes ses faces, quelle que soit la formule des contrastes, qu'il oppose l'égalité aux privilèges, la tragédie à l'idylle, la haine à l'amour, le glaive à la harpe, les guerriers aux prêtres, ou la pauvreté à la richesse, les boucles d'or aux cheveux blancs, les poètes aux princes, l'aurore au crépuscule, l'avenir au passé, et, symboliquement, les aigles aux corbeaux, le plomb à l'or, le rouge et le vert, car les aigles représentent la liberté de l'espace, le plomb symbolise l'imprimerie, c'est-à-dire le progrès, et le rouge évoque la bataille où le sang coule des blessures pour le bonheur de l'humanité. Le meilleur moyen de se convaincre de l'infaillibilité du procédé consiste à dénombrer toutes les antithèses des *Poésies d'un Vivant ;* cette énumération justifie le titre du recueil, et, de plus, la puissance d'imagination du poète apparaît dans la multiplicité de ses symboles :

vergehn	Auferstehn
klein	Weltmeer
Wappenschild	Schild
Sternchen	Sterne

(An den Verstorbenen)

still	Sturm
abgelegnen Wein	zündend Feuer
Asche	Flammen

(An Frau Karolina S.)

stolze Feste	im Neste
Gold	Wein
Paläste	Berge
Moder	Rosenblätter

(Leicht Gepäck)

viel	ein
die böse Zwei	die Einheit

(Wer ist frei?)

Greis	starken Mann
Kreuz	Schwert
Steckenpferd	Pegasus
Krücke	Flamberg
Sterne	Sonnen
Abendrot	Morgenlicht

(Arndts Wiedereinsetzung)

der Sklaverei Idylle	Trauerspiel der Freiheit
Sarg	Wiege
Frieden	Krieg

(Gebet)

beten	Kampf

(Der letzte Krieg)

aus ihrer Gruft	erwecken

(Der sterbende Trompeter)

so grün	wie lauter Röslein

(Reiterlied)

Sklaven	deutsch

(Rheinweinlied)

Raben	Adler

(Das freie Wort)

Kyffhäuser	Gutenberg

(Der beste Berg)

Gold	Blei
Federn	Flügel

(Drei Gutenbergslieder)

voll Glaubens	protestieren

(Protest)

alt	jung
des Vergangnen	die Zukunft
Silber	Gold

(Die Jungen und die Alten)

Kreuze	Schwerter

(Aufruf)

Ring der Kette	Freiheitsbrautring

(Neujahr)

sibirisch	Sonne

(Frühlingslied)

Knechte	Ritter

(Der Freiheit eine Gasse)

Königshaus	république

(Vive la République)

zerrissen, neun und dreissig	ein

(Dem deutschen Volk)

lieben	hassen

(Das Lied vom Hasse)

die Alten	die Jungen

(Gesang der Jungen)

Fürst	Dichter
Purpur	Blut
Epheu	Rebe
Harfen	Schwert

(An die deutschen Dichter)

Tote	Lebende

(Anastasius Grün)

Grube	Wiege
Liebe	Freiheit

(Béranger)

Palast	Kerker
ein Taubenpaar	wilde Rosse
Schmetterlinge	Aar

(Der Gang um Mitternacht)

tot | Leben
(Schlechter Trost)

Himmel | Erde
(Strophen aus der Fremde)

Hänfling | Adler
Bonaparte | Hutten
(Ufnau und Sankt Helena)

schnöde Hunde | der Freiheit Edelwild
(Jacta alea est)

Abendsäuseln | Sturmgetose
Geleier | Trommel
(An die Zahmen)

Sahara | Eden
(Gegen Rom)

Fürst | Dichter
(An den König von Preussen)

König | Freiheit
(Zuruf)

Fürsten | Bettler
(An die deutsche Jugend)

Nachtigall | Lerche
Nacht | Tag
Rosen | Schwert
(Morgenruf)

krank | heilen
(Im Frühjahr)

Philister | Jugend
Wasser | Feuer
(Champagnerlied)

Buden | Altar
(Die Epigonen von 1830)

Wespe | Adler
(J.....)

Wasser | Feuer
(Bei Hamburgs Brand)

Knechtschaft | Völkerfrühling
  (Eine Erinnerung)

Sklave | Freiheit
  (Die Schweiz)

im Munde | in der Hand
  (Unseren Künstlern)

Ruhe | Freiheit
  (Wohlgeboren)

träumen | handeln
  (Die Partei)

Diener | Jakobiner
  (Duett der Pensionierten)

Wort | Tat
  (1841-1843)

Sterne | Sonne
  (Pour le mérite)

Königs Gnade | Recht vor Gott
  (Amnestie)

Nachtigall | Hahn
  (Parabel)

Bude | Altar
Chamäleon | Trikolore
  (Den Einbastillierten)

Bär | Hahn
  (Die Rute)

christlich | irdisch
  (Wiegenlied)

Nacht | Licht
Kosaken | freie Männer
Unkraut | Aehren
Thron | Revolution
  (Auch dies gehört dem König)

D'une part, le règne des ténèbres, de la mort, de la servitude et de l'inertie, avec tous leurs attributs : les corbeaux, les cercueils, les tombes, les croix, les chaînes, les cendres, les béquilles, indices de décrépitude, les palais, repaires d'égoïsme ; d'autre part, le réveil, les oiseaux du matin, l'astre du jour, la naissance ou son symbole : le berceau, la résurrection, l'action, les armes, la flamme, l'immensité — tels sont les termes dont se sert le poète, une mythologie spéciale, sinon inventée de toutes pièces, du moins renouvelée, employée avec une profusion et une logique étonnantes, lorsque rien ne semblait précisément plus difficile que d'éviter, dans l'emploi de ces procédés, la monotonie et les discordances.

On ne saurait appeler monotonie le retour des mêmes images à d'assez longs intervalles, identiquement ou différemment accouplées, comme le glaive et la croix, le glaive et les roses, le coq et le rossignol, le coq et l'ours (la France et la Russie), car les identités d'expression rehaussent parfois le relief des antithèses. Mais on est bien plus frappé de l'habileté avec laquelle Herwegh a su justement diversifier les oppositions, par exemple celles de la liberté et de l'esclavage, de la liberté et de l'amour, ou de l'aigle tour à tour mis en regard des corbeaux, des papillons, de la linotte et même de la guêpe. On peut noter l'imprévu de certaines comparaisons, sobrement indiquées, rarement développées : la froide sagesse des vieillards comparée au vin depuis trop longtemps en cave, le poète populaire à la vigne qui orne les chaumières, le courtisan au lierre qui rampe et serpente le long des murailles des châteaux ; il y a de véritables trouvailles dans ces abondantes métaphores.

Des critiques, Vischer en tête, ont relevé des incohérences ; ils n'ont pas saisi le rapport constant de réciprocité qui leur donne de la cohésion. Par exemple, l' « idylle » de l'esclavage, la « tragédie » de la liberté, sont exactement les expressions que l'on attend du poète qui maudit le calme de la paix et prêche la haine pour obtenir la délivrance. Il ne faut pas non plus être surpris que le même symbole se rencontre également dans deux acceptions différentes, emphatique ou péjorative. On peut observer, en parcourant la liste des antithèses, que les étoiles figurent parmi les attributs du bien et du mal, selon la valeur de la comparaison : par rapport aux décorations qui couvrent la poitrine de Pückler-Muskau les constellations du ciel qui nous parlent de l'immensité relèvent du génie de la Vie, tandis qu'elles rentrent naturellement dans la catégorie de la Mort quand elles expriment la nuit par opposition au soleil :

> Die Sterne blassen, wenn die Sonnen funkeln (1)
> Du magst sie all'zusammen flicken,
> Sie werden keine Sonne sein (2).

De même, le poète flétrit l'or, symbole de la Richesse :

> Ein böser Geist der Tiefe haust im Gold (3),

mais il le célèbre comme symbole de la Jeunesse, opposé aux cheveux blancs qui couronnent d'argent la tête des vieillards :

> Doch dem Gold gehört die Erde (4).

Toutes ces métaphores ne sont pas, sans doute, exemptes de recherche. Lorsque Herwegh compare la neige des cheveux de Béranger à une avalanche, cette idée ne correspond à celles de lumière, de rénovation et de vie qu'à la condition d'impliquer ce qu'elle sous-entend en effet, la force de l'ouragan ou de la révolution (5). Une image détonne dans la série des symboles de la poésie *An Karolina S.* pour désigner les hymnes révolutionnaires (la

---

(1) Arndts Wiedereinsetzung.
(2) Pour le mérite.
(3) Gutenbergslieder, III.
(4) Die Jungen und die Alten. On peut remarquer également les deux acceptions de troubadour :
> Der Deutsche muss erst freier sein,
> Dann sei er Troubadour (An die Zahmen).

> Ein Troubadour zieh'er von Land zu Land (Son. XX).
Cf. Ged. und. Krit. Aufsätze, II, p. 135.
(5) Cf. Gutenbergslieder, III :
> Was will die Flocke gegen die Lawine ?

fanfare, la tempête, le tocsin, les cheveux gris d'un vieillard) ; l'éloge de l'austérité de la vieillesse, bien qu'on puisse l'admettre avec le contexte, jure d'une manière générale avec les dithyrambes des *Poésies d'un Vivant* en l'honneur de la jeunesse.

Malgré la fertilité d'invention que révèle son vocabulaire poétique et malgré l'unité de conception qu'il suppose, on peut donc reprocher à l'auteur d'avoir abusé des antithèses, car elles deviennent, dans quelques passages, une sorte d'habitude oratoire dont on ne découvre pas la nécessité : ainsi *in West und Osten, in Süd und Nord* (1), *vom Pol bis zu den Tropen* (2), et encore la troisième strophe à peu près tout entière de cette dernière poésie où il faut tout le prestige du rythme pour faire oublier ce qu'il y a forcément de factice dans ces contrastes :

> Der Boden, der von Honig troff,
> Nur Tränen bringt er hervor...
> Sein Weihrauch ist ein Grabgeruch,
> Das Eden wurde zur Sahara,
> Und zu Italiens Leichentuch
> Die farbenglühende Tiara.

L'introduction du *Witz*, élément satirique, dans l'hymne doit être considérée comme une conséquence fâcheuse de cet abus d'antithèses. Pour quelques effets heureux, obtenus par les jeux de mots, parfois bien réussis comme dans la poésie : *An den Verstorbenen* (*Gottes Sterne, seine Sternchen*), ou moins naturels, mais encore très expressifs, comme : « Le censeur n'a que des plumes, mais la vérité a des ailes » (3), le poète a nui, dans certains cas, à la perfection du lyrisme par l'emploi d'un trait d'esprit qui ne paraîtrait pas déplacé dans la satire,

---

(1) Das freie Wort.
(2) Gegen Rom.
(3) Gutenbergslieder, III.

mais qui survient inopinément dans une ode. Si l'image ou même l'équivoque :

> Drum lasst uns selber freien,
> So sind wir frei (1)

peut se justifier parce qu'elle est habilement adaptée à ce qui précède, la plaisanterie perd, sinon sa raison d'être, du moins tout caractère lyrique dans une allitération comme : *loyal, Loyola* (2).

La valeur musicale des antithèses explique seule leur emploi logiquement excessif. Les vers des poésies politiques de Herwegh sont beaucoup mieux faits pour la déclamation ou pour le chant que pour la lecture. Ce qui constitue le principal mérite des *Poésies d'un Vivant*, ce sont leurs qualités rythmiques.

On doit les classer, sous ce rapport, en trois groupes : les stances ou quatrains, les odes, les chansons.

Les stances ne présentent pas, pour le rythme, le même intérêt que les deux autres groupes, car leur schéma ne subit jamais de modification essentielle et l'initiative du poète se borne à l'emploi des trochées ou des iambes. Ses stances iambiques, de provenance élégiaque, se ressentent de leur origine (*Der sterbende Trompeter, Schlechter Trost*). Les trochées ont un caractère combatif qui convient aux poésies provocantes où ils sont employés (*Die Jungen und die Alten, Zuruf*). L'alternance des vers de 5, 3, 5 et 4 pieds dans la poésie : *Arndts Wiedereinsetzung* semble marquer métriquement la décadence ou la désillusion par leurs chutes inégales :

> Ihr hattet einen starken Mann genommen
> Und gebt uns einen Greis zurück.

Les stances ont déjà un principe commun avec les odes et les chansons : ce sont les répétitions de mots que l'on peut regarder comme des refrains incomplets ou embryon-

---

(1) Wer ist frei.
(2) Gegen Rom.

naires (*O selten, selten Glück; andre Fahnen, andre Götter, ein ander Haupt* (1); *Wohl stand ich so oft; und habe gehofft; sonst nichts* (2); *Es ist ein Berg auf Erden* (3); *Zum vierten Male, vierhundert Jahre, vierhundert Feinde* (4); *Du bist jung; Lass erst; Wer soll: Schmäht mir nicht*) (5).

Ces redoublements se retrouvent dans les odes (*O Ritter, toter Ritter, schlechter Ritter* (6); *Frühling sei es keinem Würger, Frühling nie* (7); *Seid stolz* (8); *Noch ist es Zeit* (9). Ils font partie intégrante du lyrisme des *Poésies d'un Vivant*, conçues en vue de la multitude et comme une série de chœurs interprétés par plusieurs voix. Les stances de *Schlechter Trost* sont pourvues d'un véritable refrain qui ne disparaît qu'au dernier quatrain, et dans *Aufruf* les trois premiers vers reparaissent textuellement au début de la quatrième et de la septième strophe.

Outre l'entrelacement varié des rimes (*ababcdcd, aabccb, ababccdeed, abbaabb, abababcc, abcdccd, ababcdddc, abbaaab, ababcdcccd, ababcddc*), ce qui caractérise les odes et leur mouvement, c'est la gradation de sonorité qui se poursuit à travers la strophe et toute la poésie, jusqu'au dernier vers. Chaque strophe se compose d'abord de deux temps ou de deux phrases. Dans le type le plus fréquent, la période de huit vers à rimes alternées ou croisées, la première phrase comprend les quatre premiers vers, la seconde les quatre derniers ; c'est l'équilibre le

---

(1) Arndts Wiedereinsetzung.
(2) Der sterbende Trompeter.
(3) Der beste Berg.
(4) Gutenbergslieder, II.
(5) Die Jungen und die Alten.
(6) An den Verstorbenen.
(7) Frühlingslied.
(8) An die deutschen Dichter.
(9) An den König von Preussen.

plus simple (1). Mais, dans une strophe comme celle de *Frühlingslied*, *An den König von Preussen*, *Die deutsche Flotte*, *Eine Erinnerung*, ou dans les périodes à rimes redoublées, le balancement peut être de six vers contre quatre, cinq contre quatre, quatre contre trois, quatre contre six. Il importe qu'il se reproduise par un harmonieux retour du temps faible et du temps fort, celui-ci servant à marquer la fin de la strophe. L'ode ainsi constituée s'adapte parfaitement à l'expression des antithèses. Une étude approfondie des coupes de la strophe dans Herwegh montre que l'équilibre rythmique accentue chez lui presque toujours le dualisme de la pensée, car le dernier vers ou les deux derniers résument fortement, grâce à la concentration de la valeur des syllabes, la double idée qui inspire toute la strophe. Le vers final de l'ode, à condition d'être perçu par l'oreille et relié auditivement à ceux qui le précèdent, résume par son maximum de sonorité l'enthousiasme ou l'indignation que le poète prétend non seulement exprimer, mais communiquer à la foule. Plusieurs des vers qui terminent les strophes et presque tous ceux sur lesquels les odes s'achèvent sont des exclamations : *Dich in dein Vaterland !* (2) *Und wir wollen Priester sein !* (3) *Auch die Menschen seien frei !* (4) *Helf uns Gott, so soll es klappen !* (5) *Und lasst die Harfen uns zertrümmern !* (6) *Zertrümmern seine letzten Henker !* (7).

A plus forte raison le refrain des chansons, dont la signification s'accroît de couplet en couplet, même lorsque les mots sont identiques, obéit-il à cette loi musicale.

---

(1) Ces phrases ne correspondent pas forcément à la ponctuation grammaticale, bien qu'elles s'arrêtent le plus souvent à un point ou point et virgule, mais elles dépendent des césures.

(2) An den Verstorbenen.

(3) Aufruf.

(4) Frühlingslied.

(5) Dem deutschen Volk.

(6) An die deutschen Dichter.

(7) Gegen Rom.

Les strophes des chansons reproduisent à peu de chose près le dessin des odes pour l'entrelacement des rimes ; seulement le schéma *ababcdcd* revient plus souvent. Par contre les alternances du mètre sont plus variées : 4 pieds +3+4+3+3+2+3+2(1), 4+4+3+4+4+2(2), 4+4+4+3+3+3+3(3), 4+3+4+3+4+4+3(4), 4+3+4+4+3+4+4+2(5), 4+2+4+2+3+4+3+2(6), 2+2+3+2+3+2(7), 4+3+4+3+3+1+3+4+4+3(8), 5+3+5+3+3+5+3+3+2+2(9).

Il résulte de cette inégalité une très grande souplesse rythmique, spontanée et néanmoins très savante, que la progression tonique et les variantes ou les déplacements du refrain augmentent encore dans certains cas. Pour se rendre compte de cette progression, on ne peut choisir d'exemple plus frappant, c'est-à-dire où elle soit plus immédiatement sensible à l'oreille, que le *Reiterlied* où le refrain acquiert par les nuances une force étonnante (*vorm Sterben, zu sterben, Zum Sterben, zu sterben* (10). Le refrain ne figure pas toujours chez Herwegh, à la fin des couplets : il est double dans *Protest* et divise le couplet en deux ; il en est de même dans *Gesang der Jungen :*

> Kredenze, mein Liebchen, kredenze ;
> Gott schütze dich, Liebchen ;

il est initial et intérieur dans *Morgenruf*, intérieur en ce

---

(1) Wer ist frei ?
(2) Reiterlied (le dernier vers anapestique).
(3) Rheinweinlied.
(4) Gutenbergslieder. I (refrain catalectique).
(5) Gesang der Jungen (anapestes).
(6) Jacta alea est.
(7) Schlusslied.
(8) Morgenruf (anapestes).
(9) Champagnerlied.
(10) Cf. Der Freiheit eine Gasse, Vive la République, Ich hab's gewagt (sans variantes) ; Der Gang um Mitternacht, Die Partei, Die kranke Lise (avec variantes).

sens que le mot de la rime du sixième vers est répété au commencement du septième :

> Die Nacht,
> Die Nacht soll blutig verenden
>
> Der Streit,
> Der Gottesstreit soll beginnen.

Il est impossible de faire saisir par l'analyse le charme musical des différentes pièces du recueil, mais il faut encore indiquer, parmi les modifications rythmiques, la fréquente substitution des spondées aux iambes pour le début d'un vers ou d'un couplet. Tous ceux qui ont étudié les lois organiques de la versification allemande savent que ce procédé donne au vers de l'ampleur, de la solennité, de la force :

> Der Mann ist's, den ich singe... (1)
> Frühling ! Frühling ! Die Feder wird zur Schwinge (2)
> Gelb wie die Krone ist sein Angesicht (3).

L'emploi des anapestes compte aussi parmi les nombreuses ressources dont le poète dispose pour accélérer et ralentir l'allure lyrique, ainsi dans le refrain du *Reiterlied* et avec plus d'éclat dans *Gesang der Jungen* :

> Wie Wogendonner vom fernen Meer,
> Wie Wetter und Sturm im Lenze

ou *Morgenruf* :

> Die Lerche war's, nicht die Nachtigall,
> Die eben am Himmel geschlagen.

Les rimes des *Poésies d'un Vivant* sont presque toujours exactes, et l'on ne peut s'empêcher d'apprécier cette qualité, étant donnés leur nombre et la difficulté que pré-

---

(1) Wer ist frei ? (Der, démonstratif, est accentué). L'importance de l'accentuation des mots qui doivent être mis en vedette est soulignée dans le texte par les caractères d'impression.
(2) Béranger.
(3) Der Gang um Mitternacht.

sentent les chansons où elles reviennent plusieurs fois de suite. Sous ce rapport on peut noter un grand progrès sur les poésies antérieures où les rimes *Glück : Blick, Schleier : Feuer* étaient admises, et même, encore en 1840, *brennen : können, wenig : König*. Malgré leur multiplicité, elles sont le plus souvent neuves, rares et riches. La rime avait joué longtemps un rôle effacé dans la poésie allemande ; la vogue des littératures méridionales et de la littérature orientale avait assuré son triomphe ; mais il importait d'éviter l'écueil de la virtuosité : Herwegh surmonta les obstacles avec une telle aisance qu'il eut du mérite à ne pas s'attarder à de séduisants tours de force. Ses rimes coulent naturellement, et, même quand elles surprennent le lecteur, il lui semble qu'il ne saurait les remplacer par d'autres ou qu'il n'éprouverait pas alors la même satisfaction. Les vers de Herwegh abondent en rimes qui créent des idées. Dans la poésie *An den König von Preussen :*

> Sei in des Herren Hand ein Blitz,
> Schlag in der Feinde schnöden Witz,
> Schon tagt ein neues Austerlitz,

le souvenir de ce nom de bataille, si inattendu qu'il soit, produit un puissant effet. On pourrait citer en exemples plusieurs chefs-d'œuvre : *Der Gang um Mitternacht*, où la rime *träumen* s'accouple à des rimes qui, *à priori*, n'ont pas l'air de s'enchaîner comme *säumen, sich bäumen* ; et surtout *Die deutsche Flotte*, où le problème est résolu avec une adresse dont on se rend compte lorsque, après avoir isolé des rimes comme *Stamme : verdamme : Oriflamme : Amme, Rom : Ohm : Strom*, ou bien *Schar : Jahr : Gefahr, Stuhle : Spule : Thule : Schule*, dans la 3ᵉ ou la 8ᵉ strophe par exemple, on voit le parti que le poète en a tiré (1).

A côté de cela, les rimes de longues et de brèves

---

(1) Cf. l'heureux emploi des rimes de plusieurs syllabes (An die Zahmen — Abendsäuseln schon : Kräuseln schon, sonn'er sich : Donner ich).

(*umflort* : *Wort; geharrt* : *Fahrt; Philister* : *Priester; Strassen* : *hassen ; Suliote* : *Gotte ; Geruch* : *Tuch ; müssig* : *überdrüssig; Hof* : *troff* : *Philosoph ; Gruft* : *ruft*), forcées ou dures (*Nutz, Tut's, Putz, Trutz*, pour rimer avec *Prutz*) (1), ou les rimes à l'aide de mots étrangers, à la Freiligrath (*Mandschu* : *Handschuh, Carrara* : *Niagara* (2), *Tropen* : *Ysopen, Kanaan* : *Vatikan, Cola* : *Loyola, Sahara* : *Tiara* (3), *Barden* : *Garden* : *Kokarden, Leoparden*) (4) n'accusent pas de bien graves défauts. Le tour satirique de ces dernières, leur efficacité comique n'a pas échappé à Herwegh, qui les a retournées ironiquement contre Freiligrath et Geibel dans le *Duo des Pensionnaires* :

> O so salb'ich dich mit Narden
> Und so räuchr'ich dir mit Ambra,
> O du bardigster der Barden,
> Rettest mich vor dem Alhambra,
> Du der Sänger des Diego,
> Vor dem Lande des Riego,
> Vor dem Tiger, vor dem Nero,
> Vor dem grausen Espartero...

Les hymnes des *Poésies d'un Vivant* se distinguent par l'enthousiasme qui les enflamme et l'élan pathétique qui gagne irrésistiblement la foule pour la soulever. Entre les stances mélancoliques de la jeunesse du poète et les satires qui ont pris le dessus à mesure qu'il avança en âge, ils forment, avec leur prosodie plus abondante et plus entraînante, une masse, sinon absolument compacte, du moins essentiellement imposante par la vigueur et l'harmonie. Une analyse minutieuse permet de démêler et de juxtaposer ce qu'ils ont de commun, leurs antithèses et leurs rythmes, mais il est évident qu'elle ne rend pas leur beauté, qu'elle tendrait plutôt à la détruire, si l'on ne se

---

(1) An die deutsche Jugend.
(2) An den Verstorbenen.
(3) Gegen Rom.
(4) Die deutsche Flotte.

souvenait toujours que, dans ce genre, les procédés doivent leur valeur au principe qui les coordonne et aux effets qu'ils réalisent. Les antithèses, les répétitions, les coupes et les périodes, les successions et les extensions de rimes sont des moyens merveilleusement appropriés à leurs causes et à leurs fins ; mais on comprend que, s'ils portent l'âme des poésies, ils ne l'incarnent pas tout entière.

Pour me servir d'une image familière au poète, je comparerais volontiers ces chants héroïques à une chevauchée : il semble que l'on voit défiler d'intrépides cavaliers, revêtus d'une armure étincelante, le sabre au clair, comme dans un tournoi ou dans une charge, et les chevaux, lancés à bride abattue, fendent l'air du poitrail, galopent sur le sol qui tremble et qu'ils font résonner, en bondissant, du bruit de leurs quatre fers, comme dans une course effrénée où l'on se sent emporté plus vite que le vent, où l'on s'imagine dévorer l'espace. Parfois on éprouve l'impression de planer au-dessus des nuages, pareils aux grands oiseaux de proie que le poète s'est plu souvent à évoquer, pareils aux aigles qui vivent dans le voisinage des cimes et, les ailes ouvertes, traversent librement le ciel :

> Raum, ihr Herrn, dem Flügelschlag
> Einer freien Seele (1).

Les tercets : *Auch dies gehört dem König* occupent une place à part dans le recueil. Ecrits dans le mètre de la *Divine Comédie*, ils respirent une altière colère ; l'expression de la vengeance, dépouillée de toute arrière-pensée personnelle, s'y déroule avec la lente régularité des périodes oratoires. Herwegh procède par amplifications successives qui consistent à laisser d'abord une idée en suspens pour la reprendre en lui donnant une nouvelle extension :

> vor dem Schweif, nicht vor dem Kern,
> Dem Schweif von Sklaven und von Scharlatanen,

---

(1) Aus den Bergen.

einer Mutter Brüste,
Der Mutter, die ich mein Jahrhundert nenne,
an dem neuen Lichte verderben,
Dem Lichte, das den Völkern Heil gebracht!

La voix humaine aspire à se confondre avec celle des éléments déchaînés par la tempête, ou, pour emprunter encore une métaphore au poète, ses vers ressemblent à la mer en fureur qui déferle sur le rivage, majestueuse et violente, et se brise avec fracas sur les écueils.

L'emphase lyrique des *Poésies d'un Vivant* s'apaise dans les *Xénies* pour faire place à la satire.

L'élément satirique n'est pas apparu brusquement dans l'œuvre de Herwegh. Sans remonter aux poésies de jeunesse et pour nous en tenir à ses sonnets, nous voyons que les *Dissonances* ne sont pas exemptes d'intentions malicieuses. Elles s'exercent contre les piétistes (1), les béotiens (2), les poètes descriptifs (3), les partisans de l'exotisme (4), les Baskiromanes (5), et contre les écrivains français qui transforment leur intérieur en musée, orné de tableaux, de glaces, d'anciennes horloges, de tapisseries, d'inutiles crucifix, et qui travaillent sur des divans de velours et de soie, la tête entourée d'un somptueux turban, le corps recouvert d'un riche caftan turc, dans une atmosphère parfumée d'encens (6). On trouve aussi nombre de traits satiriques dans les stances, les odes et les chansons, dirigés soit contre le prince de Pückler-Muskau, l'aristocrate « qui ne s'intéresse qu'aux chevaux et aux chameaux » (7), soit contre le poète Arndt, ce vieillard impo-

---

(1) Sonette VI.
(2) Sonette XXII, L.
(3) Sonette IX.
(4) Sonette VIII.
(5) Sonette XXXIII.
(6) Sonette XXXVII.
(7) An den Verstorbenen.

tent et dévot « qui monte un dada pour Pégase » (1), soit contre Grün-Auersperg, chambellan d'Autriche, offrant le bras à la comtesse son épouse pour se rendre au bal de la cour (2), soit contre Louis-Philippe et la monarchie de Juillet (3). A plus forte raison pouvons-nous ranger au nombre des satires le *Duo des Pensionnaires* contre Freiligrath et Geibel, *Heidenlied*, *Die Parabel*, *Die Rute*, *Wiegenlied;* le *Duo des Pensionnaires* est d'ailleurs classé comme xénie dans l'un des manuscrits.

Le talent épigrammatique de Herwegh se manifeste avec toute son originalité dans les Xénies qui répondent au goût de ses contemporains pour les aphorismes. Les écrivains de la « Jeune Allemagne » avaient cultivé avec une singulière prédilection l'épigramme en prose. On voulait du piquant et l'on cherchait à condenser la finesse d'esprit sous la forme la plus brève possible ; plus les contours étaient acérés, plus l'épigramme avait de prix ; le genre exigeait donc une extrême concision : Herwegh y réussit, grâce à sa causticité naturelle. Comparées à celles de ses successeurs, aux *Xenien* de Lüning (1844), aux *Xenien der Gegenwart* de Glassbrenner et Sanders (1850), aux *Spitzkugeln* de Hoffmann de Fallersleben (1849), aux *Fresken in der Paulkirche* de Dingelstedt (*Nacht und Morgen*, 1851), ses *Xénies* n'ont pas seulement le mérite d'avoir servi de modèles, mais elles n'ont pas été égalées en variété ni en saveur.

Tandis que chez les autres poètes, sauf chez Dingelstedt, elles se succèdent sur un rythme monotone (hexamètres et

---

(1) Arndts Wiedereinsetzung.

(2) Anastasius Grün.

(3) V. Die Epigonen von 1830 ; Den Einbastillierten. La « linotte » de la poésie : Ufnau und Sankt-Helena n'est autre que le prince de Joinville, comme le montre l'ébauche inédite d'une poésie sur le retour des cendres de Napoléon (on sait que le fils de Louis-Philippe avait été envoyé à Sainte-Hélène pour ramener les restes de l'empereur) :

   Was will der Knabe in dem Ozean,
   Der Hänfling in des Adlers Neste tun ?

pentamètres), les distiques antiques (1) alternent chez Herwegh avec des quatrains rimés de diverses dimensions (2), avec des groupes de trochées de huit accents (3), d'iambes de six accents (4). La Xénie LXIII qui a les proportions d'une véritable satire en hexamètres et pentamètres tranche nettement sur les autres saillies du recueil qui sont courtes et laconiques.

Toutes les Xénies se hérissent en pointes contre les puissances de la réaction : les rois, les ministres, leurs flatteurs, la féodalité et le clergé. Elles sont âpres et même injurieuses, mais la malice de l'épigramme consiste à blesser l'adversaire comme au vol, en bourdonnant à ses oreilles pour s'éloigner aussitôt : le dard s'enfonce et le venin reste dans la plaie.

Réduites à leur plus simple expression, les épigrammes contiennent toujours une comparaison extrêmement fâcheuse pour ceux qu'elle touche : les sujets ont la docilité des chiens, la sottise des ânes (5) ; les censeurs sont traités d'eunuques (6) et les conseillers, de Judas (7) ; la *Gazette Universelle d'Augsbourg* est ravalée au rang des

---

(1) II, IV, VI, VII, IX, X, XI, XIV, XV, XVI, XVII, XVIII, XXI, XXII, XXVII, XXVIII, XXX, XXXI, XXXII, XXXIII, XXXVI, XL, XLI, XLIII, XLIV, XLV, XLVI, XLVII, XLVIII, LI, LII, LIII, LIV, LV, LVII, LIX, LXII, LXVI, LXVII, LXVIII, LXX, LXXII.

(2) I, V, VIII, XII, XIII, XXIII, XXXIV, XXXV, XXXIX, XLII, XLIX, LVI, LXI, LXIV, LXV, LXXI, LXXIII, LXXIV.

(3) III, XIX, XX, XXIV, XXV, XXVI, XXIX, XXXVII, XXXVIII, L, LVIII, LX, LXIX.

Les quatre dipodies sont séparées au milieu par une césure :
Don Quixote, Don Quixote ! ‖ rufen alle Zeitungsschreiber.
Nur zu wahr ! Für Paladine ‖ hielt auch ich die Eseltreiber.

Dans la Xénie XXXVII la césure est catalectique :
Muss ich, sprach mein Pegasus, ‖ meiner Freiheit denn entsagen ;
Zieh'ich lieber doch am Pflug ‖ als selbacht am grossen Wagen,
sauf au dernier vers :
Als ich aus der Marmorkrippe ‖ mit dem Vieh des Hofes saufe.

(4) LXXV.

(5) Hundscourage ; Concedo.

(6) Dem Zensor.

(7) Zeitgemässer Fortschritt.

prostituées (1) ; les hommes qui croient à l'immortalité de l'âme se targuent de devenir des papillons lorsqu'ils ne sont que de misérables vers de terre (2) ; Herwegh attribue à certains poètes allemands la poltronnerie des lièvres (3) ; si le roi de Prusse n'est qualifié que de mime (4), les nobles, plus généreusement, sont assimilés à la vermine (5), et la réunion des chevaliers de l'Aigle rouge et de l'Aigle noir évoque l'idée d'un charnier (6). Mais l'offense est indirecte et perd ainsi de sa brutalité, car il faut, dans la plupart des cas, se reporter à l'étiquette de l'épigramme pour en saisir les allusions. Le sel de la plaisanterie se cristallise dans les titres qui ne sont pas, comme dans les autres poésies, un simple ornement ou un point de repère. Ils servent de clefs pour le plus grand nombre des *Xénies*. Formules ironiques (7), locutions proverbiales (8), défilé de noms propres cloués en quelque sorte au pilori (9) : les épigrammes sans leurs titres ne sont plus à double entente, et l'ambiguïté est précisément la loi qui les régit.

Comme les odes et les chansons sur les antithèses, les *Xénies* reposent sur l'équivoque, et celle-ci se montre maintes fois jusque dans les mots : l'édition de l'Allemagne est « sous presse » pour paraître prochainement « en cuir de Russie » (10) ; le peuple paie les impôts et ne gouverne pas : *Nun, wer das Steuern versteht, dächt'ich, regier' auch*

---

(1) Die Allgemeine.
(2) Ludwig Feuerbach.
(3) Bestiale Poesie.
(4) Seydelmann auf dem Todbette.
(5) Verschiedene Auffassung.
(6) Rot I. II. III. IV. Schwarz.
(7) Concedo, Unglückliche Liebe, Opera posthuma, Prärogative, Simile claudicat.
(8) X für U, Zwei Fliegen mit einer Klappe, Was man nicht lassen kann, Zahn um Zahn.
(9) Die Kölnische Zeitung, Herr von Cotta, O Weimar, Metternich, Eichhorn.
(10) Frage.

das Schiff (1) ; Cotta seul a le talent de tenir des feuilles sans tige, des journaux sans style (*Stiel, Stil*) (2) ; l'humanité qui n'a pas encore digéré la « pomme » du péché originel mord pour son malheur dans la « poire »... de Louis-Philippe (3) ; quand les peuples se sont agités, les princes ont daigné... se reposer : *Wenn sich die Völker geregt, haben die Fürsten geruht* (4). On le voit, tous ces calembours se traduisent difficilement ; on peut encore moins les rendre lorsqu'ils s'appliquent à des noms propres (Arndt, *die Ernte ;* Becker, *der Bäcker* (5) ; la comtesse Hahn-Hahn et ses romans, *Vollblut-Küchlein* (6) ; Krummacher, le piétiste (7) ; Häring, véritable nom de Willibald Alexis (8) ; Schön et le diminutif Schönlein (9), etc.).

Par les personnalités, l'épigramme, comme la satire, sort des données générales et vagues ; elle revêt un caractère plus pittoresque et serre de plus près la réalité.

---

(1) An das Volk.
(2) Dito (Herr von Cotta).
(3) Der neueste Sündenfall.
(4) Kabinettsordre.
(5) Hausordnung.
(6) Hahn-Hahn.
(7) Dauer im Wechsel.
(8) Das Reskript an Willibald Alexis.
(9) Was klein, ist niedlich.

IV

NOUVELLES POÉSIES

Les *Neue Gedichte* ont paru en 1877 après la mort du poète. La note mélancolique devient plus rare dans ce recueil, mais elle subsiste encore. Dans le sonnet : *Dem Glanz der Throne bin ich wohl entronnen*, Herwegh déplore la servitude des autres hommes qui l'empêche de jouir de sa propre liberté et qui transforme le monde autour de lui en un vaste steppe d'une effrayante solitude. La poésie : *An Emma : Komm, mein Mädchen, in die Berge* est remplie de réminiscences pastorales (les palais de cristal, les champs de neige immaculée, la grotte de l'aigle et son tapis de fleurs) ; dans la seconde poésie à Emma : *Ich träumte von Schätzen die ganze Nacht*, empreinte d'une émotion plus calme et plus familière, d'une tendresse sérieuse et reconnaissante, le poète évoque un deuil récent, la mort de la mère et d'une sœur de Madame Herwegh, et fait l'offrande de son cœur, à défaut d'autres trésors. Dans son hommage : *An Liszt*, il exprime les impressions mélancoliques et suaves de la musique de la *Dante-Symphonie* et son amitié de longue date pour le « magicien » qui a créé cette œuvre. Dans les *Lieder* de 1868 : *Die Liebe ist ein Edelstein*, et : *So sprach zum Tropfen Tau die Welle*, il exalte l'amour, qui résiste à toutes les épreuves de la vie, et chante le bonheur discret de la goutte de rosée qui meurt au sein d'une fleur. L'écho lointain de *Wellenklage* et du 29ᵉ sonnet des *Poésies d'un Vivant* semble venir expirer dans cette dernière élégie. On regrette de ne pas trouver dans ce recueil, édité par Louis Pfau, plusieurs de ses dédicaces affectueuses, improvisées sur l'album de ses amis aux jours de fêtes ou d'adieux. Il existe, parmi les poésies inédites, une élégie des plus touchantes et des plus délicates :

> Ich bin nicht ganz
> Von dir getrennt,

qui date sans doute de 1851-1853 et qui s'exhale comme un soupir d'une sensibilité profonde (1).

Les accents des hymnes se prolongent aussi dans les *Neue Gedichte*, avec des rythmes moins variés, mais parfois nouveaux, avec les mêmes antithèses que dans les *Poésies d'un Vivant* : le passé et l'avenir, la chute des orgueilleux et le triomphe des humbles, l'aristocratie et l'humanité (2) ; les abstractions et la vie, la lettre et l'esprit de la loi, l'or fatal et l'acier libérateur, la parole et l'action (3) ; le sommeil de l'esclavage et la résurrection (4) ; la nuit et le jour (5). Dans l'hymne intitulé *Huldigung* dont le mètre rappelle *Gebet* et *Die Schweiz*, le poète montre la réaction aux prises avec la révolution : il oppose le sang répandu dans l'émeute et la pourpre du manteau impérial. Les quatrains : *Im Frühling* chantent l'espoir de la revanche : les « aigles », symboles des empires, fuiront devant « le coq rouge », l'incendie révolutionnaire. Les antithèses, comme on le voit, restent le signe auquel se reconnaissent, chez Herwegh, les poésies tendancieuses. A la fin des quatrains : *Zur Feier des 18. Juni 1860*, pour souligner l'éternel contraste du printemps révolutionnaire et de l'hiver de l'oppression, il donne aux noms des mois une valeur nouvelle lorsqu'il demande au Mai de Garibaldi, époque du soulèvement de la Sicile, de nous

---

(1) V. Herweghs Nachlass.
(2) Zukunftslied — doubles quatrains, trochées.
(3) Veni Creator spiritus — même strophe que dans la poésie : An den Verstorbenen.
(4) O wag'es doch nur einen Tag — même strophe que dans la poésie : Der Freiheit eine Gasse.
(5) Für Polen, Polen an Europa — la première, en quatrains ; la seconde, plus complexe (4 pieds + 4 + 4 + 4 + 5 + 4 + 5 +4), sous forme de chanson, en variant le refrain : Verlässt du uns, Verlass uns nicht, Verlass mich nicht.

délivrer de saint Janvier, c'est-à-dire de la tyrannie des Bourbons de Naples, et de Décembre, du règne de Napoléon III issu du Coup d'Etat. Le dualisme revêt un caractère mythologique dans *Der Tag wird kommen* (1), où le génie du Mal, Ahriman, triomphe de l'esprit de Lumière, Ormuzd. Plus tard, Herwegh oppose encore dans *Epilog zum Kriege* (2) la grâce de Dieu et les droits de l'homme, ou le Moyen Age et 1789, et dans l'hymne : *Achtzehnter März* (3) les riches et les pauvres, la bourgeoisie et le prolétariat.

Parmi les hymnes des *Neue Gedichte* il faut mentionner spécialement : *Zum eidgenössischen Schützenfest*, avec ses rimes éclatantes (*Wogen : gewogen ; Bergen : bergen ; Rhein : rein ; Gedanken : danken ; fest : Fest*) (4) ; et *Zur Schillerfeier*, avec ses magnifiques comparaisons (*ein Schwan ; in goldenem Schrein ; die Freiheit ist die Flut der Weltgeschichte ; die Lava himmlischen Genies...*) et le mouvement de ses larges périodes en vers libres (*Licht floss ihm..., Licht strahlt'er... ; Denn tief im Schönen..., Durch's Schöne... ; Bleibt jung ! Bleibt jung ! Bleibt jung !...*) (5).

Les nombreuses satires recueillies dans les *Neue Gedichte* ont en commun plusieurs moyens d'expression qui ont pour but de provoquer la curiosité du lecteur et de lui ménager une suite de surprises, plus inattendues les unes que les autres, car on peut regarder comme une nécessité du genre l'imprévu qui est la condition du rire. Les procédés que Georges Herwegh met ainsi en pratique

---

(1) Strophe de 6 vers iambiques (aabbcc avec refrain).

(2) 5 vers iambiques (abbba).

(3) D'une prosodie particulièrement intéressante : mètre trochaïque et anapestique irrégulier (aabbaa), double refrain, initial et final, complètement changé au dernier couplet.

(4) V. Bolin, II, p. 237 ; Feuerbach disait qu'il avait cru, en lisant cette poésie, se désaltérer « aux sources de la nature et de la liberté helvétique ».

(5) V. lettre de Challemel-Lacour à Herwegh, 1859 : « Les Suisses ont dû être touchés ; il y a des mots qui ont dû remuer jusqu'aux entrailles ce qu'il y avait là de jeunes gens ».

dans ses satires pour exciter l'hilarité sont avant tout les allusions, la caricature, l'éloge ironique, les énumérations, les bons mots, les parodies et les jongleries de la rime.

Pour épuiser toutes les personnalités dont ces poésies sont remplies, il faudrait dresser la liste de tous les hommes d'Etat, petits ou grands, souverains, favoris, hauts dignitaires, députés, publicistes, qui sont visés par le poète, et cette liste serait longue, car elle comprendrait : d'abord les amis intimes de Frédéric-Guillaume IV, le « chevalier » Bunsen, dont le poète se raille à cause de son prétentieux savoir, et le docteur Lucas (Schönlein), désigné sous le nom de « baron » (1) ; ensuite, les doctrinaires du Parlement de Francfort, les partisans de Gagern (*die Gänse giga-gagern*) et les renégats de la gauche : ce « coquin » de Mathy, responsable de l'arrestation de Fickler (2), les flatteurs Welcker et Bassermann (3), Venedey, l'éternel défenseur de la patrie allemande aux couleurs « noir, rouge et or » (4) ; les revenants de 1848, surgissant de nouveau au sein du *Nationalverein* : Rochau (Rochus de Pumpernickel), rédacteur de la *Wochenschrift des Nationalvereins*, Waitz, Beseler, les idéologues qui se donnent l'air de vouloir régenter le monde (5) ; parfois un ennemi personnel, comme ce Felber de Zürich, bonapartiste, qui l'avait attaqué dans la *Zürcher Zeitung* en 1857 (6) ; les ministres impopulaires, Hassenpflug, Borries (7) ; les soutiens de la réaction dans

---

(1) V. An Borussia.

(2) V. Das Reden nimmt kein End.

(3) V. Das Reden nimmt kein End ; Mein Deutschland, strecke die Glieder ; cf. Die Borriesäerei.

(4) V. Mein Deutschland, strecke die Glieder ; Harmlose Gedanken ; Eine Stimme aus der Ferne.

(5) V. Harmlose Gedanken.

(6) V. Noten !

(7) V. Die Borriesäerei : on soupçonnait le ministre Borries d'être favorable à l'alliance française, d'après ses déclarations dans la séance du 2 mai 1860 de la Chambre hanovrienne ; d'où les violentes protestations de Benningsen et des membres du Nationalverein.

le cortège du roi défunt ou dans l'entourage du nouveau roi de Prusse en 1861 ; les piétistes Gerlach, Hesekiel, Stahl, juif converti, devenu le nouveau théoricien de l'Etat chrétien, les généraux Wrangel, Manteuffel, etc. (1) ; les collaborateurs de Bismarck, ses collègues : Heydt, ministre des finances, Jagow, de l'intérieur, Roon, de la guerre (2), ou ses alliés, comme Wagener (3), et plus tard ses adulateurs, Bluntschli (4), Lasker (5) ; et avec une verve égale il fouaille les médiocres adversaires de Bismarck, protecteurs opiniâtres du particularisme de la Bavière, de la Hesse-Darmstadt et de la Saxe, Pfordten, Dalwigk, Beust (6), et finalement les césariens, les apologistes du Nouvel Empire : Mommsen (7), Redwitz (8), Auerbach (9), Strauss (10) et le maître de l'avenir, le roi des Canons, l'industriel Krupp (11).

Herwegh a pris ces individus avec leurs travers caractéristiques et dans une attitude dont le ridicule, en général, ne rejaillit pas moins sur la classe qu'ils représentent que sur eux-mêmes. Il a choisi Bunsen et Schönlein parmi les conservateurs hostiles à la constitution, Welcker et Bassermann parmi les apostats, Venedey parmi le groupe des patriotes, et ainsi de suite, et la satire de leurs actes et même de leurs tics atteint leurs partis derrière eux, qu'il s'agisse de Welcker « qui mange les gâteaux dans la main des rois », de Venedey « qui met la main sur son cœur » pour commencer un discours sur le pangermanisme, de

---

(1) V. Nebelbilder.
(2) V. Die acht und vierzig Stunden ; Ultimatum.
(3) V. Ende gut, Alles gut.
(4) V. Chlodwig ; Abgeblitzt.
(5) V. Liberales Jagdvergnügen.
(6) V. Wilhelm der Rassler ; Aux armes, citoyens ; Ultimatum an die Kleinen.
(7) V. Der schlimmste Feind.
(8) V. Den Siegestrunknen ; Den Reichstäglern.
(9) V. Die Ureigentümerin ; Gross ; Liberales Jagdvergnügen.
(10) V. Zur neuen Glaubenslehre.
(11) V. An Richard Wagner (1873).

Wrangel, « porte-bannière » aux funérailles de Frédéric-Guillaume IV, de Bluntschli qui, après une violente sortie de Bismarck au *Reichstag*, « se gratte la tête comme s'il avait des poux », d'Auerbach, « coiffé de la casquette prussienne », ou de Mommsen « qui s'est frotté le museau à la nappe de César ».

En raison du même principe, Herwegh, rassemblant sous un nom d'animal les traits de la servilité, de la sottise, de la rapacité, de la lâcheté, de l'ignorance, nous introduit dans une ménagerie de chiens savants, au milieu d'une bande d'oies babillardes, ou devant un perchoir chargé d'oiseaux de proie et de volière, depuis l'aigle aux serres aiguës jusqu'aux serins et aux colibris, ou parmi une troupe d'ânes bâtés, et ce sont les bons sujets prussiens qui obéissent à un signe de leur maître (1), les professeurs du Parlement (2), les puissants souverains et les principicules d'Allemagne (3), les Bavarois qui n'ont rien compris à l'art de Wagner (4).

Dire que le roi égale Solon et Lycurgue comme législateur, tout en sachant bien que c'est le contraire de la vérité, — et lorsqu'il est reconnu que l'absolutisme le plus brutal règne en Prusse, où la réaction triomphe grâce à l'alliance du trône et de l'autel, affirmer que le peuple jouit d'un bonheur parfait, — ou prétendre qu'on a réalisé d'immenses progrès lorsqu'on n'a fait que parcourir, selon l'ingénieux symbole du poète, six lieues en dix ans, — et reproduire les fanfaronnades de l'opposition pusillanime qui proteste bruyamment dans les banquets, mais n'a garde de transgresser les règlements de la police et rentre prudemment au logis lorsque minuit sonne, — enfler la voix pour chanter les exploits des Nürembergeois qui s'agitent pour le prix de la bière comme s'il s'agissait du bien public, — ou simuler l'admiration pour ceux qui se

---

(1) V. Ordonnanzen.
(2) V. Das Reden nimmt kein End.
(3) V. Zum Fürstentag.
(4) V. An Richard Wagner (1866).

rangent toujours du côté du vainqueur — et encore vanter les bienfaits de l'union postale, de l'union douanière et du nivellement matériel, avec l'intime pensée qu'une nation ne vaut que par l'unité morale, — Herwegh a recours à tous ces déguisements ainsi qu'à tous les procédés d'exagération en faveur près des ironistes : la feinte, l'absurde, le contraste et l'héroï-comique (1).

Mais, à côté de ces ressources, puisées dans les idées, il s'est aussi servi d'effets de pure forme et dont la portée comique dépasse souvent celle du fond. Par exemple, il associe des qualités ou des produits qui, n'ayant pas coutume d'aller ensemble, se tiennent étrangement compagnie : « Je suis votre tête et votre estomac », dit le roi (2) ; « la loyauté germanique, la bière et le fromage » (3), etc. Il a usé, peut-être abusé des calembours dont le procédé est connu ; il en a de faciles (*trächtig, niederträchtig* (4) ; *Stein der Weisen, Pflasterstein* (5) ; *der Bund wird immer bunter* (6), mais il en a aussi de très fins, même excellents (*den Ernst der Zeiten — aus Koburg, ausdänen*) (7).

Outre les emprunts proprement dits (*Gott ist eine feste Burg* (8), *Die Häupter unsrer Lieben* (9), *Das Maultier sucht im Nebel* (10), *Die Freiheit die ich meine* (11), *Seid umschlungen* (12), *Das Volk steht auf, der Sturm bricht*

---

(1) V. Ordonnanzen — Mein Deutschland, strecke die Glieder — Auch ein Fortschritt — Zweckessen — Der Nürnberger Bierkrieg — Guter Rat — Chlodwig.

(2) Ordonnanzen.

(3) Kürassiere Clam Gallas durch München ziehend.

(4) An Borussia.

(5) Mein Deutschland, strecke die Glieder.

(6) Wilhelm der Rassler.

(7) Nebelbilder.

(8) Cf. Luther.

(9) Cf. Schiller — Lied von der Glocke.

(10) Cf. Goethe — Mignon.

(11) Cf. Schenkendorf — Freiheit.

(12) Cf. Schiller — An die Freude.

los (1), *Wir sollen sie nicht haben* (2), *Drei Worte nenn'ich euch inhaltschwer* (3), *Bier her! so hiess das Feldgeschrei und Billig! die Parole* (4), *Er denkt an Tristan and Isolt, Denkt an Isolt und Tristan* (5), *Mein lieber Schwan* (6), *Du hattest einen Kameraden* (7), *Zwei Seelen wohnen auch in meiner Brust* (8), il faut entendre par parodies les travestissements de quelque nature qu'ils soient, historiques ou géographiques, les anachronismes, la substitution d'un pays à un autre, comme dans la fable biblique de *Preussische Conflictspoesieen* :

> Wartet nur, sprach Pharao,
> Will euch Juden Mores lehren.
> Moses aber sprach : Oho !
> Spiele nicht mit Schiessgewehren.
> . . . .
>
> Wir sind keine Hottentotten

ou *Ein neuer Leich vom himmlischen Reich* :

> In China, mein'ich — deutet nicht
> Auf andre Länder dies Gedicht
> . . . .
>
> In dieser tri-chinösen Zeit
> . . . .
>
> La bourse, sprach er, ou la vie !
> Chinesen, zahlt und fragt nicht wie ?
> Die Rede las ich eben jetzt :
> Graf Bismarck hat sie übersetzt.

Les rimes, enfin, forment l'une des principales ressources du burlesque, car la satire ainsi conçue, en vers

---

(1) Cf. Körner — Männer und Buben.
(2) Cf. Nicolas Becker — Rheinlied.
(3) Cf. Schiller — Drei Worte.
(4) Cf. Zedlitz — Die nächtliche Heerschau.
(5) Cf. Gottfried de Strasbourg.
(6) Cf. Wagner. — Lohengrin.
(7) Cf. Uhland.
(8) Cf. Goethe — Faust.

courts, groupés le plus souvent par quatrains (*abab*, *aabb*), est essentiellement bouffonne. Comme on le voit par les exemples déjà cités, Herwegh s'est servi à son gré des rimes cocasses ; il n'hésita jamais à placer à la fin du vers le vocabulaire le plus bariolé, les rimes françaises, latines, voire italiennes (*Malheur : Acteur* (1), *Signori : a posteriori* (2), etc.). Des rimes baroques, comme *Gürzenich : würzen ich* (3), *Horizontes : Lola Montez* (4), *glaubt's ach : Hauptsach* (5), se recommandent par leur excentricité. Il n'emploie pas moins habilement d'autres bizarreries, par exemple, la rime contraire au sens :

>   Er sprach's und zeigt'dem Boten
>   Sehr höflich — das Gesicht (6),

la rime en suspens qu'il laisse au lecteur le soin de deviner :

>   Was setz'ich an seine Stelle ?
>   Wie werd'ich die Gefängnisse baun
>   In Zukunft und die — Kasernen... (7)

>   Wenn ein preussischer Rattenfänger
>   Spielt die Annexiererweise
>   Oder wenn ein Krit'scher Gänger
>   Tief versinkt in Oestreichs — Schönheit... (8)

>   Deutschland will endlich aus dem — Druck,
>   Das ist ein nationaler Zweck, (9)

la rime par enjambement :

>   Wenn der Waitz und Ehren-Besel-
>   Er staatsmännisch aufgetreten
>   Oder wenn ein andrer Esel, (10)

---

(1) Harmlose Gedanken.
(2) Nebelbilder.
(3) Wilhelm der Rassler.
(4) An Richard Wagner.
(5) Guter Rat.
(6) Ultimatum.
(7) Harmlose Gedanken.
(8) Harmlose Gedanken.
(9) Was Deutschland will.
(10) Harmlose Gedanken.

la rime par anacoluthe :

> ein deutscher Stock
> Gehört auf deinen welschen — Hindern
> Werd'ich es nicht, doch möcht'ich lindern
> Die Schmerzen dir... (1).

On remarquera que ces effets, y compris les refrains (*Das Reden nimmt kein End, Wir zogen von Gotha bis Eisenach, Ich hatt'einen Kameraden*), avaient cours chez tous les poètes satiriques d'alors et, pour ne parler que des parodies et des rimes, on en relève de fréquents exemples dans les œuvres de l'époque (2).

Plusieurs des contemporains de Herwegh ont regretté de le voir consacrer une si large place à la satire après 1843. Déjà la fiancée du poète, en recevant ses épigrammes, écrivait judicieusement : « Pour servir d'arme contre le clergé, les rois, en un mot contre la racaille en général et en particulier, je trouve que c'est la meilleure forme, mais cette langue ne deviendra jamais populaire. Le peuple recherche moins l'esprit, l'acuité dans l'expression que l'expression simple et profonde du sentiment » (3). Ruge, de son côté, oubliant qu'il avait encouragé Herwegh dans cette voie (4), prétendait qu'il n'égalerait pas Heine et que, d'ailleurs, la satire ne saurait avoir plus de valeur en art que la critique en philosophie (5). D'autre part, Vischer, adversaire de Herwegh, a loué les *Xénies* presque sans réserve : « Les coups de cravache sifflent à droite et à gauche, distribués d'une main sûre. Le programme poli-

---

(1) Die Borriesäerei.

(2) Cf. entre autres les parodies de Heine (Der neue Alexander, Hans ohne Land, etc.), de Dingelstedt (Fresken in der Paulkirche : Mignon als Volkskammersängerin), de Sallet (Sehnsuchtsanfall), de Glassbrenner (Sehnsucht nach Russland), et les jeux de rimes de Jordan (Verzweiflung), de Glassbrenner (Komischer Volkskalender : der gute stammelnde Untertan).

(3) Herweghs Briefwechsel mit seiner Braut, lettre du 17 février 1843, p. 210.

(4) V. Nerrlich, Lettre de Ruge à Herwegh, 8 mars 1843, à propos de l'épigramme sur la désertion.

(5) V. Nerrlich, Lettre de Ruge à sa femme, 11 sept. 1843, à Fröbel; 16 oct. 1844.

tique y paraît plus rigoureux et moins vague que dans les poésies emphatiques... Sur toute cette moisson d'épigrammes passe un souffle tranchant et anéantissant de forte colère : tour à tour on est surpris d'une saillie, l'on se sent le cœur gonflé de sympathie par l'amertume, ou l'on se laisse entraîner par la noblesse et la fierté qui se cachent derrière le mépris » (1).

On voit ce qu'on a pu alléguer pour et contre les épigrammes ou les satires. On les a trouvées, en comparaison des hymnes, à la fois plus nettes et plus vigoureuses et, comme disent les Allemands, plus « drastiques », mais on a pu aussi s'inquiéter du tour négatif qu'elles semblaient donner à la poésie d'inspiration révolutionnaire et craindre qu'elles ne rendissent le poète moins accessible à la foule et, pour ainsi dire, infidèle à sa véritable mission, car on ne soulève pas les masses avec l'ironie, et par les quiproquos on risque, au contraire, de les paralyser.

La question de savoir si la satire représente, en esthétique, un genre inférieur aux autres ou si elle va de pair avec eux serait ici oiseuse. Celle de l'efficacité de la satire dans la propagande politique, de son rôle dans le travail de destruction et de reconstruction sociale, ne peut se résoudre si l'on n'aborde pas le problème préalable de l'influence des idées sur les actes et de la littérature sur les faits. Tout se ramène à se demander si Herwegh pouvait s'empêcher d'écrire des satires et si, en le faisant, il s'est montré inférieur à lui-même. Lorsqu'il s'engagea dans cette voie, nulle autre ne s'offrait à lui s'il ne voulait cesser brusquement d'être poète politique : en présence de l'arrogance ou de l'inertie de ses contemporains, Herwegh n'a pu retenir ses sarcasmes ; les circonstances ne lui permettaient ni le rêve ni l'enthousiasme.

Mais cette raison n'agit pas seule. Il faut chercher aussi l'explication de son goût pour la satire dans le souci qu'il avait de se renouveler et de se rapprocher de la réalité.

---

(1) Vischer, Kritische Gänge : Gedichte eines Lebendigen, Zweiter Band.

Herwegh a, de bonne heure, échappé à la langueur de l'adolescence, à la mélancolie qui s'inspire de la nostalgie de l'au-delà ; il s'en est affranchi assez tôt pour n'en pas souffrir comme poète, pour ne pas se condamner à répéter toujours les mêmes plaintes. Il n'a partagé, ensuite, l'impatience fébrile de la jeunesse que le temps de revêtir ses chimères d'un voile resplendissant, sans tomber dans cet abus de la phraséologie qui, après lui, se généralisa dans la poésie jacobine. Ses préoccupations scientifiques, à partir de 1843, ont eu une grande influence sur la direction de ses idées. On se méprit généralement sur ses intentions, comme le prouve, entre autres, la poésie de Schnauffer contre les études de Herwegh : « Le Vivant doit vivre, il doit tendre au but suprême de la vie, il doit, d'un esprit joyeux, consacrer sa poésie et toute sa pensée au bien de l'humanité..... Avoir le courage de rechercher le bonheur de tous et non le sien, c'est le devoir de tous les hommes ; c'est une loi du destin pour le poète » (1). Herwegh écrivait le 30 octobre 1847 : « C'est le besoin de me compléter, le besoin d'objectivité, le besoin de surmonter l'antique dualisme de la nature et de l'histoire qui m'a poussé et me fait persévérer dans ces études... Je pense en tirer le meilleur profit et je n'en combattrai que plus énergiquement à l'avenir l'ordre et le désordre du spiritualisme moderne » (2).

---

(1) Schnauffer, Gedichte 1846 : Vom Dichter.
(2) Briefe von und an Herwegh 1848, p. 38.

V

LE STYLE

Herwegh a passé aux yeux de ses contemporains pour un poète inspiré : « Ses poésies sont souvent involontaires », écrit l'un d'eux, « il balbutie les mélodies que sa Muse lui murmure à l'oreille : quand il les voit couchées sur le papier, il peut s'étonner lui-même de leur majesté. C'est la vraie poésie, celle dont le poète est l'organe » (1). En effet, la part qui revient dans son œuvre à l'inspiration demeure de beaucoup la plus grande. Herwegh eut le don, composa de verve ; ses vers coulaient de source, ils jaillissaient comme à l'improviste du sein de son âme.

L'étude que nous avons faite jusqu'ici a mis en lumière les qualités spontanées de son style. L'examen de ses manuscrits, loin d'effacer cette impression, la fortifie plutôt, car ses brouillons permettent de constater qu'il ne raturait guère. On ne peut le prendre pour un de ces auteurs qui liment leurs vers avec peine ; s'il lui arrivait de polir ses périodes, il les roulait dans sa pensée avant de les écrire ; ses manuscrits ne portent pas les traces d'un laborieux effort.

Cependant, les versions qui nous restent de quelques-uns de ses chefs-d'œuvre suffisent à prouver que le travail du style ne lui était pas indifférent et nous aident à déterminer avec plus de certitude le caractère de sa phrase poétique.

Elle brille d'abord par la concision. Les formes les plus fréquentes que revêt cette concision sont :

---

(1) Europa, 1843, I, p. 578.

1° la suppression à peu près constante des auxiliaires :

> Wenn's in der Brust uns dumpf und schwül,
> Indes noch Beter am Altar,
> Des Wappen Rose und Pokal (1),

2° l'ellipse du verbe malgré le changement de personne :

> Du träumst von Schmetterlingen, ich vom Aar (2)
> Ihr zählt die Rubel, die runden,
> Der Lazarus seine Wunden (3).

3° l'emploi de certaines constructions absolues avec l'infinitif, le participe, et même sans verbe :

> Auch Kruzifixe, nie davor zu beten (4)
> Des Dichters Qual die ungeborne Welt (5)
> Zuhörer nur die wilden Felsenhänge (6)
> Die weiche Hand das einzige von Seide (7)
> Und dein Aug'ein harter Demantschild (8),

4° la substitution pour ainsi dire habituelle de la métaphore directe à la comparaison des deux termes reliés par *wie* :

> Ein Elfengeist...
> Ein Herz... (9)
> Ein Troubadour zieh'er von Land zu Land,
> Ein Gärtner...
> Ein Winzer... (10)
> Ein Engel nahst du... (11)
> Und wäscht noch, ein Pilatus, sich die Hande (12)
> Ein unvollendet Lied sinkt er ins Grab (13),

---

(1) An Frau Karolina S. in Zürich.
(2) Der Gang um Mitternacht.
(3) Schlusslied.
(4) Sonette XXXVII.
(5) Zum Andenken an Georg Büchner.
(6) Sonette VII.
(7) Sonette XXX.
(8) Sonette XL.
(9) Sonette XI.
(10) Sonette XX.
(11) Sonette XXI.
(12) Sonette XXXV.
(13) Zum Andenken an Georg Büchner.

5° la sobriété des développements où il procède par énumérations, comme on peut le voir dans quelques-uns des exemples précédents, qu'il serait facile de multiplier en analysant un plus grand nombre de poésies, où les images se succèdent sans interruption et sans être amenées l'une par l'autre :

> Ob ihm der Ost die Segel blähe,
> Was hilft's dem morschen, lecken Kahn ?
> Was hilft dem Fink die Sonnennähe,
> Den tot ein Adler trägt hinan ? (1)

> Ich weiss, dass ausser meinem Spiegel
>   Mich niemand kennt.
> Ihr lasst die Dämmrung gelten,
> Bevor der helle Morgen tagt (2).

En comparant les variantes des poésies de Herwegh, l'on peut, en effet, constater qu'il exclut presque toujours le superflu et qu'il élimine avec le plus grand soin les chevilles. S'il a laissé malgré cela des redites, on peut être sûr qu'il l'a fait le plus souvent à dessein, par exemple dans les odes, où elles ressemblent à des refrains embryonnaires, mais les répétitions inutiles lui ont rarement échappé lorsqu'il corrigea ses brouillons.

Il a pu lui arriver de rejeter, dans une ébauche, l'épithète après le substantif et d'employer deux fois l'article : *Auf die Flut, die schrankenlose, — den Bau, den morschen in die Luft ;* ces négligences disparaissent en seconde lecture : *Hinaus in's Schrankenlose* (3), *— den morschen Bau hoch in die Luft* (4).

Herwegh a poussé le souci de la plénitude verbale jusqu'au scrupule, car il a rempli ses vers jusqu'à en rompre les attaches. L'abolition des désinences est, chez lui, aussi fréquenté que possible (*das Aug'*, et même : *einen Held, dem Fürst*). En général, toutes les fois que la

---

(1) Schlechter Trost.
(2) Jacta alea est.
(3) Die Deutsche Flotte.
(4) Auch dies gehört dem König.

logique le permettait, il a rayé les mots qui n'ajoutaient rien au sens, les adjectifs possessifs, les pronoms, les conjonctions, pour les remplacer par une épithète caractéristique ou par un adverbe de manière :

Première version	Und manch ein Zwerglein,
Deuxième version	Manch übermütig Zwerglein,
Première version	Und wusch ihm seine Wunden,
Deuxième version	Und wusch ihm still die Wunden (1),
Première version	Und welche Kränze,
Deuxième version	O tausend Kränze (2),
Première version	Mit seinen Spässen,
Deuxième version	Mit neuen Spässen (3).

Herwegh supprime ainsi tous les pléonasmes. Il avait écrit :

Das winzige Geschlecht der Zwerge,

mais il le changea pour éviter le redoublement de l'idée sans gradation :

Doch freilich ! Dies Geschlecht der Zwerge (4).

Il avait écrit :

Du bist ein treuer Knecht,

mais il renforça le reproche :

Du bist und bleibst ein Knecht (5).

Sa phrase possède donc, au plus haut degré, le mérite de la force. Il faut voir, sur ses brouillons, comme il se montre impitoyable pour les expressions banales et ternes, et ce que chaque retouche ajoute de relief et de couleur : *Was sucht*, devenu après correction *Was heischt* (6) ; *Und*

---

(1) Jacta alea est.
(2) Auch dies gehört dem König.
(3) An Borussia.
(4) Eine Erinnerung.
(5) Pour le mérite.
(6) Schlusslied.

will ein Reiter sein — So wär'ich General (1) ; *Verlass — Zerbrich ; seiner wilden Gier — seiner schnöden Gier* (2) ; *O gieb den Geistern, was die Geister fodern — Den Geistern gieb die Sühne, die sie fodern ; die Gesetze — die Ukasen ; krümmen — wedeln* (3) ; *leuchten — blitzen* (4) ; *herrliche Musik — o Zukunftsmusik* (5) ; *kühlenden Umschlag — Priessnitzschen Umschlag* (6).

Le réalisme de son style est rarement brutal. Le sens de la mesure, extrêmement développé chez lui, comme on l'a vu par l'étude de ses rythmes, l'a préservé de toute violence. En faisant un choix des *Xénies*, il écarta les moins élégantes, et la même délicatesse motive quelques-unes des rimes voilées des *Neue Gedichte*. Herwegh a corrigé quelquefois pour atténuer, surtout dans ses épigrammes et dans ses satires :

1ʳᵉ v. Ich hielt für Fürsten die gemeinsten Eseltreiber
2ᵉ v. .... für Paladine............ die Eseltreiber (7).

1ʳᵉ v. Gleichviel : immer gerät man dem Gesindel ins Haar
2ᵉ v. .... den Gesellen........ (8).

1ʳᵉ v. Da wär' der Fürst ja eselsgrau
2ᵒ v. .... bedenklich grau (9).

D'autres variantes lui sont dictées par le souci de l'harmonie musicale, ainsi :

1ʳᵉ v. Doch wird des Todes Stachel unsanft stechen
2ᵉ v. .... das Elend deine Kraft erst schwächen (10).

1ʳᵉ v. Der Witz nur soll heut' prangen,
2ᵉ v. Der Witz soll heute prangen (11).

---

(1) Husarenlied.
(2) Die deutsche Flotte.
(3) Auch dies gehört dem König.
(4) Harmlose Gedanken.
(5) Noten, Noten.
(6) Die Borriesäerei.
(7) Xenien III.
(8) Xenien XL.
(9) Xenien LXXIII.
(10) Strophen aus der Fremde, II.
(11) Champagnerlied.

La sobriété unie à l'élégance, la précision de la forme jointe à la virtuosité du rythme ont contribué à placer son œuvre lyrique hors de pair dans la poésie politique de son temps, le plus souvent diffuse, triviale et lourde. Un petit nombre de comparaisons boiteuses, de constructions obscures et même irrégulières, relevées par les grammairiens (1), ne gâte pas la pureté de sa poésie qui révèle, selon le jugement de Charles Grün, « un poète sincère et profond, vraiment inspiré, à qui les Grâces, dès la jeunesse, ont imprimé dans un baiser une forme mûre et parfaite, chez qui l'abondance du sentiment revêt presque toujours, en se cristallisant, les plus splendides apparences, et dont l'élocution est ciselée avec un merveilleux fini » (2).

Herwegh professait un si grand respect pour l'art qu'il ne pouvait admettre qu'on immolât l'esthétique aux doctrines politiques. Sans rouvrir le procès de la poésie tendancieuse, on ne peut disconvenir qu'elle est vite devenue monotone et prosaïque entre les mains des poétereaux qui abusèrent des clichés à l'ordre du jour sans avoir le sentiment de la beauté ; on la vit trop souvent se confondre avec le journalisme. Ce ne fut pas le cas chez Herwegh, même dans ses satires.

Nous savons ce qu'il en pensait par sa réfutation de l'article de Vischer et par ses aphorismes. « Ce qu'il n'a pas compris », répondait-il, « c'est l'âme même de ma poésie : elle ne dogmatise pas, ne veut imposer aucune loi,

---

(1) Vischer, par ex., a signalé comme telles : l'idylle de l'esclavage (Gebet), l'avalanche des cheveux de Béranger (Béranger), l'image : Es hat dem Vogel in dem Nest der Himmel nie gewankt (An die deutschen Dichter), le double sens des chaînes (Neujahr, Vive la République), la fable du coq et de la servante (Parabel), et, parmi les incorrections grammaticales, outre les formes : den Despot, den Tyrann, etc..., la construction : Des Lied man sich erfreut, au lieu du génitif : Lieds (Arndts Wiedereinsetzung).

(2) Bausteine, p. 43.

mais, en résonnant, en chantant et en rêvant, elle aspire seulement à sortir de ce misérable *statu quo*, et elle atteindra son but si elle traduit les dispositions générales, le mécontentement, la volonté d'améliorer sérieusement les choses. Le poète constate le mal, mais ne recherche ni les causes ni les remèdes. Comme poète, s'entend, car il peut être en même temps publiciste... Je puis me donner ce témoignage que je défends la liberté comme publiciste parce qu'elle est vraie et constitue un de nos droits, et je la chante comme poète parce qu'elle est belle. Mais, les hommes se rendant plus facilement compte du beau que du vrai, l'effet de l'œuvre poétique est peut-être incomparablement plus grand. Les gens d'opinion contraire ne refusent pas d'applaudir une belle poésie politique » (1).

Jamais, pour agir sur la sensibilité, la poésie n'eut un caractère moins abstrait. Cette qualité mérite d'être mise en lumière, Vischer, chef de l'école spéculative, ayant contesté à la poésie politique son droit d'existence parce qu'elle a pour objet l'avenir et non le passé. Comme si, observait Herwegh dans les mêmes notes, on ne chantait pas une jeune fille sous prétexte qu'on ne l'a pas encore pour femme ! (2) Le désir est la source du lyrisme. Pourquoi ce principe, reconnu fécond pour l'amour, perdrait-il sa valeur lorsqu'il s'agit de la liberté ? L'histoire littéraire se charge de la réponse. La poésie politique n'est

---

(1) Note inédite : « Die ganze Stimmung, die nicht dogmatisiert, die kein Gesetz imponieren will, die sich nur klingend, singend und träumend aus diesen elenden Zuständen heraussehnt und die genug erreicht hat, wenn sie allgemeine Stimmung, allgemeine Unzufriedenheit, ernstlicher Wille zu bessern geworden. Der Dichter hat nur das Dass, nicht das Wie und das Was zu entscheiden, d. h. als Dichter ; er kann zu gleicher Zeit auch Publizist sein... Ich darf mir das Zeugnis geben, dass ich die Freiheit als Publizist verteidige, weil sie wahr und unser Recht ist, dass ich sie als Dichter besinge, weil sie schön ist. Und da die Menschen leichter über das Schöne als über das Wahre ins Reine kommen, so ist die Wirkung hier vielleicht ungleich grösser als dort. Daher auch einem hübschen politischen Lied Leute von entgegengesetzter Gesinnung ihren Beifall nicht versagen ».

(2) « Besingt man ein Mädchen nicht, weil man es noch nicht zum Weibe hat ? »

possible, prétendait Vischer, que dans le cas où le peuple et son poète jouissent déjà des fruits du combat. « On chante après la bataille », disait Herwegh, « mais on chante aussi avant, en vue de la bataille, comme les Français qui ont conquis le monde avec la Marseillaise » (1).

« La poésie politique » s'écriait-il ailleurs dans ses aphorismes « est un détour qui montre le degré de maturité du peuple allemand auquel il faut donner la liberté comme une pilule dans du sucre. Mais la liberté n'est pas une pilule qu'on ait besoin de dorer. La fantaisie des Allemands est mûre pour la liberté tandis que leur tête ne l'est pas. Le peuple allemand ne peut supporter jusqu'ici que la poésie de la liberté » (2).

Ainsi s'exprimait-il en artiste conscient des limites de l'art et pénétré du sentiment de sa puissance. La poésie de Herwegh ne s'éloigne pas de la vie contemporaine, car le poète se sert des événements pour faire partager à la foule l'enthousiasme qui l'anime. Elle s'appuie donc sur les faits de la réalité, mais, d'autre part, elle les domine. L'œuvre de Herwegh ne rappelle d'aucune manière cette copie servile de l'actualité dont Anastasius Grün se moquait lorsqu'il refusait de voir une création de l'art dans « ces mannequins, bourrés d'indigestes procès-verbaux, portant pour oriflamme le papier des gazettes quotidiennes » (3). Herwegh a toujours été préservé de la vulgarité par sa conception de la poésie et par le culte de la forme.

En esthétique, comme en politique, il se méfiait des formules abstraites et détestait les systèmes : « L'esthétique spéculative, très en faveur actuellement, est presque aussi stérile pour ceux qui créent, qui édifient des œuvres,

---

(1) « Man singt nach der Schlacht, man singt aber auch vor und zur Schlacht, wie die Franzosen, die die Welt mit der Marseillaise erobert ».

(2) V. Herweghs Nachlass : Notes et pensées inédites.

(3) Nibelungen im Frack : Einleitung.

qu'elle est nuisible à ceux qui les contemplent. Ce qui manque à cette esthétique, c'est une compréhension concrète du Beau. Elle a propagé beaucoup de rhétorique d'art, mais peu de sentiment d'art. Elle est incapable de rien déduire de la beauté formelle ; aussi est-elle obligée de se contenter de la règle pour ne distiller de la grappe de raisin, la belle grappe gonflée de suc, que le vulgaire alcool des considérations abstraites. Depuis que l'on considère l'art à ce point de vue, le sens du beau plastique dans l'espace ne s'est pas ranimé et les nerfs ne sont pas devenus mieux réceptifs de la *vis superbæ formæ*. La compréhension par contemplation directe n'est développée en aucune façon par l'esthétique. Mais cette esthétique trouve un grand appui dans l'inaptitude de tant d'hommes à jouir des belles choses purement parce qu'elles sont belles. Elle aide, elle confirme cette inaptitude en traduisant pour l'oreille ce qui était fait pour les yeux, en remplaçant l'art par ce qui est la négation de l'art, en changeant les formes en concepts, le plaisir de goûter le Beau en Dieu sait quel plaisir, et la gaieté, l'enjouement de l'art en une pédantesque gravité. Mais s'il faut, pour que la forme, la couleur, la proportion soient bien comprises, les sublimer tout d'abord dans l'alambic des catégories philosophiques, si l'œuvre faite pour les sens doit ne plus rien avoir de sensible, si tout ce qui est aimable doit se dépouiller de son propre corps, comme c'est le cas en cette esthétique, afin d'ouvrir le trésor de ses richesses, n'est-ce point là une destruction de tout ce qui peut justifier l'existence indépendante de l'art ? Il y aurait aussi bien des remarques à formuler sur les journaux d'art qui, tous, plus ou moins, se font l'écho des manuels d'esthétique spéculative. En outre, ils accordent à l'intérêt du sujet plus d'importance qu'il ne convient. La question du Quoi ? domine pour eux la question du Comment ? et l'intention, la manifestation. Ainsi l'esthétique spéculative, sous bien des rapports, fait penser à la philosophie de la nature. De même que celle-ci a été suivie par l'exacte recherche scientifique, de même l'esthétique spéculative sera remplacée par l'esthétique expérimentale » (1). Ces pages qui figurent dans le livre de Semper résument fidèlement la pensée de Herwegh et l'on voit combien elle a peu varié dans l'ensemble en les comparant à ses théories sur l'art populaire dans la *Volkshalle*.

---

(1) Der Styl, Prolegomena, p. XIX.

VI

LES IDÉES DE HERWEGH
SUR LES RAPPORTS DE LA PHILOSOPHIE,
DE LA POLITIQUE ET DE L'ESTHÉTIQUE

Pour bien comprendre l'esthétique de Herwegh, il convient de la rattacher à sa philosophie et à sa politique : il existe, selon lui, un lien étroit entre les notions de vérité, de liberté et de beauté.

Les idées de Herwegh au point de vue philosophique, politique et esthétique nous sont presque uniquement connues par ses articles de la *Volkshalle* (1839-1840) et par les notes de ses carnets (1841-1845). Comme on le voit d'après ces dates, l'histoire de ses idées ne peut être encore étudiée que d'une manière incomplète et pour une partie relativement restreinte de sa vie. Il est probable que l'on pourrait, en bien des cas, préciser davantage si l'on avait sous les yeux tout ce que le poète écrivit avant 1839 et si l'on établissait l'authenticité de tous les articles qu'il fit paraître après 1844 dans les journaux suisses, allemands, italiens ou français. A l'aide de ses comptes rendus critiques de l'*Europa* (1838), comparés à ceux des autres collaborateurs de cette revue qui sont tous également pénétrés des idées de la « Jeune Allemagne », on pourrait assister, en quelque sorte dès le début, à la genèse de ses conceptions esthétiques et fixer le moment, par exemple, où l'action de Börne commence à se faire sentir. Mais, pour mener cette étude à bonne fin, il faudrait avoir groupé tous ces articles de signature encore douteuse. Les trop rares « feuilletons » que nous avons pu jusqu'à présent identifier permettent à peine d'entrevoir la formation de ses théories sur certains points (1). D'autre part, les articles qu'il publia plus tard dans des journaux tels que le *Zürcher Intelligenzblatt* (1857-1866), la *République Française* (1871), etc., serviraient peut-être à combler les lacunes de sa doctrine politique, à l'époque de sa maturité (2), mais ceux que nous avons pu jusqu'ici réunir se rapportent surtout aux questions internationales, et nous ne nous en occuperons pas ici, parce que ces questions ne regardent pas directement la philosophie générale de Herwegh et n'ont rien de commun avec son esthétique.

Grâce aux pages de la *Volkshalle* et à ses notes inédites, nous pouvons essayer de reconstituer la doctrine de Herwegh, au moins pour la période la plus féconde de son existence littéraire, celle où le poète allait composer et celle où il venait d'achever les *Poésies d'un Vivant*. L'analyse de ces articles et des notes manuscrites de ses portefeuilles nous permet d'étudier les transitions par lesquelles sa pensée devait passer avant de se fixer sur les points les plus importants. Les premiers nous offrent un corps de doctrine qui, s'il n'est pas absolument cohérent, tend néanmoins à le devenir. Les secondes, qui reflètent ses lectures, ou les sentences épigrammatiques que, pour me servir de l'une de ses images, il a égrenées comme des perles et semées au cours de son travail sans les utiliser, nous montrent encore mieux quel est le lien qui unit, dans sa pensée, les conceptions philosophiques, politiques et esthétiques.

1° L'ÉVOLUTION DE HERWEGH

On peut distinguer trois degrés dans l'évolution de Herwegh. De l'idéalisme du début, déjà fort diminué

---

(1) V. dans la partie biographique, p. 26-27, ce qu'il dit, soit de l'abus de la politique en poésie, soit des rapports des écrivains et du grand public.

(2) Ses proclamations de 1848 (v. Briefe von und an Herwegh, 1848) n'apportent que des données très vagues sur son programme au moment de la Révolution.

en 1839, à l'époque où il écrit les articles de la *Volkshalle*, nous aurons seulement à envisager, faute de documents antérieurs, ce qui a subsisté plus tard. Dans la seconde période, contemporaine de la *Volkshalle*, Herwegh s'efforce d'abolir l'opposition de l'esprit et du cœur en philosophie, de l'individu et de l'espèce en politique, des notions de « religion » et de « tendance » dans l'art, en s'inspirant de Jean-Paul et de Börne, mais avec le pressentiment d'une synthèse plus harmonieuse. L'aspect feuerbachien qu'il donne, en troisième lieu, aux trois faces de sa doctrine représente le terme auquel on peut considérer qu'il s'arrête.

Les idées de Herwegh ne se sont pas transformées brusquement, mais lentement. Le poète n'a pas abdiqué soudain l'idéal de la philosophie transcendante, c'est-à-dire de la métaphysique kantienne, fichtéenne, hégelienne, et même il n'y a jamais renoncé tout à fait ; celle-ci a marqué sa pensée d'une empreinte profonde qui persiste à travers toutes les variations. C'est ainsi que : 1° en philosophie, il témoigne, dans ses notes, encore en 1843, sa prédilection pour Fichte lorsqu'il le compare à Schelling ; 2° en politique, il est resté fidèle au culte de l'individualisme, même beaucoup plus tard, dans sa période socialiste ; 3° au point de vue de l'art, il n'a résolu qu'en partie le conflit du beau et de l'utile parce qu'il y avait en lui une survivance de l'esthétique de Schiller qui n'a pu disparaître entièrement.

Sa transformation a été précédée de tâtonnements. Le moment précis où Herwegh subit l'influence de Feuerbach n'est pas connu. On trouve des analogies avec la doctrine de ce philosophe dans les pages de la *Volkshalle* sans qu'il soit prouvé qu'il l'ait déjà lu à cette date. Il semble que, sous l'action d'autres influences et par le cours de ses propres réflexions, le poète ait été amené peu à peu à modifier dans le sens feuerbachien l'idéalisme de sa jeunesse.

Entre 1841 et 1844, sous l'influence de Feuerbach, le poète est parvenu, sans apporter à toutes les questions une solution définitive ni même toujours satisfaisante, à combiner, à concilier dans une certaine mesure, comme nous le verrons, l'individualisme et l'altruisme, les problèmes de l'art et ceux de la politique. Le besoin de supprimer l'antinomie de la raison et de l'amour, du Moi et du Toi, avait inspiré la philosophie positiviste et anthropologique de Feuerbach. Herwegh qui cherchait, encore confusément en 1839, une semblable conciliation pour la politique et pour l'esthétique, envisagées en elles-mêmes et dans leurs rapports, crut trouver une synthèse ou les éléments d'une synthèse dans ce système qui absorbait les problèmes métaphysiques ou religieux dans les problèmes sociaux pour résoudre les uns par les autres. En évoluant de l'idéalisme au positivisme, vers l'époque où il écrivit ses *Poésies d'un Vivant*, le poète ne fit guère que déduire les conséquences politiques et esthétiques de la nouvelle philosophie ; il se proposait, en d'autres termes, d'adapter les conclusions de Feuerbach aux conceptions morales, politiques et esthétiques qu'il tenait de sa première et de sa seconde éducation philosophique.

2° LES IDÉES PHILOSOPHIQUES DE HERWEGH

En philosophie, le poète semble avoir été attiré d'abord par le subjectivisme de Fichte. Il rend hommage à ce penseur dans son article de la *Volkshalle* sur Jean-Paul. Le moi expérimental est relatif, selon Fichte, mais le moi idéal se confond avec l'Etre en soi. La conception herweghienne de l'Absolu se rapproche beaucoup plus du système de Fichte que de toute autre doctrine : « Tout ce qui est n'a qu'une valeur finie en face de l'Absolu ou, à un degré de plus, en face de l'Idéal » (1). Cependant l'influence de Jean Paul et de la philosophie intuitive tempère l'idéalisme de Herwegh. Le subjectivisme de Fichte annihile le monde auquel il ne reconnaît, sauf en morale, qu'une existence hypothétique ; pour Herwegh, c'est aussi

---

(1) Ged. u. Krit. Aufsätze, I. p. 143.

le moi qui crée le non-moi en projetant l'idéal dans la réalité, mais il affirme l'existence du monde parce qu'il la « sent » et non parce qu'il la « conçoit » (1). De cette distinction découlent, comme nous le verrons, ses théories littéraires sur la part qui revient en poésie à la réflexion et au sentiment ou sur la valeur comparée de l'ironie et de l'humour.

Herwegh croit donc, en 1839, à la puissance sinon créatrice, au moins symbolique de l'esprit. Il emprunte à la philosophie de Hegel ce principe que, s'il n'existe pas de rapports de cause à effet entre le monde métaphysique et le monde physique, du moins leur parallélisme ne peut s'expliquer qu'en vertu d'une sorte d'harmonie préétablie : « Nous vivons à la fois dans une double atmosphère, sensible et suprasensible, dont l'étendue et l'extension sont identiques et n'ont d'autre limite que la limite du Tout. Le suprasensible correspond au sensible jusque dans le détail » (2). — Herwegh emprunte aussi à Hegel sa méthode, mais il l'interprète dans le sens le plus évolutionniste. En effet, il donne toute sa valeur à la philosophie du Progrès ; il dit : le progrès est supérieur à Dieu, Dieu lui-même obéit à la loi du progrès (3). Selon lui, les véritables continuateurs de Hegel (Gans, Rosenkranz, Strauss) ont compris que l'esprit de sa méthode était contraire au dogmatisme (4). L'interprétation hégélienne de la religion chrétienne, même dans un sens libéral, est incapable de le satisfaire ; la religion chrétienne n'est qu'un degré, un « moment » de l'histoire universelle (5). En affirmant que tout ce qui demeure, tout ce qui n'évolue pas, n'est point vrai (*Alles Bestehende ist unwahr*) (6), il condamne l'esprit de conservation politique dont les *Prin-*

---

(1) Ged. u. Krit. Aufsätze, I, p. 145.
(2) Ged. u. Krit. Aufsätze, I, p. 49.
(3) Ged. u. Krit. Aufsätze, I, p. 166.
(4) Ged. u. Krit. Aufsätze, I, p. 97.
(5) Ged. u. Krit. Aufsätze, I, p. 79-80.
(6) Ged. u. Krit. Aufsätze, I, p. 143.

cipes de la Philosophie du Droit étaient imbus. C'est pour la même raison qu'il attache une si grande importance à la littérature qui se fait, qui se transforme, qui n'est pas arrivée au terme de son développement ; il célèbre dans Jean Paul le poète « des hommes qui ne sont pas nés » (1).

On voit que sa pensée dépasse déjà celle du centre et de la gauche hégelienne. Qu'il s'agisse d'ailleurs du panlogisme de Hegel ou de ce qu'il appelle à propos de l'ironie romantique qui dérive selon lui de l'idéalisme subjectif de Fichte : le « nihilisme » poétique, il oppose à toute philosophie de l'égoïsme ou de l'abstraction l'amour du prochain et les intuitions de la conscience. Pour « humaniser » en quelque sorte la métaphysique, il remonte au rationalisme de Herder (2). La préférence qu'il donne, dès cette époque, au sentiment mérite d'être soulignée. Dans ce penchant pour la philosophie de l'immanence, le poète se rencontre avec Börne qui s'intitule lui-même « *ein geborener Naturphilosoph* » (3) et qui ne cesse de faire l'éloge du cœur, « la patrie des pensées » (4), « la chambre des députés de l'âme humaine » (5) ; « il n'y a pas d'erreurs du cœur », écrit Börne (6). Dans la question de la peine de mort que Hegel, dans sa *Philosophie du droit*, justifie sous prétexte qu'elle réconcilie le criminel avec l'Absolu, le crime étant une infraction à l'Idée, Herwegh refuse de se laisser convaincre par cette argumentation et par les calculs de la statistique ; il ne veut écouter que « le *veto* du cœur » (7). Herwegh incline déjà vers une philosophie qui remplace l'Absolu par l'idée de l'essence de l'Homme, le Moi par le Toi, et c'est la philosophie de Feuerbach.

D'après M. Albert Lévy, l'influence directe de ce philo-

---

(1) Ged. u. Krit. Aufsätze, I, p. 141.
(2) V. Ged. u. Krit. Aufsätze, II, p. 101.
(3) Briefe aus Paris, 51 (éd. Hesse, V, p. 214).
(4) Die Kunst, in drei Tagen ein Originalschriftsteller zu werden (éd. Hesse, I, p. 125).
(5) Briefe aus Paris, 12 (éd. Hesse, V, p. 44).
(6) Briefe aus Paris, 46 (éd. Hesse, V, p. 199).
(7) Ged. u. Krit. Aufsätze, I, p. 100.

sophe s'est exercée sur les sonnets de 1840 (1). Lorsque le poète, dans le sonnet XVIII, célèbre la mort, il s'inspire des *Pensées* de Feuerbach *sur l'immortalité*. En effet, celui-ci, rétablissant le non-moi dans ses droits, assimile, comme on sait, Dieu ou l'Infini et la Mort ; en d'autres termes, il considère 1° que l'homme se sacrifie en mourant, mais que cette abnégation l'élève moralement et l'affranchit ; 2° que, mêlé à la Nature après la mort, il participe à la vie universelle, principe et fin de toute existence. Donc la mort individuelle ne détruit que la partie égoïste et éphémère de nous-mêmes, « ce qui en nous n'est pas assimilable à l'humanité ». La mort devient ainsi une réalité et l'on s'explique pour quelles raisons Herwegh l'appelle « le plus fidèle ami de la terre » ; on s'explique le sens de cet « amour » avec lequel elle nous réunit à la grande famille dont nous nous sommes détachés « avec répugnance » ; on comprend pourquoi il pense que la mort, si la fatalité ne nous l'imposait pas, « serait notre propre volonté », car c'est elle « qui rend la vie pleine et entière » (2).

D'une façon générale, Herwegh, en composant ses *Poésies d'un Vivant*, s'inspire de la morale de Feuerbach selon l'*Essence du Christianisme*. Ce philosophe l'a fondée sur l'amour ; il reproche à la religion chrétienne d'immoler l'amour à la foi ou de glorifier l'égoïsme surnaturel dans le dogme de la création, de l'incarnation, de la résurrection. Herwegh repousse, de même que Feuerbach, les consolations supraterrestres du christianisme :

> Man wird dir goldne Schlösser bauen,
> Nur musst du erst gestorben sein !...
> All deine Ketten werden fallen,
> Nur musst du erst gestorben sein ! (3)
>
> So wird die Schuld an's Volk bezahlt
> Mit Wechseln auf die Sterne (4).

---

(1) La philosophie de Feuerbach, II : VIII, p. 432-434.
(2) Ged. eines Leb. Sonette XVIII. Cf. Xenien XXXIV : Ludwig Feuerbach.
(3) Ged. eines Leb. I, Schlechter Trost.
(4) Ged. eines Leb. II, Der arme Jakob.

De 1851 à 1854, Herwegh, il est vrai, comme nous l'avons vu dans la biographie, s'est intéressé à la philosophie de Schopenhauer. Or celle-ci, opposée au positivisme de Feuerbach, ne voit dans le monde que « notre représentation », tandis que le positivisme s'appuie au contraire sur la réalité concrète. Mais les deux systèmes se rencontrent parfois. Feuerbach, au plus fort de sa polémique contre Hegel, exalte la « connaissance immédiate », à peu près comme Schopenhauer attribue à la « volonté » et non pas à la pensée le sens direct de la vérité, et la « volonté universelle » du métaphysicien diffère peu, par le fond, de la « divinité immanente » du positiviste. En outre, la morale ascétique de Feuerbach présente de nombreux traits de ressemblance avec le « néo-bouddhisme ». Herwegh ne se montre pas infidèle au système de Feuerbach lorsqu'il se rapproche de Schopenhauer et l'on peut dire qu'il a goûté dans la philosophie anthropologique et dans la métaphysique du pessimisme ce qu'elles offrent de commun, car l'une et l'autre, en somme, subordonnent l'être individuel à l'Eternel Vouloir et, selon toutes les deux, l'art nous affranchit du désir de vivre (1).

La philosophie de Schopenhauer n'a guère agi sur l'œuvre de Herwegh. Le poète n'a jamais cessé d'admirer Feuerbach, comme le prouvent d'abord ses relations d'amitié avec ce penseur, puis son intervention dans la *République Française* où il recommande son livre *Sur la Divinité, la Liberté et l'Immortalité* (2), enfin ses derniers vers sur la tombe du philosophe qu'il compare au Dante parce qu'il s'est frayé, dit-il, un chemin « à travers le ciel et l'enfer », démêlant « la comédie humaine » dans la « comédie divine » (3).

---

(1) Le vers du sonnet XVIII :
    Das Sterben würde unser eigner Wille
a été écrit par Herwegh longtemps avant la lecture du Monde comme Volonté et Représentation.

(2) V. le numéro du 14 déc. 1871 de la Rép. Fr. Feuerbach n'admettait pas la peine de mort et traitait les bourreaux, comme les princes, de bourreaux « par la grâce de Dieu » ; Herwegh rappelle ce passage à propos des exécutions sanglantes après la Commune.

(3) Neue Gedichte, Seinem Ludwig Feuerbach.

3° LES IDÉES POLITIQUES DE HERWEGH

Herwegh a suivi la même courbe qu'en philosophie dans son évolution politique : il tend à passer de l'individualisme au communisme, mais ici l'évolution ne s'opère ni aussi rapidement ni d'une manière aussi complète.

A. *L'individualisme démocratique de la « Volkshalle ».*

La lecture des œuvres de Börne a fortifié l'individualisme de Herwegh. Börne oppose sans cesse le droit naturel au droit de l'Etat et déduit la légitimité des révolutions du principe absolu de la philosophie de Hegel : *Alles, was ist, ist gut* dont il combat l'interprétation conservatrice (1). L'idéal de l'humanité, selon Börne, n'est autre que l'anarchie ou l'absence de gouvernement. Il le dit expressément : « On gouverne trop, voilà le mal » (2). « Il ne faut pas trop régner. Ces six mots de Montesquieu permettent de résoudre tous les problèmes du temps présent... La liberté ne peut sortir que de l'anarchie » (3). « La tyrannie du pouvoir arbitraire ne m'a jamais été aussi odieuse que celle des lois. L'Etat, le gouvernement, les lois doivent chercher à se rendre superflus » (4). Voici en quels termes Börne fait l'éloge de l'Etat grec lorsqu'il le compare aux temps modernes : « Chez les Grecs le peuple était ce qu'il y avait de positif, le gouvernement ce qu'il y avait de négatif » ; chez nous, c'est le contraire (5). Les fonctionnaires, les serviteurs de l'Etat, en sont devenus les maîtres (6).

Mais Börne n'est pas seulement libéral, il est aussi démocrate. Convaincu que le peuple représente « la nature

---

(1) V. Börne, Fragmente u. Aphorismen (éd. Hesse, IV, p. 125-126).
(2) Kritiken (éd. Hesse, III, p. 62).
(3) Kritiken (éd. Hesse, III, p. 70, 78).
(4) Briefe aus Paris, 81 (éd. Hesse, VI, p. 128).
(5) Schilderungen aus Paris (éd. Hesse, II, p. 105).
(6) Fragmente u. Aphorismen (éd. Hesse, IV, p. 227).

pure dans l'état social factice » parce qu'il a le secret d'une « éternelle jeunesse (1), il n'hésite pas à défendre la plèbe même, décriée de toutes parts : « Je ne trouve de véritable culture humaine que dans la populace » (2). Frappé de l'inégalité sociale, il s'efforce de concilier les intérêts du citoyen et de la république, ceux de l'individu et de la société (3).

Dans ses articles de la *Volkshalle*, Herwegh ramène toutes ses conceptions au principe de la « subjectivité », mais il entend ce mot dans un sens relatif qu'il est nécessaire d'expliquer. Le subjectif **représente** pour lui l'ensemble des qualités essentielles et naturelles de l'humanité, l'homme tel qu'il est sorti des mains de la nature, libre comme les coursiers du désert, les cèdres et les palmiers, comme les roseaux au bord de la mer, comme les bouleaux sur la montagne, comme les torrents et les fleuves (4), — ou, ce qui revient au même pour Herwegh, l'homme intérieur, par opposition aux conventions, aux castes, à l'Etat, aux partis : l'organisation en sociétés nous a chargés d'entraves (5) ; notre éducation détruit notre spontanéité et réduit encore notre indépendance (6). Pour recouvrer la liberté primitive, il faut triompher de l' « objectivité » dont l'école et les lois sont les rigides gardiennes. Cette pensée revient fréquemment dans les articles de la *Volkshalle* : « La subjectivité protestera éternellement contre une limitation quelconque par l'objectivité » (7) ; les questions contemporaines « se concentrent peut-être dans cette idée fondamentale dont

---

(1) Französische Aufsätze, Béranger et Uhland (éd. Hesse, IV, p. 291).

(2) Briefe aus Paris, 34 (éd. Hesse, V, p. 139).

(3) V. par ex. Fragmente u. Aphorismen (éd. Hesse, IV, p. 185) : Das Glück soll nicht erblich sein ; Briefe aus Paris, 65, ce qu'il dit du saint-simonisme (éd. Hesse, V, p. 324 ss.)

(4) Ged. u. Krit. Aufsätze, I, p. 44 ss.

(5) Ged. u. Krit. Aufsätze, I, p. 48.

(6) Ged. u. Krit. Aufsätze, II, p. 107 ss.

(7) Ged. u. Krit Aufsätze, I, p. 24.

nous sommes tous pénétrés : l'épanouissement de la subjectivité » (1).

Il s'agit de recréer dans l'univers moderne une société analogue et même supérieure à celle du monde grec, où ne se creuse aucune distinction entre l'individu et la communauté, de telle sorte que l'homme libre en nous n'entre plus constamment en lutte avec l' « objectif » hors de nous, de telle sorte que les intérêts du citoyen et ceux de l'Etat se confondent, qu'il n'y ait aucune souveraineté, aucune hiérarchie et que la plus parfaite égalité règne entre tous : « Liberté et nationalité étaient des mots que tous les cœurs et toutes les têtes comprenaient en Grèce. Le raffinement de nos sentiments était inconnu des anciens ; chez eux il n'y avait qu'une seule et même joie, une seule et même douleur, une seule et même passion pour tous » (2).

Cet idéal, comme celui de Börne, manque de précision. Le système de Feuerbach devait amener Herwegh à donner d'une part à la révolte de l'individualisme contre le despotisme toute sa valeur philosophique, à fonder d'autre part l'accord de l'homme et du citoyen d'une manière rationnelle.

B. *Conséquences politiques de la philosophie de Feuerbach.*

La philosophie de Feuerbach anéantit l'au-delà : elle nie l'existence de Dieu et l'immortalité personnelle ; en outre, elle combat partout le « caprice » (la création *ex nihilo*, les miracles), et elle assimile l'arbitraire en politique à l'abstrait en métaphysique ou en morale.

Herwegh comprit le parti qu'il pouvait tirer de l'athéisme qui aboutit à l'apothéose de l'homme dans ses rapports avec la réalité ; il écrit, dans le sens de Feuerbach : « Dieu est mort (ce mot est souligné dans le

---

(1) Ged. u. Krit. Aufsätze, I, p. 90.
(2) Ged. u. Krit. Aufsätze, I, p. 51. Cf. I, p. 132.

manuscrit) pour le salut de l'histoire » (1). La croyance égoïste de l'homme à l'immortalité, aux récompenses ou aux châtiments d'outre-tombe engendre et soutient le despotisme terrestre. « Les dévots reconnaissent l'autorité des couronnes sur la terre parce qu'ils en convoitent pour eux-mêmes dans le ciel » (2). La justice que nous devrions exercer sur terre contre les malfaiteurs ou qu'ils devraient du moins se rendre à eux-mêmes, nous la reléguons dans l'au-delà ; la récompense, la satisfaction que nous devrions trouver en nous-mêmes, nous nous la faisons donner au ciel » (3). La religion est ainsi devenue un instrument de domination aux mains des grands, funeste au peuple esclave qu'elle console de son malheur. « N'espère rien d'en haut », écrit Herwegh. « Nous ne devons pas nous consoler » (4).

D'une manière générale, la religion nous détourne de la terre ; en nous faisant espérer un bonheur futur hypothétique, elle nous conduit au quiétisme. C'est le grand reproche adressé par Herwegh à la philosophie de Schelling à laquelle il oppose ce qu'il y avait encore de favorable à l'activité humaine dans l'idéalisme subjectif de Fichte (5).

Cette conception de Feuerbach : « Le ciel n'est que le désir de la terre » est d'une importance capitale pour la solution du problème politique et social. L'humanité ne désire plus prier, mais agir ; le Dieu de la pensée a fait place au Dieu de l'action ; « la théologie est devenue politique dans Bruno Bauer », dit Herwegh ; à plus forte raison, pouvons-nous ajouter, dans l'anthropologie de Feuerbach (6). Nous combattons pour la terre et non pour le ciel : « Que vous importe le ciel ? Contentez-vous de la

---

(1) Carnet de 1845.
(2) Carnet de 1842-43.
(3) Carnet de 1844.
(4) Carnet de 1844.
(5) D'après les notes du carnet de 1843. V. Herweghs Nachlass.
(6) Carnet de 1843.

terre. Chassez-en les valets et les maîtres pour qu'elle devienne un ciel ! » (1). Le poète songeait, en 1847, à composer une épopée ou un cycle de poèmes épiques où il aurait fait triompher cette idée ; son œuvre eût renfermé l'histoire et la critique des utopies chrétiennes (2).

L'homme, n'ayant plus d'autre patrie que la terre, est tenu d'y réaliser tout son être. La légitimité de la Révolution résulte de cette nouvelle conception des droits réels et individuels de l'homme. « Tu dois écarter de ton chemin ce qui t'empêche de te développer, c'est un postulat de la loi morale et le fondement de la révolution » (3). L'homme libre ne saurait pas plus reconnaître l'autorité d'un despote ici-bas que celle d'un tyran dans le ciel. C'est un reste de terreur religieuse qui retient encore les hommes dans les liens de la royauté : on adore les rois comme Ahriman pour en conjurer la mauvaise influence (4). Les peuples sont reconnaissants aux rois « non du bien qu'ils leur font, mais du mal qu'ils ne leur font pas » (5). Ils sentent peser sur eux, comme un châtiment fatal, la malédiction du despotisme, mais ils n'ont pas le courage de secouer le joug. Par une étrange anomalie, le peuple en qui réside toute la force, mais qui est demeuré dans les ténèbres de l'inconscience, tremble devant les rois, ces misérables nains qui ne sont grands que par lui (6). Les rois se tiennent à l'écart pour dissimuler leur faiblesse, mais ils la trahissent par le soin qu'ils prennent de se hausser pour se dérober aux regards indiscrets ; ils n'échappent pas aux lois de la perspective : « Votre trône

---

(1) Notes inédites :
    Was geht euch doch der Himmel an ?
    Beschränkt euch auf die Erde !
    Die Knecht' und Herrn hinausgetan,
    Dass sie ein Himmel werde !
(2) V. Briefe von und an Herwegh, 1848, p. 38.
(3) Carnet de 1843.
(4) Carnet de 1843.
(5) Carnet de 1842-43.
(6) Carnet de 1842-43.

est si loin, c'est pour cela qu'il me paraît si petit ! » (1) Il n'y aura plus de rois le jour où ils n'auront plus d'adorateurs : « Si seulement » soupire le poète « les princes en mourant, comme aux Indes, emportaient avec eux dans leur tombe tous leurs esclaves ! (2) ».

La Révolution est pour Herwegh un phénomème d'ordre intérieur et moral. Pour la justifier aux yeux des adversaires de toute violence, pour prouver qu'elle ne signifie pas forcément l'effusion du sang, le poète a trouvé cette belle réponse : « Le sang doit couler, mais dans nos veines » (3). Il ne s'étonne pas des excès de la grande Révolution : 1° parce qu'il n'y a pas de création sans chaos ; 2° parce que ces excès ont été précédés et pour ainsi dire mûris par ceux de l'ancien régime : il faut que l'abcès suppure pour que la plaie s'épure (4). Mais, s'il les excuse, il n'en souhaite pas le retour. Le règne de la démagogie, de la Terreur avec ses lois d'exception et ses listes de proscription, ne lui semble pas une tyrannie moins odieuse que celle des despotes : « Je déteste les rois et la populace ; car d'une façon ou de l'autre, dans les deux cas, l'homme n'apparaît pas dans sa véritable nature, mais sous un déguisement » (5). La liberté, telle qu'il la comprend, est une condition de régénération morale. Faut-il donner la liberté à tous, même au bas peuple, même à la canaille ? Oui, répond-il, il le faut, justement pour son amélioration. « La liberté dévore la populace, c'est la tyrannie qui l'engendre et qui l'augmente ; la liberté agit sur la racaille comme un poison violent : elle lui tortillera les entrailles » (6). « Le germe des fleurs gît dans la fange,

---

(1) Carnet de 1842-43.
(2) Notes inédites :
    Nähme jeder, wie in Indien,
    Seine Sklaven mit sich ins Grab.
(3) Carnet de 1842-43.
(4) Carnet de 1843.
(5) Carnet de 1842-43.
(6) Carnet de 1842-43.

c'est le soleil de la démocratie qui l'en fera sortir et s'épanouir » (1).

Herwegh refusait de caserner les hommes dans l'Etat. Il se demandait même si l'Etat pouvait, sans sortir de son rôle, prescrire des devoirs aux citoyens : le devoir n'est-il pas par définition une limitation volontaire du droit ? (2) L'Etat ne doit intervenir que pour protéger : « Que la loi nous empêche de tomber, mais qu'elle ne nous empêche pas de marcher » (3).

Il a précisé plus tard sur deux points sa conception générale du principe de l'Etat : dans la question de l'impôt du sang et dans celle de la liberté de conscience.

Partisan du système des milices, Herwegh se range à l'avis de Rüstow, selon lequel le service militaire constitue un droit pour les citoyens et non pas un devoir. S'il n'en était pas ainsi, on ne pourrait créer d'armée démocratique, on ne ferait que recruter une soldatesque. Les poésies de Herwegh en l'honneur des sociétés de tir s'inspirent de ces idées (4). « Ce n'est qu'en Suisse » écrivait-il à la *République Française* « que le soldat reste citoyen : il garde son fusil quand il retourne à son foyer » (5).

Les rapports de l'Eglise et de l'Etat l'ont préoccupé jusque dans les dernières années de sa vie, comme l'atteste son attitude dans le *Kulturkampf*. Il approuvait toutes les mesures qui, comme les dispositions en faveur du mariage civil, étendaient la liberté de conscience. Mais si l'Eglise, puissance féodale, ne devait pas empiéter sur les droits de l'individu, il ne s'agissait pas de supplanter une féodalité par une autre, ou, comme il disait encore,

---

(1) Carnet de 1842-43.

(2) Carnet de 1843.

(3) Carnet de 1843. Cf. Auch dies gehört dem König :
Ja gieb ein wahrhaft königlich Gesetz,
Das uns am Fallen, nicht am Gehn verhindert !

(4) V. Herweghs Nachlass, Zum Basler Schützenfest, 1844 ; Neue Gedichte, p. 277 : Zum eidgenössischen Schützenfest in Zürich, 1859.

(5) Rép. fr., 14 déc. 1871.

un jésuitisme par un autre. Le schisme des « Vieux-Catholiques », entre autres, demandait à n'être encouragé qu'avec prudence ; il ne fallait pas se dissimuler que les gouvernements se faisaient un plaisir d'amuser le peuple avec les discussions théologiques pour lui « chiper » les pauvres restes d'indépendance qu'ils ne lui avaient pas encore dérobés (1). Quant aux lois scolaires soi-disant libérales qui retiraient au clergé la surveillance des écoles, leur but n'était-il pas d'écarter l'omnipotence de l'Eglise pour y substituer celle de l'Etat (2) ? A cet égard, la lettre inédite de Herwegh à Challemel-Lacour, pour le féliciter du discours qu'il avait prononcé sur le monopole de l'enseignement supérieur (4 déc. 1874), mérite d'être retenue. Je suis ultramontain en Allemagne, écrit-il en substance, pour combattre Bismarck qui, lui, s'allie aux ultramontains en France pour nuire à la République. « Tout est relatif dans l'art, la politique est de l'art... De ce côté du Rhin n'est plus vrai ce qui l'est de l'autre... Je m'allie avec le diable pour renvoyer Belzébuth, tout comme je serais capable d'inventer le pape contre l'empereur... Le clergé mine la République, comme tel vous le combattez ; le clergé mine l'Empire, comme tel je l'appuie » (3).

De ce que nous venons de dire il résulte que le parti communiste, avec son esprit de secte, son programme et ses dogmes ne pouvait que médiocrement le séduire : « Je hais l'absolu », répétait-il, « communisme ou monarchie, sous un bonnet ou sous un chapeau » (4). Le poète voulait sauvegarder le principe de la différenciation individuelle. L'égalité des hommes répondait, selon lui, à celle des triangles dont les figures ne sont pas identiques, mais qui sont tous, quelle que soit leur grandeur, lorsqu'on fait la somme de leurs angles, égaux à deux droits (5). Il s'asso-

---

(1) Article inédit de janvier 1872, V. Herweghs Nachlass.
(2) Rép. fr., 14 déc. 1871.
(3) V. Herweghs Nachlass.
(4) Carnet de 1843.
(5) Carnet de 1843.

ciait aux communistes dans la négation, car il partageait leur hostilité envers la société bourgeoise et voyait dans leur organisation un des éléments de succès du parti républicain, une des forces de l'avenir (1). Mais il leur reprochait de jouer avec une grande cause ; il les trouvait aussi trop préoccupés du bonheur matériel, et l'influence de la morale désintéressée de Feuerbach se manifeste dans cette pensée. Estimant qu'il était plus beau de se donner au monde que de le posséder (2), il blâmait ceux qui convoitaient par égoïsme le partage des biens de la terre : « Pauvres », leur disait-il, « si vous voulez posséder comme les riches, vous ne valez pas beaucoup mieux qu'eux » (3). Il n'entendait pas imposer l'abnégation au sens où l'entendaient les premiers chrétiens, il avait remplacé l'au-delà idéal par un idéal immanent, mais il considérait que le détachement des liens extérieurs rendait l'homme à l'homme, c'est-à-dire à la liberté.

Ainsi envisagés, ses rapports avec les communistes seront mieux compris : « Je sens en lui une âme parente », écrivait Feuerbach, « il est foncièrement libre, grave et vrai. Communiste comme moi, dans le fond, non dans la forme. Rien du communiste de profession, orthodoxe, littéral, absolutiste. Tout est noble, rien n'est commun dans son communisme, car, hélas ! les différences de la nature humaine se manifestent ici comme ailleurs » (4). En définitive, Herwegh ne limite l'individualisme que par l'idée un peu vague de solidarité, l'individu ne pouvant être vraiment libre que si l'humanité entière jouit de la liberté. C'est ce qu'il exprime lorsqu'il s'écrie : « Je voulais être libre seul, c'est impossible ! La liberté exige que nous soyons solidaires. Etre libre, jusqu'ici, c'est délivrer ! » (5). Comme l'affranchissement individuel et social a pour

---

(1) V. Briefe von und an Herwegh, 1848, p. 35, cf. p. 225.
(2) Carnet de 1844.
(3) Carnet de 1844.
(4) Lettre de Feuerbach à Kriege, 1845.
(5) Carnet de 1844.

lui un caractère essentiellement moral, il pense qu'il appartient avant tout à la poésie de travailler à la délivrance de l'humanité. C'est la raison de sa philosophie de l'art.

4° L'ESTHÉTIQUE DE SCHILLER ET DE HERWEGH

Herwegh avait été précédé dans cette voie par Schiller qui, d'une part, avait fondé l'art sur le libre développement de la personnalité humaine et, d'autre part, avait déjà insisté sur sa valeur éducative dans la société moderne.

Selon la définition de Schiller dans son traité *Sur la poésie naïve et sentimentale*, le poète naïf est « nature », il se confond avec la nature (Schiller entend par là ce qui constitue l'être en vertu de lois immuables) (1) ; le poète sentimental, dans un état de civilisation qui l'a éloigné de la naïveté primitive, recherche la nature, aspire à retrouver le naturel perdu, mais comme il a conscience de sa propre existence subjective et qu'il a cessé de s'identifier avec l'objet de son œuvre de manière à ne faire qu'un avec lui, il ne représente plus d'une manière immédiate « la vérité sensible, la présence vivante » de la nature, mais il interpose entre elle et l'homme le voile des idées (2). Les poètes naïfs s'appellent encore les réalistes, les autres les idéalistes. Mais pour les seconds comme pour les premiers le naturel est le but de l'art ; il ne cesse de l'être que pour un troisième groupe d'artistes, indignes du nom de poètes, ceux qui ont recours à l'artifice, que Schiller désigne également du terme équivoque de *Kunst*, en l'opposant à l'instinct et à l'idéal. L'art véritable peut se manifester sous deux formes : il peut être instinctif (objectif) ou idéal

---

(1) Ueber naive u. sentimentalische Dichtung : « Natur in dieser Betrachtungsart ist uns nichts anders, als das freiwillige Dasein, das Bestehen der Dinge durch sich selbst, die Existenz nach eigenen und unabänderlichen Gesetzen ».

(2) « Jene rühren uns durch Natur, durch sinnliche Wahrheit, durch lebendige Gegenwart ; diese rühren uns durch Ideen. »

(subjectif), mais l'abstraction ne relève pas du domaine de l'art (1).

Une partie de ces définitions et même de la terminologie de Schiller se retrouve dans les essais critiques de la *Volkshalle*. Herwegh y reprend la doctrine de la *Poésie naïve et sentimentale* sous une forme où il est encore facile de la reconnaître, adaptée aux progrès de la philosophie. Ce que Schiller entendait par naïf, c'est-à-dire par naturel, correspond à ce que Herwegh définit la « subjectivité », c'est-à-dire, comme on s'en souvient, l'idéal moral et politique de l'humanité, la vie libre, conforme aux lois de la nature, affranchie de la tyrannie des puissances « objectives » qui sont les ennemies jurées de la personnalité humaine. C'est ainsi qu'il loue « la subjectivité illimitée » de la poésie depuis la révolution de Juillet et les efforts qu'elle fait pour reconquérir son indépendance primitive (2). Mais la parenté des deux doctrines apparaît plus nettement dans ce passage de la *Volkshalle* où Georges Herwegh ramène au « naïf » la subjectivité accomplie, en se servant de l'expression même de Schiller : « La poésie moderne » écrit-il pour résumer les tendances générales de la littérature allemande depuis ses débuts jusqu'à nos jours « se rapproche de ses origines. Plus forte et plus abondante, elle semble vouloir retourner vers sa source. Elle a presque recouvré la liberté qu'elle affirmait au temps de la composition des *Nibelungen* ; elle ne veut plus servir qu'elle-même et, ce faisant, elle servira l'humanité dans la plus pure acception du mot. La subjectivité au suprême degré a de nouveau mille points de contact avec la naïveté » (3).

On voit ce qui reste chez lui de l'esthétique de Schiller.

---

(1) Ueber naive u. sentimentalische Dichtung : « Nur diese zwei Felder besitzt die Dichtkunst : entweder sie muss sich in der Sinnenwelt, oder sie muss sich in der Ideenwelt aufhalten, da sie im Reich der Begriffe oder in der Verstandeswelt schlechterdings nicht gedeihen kann ».
(2) Ged. u. Krit. Aufsätze, II, p. 129.
(3) Ged. u. Krit. Aufsätze, II, p. 132.

Herwegh recommande le retour à la nature et combat les littérateurs abstraits qui dénaturent l'art par la sécheresse du raisonnement. Il sépare nettement, dans ses articles de 1839-1840, le monde des abstractions et celui des sentiments poétiques. Il montre sa défiance à l'égard de la spéculation lorsqu'il reproche à Prutz de vouloir guinder la poésie sur un piédestal philosophique (1). Herwegh se fait ainsi constamment le protagoniste de l'intuition, de la spontanéité du cœur, en poésie comme en morale, contre l'abus de la réflexion, car l'entendement ne se place qu'à un point de vue et juge de tout d'après une norme unique et rigide, tandis qu'on est frappé de la diversité et de la richesse d'aperçus de l'intuition. « Les liens qui nous unissent au peuple ne se tissent pas dans notre tête, mais dans notre poitrine » (2). « Le vocabulaire distingue entre la poésie et la philosophie. Pourquoi tant de lyriques modernes pensent-ils bien faire en accouplant ce que Dieu a séparé ? C'est votre cœur, s'il a du prix, ce n'est pas votre intelligence raisonneuse que l'on veut avoir dans le lied » (3). Herwegh conseille au poète lyrique le retour à la chanson populaire qui exprime des sentiments universels, naïfs et profonds. Il se rencontre avec Schiller dans ses jugements sur l'idylle où il voit un genre factice qui ne s'accorde pas avec notre état de civilisation. « Les poètes idylliques » écrit Schiller « nous reportent théoriquement en arrière... ; ils ont la malencontreuse idée de placer derrière nous le but vers lequel ils devraient nous conduire » (4). Herwegh écrit, de son côté, au sujet des idylles de Kurtz : « Nous ne devons pas nous hausser toujours sur des échasses, bien entendu, mais il ne faut pas non plus vouloir à toute force retourner aux années d'enfance. L'un n'est pas moins que l'autre contre nature » (5).

---

(1) Ged. u. Krit. Aufsätze, I, p. 25.
(2) Ged. u. Krit. Aufsätze, I, p. 98.
(3) Ged. u. Krit. Aufsätze, II, p. 196, cf. II, p. 204.
(4) Schiller, Ueber naive u. sentimentalische Dichtung ; Idylle.
(5) Ged. u. Krit. Aufsätze, II, p. 105-106.

Pour prouver que le naturel ne se confond pas avec la puérilité, il ajoute plus loin : « Nos poètes idylliques ne commettent en général qu'une erreur : ils exploitent la vie populaire dans le sens de sa surface, rarement de sa profondeur » (1).

Tout ce qu'on peut affirmer c'est que Schiller se montre moins sévère pour la poésie de l'inexprimable qui risque de se perdre dans le surnaturel. Sans doute, en comparant les mérites et les défauts respectifs des deux sortes de poésie qui répondent pour lui à deux sortes d'esprit et de caractère, Schiller s'efforce de maintenir entre elles l'équilibre : il reconnaît que si le réalisme a l'avantage d'être plus plastique et plus vrai, il court le danger de tomber dans la trivialité ; si l'idéalisme l'emporte sur le réalisme en élévation morale, il a un autre écueil à redouter, c'est l'exaltation (*die Ueberspannung, die Phantasterei*). Schiller dit expressément que l'idéal consisterait à les concilier parce que, pris isolément, aucun des deux systèmes n'atteint à la perfection de la nature humaine. Mais il penche par tempérament vers l'idéalisme, même indéfini, et souvent, dans son œuvre poétique, vers la poésie de réflexion qu'il condamne en théorie. Herwegh insiste plus que lui sur l'importance du concret : « Un poème doit avoir des pieds et des mains, un corps, quelque chose que l'on puisse toucher et saisir ; il y a loin des douces rêveries d'une âme qui se perd dans le bleu à la véritable expression poétique » (2). Nous remarquons déjà dans les articles de la *Volkshalle*, à l'état de tendance encore vague, destinée à s'accentuer plus tard, une certaine défiance à l'égard du « surnaturel », qui ne se trouve pas au même degré dans les reproches adressés par Schiller à la poésie sentimentale (3). Malgré tout, les

---

(1) Ged. u. Krit. Aufsätze, II, p. 141.
(2) Ged. u. Krit. Aufsätze, II, p. 167-168.
(3) Schiller, Ueber naive u. sentimentalische Dichtung : « Alle Wirklichkeit, wissen wir, bleibt hinter dem Ideal zurück » ; Herwegh, Ged. u. Krit. Aufsätze, II, p. 115 : « Das Wort Ideal hat schon viel Unglück angerichtet ».

réserves de Herwegh concernent plutôt l'interprétation romantique de l'esthétique de Schiller que cette esthétique elle-même.

L'analogie des deux doctrines apparaît encore dans le but qu'elles assignent à l'art. Schiller prétend, dans ses *Lettres sur l'éducation esthétique de l'humanité*, que l'art a pour fin le plaisir et pour moyen l'illusion : par son intervention il rétablit l'équilibre entre la sensibilité et la pensée, entre les forces physiques et les lois morales, entre ce qui se rattache à l'expérience et ce qui se rattache à la raison, entre le devenir et l'être ; il affranchit la volonté parce qu'il abolit, par le libre « jeu » de la fantaisie, le, temps et la substance ; en d'autres termes, il crée un monde idéal, le monde du beau, où l'imagination de l'homme règne en souveraine. Schiller ne l'isole pas pour cela du monde réel. Il est convaincu que l'éducation esthétique est un puissant facteur du perfectionnement moral, car c'est elle qui dans l'homme « tendu » rétablit l'harmonie, c'est elle qui réveille l'énergie dans l'homme « détendu ». Schiller développe même avec insistance ce qu'il faut entendre par rapports de l'esthétique et de la politique, car il pose en principe que le beau conduit à la liberté. Selon lui, s'il y a dans la vie moderne une irréductible antinomie entre l'individu et l'Etat, cette antinomie tient au morcellement individuel, au triomphe du mécanisme dans l'Etat, et l'art seul peut remédier au mal. L'Etat idéal, fondé sur la liberté et non sur la nécessité, répond à l'idéal de l'humanité ; dès lors, plus les fins de l'individu se rapprochent de celles de l'Etat, plus il est facile de les concilier. Une société où l'individu dépouille le moi temporel pour s'élever au moi idéal, où chacun aspire et réussit à représenter l' « espèce », c'est-à-dire l'humanité dans ce qu'elle a de général et non de particulier, ne risque plus d'opposer, comme la nôtre, à des hommes « fragmentaires » un gouvernement qui, lui-même étranger aux individus, rigide en quelque sorte et sans vie organique, ne constitue pas l'Etat, mais un « parti » dans l'Etat. L'art a pour double mission d'humaniser l'Etat et d'inspirer aux individus l'amour de la chose publique, de leur faire non pas concevoir, mais sentir leur solidarité, le plaisir esthétique ayant seul le caractère « sociable » que ne possèdent ni les plaisirs des sens ni ceux de la connaissance.

Herwegh conçoit de même la mission sociale de l'art lorsqu'il compte sur les bienfaits civilisateurs de la vulgarisation du beau (1), et lorsqu'il attribue au poète un rôle de prophète dans notre société qui souffre de tous les maux de la bureaucratie : « Tout écrivain enlève à l'Etat, tel qu'il est, un citoyen. A l'Etat tel qu'il est, dis-je expressément, car nous sommes tous citoyens quelque part, dans le ciel ou sur la terre, ou dans une invisible république. Les Anciens se formaient pour l'Etat ; la culture de nos plus grands esprits consiste à sortir de l'Etat, à s'en détacher, à tout faire pour s'en passer... Tous, tous veulent sortir de l'Etat ! Personne ne se trouve satisfait et chacun de nous aspire à prolonger sa vie autrement que derrière des monceaux de dossiers ! » (2).

Herwegh ne doute pas de la valeur éducative de la littérature. Il distingue ce qu'il appelle l'existence externe et l'existence interne d'une nation, et définit la poésie « l'histoire intime » de l'humanité (3) ; il l'assimile aux « archives de la pensée » ou bien encore à un capital collectif où l'humanité peut puiser sans cesse de nouvelles ressources (4) ; il écrit textuellement que les idées dont s'inspirent les poètes sont « mères » de l'avenir (5) ; il voit dans la poésie une jouissance anticipée de la liberté et dans les poètes les précurseurs des réformateurs (6).

Herwegh n'a modifié la doctrine schillérienne que dans

---

(1) Cf. Schiller, Sieben u. zwanzigster Brief : « Der Geschmack... verwandelt das Eigentum der Schulen in ein Gemeingut der ganzen menschlichen Gesellschaft ».
(2) Ged. u. Krit. Aufsätze, I, p. 132, p. 136.
(3) Ged. u. Krit. Aufsätze, I. p. 3, p. 90.
(4) Ged. u. Krit. Aufsätze, I, p. 50.
(5) Ged. u. Krit Aufsätze, II, p. 137.
(6) Ged. u. Krit. Aufsätze, I, p. 135.

la mesure où, forcé de prendre position contre les romantiques qui avaient exagéré l'idéalisme de Schiller en l'isolant de la réalité, il a donné une valeur réelle, pratique et démocratique à la théorie de l'éducation par les arts. Les polémiques de Börne et de la « Jeune Allemagne » contre les romantiques l'ont aidé à développer dans ce sens ses idées sur la nouvelle littérature.

D'abord, au lieu de tirer de la théorie de Schiller sur le « jeu » dans l'art les conclusions des romantiques qui ont fini par tout ramener à l'ironie égoïste et dissolvante, à la création d'un monde de fantaisie où le réel fait place au rêve, aux caprices incohérents de l'imagination individuelle, il s'est inspiré du principe « humoristique » de Jean Paul et de Börne, en l'opposant formellement à l'ironie, comme un principe d'amour universel au principe abstrait du Moi romantique (1).

En second lieu, Herwegh n'envisage pas seulement l'art ou la poésie comme un domaine idéal où l'individu recouvre ses droits à l'indépendance, mais, loin d'oublier ce qui les rattache à la politique et même à l'actualité, il en fait une arme de protestation contre le *statu quo*.

Schiller, en théorie, partageait cette croyance; en pratique, il avait mis son œuvre au service de l'humanité ; cependant cette conviction ne s'affirmait que timidement dans ses *Lettres sur l'esthétique* : l'état esthétique dont il proclamait la supériorité parce qu'il y trouvait la conciliation de l'état dynamique, ou « celui des droits dans lequel l'antagonisme des forces limite le champ de l'activité humaine », et de l'état éthique, ou « celui des devoirs dans lequel la sévérité de la loi enchaîne la volonté de l'homme », cet état idéal faisait l'impression de n'exister nulle part ou de n'exister que pour une élite (2). Désireux de combattre les conceptions utilitaires de son temps, il avait insisté

---

(1) V. Ged. u. Krit. Aufsätze, I, p. 143 ss.

(2) V. Sieben und zwanzigster Brief et la conclusion : « Existiert aber auch ein solcher Staat des schönen Scheins ? und wo ist er zu finden ? »

sur le culte désintéressé de l'art, refusant à la poésie le droit de se prêter à l'expression de toute tendance, pathétique, didactique ou morale (1) ; il conseillait à l'artiste « de vivre avec son siècle, mais de ne pas en être la créature » (2).

Le romantisme avait complètement faussé le problème. Pour le redresser, Herwegh reprend le principe de Jean Paul, facile à concilier avec l'idéal de Schiller, à savoir que l'art est la conscience, la révélation et « l'incarnation » du divin, et en même temps il se souvient des leçons de Börne sur les avantages comparés de la théorie et de la pratique, sur les devoirs du journaliste et sur la valeur de la littérature militante en général.

« Le temps de la théorie est passé », avait écrit l'auteur des *Lettres de Paris*, « celui de la pratique est venu » (3). Börne reprochait aux savants allemands de ne pas vivre en plein air, de ne pas parler la langue du peuple, de travailler sur « le cadavre de la théorie » sans montrer « l'application vivante » de leurs recherches (4). Prêchant d'exemple, il avait eu l'ambition, comme il le disait encore, de transformer en menue monnaie, à l'usage de la foule, les lingots d'or de la science (5). La « Jeune Allemagne » avait préconisé la popularisation de l'art et particulièrement de la littérature. Gutzkow évoquait, dans les *Briefe eines Narren an eine Närrin*, l'image d'une nouvelle démocratie, formée à l'exemple des républiques de l'antiquité, où les orateurs, au lieu de s'enfermer dans le cercle étroit des assemblées parlementaires ou des clubs où leur éloquence s'étiole, élèveraient la voix « en plein air, sous la voûte du ciel, dans une vallée dont les

---

(1) V. Zwei u. zwanzigster Brief.
(2) Neunter Brief.
(3) Briefe aus Paris, 58 (éd. Hesse, V. p. 266).
(4) Menzel der Franzosenfresser (éd. Hesse, IV, p. 92).
(5) Ankündigung der Wage (éd. Hesse, I, p. 71). Herwegh ne semble pas admettre la justesse de l'image de Börne, car il dit (Ged. u. Krit. Aufsätze, II, p. 98) : « Aus Gold schlägt man keine Scheidemünze ».

terrasses seraient garnies de milliers de spectateurs » (1), et par la bouche d'un personnage de son théâtre il célébrait le journalisme en déclarant que « les idées devaient devenir un patrimoine collectif » (2). On peut rapprocher de ces déclarations les reproches de Herwegh aux penseurs et aux poètes qui ont relégué dans les régions du rêve l'idéal de la liberté (3), ses boutades contre les professeurs (4), et principalement sa conception de la critique qui assure, selon lui, « la circulation de la production littéraire dans les masses » (5).

Dans ses articles de la *Volkshalle*, le jeune critique cherche une issue à l'inévitable dilemme où se trouve placé l'art qui, pour devenir populaire, doit se tenir à égale distance du dilettantisme et de l'utilitarisme ; il s'efforce de montrer 1° que l'artiste peut être démocrate sans renoncer à son indépendance, 2° que populariser l'art ne consiste pas à le rendre vulgaire.

5° NEUTRALITÉ ET TENDANCE

L'art se propose la réforme intérieure de la société et, suivant Herwegh, tout ce qui favorise le libre développement de la personnalité humaine fait l'objet de la littérature. C'est l'assimilation de l'idéal individuel et de l' « espèce », déjà indiquée par Schiller et qui trouve sa confirmation dans le système de Feuerbach, c'est cette conception synthétique qui permet à Herwegh de croire à la possibilité d'une solution harmonieuse lorsqu'il aborde les difficultés du problème des rapports de l'esthétique et de la politique.

Pour lui, tout ce qui est éternel est tendance ; inversement, tout ce qui tend à l'affranchissement de l'humanité

---

(1) Briefe eines Narren, p. 263-264.
(2) Richard Savage, III, 4.
(3) Ged. u. Krit. Aufsätze, I, p. 77.
(4) Ged. u. Krit. Aufsätze, II, p. 107 ss.
(5) Ged. u. Krit. Aufsätze, I, p. 13.

est éternel. Il dit en propres termes : « Le divin est toujours actuel » (1). « Je ne veux pas de poésie tendancieuse, l'éternel tiendra toujours lieu de tendance » (2). Tout grand poète prêche l'évangile de la liberté. Les poètes de génie ont travaillé, malgré eux et en dépit des circonstances, à l'émancipation de l'humanité : il cite comme exemples le *Faust*, le *Werther* et l'*Egmont* de Gœthe, le *Don Carlos* de Schiller (3). Les poètes sont en effet les adversaires des dogmes, des lois, du droit positif, contraire au droit naturel et à la voix de la conscience. Défenseurs de l'individualisme, ils s'insurgent contre toute tyrannie, que ce soit celle d'une autocratie ou celle d'une dictature républicaine, Herwegh n'y voit pas de différence, témoin André Chénier, dit-il, que ses protestations contre le régime de la Terreur (ce souvenir fait songer au *Stello* de Vigny) conduisirent sur l'échafaud (4).

Ce qui suffit à justifier la poésie lyrique c'est qu'elle aspire à l'épanouissement illimité du moi, c'est qu'elle contribue au triomphe de la révolte individuelle. Herwegh atteste la portée révolutionnaire de la moindre chanson, la plus innocente en apparence pouvant passer pour une protestation de l'individu contre la règle de l'Etat, par le seul fait qu'un sentiment subjectif s'y exprime librement (5).

La poésie prépare l'avenir en se prêtant d'une manière générale à l'expression du mécontentement. Herwegh ne plaide pas la cause de l'optimisme en poésie : il reproche à Prutz de vouloir « astreindre de toute force les poètes au bonheur » et de les condamner à ne chanter que d'éternels alleluias ; il estime que, moins les poètes seront satisfaits du présent, plus ils contribueront par leurs œuvres à l'amélioration du monde (6). Herwegh combat le men-

---

(1) Ged. u. Krit. Aufsätze, I, p. 110.
(2) Ged. u. Krit. Aufsätze, II, p. 123.
(3) Ged. u. Krit. Aufsätze, I, p. 76.
(4) Ged. u. Krit. Aufsätze, I, p. 36.
(5) Ged. u. Krit. Aufsätze, I, p. 24, p. 92.
(6) Ged. u. Krit. Aufsätze, I, p. 25.

songe des illusions poétiques, ce refus d'envisager la réalité telle qu'elle est, par aveuglement et lâcheté coupable. Nous traversons une période de lutte, nous ne devons pas nous dérober au désespoir que peut engendrer le spectacle de la misère sociale ; procéder comme les utopistes, c'est intervertir l'ordre du drame pour placer le dénouement en tête de la tragédie. Certes, dit-il, il faut faire la part des déboires personnels dans les chants d'amertume et de rancune des poètes ; mais ils nous stimulent, c'est l'essentiel (1). Le rôle de la poésie ne consiste pas à nous consoler, à nous apaiser, à nous bercer de vaines paroles ; Herwegh exige qu'elle enflamme et enthousiasme les hommes (2). Il complète et corrige cette définition lorsqu'il dit ailleurs que la mission du poète se manifeste de trois façons et qu'il doit, selon les circonstances, glorifier, — consoler et pacifier, — protester, combattre et damner (3). Néanmoins l'idée de protestation prédomine dans son esprit.

La lutte de l'homme contre le destin, contre la nécessité, les revendications des esclaves, des pauvres, des serfs et des vassaux contre leurs oppresseurs n'ont pas cessé d'être intéressantes, vivantes, au même titre que les « questions contemporaines » (*die Fragen der Zeit*). Dans ce sens, les leçons des drames de Shakespeare qui sont éternelles n'ont rien perdu pour nous de leur valeur. Dans ce sens, une pièce républicaine comme le *Rienzi* de Mosen n'est pas moins « contemporaine » qu'une pièce dont le sujet serait emprunté aux plus récents événements de la Révolution française (4).

Herwegh précise, à propos de la moralité des dénouements dramatiques, ce qu'il faut entendre par l'impartialité dans l'art : « Nous n'avons jamais voulu dire que le poète ne devait choisir et juger dignes de l'élaboration

---

(1) Ged. u. Krit. **Aufsätze, I,** p. 55-57.
(2) Ged. u. Krit. **Aufsätze, I,** p. 73.
(3) Ged. u. Krit. **Aufsätze, I,** p. 91.
(4) Ged. u. Krit. **Aufsätze, I,** p. 90, 91.

poétique que les héros de l'histoire universelle, les champions de la vérité et du droit, les défenseurs de la liberté... Le poète peut faire revivre dans ses œuvres toutes les figures possibles de l'histoire, du passé et du présent ; il peut représenter un Denys et un Mœros sous les traits les plus individuels, les plus concrets, conformément à la vérité, mais il ne doit pas donner raison au scélérat... Le poète est juge au sens le plus haut et le plus large du mot : il ne pourra donc jamais approuver ce qui porte préjudice à la liberté privée ou publique. Lorsque la liberté individuelle est attaquée par une puissance objective, le poète couronnera toujours la victime, il ne couronnera jamais le bourreau » (1).

Dans une certaine mesure, c'est-à-dire dans les limites des définitions qui précèdent, Herwegh admet la neutralité du poète, mais celui-ci ne jouit pas, d'après lui, du droit de combattre le progrès. Il déclare délibérément, dans son avant-propos, qu'il repoussera « tout ce qui reste à l'écart de la vie de la nation et sans connexion avec elle ou ce qui va même jusqu'à en blesser les intérêts » (2). On peut encore excuser le poète qui ne s'occupe pas exclusivement, positivement, des questions du temps, mais il est inexcusable si son indifférence est systématique, il faut le condamner s'il se place de parti pris dans une opposition contraire à la liberté. Herwegh ne pardonne pas à Lamartine par exemple le *Chant du Sacre* en l'honneur des Bourbons (3).

Cette conclusion nous ramène à notre point de départ. La littérature a le droit d'être « tendancieuse » lorsque ses tendances servent la cause universelle de l'humanité, mais elle n'a pas le droit d'être partielle, accidentelle ou contingente, même dans un sens démocratique. Herwegh recommande le *Saül* de Gutzkow où les allusions contemporaines sont à peine dissimulées, où l'arrogance des prêtres

---

(1) Ged. u. Krit. Aufsätze, I, p. 73, 74.
(2) Ged. u. Krit. Aufsätze, I, p. 6.
(3) Ged. u. Krit. Aufsätze, I, p. 72, 74.

rappelle le conflit de l'archevêque de Cologne avec la monarchie prussienne, parce que la lutte contre la présomption du clergé est considérée par lui comme une tendance éternelle (1). Mais il condamne la littérature cléricale et aristocratique parce que ni le clergé ni l'aristocratie n'ont le droit d'accaparer à leur usage et à leur service ce qui est l'apanage de l'humanité, de disposer de l'art pour eux seuls dans le but de satisfaire leurs passions ou d'affermir leur puissance, et la démocratie ne jouit elle-même de ce droit que dans la mesure où les émotions et les intérêts du peuple se confondent réellement avec ceux de l'humanité. « Ce qui est poétique est bon en soi et n'a besoin d'être au service ni d'une église ni d'une caste ; la poésie est elle-même une religion... La décadence de la poésie date du moment où elle est passée entre les mains du clergé pour tomber ensuite dans celles de la noblesse » (2). « La faute déplorable, impardonnable de notre parti consiste à ne pouvoir s'empêcher de condamner ce qui n'est pas l'expression immédiate de sa manière de sentir et de penser ; elle consiste à s'aveugler au point de méconnaître le génie de la liberté lorsqu'il porte une couronne de lauriers au lieu du bonnet phrygien » (3). « On a exalté des livres dans lesquels on n'apercevait pas même une étincelle de poésie, ni la moindre trace de talent artistique, mais qui étaient écrits dans le sens de telle ou telle tendance, et on leur a donné sans réserve la préférence sur des créations... où se cristallisaient les idées éternelles » (4).

Les représentants du passé et les forces de la réaction ne doivent plus avoir qu'une valeur antithétique dans la littérature moderne, soit qu'elle célèbre leur défaite, soit qu'elle découvre leurs travers. « La poésie n'aura plus affaire qu'aux hommes et non plus aux oiseaux héraldiques.

---

(1) Ged. u. Krit. Aufsätze, I, p. 8.
(2) Ged. u. Krit. Aufsätze, II, p. 129, p. 134.
(3) Ged. u. Krit. Aufsätze, I, p. 24.
(4) Ged. u. Krit. Aufsätze, I, p. 89.

L'éclat extérieur, l'insensibilité dorée n'offrent plus matière à la poésie que négativement, en tant qu'on les représentera pour montrer leurs points faibles... La noblesse jouera son principal rôle dans le roman comique, c'est-à-dire un rôle ridicule stéréotype » (1). Herwegh insiste sur l'importance du roman comique, transformé en protestation contre le *statu quo*, en « levier du temps », entre les mains de Sterne ou de Jean Paul (2).

La nouvelle littérature doit être universelle 1° dans le choix de ses sujets, 2° dans sa forme, 3° par la composition de son public.

L'universalité est la marque distinctive de la littérature moderne : elle n'exclut de son domaine aucune classe de la société, ne se borne plus à la peinture des cours et des hautes classes, mais décrit tous les milieux et traite de choses « auxquelles, il y a dix ans seulement, personne n'aurait pensé » (3). Herwegh ne comprend pas que l'on trouve « la fleur de taffetas ou de velours chiffonnée sur le chapeau d'une noble demoiselle plus touchante que la pâquerette qui tombe sous le soc de la charrue de Robert Burns » ou que l'on préfère « la sombre lueur des candélabres d'argent au rayon de soleil où se chauffe un pauvre lazzarone » (4).

Le style aussi doit devenir populaire, mais sans rien perdre de sa correction ni de sa pureté. Il s'agit de rendre l'expression de la pensée intelligible à tous, sans abaisser le niveau de la littérature ou de la philosophie. « Je n'écris pas pour les privilégiés, pour les savants, mais pour mon peuple » (5). « Personne n'est exclu du commerce des esprits, et le plus humble y prend part comme le plus grand, plus ou moins directement » (6). Tel est le principe

---

(1) Ged. u. Krit. Aufsätze, II, p. 119.
(2) Ged. u. Krit. Aufsätze, I, p. 143, II, p. 72.
(3) Ged. u. Krit. Aufsätze, I, p. 17.
(4) Ged. u. Krit. Aufsätze, II, p. 196.
(5) Ged. u. Krit. Aufsätze, I, p. 12.
(6) Ged. u. Krit. Aufsätze, I, p. 49.

que Herwegh a posé d'abord et développé dans la suite :
« Je ne suis pas assez simple d'esprit pour demander que
l'*Almanach des Muses* par exemple soit composé à l'avenir
de telle sorte qu'il ne faille aucune culture pour la
comprendre ; mais ce que j'appelle de mes vœux, c'est que
les bons auteurs écrivent parfois de manière qu'on n'ait pas
besoin d'attendre des années pour que la quintessence de
leur pensée passe dans le peuple par une série d'intermédiaires » (1). « Nos penseurs doivent renoncer à leur
absolutisme et traduire en bon prâkrit bourgeois à l'usage
du peuple leur sanscrit étranger et conventionnel » (2).
Mais il ajoute ailleurs : « N'allez pas outrager nos penseurs
sous prétexte qu'avec leurs systèmes on ne peut faire cuire
du pain tout de suite » (3) ; car rien n'est plus contraire à
la pensée de Herwegh que les tendances utilitaires ou les
concessions au vulgaire. Toute aristocratie de l'esprit doit
cesser, mais la diffusion de la littérature dans les masses
ne saurait s'accomplir au détriment de la forme. Herwegh
se montre toujours très sévère sous le rapport de l'expression. Il vénère dans la beauté ce que Gœthe appelait la
« surface » de la divinité (4). Il croit à la parenté de la
Vénus de Médicis et des lois de la république (5). « La
liberté », dit-il encore, « ne doit pas grimacer » (6).

Les poètes, les écrivains s'adresseront désormais au
peuple, considéré comme le meilleur juge, parce que les
sentiments instinctifs, primitifs, humains ont conservé en
lui toute leur vertu sans être faussés par des vues égoïstes
et abstraites. Si l'éducation esthétique du peuple n'est pas
parfaite, elle se perfectionnera peu à peu grâce aux efforts
de la critique et grâce à la vulgarisation des chefs-d'œuvre.

Herwegh proteste contre le genre de critique à la mode

---

(1) Ged. u. Krit. Aufsätze, I, p. 53.
(2) Ged. u. Krit. Aufsätze, I, p. 98.
(3) Ged. u. Krit. Aufsätze, II, p. 98.
(4) Ged. u. Krit. Aufsätze, I, p. 93.
(5) Ged. u. Krit. Aufsätze, II, p. 123.
(6) Ged. u. Krit. Aufsätze, II, p. 138.

qui consiste à résumer le contenu d'un livre à l'aide d'abondantes citations ; cette critique lui semble frappée de stérilité. Le rôle qu'il attribue au critique a quelque chose de la suggestion : selon sa propre définition, le critique est le « préfacier » des livres dont il rend compte au public (1) ; en d'autres termes, au lieu de se livrer à un travail d'aride analyse ou de dissection, il « donne le ton », « il tient le diapason » : c'est lui qui montre les rapports des livres isolés, leur corrélation avec l'esprit du temps ou avec les lois éternelles (2).

Les éditions classiques à bon marché contribueront, en outre, à l'éducation morale et artistique de la démocratie : « Le jour où les œuvres du génie allemand pénétreront dans toutes les demeures, comme la Bible, la magie de ces grands esprits, qui n'a opéré jusqu'ici qu'en silence, se manifestera au grand jour de la place publique, à la face du monde, par de hauts exploits et de hauts sentiments » (3).

« Le but de la *Volkshalle* est double », dit Herwegh, « elle veut gagner les poètes à la cause du peuple et puis gagner le peuple à la cause des poètes » (4). La dignité du poète lui commande de fuir les cours et la protection des rois ou des princes pour se placer sous la protection du peuple. Comment se régleront les nouveaux rapports des auteurs et du public ? Cette question d'ordre pratique n'a pas manqué d'attirer l'attention de Herwegh.

A la raison supérieure qu'il donne pour préconiser la réforme de la critique s'en ajoute, en effet, une autre, de valeur matérielle : en ne reproduisant plus la majeure partie des œuvres originales sous forme de citations dans des comptes rendus littéraires, le critique éveillera la curiosité du lecteur sans la satisfaire ; il inspirera au public le désir d'acheter le livre ; le poète en profitera, car

---

(1) Ged. u. Krit. Aufsätze, II, p. 124.
(2) Ged. u. Krit. Aufsätze, II, p. 124.
(3) Ged. u. Krit. Aufsätze, I, p. 85.
(4) Ged. u. Krit. Aufsätze, I, p. 77.

c'est le seul appui sur lequel les écrivains puissent compter, dit-il, depuis qu'ils ont renoncé « à se laisser entretenir aux frais de la haute société » (1).

Jaloux de l'indépendance sociale des écrivains, Herwegh s'élève contre l'esprit mercantile des libraires. Quelques-uns (Cotta, Reimer, Hoffmann et Campe) ont rendu sans doute de grands services à la littérature, mais la librairie est ravalée, principalement dans le sud de l'Allemagne, au niveau d'une véritable exploitation industrielle : les éditeurs inondent le marché de traductions (2). Il est nécessaire de régler les conditions de la vente littéraire pour enrayer les progrès de cette exploitation qui réduit les droits d'auteur au strict minimum. Herwegh propose aux gens de lettres de s'associer dans ce but, afin d'obtenir 1° l'abolition des envois d'exemplaires à condition, d'où vient que les volumes sont souvent lus sans être achetés, 2° la diminution du tarif postal qui facilitera le débit et l'exportation des livres, 3° l'interdiction de la reproduction dans les journaux, 4° la limitation et le contrôle des traductions d'ouvrages étrangers souvent médiocres (3).

6° INFLUENCE DE LA PHILOSOPHIE DE FEUERBACH SUR L'ESTHÉTIQUE DE HERWEGH

La doctrine de Feuerbach n'a pas apporté de modifications profondes aux idées de la *Volkshalle*. Sur un point, sur le rôle de l' « humanisme » dans l'esthétique, elle n'a fait que confirmer et renforcer les opinions du jeune critique. En effet, dans l'esthétique de Feuerbach, telle qu'elle découle de ses principes, d'après les conclusions que Wagner en a tirées plus tard dans ses œuvres théoriques, 1° l'art est régi par une nécessité intérieure : il est absolument indépendant de tout arbitraire ou caprice, et la tyrannie de la mode équivaut, pour Wagner, à l'arbi-

---

(1) Ged. u. Krit. Aufsätze, II, p. 125.
(2) Ged. u. Krit. Aufsätze, II, p. 73-76.
(3) Ged. u. Krit. Aufsätze, II, p. 143 ss.

traire en philosophie ; 2° l'art, nécessaire et spontané, répondant à des besoins réels et sensibles, et non pas imaginaires, ne représente pas la raison, mais la sensibilité universelle, il ne passe pas par l'intermédiaire de la pensée abstraite, mais traduit directement la vérité concrète : il en résulte qu'il doit cesser d'être la prérogative d'une minorité de privilégiés ou de spécialistes pour devenir une religion commune à l'espèce entière, accessible à tous sans « médiation », et par conséquent essentiellement populaire ou démocratique.

Après la lecture des livres de Feuerbach, dont le souvenir revient sans cesse dans les notes de ses carnets, Herwegh croit plus que jamais à l'identité de la vérité, de la liberté et de la beauté. La religion des modernes est l'action et l'art est la religion de l'action. L'idéal de l'art comme de la théologie, d'après l'humanisme feuerbachien, c'est l'abolition de toutes les servitudes, ce que l'on peut résumer en disant que la théologie détruit l'idole et l'art détruit l'idolâtrie. Herwegh, sous l'influence de la philosophie de Feuerbach, va jusqu'à écrire que « l'Etat rentre dans la catégorie de l'esthétique » (1). Le premier devoir des poètes consiste à se libérer, le second, à libérer leurs semblables : « Orphée domptait, le nouvel Orphée doit déchaîner l'énergie » (2). L'origine de l'art ne saurait se concevoir sans l'idée d'indépendance ; l'art qui est né au sein des républiques de la Grèce n'aurait pu naître au sein d'une monarchie : « On a vu l'art prospérer dans plus d'un royaume, mais la monarchie n'aurait jamais pu le créer s'il n'avait été engendré par la République » (3).

Malgré cela, la doctrine de Herwegh trahit une incertitude et présente une contradiction que la philosophie de Feuerbach n'a pas détruite, car Herwegh était amené à se demander, de plus en plus, si l'art suffisait à remplacer l'action, ou si ce n'était pas, au contraire, la jouissance

---

(1) Carnet de 1842-43.
(2) Carnet de 1842-43.
(3) Carnet de 1842-43.

même de la liberté qui rendait seule possible l'épanouissement de l'art, inconcevable dans l'esclavage.

Herwegh n'a jamais cru, comme les romantiques, que la poésie pût tenir lieu de liberté. Il dit expressément dans la *Volkshalle* que la poésie était chez les anciens un hymne perpétuel en l'honneur de l'indépendance dont ils n'étaient pas privés, mais dont ils jouissaient, tandis qu'elle est devenue, chez nous autres modernes, une consolation pour la perte de la liberté (*Ersatz für sie, Trost für ihren Verlust*) (1). Or il n'admet pas justement que l'art se contente de nous consoler. L'art — ne manque-t-il pas de dire plus loin — est devenu pour nous un postulat réel et nécessaire de la vie, tandis que la littérature chez les anciens ne servait qu'à remplacer la vie (*Ersatz für das Leben*) (2).

Herwegh se plaint de la surproduction littéraire des temps modernes et la justifie comme il suit. Il s'est opéré, de nos jours, un renversement dans les rapports de la production et de la consommation dont les proportions ont varié : jadis le nombre des lecteurs l'emportait sur celui des auteurs ; de nos jours, c'est presque le contraire. « Je ne compte peut-être pas six amis qui n'aient pas éprouvé au moins une fois dans leur vie l'ambition de se voir imprimés, ne fût-ce que dans le journal de leur province... Les anciens avaient le goût de l'action, les modernes ont la rage d'écrire » (3). Mais la surproduction littéraire trahit le mécontentement, elle dérive des abus de la bureaucratie ; dans un Etat assuré sur de nouvelles et meilleures bases, comme la Suisse et l'Amérique du Nord, le nombre des écrivains — dit Herwegh — ira toujours en diminuant (4).

Ainsi le point de vue du poète, à la date où il écrit ses articles de la *Volkshalle*, paraît déjà celui-ci : l'art est indispensable au triomphe de la liberté, mais le triomphe de la liberté sera nuisible à la médiocrité littéraire.

---

(1) Ged. u. Krit. Aufsätze, I, p. 50.
(2) Ged. u. Krit. Aufsätze, I, p. 131.
(3) Ged. u. Krit. Aufsätze, I, p. 129.
(4) Ged. u. Krit. Aufsätze, I, p. 136.

Après avoir lu les œuvres de Feuerbach, Herwegh semble d'abord frappé plus que jamais de l'importance de l'art pour la politique de combat. Dans les notes qu'il a prises, en 1843, au moment où il se proposait d'écrire le drame de *Marie-Joseph Chénier*, le poète compare le rôle des littératures abstraite et vivante : « Notre littérature doit s'élever à la dignité de l'ancienne littérature française qui a réclamé la revision des procès de Calas et de Sirven. Nous avons aussi des procès à reviser : ici Weidig, là Jordan. Le fanatisme, la superstition, la justice prévôtale, les lettres de cachet, tout cela doit être attaqué par la littérature, et l'ambition des écrivains doit tendre à quelque chose de plus haut qu'une pension royale qui reconnaît le talent pour corrompre le caractère. Mieux vaut gagner le cœur que la tête de la nation » (1). La littérature politique a fait des progrès en France, à partir de *Cinna*, d'*Athalie* et des comédies de Molière, en se substituant à la littérature abstraite des romans de la Calprenède et de Mademoiselle de Scudéry (2). « Comme les Français, la faiblesse et la vanité des princes, la bassesse des cours, l'avidité, l'indolence et l'incapacité des ministres nous ont conduits au bord de l'abîme. Nos écrivains nous en sauveront-ils ? Ni les abstraits, ni les absolus... Nous avons affaire cette fois aux écrivains abstraits ; nous aurons l'occasion de revenir aux absolus, aux saltimbanques de la philosophie. La littérature se modifie de même que la société » (3).

---

(1) V. Herweghs Nachlass.

(2) Cf. ce que dit Herwegh dans la Volkshalle (Ged. u. Krit. Aufsätze, I, p. 35) de l'influence des héros de Corneille et de Racine sur le développement du caractère politique en France jusqu'à la Révolution.

(3) Note inédite : « Wie die Franzosen, hat auch uns die Schwäche und Eitelkeit der Fürsten, die Niederträchtigkeit der Höfe, die Habsucht, Indolenz und Unfähigkeit der Minister an den Rand des Abgrunds geführt. Werden uns unsere Literaten auch daraus erretten? Weder die Abstrakten noch die Absoluten... Wir haben diesmal mit den Abstrakten zu tun gehabt; wir kommen gelegentlich auch an die Absoluten, die philosophischen Seilkünstler. Wie die Gesellschaft eine andere wird, wird es auch die Literatur ».

Mais les hésitations reviennent dans les notes de ses carnets. Les poètes sont les citoyens d'une république qui n'existe pas, les héros d'avant l'action ; valent-ils réellement, comme précurseurs, les agitateurs politiques, les véritables acteurs du drame de la Révolution ? « D'abord une vie, puis un art » écrit alors Herwegh (1). « L'art ne sera possible que lorsque le peuple aura trouvé son équilibre social » (2)..« Le soldat plutôt que l'avocat de la liberté ! » (3). « Donnez de nouvelles actions, alors viendra une nouvelle poésie » (4). Il compare le poète au glacier, éclairé par les premiers et par les derniers rayons du soleil ; c'est ainsi que la poésie se montre dans sa splendeur au début et à la fin de l'histoire d'un peuple (5). Georges Herwegh cite encore, à l'appui de sa doctrine, l'exemple de Milton, réduit par l'inaction politique au rôle passif de poète après la répression de la Révolution d'Angleterre (6).

Le conflit de l'idéologie et des faits n'est pas résolu par la philosophie de Feuerbach. Marx, dans ses *thèses sur Feuerbach*, où il en dégage les contradictions, adresse principalement deux reproches à l'anthropologie de l'auteur de l'*Essence du christianisme* et de l'*Essence de la Religion*. D'abord, il lui reproche, comme l'avait déjà fait Stirner (7), d'amoindrir, au lieu d'élever l'humanité, en proposant pour idéal à chacun, pour couronnement de ses efforts, la réalisation de l' « espèce », — l'espèce en tant que généralité représentant quelque chose d'inférieur et non de supérieur aux individualités ; Marx oppose, comme on le sait, à l'« espèce » du système feuerbachien la « société organisée », groupe concret d'individus. Ensuite, Marx reproche à Feuerbach ce qu'il a conservé de « religion »

---

(1) Carnet de 1842-43.
(2) Carnet de 1843.
(3) Carnet de 1844.
(4) Carnet de 1844.
(5) Carnet de 1844.
(6) Carnet de 1844.
(7) V. Der Einzige u. sein Eigentum (éd. Reclam; p. 44).

dans sa philosophie qui ne tient pas suffisamment compte, selon lui, de l'étude des faits économiques.

Les mêmes objections pourraient être faites à l'esthétique de Herwegh. Il n'est pas parvenu, en somme, à ramener à une seule et même idée l'individuel et l'humain, le Moi et le Toi ; et dans sa justification de l'art, il a commencé par croire, comme à une religion, à l'efficacité de la poésie. Mais la prédominance des études scientifiques, dans la période de sa vie qui suit les *Poésies d'un Vivant*, et peut-être l'influence du matérialisme historique lui ont fait concevoir des doutes sur le rôle révolutionnaire de l'art et sur la valeur de l'appui qu'il était capable de prêter aux réformateurs par son alliance avec la politique.

Cette incertitude n'a jamais diminué sa foi dans la grandeur de l'art. On peut regretter, sans doute, qu'il n'ait pas précisé la part qui reviendrait à la poésie, n'ayant plus mission révolutionnaire dans la société réorganisée, après le triomphe de la liberté. Mais on s'explique clairement la pensée générale qui anime toute son esthétique et qui ressemble à celle de Feuerbach en morale. Ce philosophe fondait la vertu sur le bonheur des hommes, passé de l'état de désir religieux à l'état de réalité. De même que lui, Georges Herwegh faisait de la liberté réalisée, considérée comme l'expression vivante de la vérité idéale, le fondement de la beauté et de l'art de l'Avenir.

CONCLUSION

Herwegh était né dans le Würtemberg, mais il n'avait pas le tempérament des Souabes. Ce pays ne fut jamais que sa patrie de hasard. Il jugeait sévèrement l'humeur inoffensive et la douce placidité des Würtembergeois « qui ne voient rien au delà de leurs quatre murs ; les plus hardis parmi eux s'aventurent à regarder par la fenêtre ce qui se passe chez le voisin ; les meilleurs sont sceptiques et ne manquent pas d'esprit, mais ils raillent le joug au lieu de s'affranchir » (1).

Le milieu familial dans lequel s'est écoulée son enfance agit sur lui d'une manière fâcheuse, car il a troublé sa santé, menaçant même de la déséquilibrer ; cependant il lui donnait aussi une maturité précoce en rendant sa sensibilité plus vive.

Herwegh a conservé de son éducation théologique une plus grande aptitude à comprendre la valeur religieuse de la vie et, lorsqu'il devint, selon ses propres paroles, « le prêtre de la liberté », il a fait entendre, plus ou moins volontairement, les cantiques luthériens hors du temple, et sa révolte contre le ciel s'est imprégnée de protestantisme. Son œuvre évoque, en général, de nombreux souvenirs classiques qui révèlent de fortes humanités, et ses *Poésies d'un Vivant* sont encore nourries de pensées bibliques.

Il semblait d'abord appelé à une tout autre destinée que celle de poète révolutionnaire. Après avoir quitté le séminaire, il se mêla au monde un peu frivole de dilettantes et d'artistes qui composait l'entourage de Lewald ; il en

---

(1) Lettre inédite à Madame Herwegh, 4 août 1845 : « Nicht über ihre vier Wände hinaussehend, höchstens dem Nachbar ins Fenster, die besseren skeptisch, nicht ganz ohne Geist, des Joches spottend, statt es abzuwerfen ».

profita peu comme poète, mais beaucoup comme critique. Jusqu'alors il avait soupiré de jolies chansons d'amour, gracieuses et tendres, et, tout en montrant du goût pour le théâtre, sans avoir cessé d'admirer Uhland, il se demandait avec incertitude s'il suivrait les traces de Heine ou celles de Lamartine, car il était séduit par l'esprit du premier, mais le second lui parlait de plus près au cœur.

Par une rencontre fortuite d'événements, Herwegh prit le chemin de l'exil à la suite d'une vive dispute avec un officier. En Suisse, le poète était initié aux luttes politiques par Wirth, grâce auquel il entrait à la rédaction de la *Volkshalle;* en même temps, il pouvait apprécier autour de lui l'activité d'un peuple libre, grand dans l'histoire par l'exemple de ses vertus civiques. Le culte de Börne, auquel il avait été enclin dès sa jeunesse, redevint son idéal à l'heure décisive de sa formation. Il ouvrit à son tour les hostilités contre l'aristocratie et le romantisme que l'auteur des *Lettres de Paris* avait combattus sans réserve. Mais le plus farouche désir d'indépendance et l'enthousiasme de la liberté se conciliaient chez Börne avec un ardent amour du prochain, un socialisme d'essence évangélique et une conception religieuse de l'art dans la démocratie. Toutes ces tendances n'étaient pas pour déplaire à l'âme rêveuse de Herwegh, jaloux défenseur de l'individualisme et porté par sa nature à la politique de sentiment. Au point de vue littéraire, il comprit l'importance du journalisme, la valeur sociale de l'humour, l'intérêt d'actualité de la poésie populaire, et, stimulé par le succès des chansons de Béranger qui s'était fait en France l'interprète de l'opinion publique et des émotions nationales, il voulut l'égaler, sans songer même à le surpasser.

Les circonstances lui parurent favorables. Follen avec lequel il se lia d'amitié sur ces entrefaites et les réfugiés allemands de Zürich l'encouragèrent dans ses desseins. L'année 1840 avait provoqué dans toute l'Allemagne une soudaine explosion de colère et réveillé les plus généreuses illusions. On croyait à une guerre prochaine soit avec la France soit avec la Russie. L'amour-propre germanique était d'autant plus facilement ému que l'Allemagne fondait de grandes espérances sur le nouveau roi de Prusse : on savait ce prince épris de gloire et l'on ambitionnait pour lui le rôle de libérateur. On pensait que Frédéric-Guillaume IV allait rompre avec le passé pour inaugurer l'avenir. Ainsi les aspirations de Herwegh répondaient à l'attente de la foule. Partisan de l'action, du progrès et de l'unité allemande, il se sentait en communion d'idées avec ses contemporains, et, comme ses études de poète, à l'école de Körner, de Platen et de Béranger, lui avaient permis de créer la forme qui convenait le mieux à l'expression de l'exaltation nationale et de la haine unanime, ses poésies vibrantes et magnétiques volèrent bientôt sur toutes les lèvres.

Mais, au moment où il venait de prêter sa voix aux vœux les plus chers du peuple allemand, il continuait à vivre à l'étranger, passait un hiver en France, puis, s'occupant de rendre sa situation moins précaire, fondait une revue de combat en Suisse. Son séjour à Paris lui inspirait l'horreur de la royauté constitutionnelle et bourgeoise, et, de retour à Zürich, il soutenait le parti républicain radical dans sa lutte contre les conservateurs et contre les jésuites du libéralisme. L'accord entre le poète et le public, resté fidèle à la monarchie, reposait donc sur un malentendu.

On se méprit sur ses intentions, en 1842, lorsqu'il parcourut l'Allemagne au milieu des acclamations. Le roi de Prusse le reçut dans son palais. Mais la lettre de Herwegh à Frédéric-Guillaume IV dissipait les équivoques et déchaînait un scandale d'autant plus violent qu'il avait le caractère imprévu d'un coup de théâtre.

Expulsé de Prusse et, bientôt après, proscrit de Zürich, Herwegh acquit le droit de cité dans le canton de Bâle-campagne et vint habiter Paris. Ses amis s'efforçaient en vain de l'en dissuader : « Un poète » lui écrivait Prutz « doit vivre, aimer, souffrir avec sa patrie, dans sa patrie, se laisser coffrer dans une forteresse et tirer la barbe par les argousins, s'il le faut, mais il ne doit pas quitter la terre où il est né, car il courrait le danger de rompre le lien mystérieux de sympathie qui l'unit aux siens — et de cesser d'être, comme l'a voulu Dieu, son Dieu, le Dieu de l'histoire, la bouche sonore et le cœur tumultueux de son peuple » (1). On doit reconnaître sans doute que l'exil a contrarié et empêché l'évolution naturelle de Herwegh dans l'hymne politique parce qu'il a tari en lui l'émotion communicative et l'a rejeté vers la satire en le condamnant à un rôle de contradiction. Mais on ne doit pas oublier que le poète serait arrivé au désenchantement, de toute façon, par suite du triomphe de la réaction en Europe et par suite du tour scientifique que prit désormais sa propre pensée.

Ses relations avec la société cosmopolite qu'il fréquentait à Paris avaient élargi son champ d'action. L'échec de la révolution de 1848 anéantit ses espérances ainsi que celles des démocrates qui voulaient proclamer la République universelle et qui succombèrent, victimes de leurs utopies. On peut se demander quel cours aurait suivi la vie de Herwegh s'il ne s'était pas associé à la première insurrection républicaine du grand-duché de Bade. Il la désapprouvait en son âme et conscience, parce qu'il la trouvait prématurée, mais il s'y joignit par un scrupule de loyauté. Ses ennemis ont agi de mauvaise foi en critiquant sa conduite dans cette campagne qu'il n'a pas dirigée, car la légion avait ses chefs militaires, et, s'il en sortit sain et sauf, malgré les pièges et les périls qui l'entouraient, il ne commit aucune lâcheté en se dérobant à la poursuite de ses adversaires. Le discrédit que la fatale issue de la bataille de Dossenbach a jeté sur son nom suffit, néanmoins, à nous

---

(1) Lettre de Prutz à Herwegh, 26 nov. 1843 : « Ein Poet muss mit seinem Vaterlande, in seinem Vaterlande leben, lieben, leiden, auf die Festung gesteckt werden und sich am Bart zupfen lassen, wenn es sein muss, von öffentlichen und literarischen Polizeiknechten, aber das Feld, das angeborene seines Vaterlandes, muss er nicht räumen. Es läuft sonst Gefahr, dass jenes geheimnisvolle Band der Sympathie, das sein innerstes Fühlen und Denken... mit dem Fühlen und Denken seiner Zeit und seines Volkes verbindet, zerreisst und er aufhört, das zu sein, wozu Gott, sein Gott, der höchste Gott der Geschichte ihn bestimmt hat : der tönende Mund, das brausende Herz seines Volkes ! ».

expliquer son profond découragement. Plusieurs années se passèrent avant qu'il revînt, sauf en de rares occasions, à la poésie politique.

⁂

Rien de plus saisissant que le contraste entre la vogue de Herwegh avant 1843 et son impopularité à dater de cette époque et surtout après 1848. Au début de sa carrière, il jouit d'un immense succès ; il a connu l'ivresse des applaudissements ; de nombreux disciples l'ont entouré : toute la jeunesse brûlait, pour ainsi dire, de suivre ses traces. Après l'audience du roi de Prusse, Herwegh se vit brusquement blâmé et renié par ceux qui l'avaient jusqu'alors exalté. La bourgeoisie allemande s'effrayait de sa témérité. En 1848, sa gloire était éclipsée dans le parti démocratique par celle de Freiligrath, peintre plus vigoureux des scènes de la révolution, qui flattait et surexcitait les instincts populaires.

La vie du poète, confrontée avec l'histoire de son temps, nous enseigne que le concours des événements vint un jour à lui manquer. La foi des hommes de sa génération s'affaiblit pour tomber, de déceptions en déceptions, jusque dans la lassitude. Alors, cessant d'être soutenu par la foule et stimulé par le fluide que les grandes commotions politiques répandent autour d'elles, il se sentit isolé, abandonné, trahi, et pendant quelques années, de 1850 à 1856, il garda le silence.

Mais on se trompe généralement sur la véritable étendue de son œuvre : non seulement on oublie toute sa prose qui n'est pas négligeable, mais on feint d'ignorer presque toutes ses satires.

Dans son asile de Zürich, Herwegh a commencé, il est vrai, par se consacrer aux sciences, et l'étude des langues et des phénomènes de la nature lui fut salutaire, car, en l'absorbant presque tout entier, elle le consolait peu à peu de l'injustice des hommes ; elle lui apprenait, en outre, à subordonner la fantaisie à l'exactitude de l'observation dans ses nouvelles poésies. Cependant il ne perdait pas de vue, même alors, sa véritable vocation, et grâce à ses entretiens avec de grands artistes, comme Semper et Wagner que la réaction avait également chassés d'Allemagne, ou Liszt qui s'arrêta deux fois en Suisse au cours de ses voyages, il avait le loisir de satisfaire les exigences de sa curiosité esthétique.

De grands événements historiques fournirent à Georges Herwegh l'occasion de reparaître après une longue trêve sur le théâtre du combat. Il a été secondé, dans cette nouvelle période d'action, par deux hommes, doués d'une inflexible volonté, et dont l'amitié exerça sur lui une influence bienfaisante : Lassalle et Rüstow. Par malheur, dans cette question des nationalités qui passionna l'Europe pendant la seconde moitié du dix-neuvième siècle, le poète ne tombait d'accord, ni sur le but ni sur les moyens, avec les fondateurs de royaumes et d'empires. Fidèle à son passé, il désirait comme tous les patriotes mazzinistes et garibaldiens la formation de l'unité italienne, mais ne pouvait se réjouir des victoires du Piémont qui assuraient la conquête de l'Italie au profit d'une dynastie. En Allemagne, où la nation s'était transformée, Herwegh ne reconnaissait plus ses anciens compagnons d'armes et leur devenait lui-même étranger. Tandis que le *Nationalverein* et presque toute l'opposition, dupes des exploits militaires, se mettaient à la remorque de la politique prussienne, Herwegh combattait l'hégémonie des Hohenzollern, œuvre de Bismarck qu'il détestait cordialement. Rien ne put lui faire oublier le cruel démenti que le ministre, avec son autorité brutale, infligeait à ses rêves. Son attitude dans la guerre fratricide de 1866 et dans le sombre duel de la France et de l'Allemagne lui fait honneur, mais elle acheva d'ouvrir les yeux de ses anciens compatriotes sur leurs différences d'opinion. Herwegh s'affligeait de l'amoindrissement de l'Allemagne du Sud et déplorait notre défaite. Les flots de sang qui coulèrent à Königgrätz et à Sedan sur les champs de bataille l'ont séparé du peuple allemand qui se laissait asservir au régime césarien après avoir humilié la République.

⁂

« La France est une religion ! » s'écriait Herwegh pour qui, depuis l'adolescence, ces deux noms : France et Révolution étaient indissolublement unis. Tandis qu'on nous outrageait de l'autre côté du Rhin, il nous a défendus. Mais on s'est vengé en cherchant à l'écraser sous le poids du silence, en proscrivant son nom des anthologies que l'on a mises entre les mains des écoliers, en interdisant ses *Nouvelles Poésies* après sa mort, en conspirant contre sa mémoire, comme par regret de n'avoir pu l'atteindre dans sa gloire et le flétrir suffisamment de son vivant.

L'hostilité systématique que le poète a rencontrée en Allemagne, jusque dans les rangs des démocrates-socialistes, ressemble à une fatalité, et l'injustice de la postérité nous aide à mieux comprendre le sens du jugement de Zolling qui appelait Georges Herwegh « une tragique figure de poète », car, à tout bien considérer, rien ne méritait cette sévérité ou cette indifférence, ni dans sa vie publique, droite et courageuse, ni dans son œuvre, grave et belle.

BIBLIOGRAPHIE

Ouvrages généraux.

I. — HISTOIRE.

Treitschke : Deutsche Geschichte im neunzehnten Jahrhundert. — Edgar Bauer : Geschichte der konstitutionellen und revolutionären Bewegung im südlichen Deutschland in den Jahren 1831-34. Charlottenburg 1845. — Bruno Bauer : Vollständige Geschichte der Parteikämpfe in Deutschland 1842-46. Charlottenburg 1847. — Prutz : Zehn Jahre. I Leipzig 1850, II Leipzig 1857. — Gaston Raphaël : Le Rhin allemand. Paris (Cahiers de la Quinzaine) mai 1903. — Marr ; Das Junge Deutschland in der Schweiz. Leipzig 1846. — Golovine : L'Europe révolutionnaire. Paris 1849. — Daniel Stern : Histoire de la révolution de 1848. — Laube : Das erste deutsche Parlament. Leipzig 1849. — Eisenmann : Die Parteien der Nationalversammlung. Erlangen 1849. — Stenographischer Bericht über die Verhandlungen der deutschen konstituierenden Nationalversammlung zu Frankfurt am Main. Leipzig 1848-49. — Zimmermann : Die deutsche Revolution. Karlsruhe 1848. — Hans Blum : Die deutsche Revolution 1848-49. Florenz und Leipzig 1898. — Hecker : Die Erhebung des Volkes in Baden. Basel 1848. — Struve : Geschichte der drei Volkserhebungen in Baden. Bern 1849. — Denis : Fondation de l'Empire allemand 1852-1871. — Andler : Le Prince de Bismarck. Paris 1899. — Matter : Bismarck et son temps. Paris 1905-1908.

II. — LITTÉRATURE ET CRITIQUE.

Gottschall : Die deutsche Nationalliteratur des neunzehnten Jahrhunderts. — Richard Meyer : Die deutsche Literatur des 19. Jahrhunderts. — Dresch : Gutzkow et la Jeune Allemagne. Paris 1904. — Scherr : Poeten der Jetztzeit. Stuttgart 1844. — Carl Grün : Bausteine. Darmstadt 1844. — Friedrich Vischer : Kritische Gänge. — Ruge : Die politischen Lyriker unserer Zeit. Leipzig 1847. — Nicolas Martin : Les poètes contemporains de l'Allemagne. Paris 1846. — Strodtmann : Dichterprofile. Stuttgart 1879. — Brandes : Die Hauptströmungen der Literatur des neunzehnten Jahrhunderts. Leipzig 1892-1897. — Petzet : Die Blütezeit der deutschen politischen Lyrik. München 1903. — Albert Lévy : La philosophie de Feuerbach et son influence sur la littérature allemande. Paris 1904.

Monographies et Autobiographies.

(Dans celles qui sont marquées d'un astérisque on trouve des renseignements non seulement sur l'époque, mais sur Herwegh).

David Strauss : Märklin.
E. Zeller : Strauss in seinem Leben und seinen Schriften geschildert. — Bonn 1874.
Charles Follen : Works with a memoir of his life. — Boston 1841-42.
* Fröbel : Ein Lebenslauf. — Stuttgart 1890.
* Merkel : Jakob Henle, ein deutsches Gelehrtenleben. — Braunschweig 1891.
Ludmilla Assing : Fürst Hermann von Pückler-Muskau. — I Hamburg 1873. II Berlin 1874.
* Rodenberg : Franz Dingelstedt, Blätter aus seinem Nachlass. — Berlin 1891.
* Buchner : Ferd. Freiligrath, ein Dichterleben in Briefen. — Lahr s. d.
* Bolin : Ausgewählte Briefe von und an Ludwig Feuerbach. — Leipzig 1904.
* Laube : Erinnerungen. — Wien 1880-82.
* Varnhagen von Ense : Tagebücher. — Leipzig 1861-62.
Mackay : Max Stirner, sein Leben und sein Werk. — Berlin 1898.
* Nerrlich : Ruge's Briefwechsel und Tagebuchblätter aus den Jahren 1825-1880. — Berlin 1886.
Mehring : Marx und Engels, gesammelte Schriften aus dem Nachlass. — Stuttgart 1902.
* Gottschall : Aus meiner Jugend. — Berlin 1898.
Alexander Jung : Königsberg und die Königsberger. — Königsberg 1846.
* Meissner : Rev. Studien aus Paris. — Frankfurt am Main 1849.
* Meissner : Geschichte meines Lebens. — Wien 1884.
* Nettler : Bakounine. — Exemplaire de la Bibliothèque Nationale de Paris.
Linton : European republicans. — London 1892.
Armand Pommier : Daniel Stern. — Paris 1867.
Desjardins : Proudhon. — Paris 1896.
* Vogt : Ozean und Mittelmeer, Reisebriefe. — Frankfurt am Main 1848.
Löwenfels : Struve's Leben. — Basel 1848.
Struve : Zwölf Streiter der Revolution .— Berlin 1867.
* Corvin : Aus dem Leben eines Volkskämpfers. — Amsterdam 1861.
* Eliza Wille : Quinze lettres de Rich. Wagner. — Bruxelles 1894.
* La Mara : Franz Liszt's Briefe an die Fürstin Wittgenstein. — Leipzig 1895.
* Briefwechsel zwischen Wagner und Liszt. — Leipzig 1887.
* Moleschott : Für meine Freunde. — Giessen 1901.
* Orsini : Memorie politiche. — Torino 1862.
* Ludmilla Assing : Piero Cironi. — Leipzig 1867.
* Oncken : Lassalle. — Stuttgart 1904.

Esquisses ou fragments de biographie, articles de polémique et pamphlets se rapportant spécialement à Herwegh.

I. — DU VIVANT DE HERWEGH.

Geschichte eines St. Veits-Tanzes, welcher mit dem tierischen Magnetismus behandelt und zum Teil geheilt wurde,... [von] Friedrich Achill Schmidt aus Uelzen. Tübingen, im Monat November 1831.

Georg Herwegh, Verfasser der Gedichte eines Lebendigen — von A. L(ewald). Europa 1841 IV.

Georg Herwegh, Fragmente zur Geschichte des Tages, herausgegeben von Alexis Publicola. Nürnberg 1843.

Georg Herwegh, Literarische und politische Blätter von Dr. Johannes Scherr. Winterthur 1843.

Anti-Herwegh, von Tieffenbach. Elbing 1843.

Gegen Georg Herwegh, von Vogelleim. Berlin 1843.

Georg Herwegh und die Literarische Zeitung. Leipzig 1843.

Zur Geschichte der deutschen demokratischen Legion aus Paris. Von einer Hochverräterin. Grünberg 1849.

Georg Herweghs viertägige Irr-und Wanderfahrt mit der Pariser deutsch-demokratischen Legion in Deutschland und deren Ende durch die Württemberger bei Dossenbach... von Fr. Lipp. Stuttgart 1850.

Les Nôtres m'ont envoyé, Episode des journées de juin 1848 à Paris — par Ivan Tourguéneff (traduit par Durand-Gréville). Temps, 13 mai 1874.

Georg Herwegh — Dr. Ch. L. Bernays. St Louis Daily Union, march 1863.

Drei Lebensbilder : I Der Dichter der Demokratie. Didaskalia, 14 oct. 1866.

Zwei Besuche bei Georg Herwegh. Badische Landeszeitung, 18, 19 janv. 1867.

II. — NÉCROLOGIES.

Frankfurter Zeitung, 9 avril 1875 ; Die Gartenlaube, N°s 30 et 31 ; Didaskalia, 13 avril 1875 ; Die Wage, 16 avril 1875 ; Badeblatt für die grossherzogliche Stadt Baden, 17 avril 1875 ; etc...

Eine Erinnerung an Georg Herwegh. Separatabdruck aus dem Volksstaat. Leipzig 1875.

III. — ARTICLES ET PUBLICATIONS POSTHUMES.

Georg Herwegh — von Muncker. Deutsche Allgemeine Biographie.

Georg Herwegh — von W. B(los). Der wahre Jakob, 17 mars 1896.

Festchrift zur Einweihung des Georg Herwegh-Denkmals... von G. Eulert-Frey. Basel 1904.

Georg Herwegh, Ein Freiheitssänger, von Robert Seidel. Frankfurt am Main 1905.

Aus Georg Herweghs Jugendzeit. Der Beobachter aus Schwaben, février 1877.

Friedrich Wilhelm und Georg Herwegh, nach den Akten des geh. Staatsarchivs, von Th. Zolling. Gegenwart, 1er, 8, 15 oct. 1898.

Aktenstücke zur Geschichte der Ausweisung Herweghs aus Zürich im Jahre 1843, von Alfred Stern. Süddeutsche Monatshefte, août 1908.

Mit Herwegh und Ludwig Feuerbach, von K. A. Mayer. Gegenwart, 27 mars 1880.

Zu Georg Herweghs Ehrenrettung, von Th. Zolling. Gegenwart, 24 oct. 1896.

Liszt, Wagner und Bülow in ihren Beziehungen zu Herwegh, von A. N. Harzen-Müller. Die Musik, sept. 1904.

Lassalle, Herwegh und die Sozialdemokratie, von Th. Zolling. Gegenwart, 12 déc. 1896.

Noch einmal Lassalle und Herwegh, von Z(olling). Gegenwart, 23 janv. 1897.

Emma Herwegh — V. F(leury). Petite République française, 19 avril 1904.

Emma Herwegh — von Victor Fleury. Neue freie Presse, 5 août 1904.

Georges Herwegh et la France. Revue Universelle, 1er déc. 1904.

Publications de correspondances.

I. — En volumes.

Georg Herweghs Briefwechsel mit seiner Braut. Stuttgart 1906.
Briefe von und an Georg Herwegh, 1848. München 1898. Zweite Auflage.
Ferd. Lassalle's Briefe an Georg Herwegh. Zürich 1896.

II. — Dans les Revues.

Georg Herwegh und Robert Prutz, mit ungedruckten Briefen. Die Zeit, 3, 10, 17 avril 1897.

Georg Herweghs Briefwechsel mit Robert Prutz und Ludwig Feuerbach, mit einer Einleitung von Wilhelm Bolin. Georg Herwegh 1842-43, mit ungedruckten Briefen von Georg Herwegh, Robert Prutz u. A. Deutsche Dichtung, 15 avril, 1er, 15 mai, 1er juin 1897.

Henriette Feuerbach, Briefe an Herweghs. Die Neue Rundschau, déc. 1908.

Richard Wagner und Georg Herwegh, mit ungedruckten Briefen von Wagner, Herwegh, König Ludwig II., ... Die Gegenwart, 2, 9 janv. 1897.

Richard Wagner et le poète Georges Herwegh. Revue bleue, 3, 10 sept. 1904.

Briefe der Fürstin Carolyne Sayn-Wittgenstein an Georg und Emma Herwegh. Deutsche Revue, avril, mai, juin, juillet, août, sept. 1908.

Challemel-Lacour, Lettres inédites. Revue (ancienne Revue des Revues), 1er mars 1903.

Georg Herwegh an seine Frau, unveröffentlichte Briefe aus den Jahren 1861-1862. Neue Revue, mars-mai 1908.

Collections de journaux ou revues du temps.

Europa mit Albums, 1836-1839 (moins l'Album de 1837 qui manque à la Bibliothèque Royale de Stuttgart). — Schweizerischer Republikaner, 1840-1843. — Oestlicher Beobachter, 1840-1843. — Augsburger Allgemeine Zeitung, 1841-1843. — Rheinische Zeitung, 1842-1843. — Vossische Zeitung, 1843. — Ein und zwanzig Bogen aus der Schweiz, 1843. — Hallische Jahrbücher, Deutsche Jahrbücher, 1839-1842. — Pariser Vorwärts, 1844. — Die Pariser Horen, 1847. — Locomotive, 1848. — Freiheit, Arbeit, 1849. — Le Représentant du Peuple, La Voix du Peuple, Le Peuple, 1849-1850. — Zürcher Intelligenzblatt, 1856-1864. — Kladderadatsch, 1859-1861. — Der Beobachter aus Schwaben, 1866 et ss. — Die Tagespresse, 1869 et ss. etc...

Editions des Œuvres de Herwegh.

Lamartine's sämmtliche Werke, Uebersetzt von G. Herwegh. I Stuttgart 1843. II Stuttgart 1839. III. IV Stuttgart 1839. V. VI Stuttgart 1840.

Gedichte und Krit. Aufsätze aus den Jahren 1839 und 1840, von Georg Herwegh. Belle-Vue, bei Constanz 1845.

Gedichte eines Lebendigen. I Zürich und Winterthur 1841. II Zürich und Winterthur 1843.

Gedichte eines Lebendigen, von Georg Herwegh. Zwölfte Auflage. Leipzig 1896.

Gedichte eines Lebendigen. Leipzig 1905.

Shakespeare's dramatische Werke, VIII : Coriolanus, übersetzt und erläutert von Georg Herwegh, mit Einleitung, Zusätzen und Berichtigungen von H. Ulrici. Berlin 1870.

Shakespeare's dramatische Werke. XX, XXIV, XXVIII, XXIX, XXXIV, XXXVI, XXXVII. Leipzig 1869-1871.

Neue Gedichte, von Georg Herwegh. Zürich 1877.

TABLE DES MATIÈRES

Préface. *Les Sources biographiques*, p. V-XII.

PREMIÈRE PARTIE

La Vie de Herwegh.

Chapitre I. *L'enfance.* Origine de la famille, p. 1-2. Désaccord des parents, p. 2-5. Premières études, p. 5-6.

Ch. II. *Au séminaire de Maulbronn.* Ses condisciples, p. 7-9. Ses professeurs, p. 9-12. Premières poésies, p. 12-13. Premières impressions politiques, p. 13-15.

Ch. III. *A Tübingue.* La théologie souabe, p. 16-17. L'association des patriotes, p. 18. Expulsion du séminaire, p. 18-19. Etudes juridiques, p. 19-20.

Ch. IV. *Débuts littéraires.* La rédaction de l'Europa, p. 21-23. Projets dramatiques, p. 23-24. Collaboration de Herwegh à l'Europa, p. 24-27. — Au régiment, p. 27-28. Herwegh s'expatrie, p. 29-30.

Ch. V. *Herwegh en Suisse. Les articles de la Volkshalle.* Wirth, p. 31-33. Influence de Börne, p. 34-38. Influence de Gutzkow, p. 38-39. Influence des auteurs français, p. 40-41. Les essais critiques et poétiques, comparés aux Poésies d'un Vivant, p. 42-46.

Ch. VI. *Fondation du Comptoir littéraire.* Follen, p. 47-50. Les réfugiés de Zürich, p. 50-53. — Contenu historique des Poésies d'un Vivant, p. 53-64. — Editions du Comptoir Littéraire, p. 64-67.

Ch. VII. *Polémiques. Les vingt et une Feuilles de Suisse.* Séjour à Paris, p. 68-74. Herwegh et Freiligrath, p. 74-79. — Les conservateurs libéraux de Zürich, p. 79-84. Analyse de la revue, p. 85-88.

Ch. VIII. *Voyage en Allemagne.* Enthousiasme des contemporains, p. 89-93. Fiançailles, p. 93-95. Le groupe des « Libres », p. 95-97. — Audience du roi de Prusse, p. 97-102. Séjour à Königsberg, p. 102-105. Lettre au roi, p. 105-110. Herwegh est proscrit de Zürich, p. 110-112.

Ch. IX. *Relations de Herwegh jusqu'en 1848.* Les communistes de Genève, p. 113-117. Impressions d'Italie, p. 117-118. Analyse des Xénies, p. 118-122. Ebauches, p. 122-125. Relations avec les émigrés allemands, p. 126-131 ; avec les émigrés russes, p. 132-133 ; dans la société parisienne, p. 133-134. Louis Feuerbach, p. 135-136. Charles Vogt, p. 136-138.

Ch. X. *La Révolution.* La légion démocratique, p. 139-140. Les républicains badois, p. 140-143. Combat de Dossenbach, p. 144-146. Principaux événements de 1848-49, p. 147-152. — Les journées de juin, p. 152-153. Soupçons du gouvernement français, p. 153-154.

Ch. XI. *Les études scientifiques du poète. Ses amis de Zürich.* Etudes philologiques, philosophiques, physiologiques, p. 155-159. Prutz à Zürich, p. 160-161. Rüstow, p. 161. Semper, p. 161-162. Wagner et Liszt, p. 162-166. Les exilés français, p. 167-168. — Articles du Zürcher Intelligenzblatt, p. 169-172. Poésies du Kladderadatsch, p. 172-174.

Ch. XII. *Herwegh et les patriotes italiens.* Orsini, Garibaldi, Mazzini, p. 175-182. — Nomination à Naples, p. 182-185.

Ch. XIII. *Rapports avec Lassalle. Herwegh combat Bismarck.* Lettres de Lassalle, p. 186-189. Le Bundeslied, p. 189-190. Mort de Lassalle, p. 191-192. — Le conflit prussien, p. 193-197. La guerre de 1866, p. 197-202.

Ch. XIV. *Traductions de Shakespeare. Dernières années.* Séjour en Autriche, p. 203. La société Shakespeare, p. 204-205. Préfaces des traductions, p. 205-207. — La guerre de 1870, p. 207-208. Le Kulturkampf, p. 209-213. Funérailles, p. 214-215.

Ch. XV. *Les Portraits du poète.* Beauté physique, p. 216-220. Elégance, p. 220-221. Insouciance, p. 221-222. Générosité, p. 222-223. Franchise, p. 223-225.

DEUXIÈME PARTIE

L'Œuvre lyrique de Herwegh.

Chapitre I. *Influence de ses lectures.* Influence de Schiller, p. 227-230 ; de Hölderlin, p. 230-231 ; d'Uhland, p. 232-234 ; de Lenau, p. 234-237 ; de Heine, p. 237-240 ; de Byron, p. 241-242 ; de Lamartine, p. 242-249 ; de Körner et Arndt, p. 249-252 ; de Platen, p. 252-254 ; d'Anastasius Grün, p. 254-255 ; de Beck, p. 255-256 ; de Freiligrath, p. 256-257 ; de Béranger, p. 257-260 ; d'Hégésippe Moreau, p. 260-262. Originalité de Herwegh, p. 262-263.

Ch. II. *Poésies de Jeunesse.* Les trois groupes de son œuvre lyrique, p. 264-266. Les élégies, p. 267-271. Les sonnets de l'Album des Boudoirs, p. 271-272. Les poésies de la Volkshalle, p. 272-275.

Ch. III. *Poésies d'un Vivant.* Les sonnets des Dissonances, p. 276-280. Les hymnes (stances, odes et chansons) : étude des antithèses, p. 280-290 ; des rythmes, p. 290-294, des rimes, p. 294-296 ; les tercets au roi, p. 297-298. Les Xénies, p. 298-302.

Ch. IV. *Nouvelles Poésies.* Les élégies, p. 303-304. Les hymnes, p. 304-305. Les satires, p. 305-312. Justification de l'œuvre satirique de Herwegh, p. 312-314.

Ch. V. *Le Style.* Concision, p. 315-318. Relief, p. 318-319. Harmonie, p. 319-320. Réponse aux critiques de Vischer, p. 320-322. Critique de l'esthétique spéculative, p. 322-324.

CH. VI. *Les idées de Herwegh sur les rapports de la philosophie, de politique et de l'esthétique.* Limites de la question, p. 325-326. L'évolution de Herwegh, p. 326-328. Ses idées philosophiques, p. 328-332. Ses idées politiques : l'individualisme démocratique de la Volkshalle, p. 333-335 ; conséquences politiques de la philosophie de Feuerbach, p. 335-342. L'esthétique de Schiller et de Herwegh, p. 342-350. Neutralité et tendance, p. 350-358. Influence de la philosophie de Feuerbach sur l'esthétique de Herwegh, p. 358-363.

CONCLUSION, p. 364-370.

BIBLIOGRAPHIE, p. 371-375.

INDEX DES POÉSIES

PAR ORDRE CHRONOLOGIQUE

I

POÉSIES DE JEUNESSE

Janvier 1835	Elegie auf den Tod, p. 13, 227, 267.
(Printemps 1836)	Von einem Schrank ..., p. 17-18, 234-235, 267.
(1836-1837)	Lieder, p. 237, 267 ; traduction des Feuilles d'Automne, p. 243, 267.
(1837)	Romanzen, p. 237-238, 268
—	Meine Nachbarin, p. (25), 268.
—	Aeltere Lieder, p. (25), 238, 268-269.
—	Des Mädchens Tränen, p. 24, 269.
1838	Der Totengräber, p. 24, 238, 269.
—	Wellenklage, p. 24, 235-236, 269, 303.
1839-1840	Die Industrieritter, p. (8), 265, 272.
—	Der Verbannte zum Gutenbergsfeste, p. 45, 265, 272.
—	Der Gefangene, p. 46, 236, (242), 257, 266, 272.
—	Tod Napoleon's II, p. 45, 257, 266, 272-273.
—	Lied von der Weisheit, p. 46, 257, 265, 273.
—	Tell, p. 46, 257, 266, 273.
—	Lied ohne Titel, p. 266, 273.
—	An einen Bekannten, p. 45, 265, 273.
—	Der sterbende Republikaner, p. 45, 266, 274.
—	Lieder, Einer Frommen, Gebet, Abschied, p. 265, 274.
—	Ich habe nie mein Elend mir vergoldet, p. 46, 265, 274.
Février 1840	Totenopfer für den Dichter Franz Gaudy, p. 46, 265, 273.
Printemps 1840	Frühlingslied, V. Poésies d'un Vivant : Einkehr in die Schweiz.
—	Frühlingsnacht, p. 46, 265, 274.
1840	Auf ! p. 266, 274-275.
—	Barbarossa's letztes Erwachen, p. 33, 266, 275.
—	Konstanzer Gutenbergslied, p. 45, 266, 275.
—	Lieder aus Album für Boudoirs, p. (24), 269-270.

Automne 1840	Dissonanzen, p. (25), 266, 271.
—	Cliquen, p. 21, 271.
—	An Gutzkow, p. 38, 271.
—	Wer singen will..., p. (35), 271.
—	Ein neues Leben hat die Kunst..., p. 271-(272).
—	Gessner's Monument, p. 271-272.
1841	Die Blätter meiner Laube, p. (24), 270.
—	Die drei Sterne, p. (24), 270.
—	Durchtobt in wildem Flusse..., p. 271.

II

Poésies d'un Vivant

1839	Ich möchte hingehn..., p. 23-24, (133), 217, 245-246, 254, 263, 280, 285, 319.
—	Auf dem Berge, p. 242, 248, 285.
Printemps 1840	Einkehr in die Schweiz, p. 29, 46, 249, 265, 270, 281.
Février 1840	Anastasius Grün, p. 63, 203, 247, 254, 266, (273), 281, 284, 299.
Printemps 1840	Béranger, p. 258, 281, 284, 288, 294, (320).
Mars 1840	An die deutschen Dichter, p. 44, 46, 89, (134), (231), 233, 234, 252, 265, 284, 291, 292.
Juin 1840	Drei Gutenbergslieder, p. 62, (257), 283, 288, 289, 291, 293.
Automne 1840	Sonette : I, p. 276, 277, 279.
—	— II, p. 57, 276, 277.
—	— III, p. 276, 278.
—	— IV (An Follen), p. 49, 276.
—	— V, p. 276, 278.
—	— VI, p. 12, 276, 298.
—	— VII, p. 276, 278, 316.
—	— VIII, p. 63, 276, 277, 298.
—	— IX (Den Naturdichtern), p. 276, 298.
—	— X, p. 241, 276.
—	— XI (Shelley), p. 242, 247, 276, 316.
—	— XII, p. 276.
—	— XIII, p. (225), 233, 276, 278, 279.
—	— XIV, p. 129, 276, 277, 278.
—	— XV, p. 248, 276, 278.
—	— XVI, p. 276-277, 278.
—	— XVII, p. 44, 276-277.
—	— XVIII, p. 53-54, (231), 276-277.
—	— XIX, p. 53-54, 249, 276-277, 278.
—	— XX, p. 45, 266, 276-277, (288), 316.
—	— XXI, p. 262, 276-277, 316.
—	— XXII (Den Geschäftigen), p. 221, 276-277, 278, 298.
—	— XXIII, p. 53-54, 241, 247, 276-277.
—	— XXIV, p. 223, 276-277.
—	— XXV, p. 276-277, 279.
—	— XXVI, p. 229, (248), 276-277, 279.
—	— XXVII, p. (231), 276-277, 279.

Automne 1840	Sonette : XXVIII, p. 276-277.
—	— XXIX, p. 277, 278, 303.
—	— XXX (Freiligrath), p. 63, 257, 277, 316.
—	— XXXI (Unsern Künstlern), p. 45, 253, 277.
—	— XXXII, p. 277.
—	— XXXIII (Russophobie), p. 60, 277, 298.
—	— XXXIV (Pferdeausfuhrverbot), p. 57-58, 277.
—	— XXXV (Dingelstedts Jordanslied), p. 63, 71, 277, 316.
—	— XXXVI (Ludwig Uhland), p. (134), 232, 233, 277.
—	— XXXVII (Deutsche und französische Dichter), p. 221, 277, 298, 316.
—	— XXXVIII, XLI, XLII, p. 53, 277.
—	— XXXIX, p. 53, 247, 277.
—	— XL, p. 53, 277, 316.
—	— XLIII, p. 249, 277, 278.
—	— XLIV, p. 249, 277, 278.
—	— XLV (Der Gefangene), p. 242, (272), 277.
—	—. XLVI (Einem Schauspieler), p. 45, 277.
—	— XLVII, p. 247, 277, 278, 279.
—	— XLVIII (Hölderlin), p. 44, 230-231, 247, 277.
—	— XLIX, p. 277.
—	— L, p. 277, 279, 298.
—	— LI (Byron's Sonett an Chillon), p. 242, 277.
—	— LII, p. 277.
1840	Leicht Gepäck, p. (134), 233, 234, 246, 258, (260), 263, 283.
—	Der sterbende Trompeter, p. 60, (134), 254, 280, 283, 290, 291.
—	Die Jungen und die Alten, p. (134), 284, 288, 290, 291.
—	Vive le roi, p. 260-262, 281.
—	Vive la république, p. 242, 248, (280), 281, 284, (293), (320).
—	Der Gang um Mitternacht, p. (70), (90), (133), 236, 254, (258), (260), 279, 284, (293), 294, 295, 316.
—	Schlechter Trost, p. (134), 285, 290, 291, 317.
Octobre 1840	Rheinweinlied, p. 57, 133, (250), 251, (258), 281, 293.
Décembre 1840	Ufnau und Sankt Helena, p. 58, 253, (259), 285, (299).
(1840-1841)	An den König von Preussen, p. 58, 59, 61, 62, 122, 234, (250), 253, 265, 285, 291, 292, 295.
1841	An den Verstorbenen, p. 44, 63-64, 281, 282, 289, 291, 292, 296, 298, (304).
—	An Frau Karolina S., p. 222, 233, 236. 279, 281, 283, 288-289, 316.
—	Wer ist frei, p. 58, 60, (250), 251, 280, 283, 290, 293, 294.

1841	Arndts Wiedereinsetzung, p. 61, (252), (257), 283, 288, 290, 291, 298-299, (320).
—	Gebet p. 59, 60, (61), (90), 91, 229, (255), 279, 280, 283, (304), (320).
—	Der letzte Krieg, p. 60, (61), (134), 217, 251, (257), 283.
—	Reiterlied, p. 59, (90), 133, 230, 234, 250, (251), 280, 283, 293, 294.
—	Das freie Wort, p. 58, 62, 281, 283, 289.
—	Der beste Berg, p. 62, 275, 283, 291.
—	Protest, p. 43, 58, 62, (134), 284, 293.
—	Aufruf p. 11, 44, 59, 250, 251, (252), 284, 291, 292.
—.	Neujahr, p. 284, (320).
—	Frühlingslied, p. (231), (233), 284, 291, 292.
—	Der Freiheit eine Gasse, p. 59, 63, (90), 217, 279, 280, 284, (293), (304).
—	Dem deutschen Volk, p. 52, 60, 251, 284, 292.
—	Das Lied vom Hasse, p. 39, 59, (61), (134), 251, 284.
—	Gesang der Jungen, p. 61, (258), 284, 293, 294.
—	An die Zahmen, p. 44, 59, (229), (231), (234), 256, (273), 279, 285, (288), 295).
—	Gegen Rom, p. 62, 233, 250, (258), 285, 289, 290, 292, 296.
—	Zuruf, p. 39, 60, 280, 285, 290.
Février 1841	Zum Andenken an G. Büchner, p. (14), (25), 46, 53, 241, (273-274), 316.
(1841)	J(ordan), p. 285.
Printemps 1841	Im Frühjahr, p. 280, 285.
—	Schlusslied, p. 293, 316, 318.
—	Jacta alea est, p. 222, (280), 285, 293, 317, 318.
—	Die deutsche Flotte, p. 52, 66-67, 237, 257, 265, 292, 295, 296, 317, 319.
—	Husarenlied, p. 281, 319.
—	Unseren Künstlern noch 2 Sonette, p. 252, 281, 286.
Mai-décembre 1841	Die drei Zeichen, p. 281.
—	Amnestie, p. 87, 286.
—	An die deutsche Jugend, p. 262, 281, 285, 296.
—	Eine Vision, p. (134).
—	Die Partei, p. 74-75, 79, 224, 286, (293).
—	Den Einbastillierten, p. 69, (259), 286, 299.
—	Morgenruf, p. 70, 86, 93, 105, (233), 281, 285, 293-294.
Novembre 1841	Die Epigonen von 1830, p. 69, 239, 281, 285, 299.
—	Champagnerlied, p. 68, 258, 281, 285, 293.
—	Wohlgeboren, p. 68, 71, 258, 286.
Avril-mai-juin 1842	Die Schweiz, p. 84, 242, 249, (255), 286, (304).
—	Bei Hamburgs Brand, p. 85, 285.
—	Aus den Bergen, p. 84, 223, 242, 281, 297.
—	Der arme Jakob, p. 85, 124-125, 232-233, 236, 259, 281.
1842	Pour le mérite, p. 87, 119, 286, 288, 318.
—	Parabel, p. 87, 286, 299, (320).

Noël 1842	Die kranke Lise, p. 112, 125, 259, 281, (293).
(1842-1843)	Heidenlied, p. 86, 116, (229), 299.
—	Eine Erinnerung, p. (231), 254, 281, 286, 292, 318.
(1841-) 1843	1841. 1843, p. 87, 101, 286.
Février 1843	Duett der Pensionierten, p. 78, 281, 286, 296, 299.
Printemps, été 1843	Xenien, p. 97, 100, 101, 118-122, (252), 253, 254, 266, 281, 298-302.
—	Die Rute, p. 286, 299.
1843	Wiegenlied, p. 286, 299.
Novembre 1843	Auch dies gehört dem König, p. 122, 253, (280), 281, 286, 297-298, 317, 319.

III

NOUVELLES POÉSIES

Printemps 1844	Verrat, p. 125.
Eté 1844	Festgruss, p. 125.
—	Zukunftslied, p. (125), 304.
Janvier 1845	O wag'es doch..., p. 304.
(Eté) 1845	Veni creator spiritus, p. 304.
Juillet 1845	Dem Glanz der Throne..., p. 223, 303.
—	An Emma : Komm, mein Mädchen..., p. (136), 303.
(1845)	An Borussia, p. 125, 240, 306, 309, 318.
Mars 1846	Für Polen, p. (125), 304.
—	Polen an Europa, p. (125), 304.
Avril 1846	Ordonnanzen, p. 125, 308, 309.
Juillet 1848	Kein Preussen und Kein Oesterreich, p. 151.
Août 1848	Huldigung, p. 147, 151, (255), 304.
1848	Das Reden nimmt kein End', p. 150, 306, 308, 312.
Février 1849	Mein Deutschland, strecke die Glieder..., p. 129, 147, 151, 306, 309.
Mars 1849	Hecker, p. 146, 147, 151.
—	Im Frühling, p. 147, 152, 304.
(1851-1853)	Ich bin nicht ganz..., p. 304.
1856	Zum Kadettenfest, p. 168.
Octobre 1856	Er tröstet sich, p. 168.
—	An Franz Liszt, p. 164, 168, 303.
Septembre 1857	An C(osima), p. 164.
Mars 1859	Bonaparte couche, p. 154, 169.
Juin 1859	Kürassiere Clam Gallas, p. 169, 309.
Juillet 1859	Zum eidgenössischen Schützenfest, p. 164, 169, 305.
Septembre 1859	Ihr lieben Herren von Eisenach, p. 172.
Octobre 1859	Auch ein Fortschritt, p. 172, 309, 312.
—	Was macht Deutschland, p. 172, 173.
Novembre 1859	Zur Schillerfeier, p. 46, 169, 230, 265, 305.
Avril 1860	Harmlose Gedanken, p. 172, 173, 240, 306, 311, 319.
—	Dies ist die neueste Elegie, p. 171.
Mai 1860	Noten, p. 171, 306, 319.

Mai 1860	An Emma zum Geburtstag, p. 303.
—	Eine Stimme aus der Ferne, p. 172, 174, 306.
—	Die Borriesäerei, p. 171, 306, 309-310, 312.
Juin 1860	Zur Feier des 18. Juni, p. 171, 180, 304.
Juillet 1860	A bout portant, p. 154.
1860	Die Garibaldihymne, p. 177.
Janvier 1861	Nebelbilder, p. (192), 193, 307, 309, 311.
—	Altes und Neues, p. (192), 193, 240.
Mars 1861	Was Deutschland will, p. (192), 193, 311.
Mai 1862	Zum 19. Mai, p. 152, 195-196.
1862	Ultimatum, p. 194, 307, 311.
—	Die acht und vierzig Stunden, p. 194, 307.
Novembre 1862	Armes Frankreich, p. 154.
Décembre 1862	Der Tag wird kommen, p. 180, 305.
Janvier-Février 1863	Herr Wilhelm, p. (193), 196, 310.
Août 1863	Zum Fürstentag, p. (193), 196, 308.
1863	Zweckessen, p. 196, 309.
—	Heinrich Heine, p. 127, 240.
—	Die drei Juden, p. 310.
Octobre 1863	Bundeslied, p. 189-190.
Juillet 1865	Wilhelm der Rassler, p. 196-197, 307, 309, 311.
Janvier 1866	An Richard Wagner, p. 165, 240, 308, 311.
Février 1866	Ein neuer Leich, p. (193), 197, 310.
—	Alle neun, p. (193), 197.
Avril 1866	Immer mehr, p. 197.
Mai 1866	Aux armes citoyens, p. (193), 197, 307.
—	Der Nürnberger Bierkrieg, p. 197, 309, 310.
Juin 1866	München, p. 197.
(Juin) 1866	Ballade vom verlornen König, p. 165-166, 310.
Juin 1866	Kampfprolog im Himmel, p. 152, (193), 198.
Juillet 1866	Ultimatum an die Kleinen, p. 198, 307.
Septembre 1866	Guter Rat, p. (193), 198, 199, 309, 311.
Octobre 1866	Les rois s'en vont p. (193), 198, 199.
—	Bekehrungsstrophen, p. (193), 198.
Août 1867	Der Schwabenkaiser, p. (193), 198, 240.
Octobre 1867	Le grand directeur, p. 154.
—	Ich hatt' einen Kameraden, p. 181, 310, 312.
1868	Zwei Lieder, p. 303.
Juillet 1868	Chlodwig, p. (193), (198), 307, 309.
Novembre 1868	Der Dichter des Augustus, p. (193), 200, 310.
Octobre 1869	Tristia, p. 200.
Février 1870	Antwort an Geibel, p. (193), 200.
Mars 1870	Zwei Seelen, p. (193), 201, 310.
—	Man schlägt sich, p. 201.
(Mars 1870)	Abgeblitzt, p. 201, 307.
Mars 1870	Telegraphische Antwort, p. 202.
—	Abfertigung, p. 202.
Pâques 1870	Den schwäbischen Freunden, p. 201.
Avril 1870	Fiat justitia, p. 154.
Juin 1870	Zuchthaus, p. (193), 201.
Août 1870	Endlich, p. 154, 207.
Février 1871	Der schlimmste Feind, p. 208, 307.

Février 1871	Epilog zum Kriege, p. 208, 265, 305.
Janvier 1872	Den Siegestrunkenen, p. 208, 307.
Mai 1872	Gross, p. 208, 307.
Juin 1872	Die Namen, p. 208.
—	Dilemma, p. 209.
Septembre 1872	Liberales Jagdvergnügen, p. (209), 307.
—	Kaisergrütli, p. 209.
—	Post festum, p. 209.
Novembre 1872	Zur neuen Glaubenslehre, p. 210, 307.
(1872)	Bei Einführung der Höflichkeit, p. 210.
Janvier 1873	Golgotha, p. 210.
Février 1873	An Richard Wagner, p. 166, 307.
Mars 1873	Achtzehnter März, p. 140, 213, 305.
Avril 1873	Ende gut, alles gut, p. 210, 307.
—	Eine Antwort, p. 210.
Juin 1873	Den Reichstäglern, p. 210, 307.
Août 1873	Die Ureigentümerin, p. 208, 307.
Janvier 1875	Phylloxera ante portas, p. 210.
(1870-1875)	Einer Frauenzeitung bestimmt, p. (229).

INDEX ALPHABÉTIQUE

DES NOMS PROPRES

A	PAGES
Accolti	206
Ackermann	(99)
Agneni	XI, 175
Agoult (comtesse d')	X (123), 133, 134
Albrecht	148
Alexandre II (de Russie)	209
Alexis (Willibald)	120, 302
Annunzio (Gabriele d')	(24)
Arago (Emmanuel)	153
Aristophane	13, 92
Armellini	175
Arminius	48, 49
Arndt	56, 86, 92, 170, 174, 249, 250, 251, 252, 298, 302
Arnim (Achim v.)	36
Arnim (Bettina)	(35), 93, 133
Arnim (ministre)	(106), (118)
Assing (Ludmilla)	XI, (177), (181), (182), 186
Auerbach	307, 308
Auerswald	149, 151
Aufsess	(208)

B	
Babœuf	86, (130)
Bacheracht (Thérèse)	(131)
Bacounine	93, (96), 108, 113, 132, 136
Bannwarth	144
Barbier (Auguste)	262
Barrieux	192
Bassermann	306, 307
Bauer (Bruno)	65, 86, 95, (96), 97, 120, 336
Bauer (Edgar)	95, (96)
Baur (Christian)	16
Beaumont	136, (156)
Beck	25, 41, 135, 255, 256
Becker (Auguste)	14, 113, 114, (115), (221)

	PAGES
Becker (Nicolas)	56, 57, 281, 302, (310)
Beckerath	149
Beethoven	162
Begas	94
Behrend	195
Benningsen	(306)
Béranger	40, 43, 46, 70, 92, 257, 258, 259, 260, 263, 281, 288, 365, 366
Berger	94
Bernays	(126), 127, 168
Beseler	148, 306, 311
Beust	199, 307
Biedermann	41, 148
Biernacki	132
Birchpfeiffer (Charlotte)	169
Bismarck	186, 191, 192, 194, 195, 196, 197, 201, 209, 210, 307, 308, 310, 340, 369
Bizonfy	155, 156, (158)
Blind	131
Blittersdorf	86
Blos	IX
Blücher	(33), 48
Blum (Hans)	(15)
Blum (Robert)	15, 93, 109, 147, 149, 150, 151, 152, 198
Bluntschli	VIII, 79, 80, 81, 82, 88, 111, 115, 116, 173, 201, 307, 308
Bockum-Dolff's	195
Bodenstedt	XI, 205
Bolin	VIII, (85), (135), (136), (169), (264)
Born	129, 130

	PAGES		PAGES
Börne	9, 14, 33, 34, 35, 36, 37, 38, 39, 40, 42, 71, 173, 188, 256, 325, 327, 330, 333, 335, 348, 349, 365	Cordon (général)	149
		Corneille	(361)
		Cornelius	119
		Corvin	VII, 139, (140), 143, (145)
		Cotta	31, (122), 302, 358
		Crelinger (de Berlin)	103
Bornstedt	129, 130, 139	Crelinger (Mme)	94
Börnstein	127, 143	Crelinger (de Königsberg)	102, 103, 104
Borries	306		
Bötticher	102	Crémieux	139
Boyen	56		
Brachvogel	169	**D**	
Brackenhammer	17		
Brandes	29, (98)	Dahlmann	121, 148
Brentano (dictateur)	146	Dalwigk	307
Brentano (poète)	(27)	Dante	76, 117, 164, 253, 303, 332
Brockhaus	(108), (177), 187		
Brongniart	136	Darimon	153
Brumm	213	De Boni	XI, 177, 179, (184)
Bucher (Loth)	189, 191	Delaporte	144
Büchner	14, 15, 23, 39, 46, 51, 53, 114, 124, 246, 263	Dernfeldt	213
		De Sanctis	182, 183
		Desmoulins (Camille)	123, 169
Buhl	95	Devrient	204
Bülow (Hans v.)	164, 189	Diego Leon	75, 296
Bunsen (Charles)	14	Diezel	7, 8, 13, (17), 18, 30
Bunsen (diplomate)	124, 306, 307		
Bürkli	80	Dingelstedt	X, XI, 23, (27), 69, 70, 71, 72, 73, 74, 186, 203, (204), 205, 218, 258, 277, 299, (312)
Burns (Robert)	41, 355		
Byron	41, 64, 123, (124), 241, 242, 244, 263, 275, 277		
C			
		Dœnniges	191
Callinos	43	Dorner	17
Calvi	176	Dortü	150, 152
Carlowitz (baronne de)	134	Dowiat	(131)
Carlowitz (député)	195	Dronke	131
Carus	25	Droste-Vischering	62
Cassagnac (Granier de)	41	Droysen	148
		Dufraisse	167, 169, 182
Castelli	(138)	Dulk	65
Cavour	178, 179	Dumont	(120)
Challemel-Lacour	IX, 167, 169, 182, 183, 212, (305), 340	Duncker (Max)	93, 148
		Dunin	62
		Dupin	148
Chamisso	41, 257, (273)		
Charnacé (Mme de)	162	**E**	
Charras	167		
Chénier (André)	24, 123, 351	Echtermeyer	42
Chénier (Marie-Joseph)	23, 122, 123, 361	Ehrlich	(212)
Chojecki (Charles-Edmond)	133, 153	Eichhorn	87, 120
Cironi	XI, 176, 177, 182	Elsner	31, 47
Comte (Auguste)	(156)	Elze	205

Engels	96, (126), 129, 130
Escobar	209
Esenbeck (Nees v.)	87
Ettmüller	156
Eulert-Frey	IX
Ewerbeck	(126)

F

Fabrizj	175
Falk	(209)
Faucher	96
Favre (Jules)	(176)
Felber	306
Ferdinand II (d'Autriche)	149
Feuerbach (Anselme)	137
Feuerbach (Henriette)	X, 219
Feuerbach (Louis)	VIII, 85, (127), 130, (131), 135, 136, 137, 157, 162, 166, (169), 214, 243, 264, (305), 327, 328, 330, 331, 332, 335, 336, 341, 350, 358, 359, 361, 362, 363
Feuerlein	7, 8, 9, 10, 13, 15, 17, 18, 19, 20, 23, 28, 29
Fichte	86, 327, 328, 330, 336
Fickler	142, 306
Flocon	139, 167
Follen (Auguste)	X, 4, 29, 33, 46, 47, 48, 49, 50, 52, 53, 65, 66, 80, (82), 92, 112, 113, 115, 122, 134, 137, 222, 266, 276, 281, 365
Follen (Charles)	47, 48
Fontane	92, (212)
Formazini	176
Fourier	86
François-Joseph (d'Autriche)	209
Franzos	VIII, 83 (84)
Frédéric II	54, 61, 193
Frédéric-Guillaume IV	54, 56, 57, 61, 77, 78, 88, 98, 100, 101, 106, 107, 118, 120, 121, 122, 124, 150, 306, 308, 366

Freiligrath	41, 66, 75, 76, 77, 78, 79, 91, 109, 133, 173, 211, (241), 256, 257, 277, 296, 299, 368
Frenzel	(212)
Fröbel (Charles)	80, (82), 85
Fröbel (Jules)	X, (49), 50, 51, 64, 65, (66), 80, (82), 88, 111, 115, 117, 119, 130, 147, 149, 150, 159, 173, (312)
Furrer	(116)

G

Gagern (général)	143
Gagern (Henri)	148, (172), 306
Gambetta	212
Gans	329
Garibaldi	161, 171, 177, 178, (179), 180, 181, 304
Gaudy	46, 257
Geibel	78, 89, 200, 222, 296, 299
Gentz	54
Gerlach	105, (193), 307
Gerstaecker	200, (201)
Gervinus	34
Gessner	272
Girardin (Emile de)	73, 134
Glassbrenner	90, (212), 299, (312)
Gneisenau	56
Gœthe	3, 6, (8), (24), 26, (27), 35, 39, 41, 53, 78, 117, (129), (130), 167, 206, 212, (229), 254, 270, 271, (272), (309), (310), 351, 356
Gogol	155, 156
Golovine	132
Gottfried (de Strasbourg)	(310)
Gotthelf	(87)
Gottlieb	X
Gottschalk	147
Gottschall	X, 65, (85), 87, 90, 104, 105, 211, (262)

Grabbe	(241)
Grabow	195
Graefe	157, 207
Grilenzoni	(176)
Grimm	56
Grün (Anastasius)	(24), 26, 63, 203, 254, 263, 266, 281, 299, 322
Grün (Charles)	91, 320
Guillaume Ier (de Prusse)	192, 195, 200, 209
Guillaume Ier (de Wurtemberg)	112
Guillemin	153
Guizot	73, (81)
Gutike	93
Gutzkow	13, 18, 37, 38, 39, (80), 103, 131, 204, 349, 353

H

Haakh	17
Habicht	(212)
Hagen	32, 33
Hahn-Hahn	302
Haller	54, (118)
Hamilton (duchesse d')	213
Hardogg (beau-frère de Pfeufer)	(112)
Harro-Harring	14
Hartmann	(148), 149
Hassenpflug	306
Hatzfeldt (comtesse)	186, 191
Hauber	9
Hauff	(59)
Haussmann (Conrad)	12, (29)
Haussmann (J.)	199, 207, 214
Haym	148
Hébert	81
Hecker	VII, (33), 141, 142, 143, 145, 146
Heckscher	149
Hegel	17, 86, 132, 329, 330, 333
Hegner	65, 111
Heigel	(212)
Heine	13, 26, 34, 37, 39, 69, 70, 72, (85), (92), 100, 109, 125, 127, 128, 129, 133, 136, (145), 206, 237, 238, 239, 240, 263, 312, 365
Heinzen	(49), 50, 77, 125

Henckell	190
Henle	X, 50, 51, 113, 135, 136, 143
Herder	330
Hermes	120
Herrmann	(91)
Herzen	132, 153, 159
Hesekiel	307
Hess (Moïse)	86, (87), 92, 129
Hexamer	130
Heydt	307
Hilscher	41
Hippel	95
Hirzel	53
Hitz	216
Hitzig	50
Hoffmann (romantique)	(36)
Hoffmann de Fallersleben	65, (96), 120, 163, 299
Hoffmann (général)	144
Hohenlohe-Ingelfingen	194
Hölderlin	34, 41, 230, 231, 263, 277
Hölty	227
Holtz	213
Honek	(27)
Hopfen	(212)
Horn (Uffo)	41
Hörth	214
Houwald	(36)
Hoverbeck	195
Hugo (Victor)	6, 40, 73, 153, 243, 267
Humboldt (Alexandre)	55, 77
Hutten	58, 62, 146, 216, 281
Hutzel	5

I

Immermann	41
Itzstein	(33), 141

J

Jachmann	(91), 103, 104, (105), 107
Jacoby	65, 102, 103, 104, 105, 138, 159
Jagow	307
Jahn	56

Janin	41, 73
Jean (archiduc d'Autriche)	148, 151
Jean Paul	v. Richter
Jellachich	149
Jetter	17
Joinville (prince de)	(299)
Jordan (Silv.)	63, 71, 361
Jordan (W.)	(71), 104, 105, (312)
Julius	(108)
Jung (Alex.)	(27), 103, 104

K

Kant	17
Kaplinski	207
Kapp	135
Keller (Fréd.-Louis)	79
Keller (Gottfried)	166
Kletke	(212)
Klopstock	227
Knoll	5
Köchly	166
Kolaczek	XI, 159, (160)
Kolb	81
Kommerell	7, (227)
König	25
Köppen	96
Körner (Théodore)	48, 52, 59, 249, 250, 251, 252, (310), 366
Kotzebue	(36), 48
Kraz	17
Krebs	145, 214
Kriege	130, 224, (341)
Krummacher	302
Krupp	166, 307
Kuhl	(14)
Kühne	37, 38
Kurtz	344

L

La Calprenède	361
Ladenberg	93
La Marmora	178
Lamartine	IX, 8, 28, 40, 73, 129, 134, 139, 243, 244, 246, 247, 263, 275, 353, 365
Lamennais	41
La Motte-Fouqué	(36)
Lasker	210, 307
Lassalle	VIII, IX, XI, 128, 180, 186, 187, 188, 189, 190, 191, (192), 369
Latour (ministre)	149
Laube	37, 38, 93, (98), 203
Lauderer	17
Ledru-Rollin	(132)
Lehmann	134
Lelewel	132
Lempp	17
Lenau	18, 234, 235, 236, (237), 263
Lengerke	(91), 103, 104
Leo	204, 205
Leopardi	167
Lermontoff	156
Leroux (Pierre)	134
Lessing	22
Lévy (Albert)	330
Lewald (Auguste)	V, 20, 21, 22, 23, 27, 28, 218, 364
Lichnowsky	149, 151
Liebetreu	(212)
Liebig	(156), 166
Liesching	170
Lindau	(212)
Lipp	VII, 29, 30, 144, (145)
Liszt	74, 133, 157, 158, 162, 163, 164, 166, 207, 369
Louis Iᵉʳ (de Bavière)	121
Louis II (de Bavière)	165
Louis XI	200
Louis XIV	201
Louis XVI	123
Louis-Philippe	68, 69, 274, 299, 302
Löwenfels	(142), 143
Löwenstein	(212)
Ludwig	157
Lüning (Otto)	91, 299
Luther	62, (309)

M

Mackay	95
Magdzinski	132
Mann	17
Manteuffel	194, 307
Marcato	XI, 175, 207
Marie-Christine d'Espagne	75

	PAGES
Märklin (Jacob)	30
Märklin (Rosine), mère de Georges Herwegh	2, 3
Marmier (Xavier)	41
Marr	114, 219
Martin (Nicolas)	134
Marx	92, 96, (97), 125, 126, 127, 129, 130, 135, 138, 362
Mateucci	183, 184, (185)
Mathy	142, 306
Mäurer	125, 129
Mayer (Charles)	199, 214
Mayer (Ch.-Auguste)	219
Mazzini	XI, 18, (153), 175, 176, 178, 179, 181, 182
Méhémet-Ali	64
Mehring	96
Meissner (Alfred)	95, 131, (145), (151), 203, 219
Mclegari	177
Mendelssohn	94, 219
Menger	(212)
Menzel (Wolfgang)	(37), 38, 91, 170
Mesmer	4
Metternich	121, 140, 151
Meyen (Ed.)	95, 96, 130
Meyer (Richard)	X
Meyerbeer	165, 240
Michel-Ange	117
Mickiewicz	41
Mierowslaski	103, 146
Miethe (Mme O'Connel)	216, 217
Mignet	15
Milton	76, 362
Mirabeau	72, 128
Mises	25
Mittermaier	148
Mohl (Robert)	148, 149
Moleschott	X, XI, (22), 157, 158, 166, 167, 182, 183, 184, (185)
Molière	(207), 361
Moltke	197
Mommsen	307, 308
Montaigne	(207)
Montecchi	175
Montesquieu	333
Moreau (Hégésippe)	260
Moritz	23
Mosen	41, 93, 352

	PAGES
Moser	29
Mühler (ministre)	(209)
Müller (Arthur)	(96)
Müller (chancelier)	77
Müller (Hermann)	110
Muncker	VIII, 29
Mundt	37, 38
Mylius	23

N

Nadler	145
Napoléon Ier (Bonaparte)	9, 57, 58, 75, 81, 121, 140
Napoléon III (Louis-Napoléon)	153, 169, 171, 172, (176-177), 183, 203, 305
Nauwerck	86, 96, 120
Nicolai	78
Nicolas Ier (de Russie)	57, 122
Nigra	(207)
Noailles (comtesse Mathieu de)	(24)

O

Ogareff	132, 136
Oken	50, 51, 111, 134
Ongaro (dall')	207
Orsini	176, (177)
Othon Ier (de Grèce)	121
Otto (Louise)	91
Overbeck	(138)

P

Pallavicino	181
Petersen (Marie)	94
Pétrarque	117
Petzet	X
Peucker	149
Pfau (Louis)	46, (91), 160, 199, 214, 303
Pfeufer	X, 50, 51, 112, 113, 135, 136, (137)
Pfizer	(41), 86
Pfordten	307
Philippe II (d'Espagne)	100, (101)
Platen	39, 41, **117**, **124**, 133, 252, 253, 254, 263, 366

	PAGES		PAGES
Plaute	206	Rösler	30
Ponsard	134	Ross	136
Pouhonny	213	Rousseau (J.-Jacques)	51, 129, 241
Pouschkine	156	Rückert	101, 252
Prœlsz	(38)	Ruegg	53
Proudhon	51, 133, 134, 153, (156), 167	Ruge	VI, 41, 42, 50, 65, (66), (71), (91), 93, 96, 97, 108, (115), 125, 126, 127, 128, 135, 147, 312
Prutz	VIII, 41, 49, (55), (56), 65, 68, (71), (73), 77, 81, 83, 84, 85, (86), 90, 92, 94, (95), (96), 97, 98, (105), 108, 110, (116), 117, (118), 121, 122, 160, 161, 214, 281, 344, 351, 366, (367)	Ruoff	7
		Rüstow	XI, 161, 166, 174, 177, (180), (181), 182, 186, 191, 339, 369
		S	
		Sacchi	177
		Saffi	175
		Sainte-Beuve	134
Publicola	V, VI, 219, 222	Saint-Just	72
Pückler-Muskau	37, 38, 63, 160, 281, 288, 298	St-René-Taillandier	89
		Saint-Simon (socialiste)	86
R		Sallet	87, (312)
		Sand (Charles)	48
Rabelais	(207)	Sand (George)	34, 40, (41), 73, 74, 133, (207), (242)
Rachel	73		
Racine	(361)		
Rahl	138		
Rakowitz	191	Sander	141
Raphaël	117, 199	Sanders	299
Rau	130	Sasonoff	XI, 132
Raupach	60	Sass	95
Redwitz	307	Savigny (jurisconsulte)	(79), 121
Reichberg	170		
Reiff	10	Savigny (Ch.-Fr.)	93
Reinhard	(138)	Sayn-Wittgenstein (princesse de)	X, (158), 163, 168
Rellstab	94		
Ricardo	187	Saxe-Cobourg-Gotha (Ernest, duc de)	203, 309
Ricasoli	183		
Richter (Jean-Paul)	32, 34, 36, 42, 327, 328, 330, 348, 349, 355	Scharnhorst	56
		Schelling	86, 327, 336
		Schenkendorf	92, 249, 250, (309)
Rieger (Ladislas)	203	Scherr	V, VI, 33, 106, 155, 218, 221, (222), 224, 237, (238), (241), 267, 268
Riepenhausen	(138)		
Ring (Max)	(212)		
Robespierre	72		
Rochau	306		
Rochow (ministre)	(106)	Schiller	8, 13, 22, (35), 46, 100, (129), 169, 227, 228, 229, 230, 231, 263, 272, (309), (310), 327, 342, 343, 344, 345, 346, (347), 348, 349, 350, 351
Rodenberg	(212)		
Rohmer (frères)	VIII, 65, 80, 81, 82, 83, 84, 110		
Rollett	159		
Ronchaud	134, 153		
Roon	194, 307		
Rosenkranz	25, 329		

Schimmelpfennig	139, 144
Schlegel	205
Schleiermacher	94
Schlöffel	146
Schmidt (d'Uelzen)	4, 5
Schmidt-Cabanis	(212)
Schnauffer	(91), 314
Schön	102, 104, 302
Schönlein	50, 51, 97, 98, 99, 100, 101, 302, 306, 307
Schopenhauer	157, 158, 332
Schults	77
Schultze-Delitsch	188
Schulz (Caroline)	52, 112, 122, 281
Schulz (Guill.)	X, 51, 52, 130
Schwab (Gustave)	22
Schwarz	94
Schweichel	(212)
Schweigert	XI, 188, (191)
Schweizer	156
Schwerin (comte)	195
Scott (Walter)	41
Scudéry (Mlle de)	361
Seeger (Adolphe)	86
Seeger (Louis)	86, 87, 92
Seidel (Robert)	IX
Seiler	(115)
Semper	161, 162, 164, 165, 166, 169, 203, 324, 369
Seydelmann	(119)
Shakespeare	41, 42, 203, 204, 205, 206, 207, (221), 352
Shelley	39, 41, 189, 190, (242), 276
Siebenpfeiffer	(10), 14, 15
Siebold	137
Siegmund (père de Mme Herwegh)	65, 93, 94, (221)
Siegmund (Gustave)	(95)
Sieyès	102
Sigel	143, 146
Sigwart	17, 19
Simon (Henri)	157
Snell	80
Solger	X, 130, 131, 224
Solms-Lich	(118)
Spatz	143
Spiess	(145)
Stahl	307
Stahr	219
Stehely	95
Stein (ministre)	102
Stein (Bernard)	166
Sterne	355
Stieglitz	138, (262)
Stirner (Max)	95, 362
Stock	17
Stoltze	214
Stör	214
Strauss (David)	(7), 12, 16, 79, 87, 112, 210, 307, 329
Streckfuss	34, 42
Streit	188
Strodtmann	X, 70, (91)
Struve	(131), 141, 142, 143, 146, 147, 225
Stuart Mill	187
Sully Prudhomme	234

T

Taine	(207)
Tallenay (marquise de)	213
Tasse	117
Thiers	15, 56, 57, 99, 212
Thile	(100), 105
Thoren	216, 217
Tieck	36, 101
Tieffenbach	109
Tourguéniev	93, 132, 152
Treitschke	(98), 99, (104), (118), (119), (121)
Trelawney	41
Trützschler	150, 152
Tyrtée	43

U

Uhland	22, (40), 66, (76), 211, 232, 233, (234), 263, 277, (310), 365
Ulrici	XI, 204, 205, 222
Uria-Sarachaga	141

V

Varnhagen d'Ense	25, 99, 101, (105), 186
Venedey	114, 128, 129, 139, 143, 147, 160, 173, 174, 306, 307
Veuillot	170

	PAGES		PAGES
Victor-Emmanuel II (d'Italie)	178, 179, 181	Weidig	14, 114, 361
Viel-Castel	153, 154	Weill (Alexandre)	207
Vigny	(123), 134, 351	Weitling	113, 114, 115, 116, (132)
Virchow	195	Weitzel	113, 114
Virgile	190	Weizel	17
Vischer (Fr.)	17, 91, 173, 287, 312, (313), 320, 321, 322	Welcker	135, 150, 306, 307
		Wesendonck	163, 164
		Widmann	80
Vogeler (Elisabeth)	2	Wienbarg	(39), (80)
Vogelleim	109	Wigand	108
Vogt	X, XI, (11), 113, 136, 137, 138, 145, 157	Wihl	41
		Wille (Eliza)	156, 157, (158)
		Wille (François)	157, 165
Voigt	102	Willers	(138)
Voigt-Rhetz	197	Willich	146, 153
Volger	XI, 157, 158, 166, (167), 212, (213), 214, 223	Windischgrätz	149, 150, 151
		Winkelried	48
		Wirth	(9), (10), 14, (15), 31, 32, 33, 42, 49, 365
Voltaire	40		
		Wiss	(77)
W		Wit-Dörring	(47)
		Woloski	153
Wächter	19	Wrangel	150, 307, 308
Wackernagel	(87)		
Wagener	210, 307	**Z**	
Wagner (peintre)	(138)		
Wagner (Richard)	VIII, 156, 157, 158, 161, 162, 163, 164, 165, 166, 167, 169, 191, 213, 308, (310), 358, 369	Zachariä	148
		Zedlitz	(310)
		Zehnder	(116)
		Zeppelin (comtesse)	213
		Ziegler	(179)
		Zimmermann	(95)
Waitz	148, 306, 311	Zolling	VIII, IX, 25, 105, 109, 189, 190, 191, 255, 370
Walesrode	65, 102, 103, 104, 107		
Weerth	129		

Vu le 17 juillet 1909.

Le Doyen de la Faculté des Lettres de l'Université de Paris,

A. CROISET.

Vu et permis d'imprimer.

Le Vice-Recteur de l'Académie de Paris,

L. LIARD.

ERRATA ET RECTIFICATIONS

Page X, 24ᵉ ligne : Wohlgeberen — lire : Wohlgeboren.
— 7, note 4 : publié — lire : publiée.
— 78, dernière ligne, au lieu de : après 1870 — lire : en 1869.
— 91, note 3 : Herweg — lire : Herwegh.
— 96, note 1 : Hoffman — lire : Hoffmann.
— 125, note 5, au lieu de : 20 juin 1844 — lire : 2 juillet 1844.
— 162, 8ᵉ ligne : Herwergh — lire : Herwegh.
— 162, 8ᵉ ligne : connaisance — lire : connaissance.
— 162, 13ᵉ ligne : assitait — lire : assistait.
— 193, note 5 : Zvei — lire : Zwei.
— 194, 24ᵉ ligne : Manteufel — lire Manteuffel.
— 198, note 7 : Clodwig — lire : Chlodwig.
— 223, dernière ligne : suchtmich — lire : sucht mich.
— 234, 22ᵉ ligne : Bei — lire : Von.
— 343, note 1 : Ileenwelt — lire : Ideenwelt.

www.ingramcontent.com/pod-product-compliance
Lightning Source LLC
Chambersburg PA
CBHW071902230426
43671CB00010B/1448